房地产周期百年史
—— 1830~1933年芝加哥城市发展与土地价值

【美】霍默·霍伊特 著
贾祖国 译

One Hundred Years of Land Values
in Chicago

中国财经出版传媒集团
经济科学出版社
Economic Science Press

图书在版编目（CIP）数据

房地产周期百年史：1830~1933年芝加哥城市发展与土地价值/（美）霍伊特著；贾祖国译. —北京：经济科学出版社，2014.1（2019.4重印）
ISBN 978-7-5141-4271-6

Ⅰ.①房… Ⅱ.①霍…②贾… Ⅲ.①房地产业-经济史-芝加哥-1830~1933 Ⅳ.①F299.712.9

中国版本图书馆 CIP 数据核字（2014）第 018091 号

责任编辑：杜　鹏
责任校对：杨　海
责任印制：邱　天

房地产周期百年史
——1830~1933年芝加哥城市发展与土地价值

[美] 霍默·霍伊特　著
贾祖国　译

经济科学出版社出版、发行　新华书店经销
社址：北京市海淀区阜成路甲28号　邮编：100142
编辑部电话：010-88191441　发行部电话：010-88191522
网址：www.esp.com.cn
电子邮件：esp_bj@163.com
天猫网店：经济科学出版社旗舰店
网址：http://jjkxcbs.tmall.com
固安华明印业有限公司印装
710×1000　16开　24.75印张　400000字
2014年8月第1版　2019年4月第2次印刷
印数：3001—6000册
ISBN 978-7-5141-4271-6　定价：98.00元
（图书出现印装问题，本社负责调换。电话：010-88191510）
（版权所有　侵权必究　打击盗版　举报热线：010-88191661
QQ：2242791300　营销中心电话：010-88191537
电子邮箱：dbts@esp.com.cn）

图字：01-2011-4848

Translated from the English Language edition of *One Hundred Years of Land Values in Chicago* 1ˢᵗ edition by Homer Hoyt

Copyright© 1930 by the author. Translated into and published in the Simplified Chinese language by arrangement with Michael Hoyt. All rights reserved.

© 2011 中文简体版专有出版权属经济科学出版社

版权所有　翻印必究

献给我的母亲

——霍默·霍伊特

作 者 前 言

本书填补了目前市场上对美国城市土地价值周期性波动进行综合性数据分析的空白,并且普及了进行房地产投资所必需的土地价值变动的知识。估税员经常会对土地进行一些简单易行的评估,这些评估在大多数情况下,要么无法像实际销售所显示的那样表明房地产的市场化进程,要么就是无法保证其在较长一段时间的有效性。因此,这项研究最艰巨的任务就在于,如何在1933年城市界限的范围内,对芝加哥211平方英里面积的土地价值,从第一次进行土地细分到现如今(也就是1830~1933年间)进行计算。为此,该期间内数以千计的销售记录都被用来进行检验,并且也都与房地产商的意见和估值进行了比较。1910~1933年间,George C. Olcott每年的年度土地价值地图被广泛地应用于销售报告的补充说明。然而,即便所有证据都可以从芝加哥产权及信托公司(Chicago Title and Trust Company)成千上万的文件摘要中,或者是从报纸的事实报道中,抑或是从评估和税务估值中得到,也不可能保证通过本书的研究就可以完全涵盖这104年间芝加哥市每种类型土地每平方英里的销售或估值数据。不仅如此,对土地的准确估值,实际上还经常需要基于周边地区的销售数据进行插值修改。尽管如此,本书的研究结果大体可以看做是准确无误的。那些有过房地产交易实际经验的人都知道,土地价值不可能像股票或商品市场那样有连续的准确数据。由于在经济停滞期房地产市场并不活跃,对于这段时期内的估值只能是一个近似值。我并不认为我已经规划出了芝加哥土地每年最终的绝对价值,但是,我力求以图标的方式,用所有可用的资源,展示芝加哥土地市场的销售记录,以及人们的意见和主张。

本书中的任何瑕疵及错误都是我的责任。在此,我要感谢那些对本研究提供过帮助的人。对于建议进行此项研究并且指导研究方向的芝加哥大学的Chester Whitney Wright教授,我对其关于基本工作计划的建议以及对原稿孜孜不倦的修改致以由衷的谢意。对芝加哥大学经济系主席 Harry Alvin Millis，我向其严谨的评论及大量宝贵意见深表感谢。对芝加哥大学和伊利诺伊州税务委员会（Illinois State Tax Commission）的 Simeon E. Leland 教授，对于其在本次研究的各个阶段尤其是在本书最后一个章节有关房地产周期方面提供的具有建设性的宝贵评论表示感谢。同样，Garfield V. Cox 教授也在房地产周期方面给出了许多至关重要的建议。

本书中汇集了许多房地产行业人士尽其一生收集的宝贵信息。另外，虽然不属于房地产行业，作为一家庞大的机构，芝加哥产权及信托公司为本书的出版进行了多方面的协助。首先，他们为我提供了许多至为珍贵的区域图和城市图，以及上百年销售记录的摘要。其次，在国内财政严重紧缩、房地产行业进入萧条时期，公司的领导希望能够看到土地价值的前景，并且唤起公众的兴趣。在一系列教育性的广告宣传和手册中，他们试图表明对土地价值的历史性研究会使得房地产行业趋于稳定。最后，芝加哥产权及信托公司为本书出版的筹资做出了主要的贡献，我对此深表感激。当然，我尤其需要感谢董事会主席 General Abel Davis、总裁 Holman D. Pettibone 先生、副总裁 Kenneth E. Rice 先生以及宣传部主管 Paul P. Pullen 先生，为由于他们的远见而带给我的获益表示谢意。另外，我还需要感谢芝加哥产权及信托公司的副总裁 J. Frank Graf 先生为我提供了许多有关区域的市政图及文件摘要，以及公司的 K. L. Van Sickle 先生为我提供了许多宝贵的评估数据。同样，我还要感谢 Carroll Dean Murphy 公司的 Carroll Dean Murphy 先生及 Frank R. Schewengel 先生，他们为准备本书的出版提供了必不可少的帮助。

其他许多对城市土地问题感兴趣的民间组织也给予了我最充分的合作。我由衷感谢芝加哥区域规划协会（Chicago Regional Planning Association）的 E. L. Bailey 先生提供的协助。另外，我还要感谢芝加哥计划委员会（Chicago Plan Commission）的 Hugh E. Young 先生，他允许我观看被芝加哥大火烧毁地区的详细地图。芝加哥地面公共交通线路公司（Chicago Surface Lines）的 J. V. Sullivan 先生也为我提供了有关交通地图的资料。

我聘用并协助我完成有关库克县 1931 年房地产评估统计工作的评估师 J. L. Jacobs 先生为我提供了极大的帮助。他坚持不懈地努力，为库克县 1931 年土地及房屋做出了中肯及准确的评估，并且保证了与芝加哥市房地产行业人士的密切合作；也正是通过他的努力，我能够从他大量的信息记录中提取宝贵的信息并接受长期从事房地产行业的专业人士的意见与建议。我尤其还要感谢有着愉快合作经历的 Jacobs 先生所带领团队的全体工作人员：房地产部门主管 Walter R. Kuehnle 先生、土地部门主管 F. A. Schepler 先生、南区土地评估主管 Benjamin Baltzer 先生、北区土地评估主管 Stanley C. Chadwick 先生、西区土地评估主管 Roger E. Appleyard 先生以及工业部门的 H. S. Rosenthal 先生和 A. K. Wyatt 先生。

本书的出版也离不开 George C. Olcott 的工作。他一生编写了 22 本有关芝加哥土地价值的书，为 1910 年之后芝加哥的土地价值提供了可靠的年度数据。只有为数不多的城市拥有涵盖一整段时间并且难以获取的销售数据。由于 Olcott 先生的工作，芝加哥被经济学家和社会学家选为土地价值分析的对象。

从本书中可以看到许多房地产行业工作者倾其一生为这项事业所做出的思想结晶。在这其中，我对于 William A. Bond 先生做出的评估及销售记录表示感谢，也感谢 Clifford R. Bechtel 先生和 John Usher Smyth 先生。William Scott Bond 先生为房地产税率提供了非常有价值的信息。芝加哥大学工商管理办公室的 Lyndon Lesch 先生和 Earle Shultz 先生，以及 John P. Hooker 先生和 Graham Aldis 先生为我提供了许多建筑记录。伦敦意外保障大厦（London Guaranty and Accident Building）的经理 Edward G. Skindzier 先生给我提供了有关芝加哥中心商业区的大量数据。另外，许多较年长的城市居民都为提供 1871 年大火后的城市重建工作情况做出了极大的贡献。在这里，我尤其需要感谢 Emil Rudolph 先生、John E. Cornell 先生、Frank A. Henshaw 先生和 William H. Spikings 先生。

西北大学的 Herbert D. Simpson 教授和 John E. Burton 教授的书籍及专题论文也对我此次的研究提供了建设性的帮助。

在过去的几年中，许多我未能得知姓名的人们也都为我提供了巨大的帮助。《芝加哥论坛报》（Chicago Tribune）房地产版块的编辑们，从 1870 年起在每个周日都会做出有关房地产交易的评论；《经济学家》（Economist）的编辑们以及《房地产与建筑》杂志（Real Estate and Building Journal）的编辑们也为本书的编写提供了许多参考。Frank Chandler 先生生前写了许多有关早期土地价值的历史报告,并且允许我检视其宝贵的私人文件信息。

Everett Chamberlin 先生的著作《芝加哥及其郊区》(Chicago and Its Suburbs, 1874 年) 以及 Mark L. Putney 先生的《芝加哥土地价值历史记录》(Land Values and Historical Notes of Chicago, 1890 年、1900 年) 都提供了举足轻重的资料。Captain A. T. Andreas 的《芝加哥历史》(History of Chicago, 1886 年) 也证明是非常有帮助的。

芝加哥大学和密歇根大学社会学系做出的生态学研究对我此次的工作也产生了莫大的激励作用,并且对于 Robert E. Park 教授、Roderick D. McKenzie 教授、Ernest W. Burgess 教授以及 Louis Wirth 教授,我向他们提供给我的帮助和建议表示感谢。Earl Johnson 先生有关芝加哥中心商业区生态学的研究也使我受益匪浅。

我还要特别感谢芝加哥历史学会(Chicago Historical Society)图书馆工作人员,他们为我阅读该馆的书籍、地图、报纸及手稿等资料提供了许多便利。学会的 Alice Daly 女士协助我获取了 Ogden(奥格登)的信件及其他原始资料。同样,我还需要感谢芝加哥大学纽贝里图书馆及芝加哥公共图书馆的图书馆管理员。芝加哥大学社会科学学院的职员 Charles Newcomb 先生为本书的地图和图表进行了规划,并且由 Mae Schiffman 女士进行了绘制工作。对于上述两位,我表示衷心的感谢。我还要感谢为我计算出芝加哥房地产周期走势的 Janet Murray 女士,以及认真审阅初稿的 George S. Wheeler 先生。

最后,作为一个居民邻里形形色色、包罗万象的城市,芝加哥本身就使我获得很大的灵感。这座城市以粗犷、直率铸就了其与众不同和具有磁性的特点。在这样的一个城市中去研究土地价值的变动,可以揭示物质财富增长的方式以及生活在与我息息相关的环境中的群众的情绪。因此,我很不情愿地结束了这项愉快的工作,希望其他的芝加哥市民有热情去继续挖掘芝加哥市多方面生活不同阶段的历史研究资料。诸如此类的历史性研究会使芝加哥显得更加具有真实性和重要性。

霍默·霍伊特
伊利诺伊州,芝加哥

前　言

虽然现在已经有大量关于土地经济学的文献书籍，但是，据我所知，霍伊特先生的这本书是第一本对大城市长时间内的土地价值变化有着全面性分析的著作。该书呈现了多种渠道下种类繁多的证据，并且加以证明其中的内在联系。本书得出的结论，不论是对芝加哥的经济及社会历史，还是对城市土地经济学，都做出了突出的贡献。本书中最具有建设性恐怕也是最令人感兴趣的部分就是最后一章对房地产周期的研究。

芝加哥历年的土地价值变动情况可以帮助我们更正原先有关城市土地价值的错误观念。城市土地价值绝不是一成不变地稳定增长的，而是也有萧条和下跌。银行、保险公司和其他投资者会在阅读本书后进行认真思考。税务学的学生们也会发现建立一套恰当且全面的税务系统时所需要考虑到的事实因素，并且这些肩负以征税为目的进行房地产评估的学生们会在本书的多处篇章中发现许多他们工作时不应忽视的细节问题。

若不是霍伊特先生从事过多年经济学的学习和授课，并经历房地产行业的兴衰，或许本书也无法问世。他的房地产评估经验也是颇有帮助的。本书中需要收集、学习及权衡的数据量是相当巨大的，需要被发掘并被考虑到的因素也是杂乱繁多的。毫无疑问，本书中仍会存在一些包括作者本人以及我们这些审阅原稿的人都未能察觉出来的纰漏。或许本书中运用的一些研究方法会招来一些不同的意见。诚然本书并非为其涵盖的讨论内容的最终定论，但是，我们仍需要承认，这是一部伟大的著作。

H. A. Millis

我们从"芝加哥的一百年"学到什么？

此刻，中国的城市化和房地产正在创造着历史，这是毋庸置疑的。改革开放三十多年，如果写这段历史的话，农村改革、市场化进程、股份制、中国制造、外贸、基础设施……似乎都可以盖棺定论地高度评价，唯独对城市化与房地产我们不敢评价。

我们不评价不是不想评价，而是我们不会评价，不知如何评价。犹如面对一个突然奔腾而来的超级庞然大物，我们不知它是一条带着我们走向光明的巨龙？还是胁迫着我们奔向地狱的猛兽。没有人不受它的影响，几乎所有人都在谈论它，从国务院总理到普通"蚁族"，从经济学家到媒体记者，从房地产开发商到被征地拆迁的农民，从股票投资者到国际经济评论员，但我们几乎没有什么意识上的"共识"，不要说理论上的共识，甚至连起码的"事实"上的"共识"也不存在。

《房地产周期百年史——1830~1933年芝加哥城市发展与土地价值》是一本这样的书，它不同于我们通常看到的房地产理论书籍，没有任何一种"Totally Solution"的理论框架然后用一些所谓的"事实"来验证，实际上它是一本完全描述"事实"的书：

1. 从1830年十几座木屋的小村庄，如何演变到1933年的占地211平方英里、人口300多万的大都市——城市如何诞生和发展；

2. 在一百年的城市发展中，城市的规模与土地价值是如何紧密联系的？土地和房屋价值是平衡增长的吗？为什么从来就没有过一个平稳增长的房地产市场呢？

3. 各种不同用途的土地和房屋，在一百年的城市发展中价值发展规律是相同的吗？即使是同一用途比如"住宅"，不同区位的价值发展规律是相同的吗？

4. 中心商业区（CBD）土地价值占整个城市土地总价值的比值为什么

可以从20%急升到40%，而又从40%下降到20%？这是规律吗？

5. 新区开发的难度与重建旧区的难度对比为什么可以决定城市规模的扩张速度？投机对城市的扩张起到了什么作用？

6. 为什么要在城市尚没有迫切需要前修建交通捷运系统？在一个城市化的初期和中期，城市发展的基本要素和房地产周期是什么关系？

……

贾祖国先生是招商证券著名的房地产分析师，朴实、认真和严谨是贾先生的一贯作风，贾先生的报告之严谨和略偏保守的风格也得到投资者的认可。《房地产周期百年史》的翻译是一项费力而并不讨巧的工作，但确实是一个重要而有意义的专业工程。

我诚挚推荐这本令我获益良多的译著，相信此书也同样会给关心中国房地产的研究人员和房地产从业人士以启迪！

世联地产董事长　陈劲松

译者序言

历时3年多，这本译著终于和大家见面了。

1830~1933年，芝加哥从一个只有12座木屋的小村庄发展成为拥有300万以上人口的大都市。而这百年来，中国在走向分崩离析。至今，我们仍然为历史上的骄傲自大与闭关锁国而在各个方面奋起追赶西方国家。

在学习西方国家经验方面，房地产行业也不例外。研究房地产，是在一系列约束或背景下进行的，绝不应脱离金融条件、经济发展、产业升级、人口变化、城市基础设施建设以及人性，否则，就只能流于武断或夸夸其谈。《房地产周期百年史——1830~1933年芝加哥城市发展与土地价值》在这方面为我们提供了100年的全景画卷。今天读来，依然感觉百年风云如画，地产波澜如身亲临，人性的贪婪与恐惧历历重现。

该书虽然成于80年前，但该书在经济周期研究、金融危机研究、房地产周期研究、城市史研究方面都具有里程碑的意义，尤其是开拓了房地产周期研究的先河。该书英文版分别于1970年、2000年和2010年再版。

下面我们介绍这本书的作者——Home Hoyt先生。Home Hoyt生于1895年，卒于1984年，自幼丧父，由母亲抚养成人，18岁即获得学士学位，1933年获得芝加哥大学经济学博士学位。这本书是Home Hoyt写作博士论文的基础。该书出版后，他就进入了美国联邦住房管理局工作。后来他辗转在政府部门和商业机构供职，一直在从事房地产研究。他除了首开房地产周期研究的先河外，也是美国城市规划方面的著名专家。Home Hoyt先生生前创办了一所房地产研究所——霍默·霍伊特研究所（http：//www.hoyt.org/hhi），该研究所至今仍在。

为了使大家能对芝加哥城市有一定的认识从而能更好地阅读本书，我以现今的芝加哥地图为基础，提供了2份地图，供大家参考。一份是芝加哥城核心城区地图；另一份是芝加哥全城区地图。书中提及的重要街道我们都做了标注。当然有些街道已经不存在了，例如市场大街，但我还是标出了80年前它们的精确位置。书中那些一带而过的、不那么重要的、现今又找不到的街道，大概有20多条，这些街道我也没办法标注，但大家在阅读时还是可以判断出大致的位置。

  我非常荣幸能有机会将这本经典翻译成中文与大家见面，非常感谢Home Hoyt先生的儿子——Michael Hoyt先生给我这样的机会并提供了很多的帮助。另外还要感谢杨毛毛同学和经济科学出版社的杜鹏编辑，他们在翻译出版过程中给了我有力的帮助。

  本书主要是利用工作之余的时间完成的，大多是在机场、飞机上这样的场所以及深夜和周末这样的时间。我感谢家人对我翻译工作的理解与支持，尤其是妻子肖静主要承担起了照顾幼女的责任。愿小家伙快乐成长！

  最后，由于时间、水平有限，译著中错误恳请大家批评指正。

贾祖国，2011年8月9日，于CA1368

目录

第一部分

1830~1933年芝加哥城市发展与土地价值增长关系的历史

第一章　1830~1842年运河时代的土地繁荣 ········ 3

A. 引言：研究的客观性 ·················· 3
B. 芝加哥早期发展因素 ·················· 5
C. 1830~1842年芝加哥的土地价值 ·········· 19

第二章　1843~1862年铁路时代的土地繁荣 ········ 38

A. 1843~1848年 ························ 38
B. 1848~1857年新交通设施的出现 ············ 45
C. 1857~1862年经济大恐慌及内战 ············ 64

第三章　1863~1877年恐慌、内战、大火后的土地繁荣 ········ 70

A. 1863~1865年内战晚期 ·················· 70
B. 1865~1871年战后的土地繁荣 ············ 71
C. 1865~1871年由于土地使用导致的土地升值 ···· 77
D. 1871年的大火以及1873年经济大恐慌前夕 ···· 86
E. 1873年经济大恐慌以及随后的大萧条 ········ 99

F. 1877~1879年低谷概览 ································· 106

第四章 1878~1898年第一座摩天大楼和第一届世博会时期的土地繁荣 ································· 109

    A. 1878~1884年总体商业状况的恢复 ················· 109

    B. 1878~1883年芝加哥土地价值的恢复 ·············· 112

    C. 1884~1886年 ····································· 120

    D. 1886~1894年影响芝加哥土地价值变化的特殊因素 ···· 121

    E. 1886~1894年芝加哥土地价值变化 ················· 134

    F. 1894~1898年新交通线路 ························· 151

    G. 1877~1898年芝加哥土地价值趋势综述 ············ 153

第五章 1898~1933年世界大战后新时代的土地繁荣 ········· 163

    A. 芝加哥1830~1890年以及1890~1933年的发展原因总览 ································· 163

    B. 1898~1918年 ····································· 166

    C. 1919~1933年 ····································· 192

第二部分

1830~1933年芝加哥城市发展与土地价值增长关系的分析

第六章 芝加哥的发展及其土地价值增长的关系 ············ 233

    A. 芝加哥的土地需求 ································ 233

    B. 芝加哥的土地供给 ································ 246

    C. 芝加哥土地价值差异的原因 ······················ 248

    D. 芝加哥土地价值的长期趋势 ······················ 293

    E. 人口变化对区域土地价值增长的影响 ·············· 296

第七章　芝加哥房地产周期 ································ 308

    A. 人口流动 ······································· 308

    B. 芝加哥房地产周期的定义 ·························· 309

    C. 人口增长对芝加哥房地产周期的影响 ················ 310

    D. 芝加哥房地产周期的事件序列分析 ·················· 316

    E. 影响房地产周期各因素自身的特殊运动 ·············· 336

    F. 芝加哥房地产周期中各因素的统计分析 ·············· 339

    G. 芝加哥房地产周期与美国整体经济周期的比较 ········ 342

    H. 房地产周期或许已经成为过去 ······················ 352

附录：数据表 ··· 354

表 目 录

表 1　1837～1845 年芝加哥人口统计 …………………………………………… 43

表 2　1864～1870 年芝加哥新建筑价值 ………………………………………… 74

表 3　1836～1879 年间以芝加哥州街与麦迪逊街十字路口处为核心的
各范围土地价值 ……………………………………………………………… 99

表 4　1877～1883 年芝加哥的银行结算额、制造业雇工人数、贸易
总额和人口数量的增长 …………………………………………………… 110

表 5　1876～1883 年根据主要用途划分的芝加哥土地价值（美元/临街英尺）…… 119

表 6　1884～1893 年芝加哥制造业雇员人数、工资总额以及产值 …………… 123

表 7　1879～1891 年芝加哥土地价值变化（按主要用途）…………………… 146

表 8　1892～1899 年芝加哥司法拍卖的房地产价值 …………………………… 151

表 9　1910～1930 年芝加哥人口职业分布（10 岁以上人口）………………… 166

表 10　1892 年、1897 年和 1908 年芝加哥部分老房子的月租金 ……………… 178

表 11　1908～1918 年芝加哥银行结算额、制造业产值、批发销售和
生产贸易的年度数据 ……………………………………………………… 183

表 12　1908～1918 年芝加哥房地产转让、新建筑情况、细分地块和
长期租约 …………………………………………………………………… 184

表 13　1908～1915 年芝加哥每年新建的办公楼数量及成本 …………………… 186

表 14　1910～1915 年芝加哥新建公寓与新建独户住宅的数量及成本的比较 … 192

表 15　1910～1928 年芝加哥公寓区的土地价值 ………………………………… 202

表 16　1910～1928 年芝加哥平房区的土地价值 ………………………………… 202

表 17　1890～1931 年芝加哥居民区和中等房屋所在的老住宅区的
土地价值（美元/临街英尺）……………………………………………… 203

表 18　1910～1929 年芝加哥工业区土地价值 …………………………………… 205

表 19　1910～1929 年芝加哥主要外围十字路口处的土地价值 ………………… 209

表 20　芝加哥 1910～1929 年间 425 处公交线路交叉点处的平均土地价值 …… 210

表 21　1910 年和 1928 年芝加哥主要地区及不同用途土地的价值 …………… 218

表22	1929年10月到1933年5月芝加哥制造业工资总额下降情况（令1925~1927年数据为100）	224
表23	1929~1933年芝加哥制造业就业和工资总额的下降（每年4月份的数据；月平均，令1925~1927年数据为100）	225
表24	1928年与1931年芝加哥土地价值的比较	229
表25	1840~1930年芝加哥和美国中西部地区其他主要城市人口	234
表26	1840~1930年芝加哥和沿海城市人口	235
表27	1850~1930年美国11个主要城市的人口相对增长（令1850年数据为100）	235
表28	1900~1930年美国13个主要城市的人口相对增长（令1900年数据为100）	236
表29	1900~1930年芝加哥郊区人口	236
表30	1830~1930年芝加哥人口增长来源	237
表31	1860~1930年芝加哥人口增长的构成	238
表32	1825~1928年芝加哥建筑物数量与人口数量比较	239
表33	1850年、1870年、1890年和1911年芝加哥的土地利用情况	242
表34	1923年芝加哥的土地利用	243
表35	1928年库克县主要类型建筑物的数量	244
表36	1928年库克县不同高度建筑面积情况	245
表37	1932年芝加哥不同租金水平下主要种族租赁住房分布情况	262
表38	1836~1933年中心商业区不同高度建筑物体积占空间的比例	276
表39	1873年、1893年、1923年及1933年芝加哥中心商业区地面以上空间体积	278
表40	芝加哥中心商业区的建筑体积	279
表41	芝加哥中心商业区的主要使用类型	280
表42	1836~1926年中心商业区占整个芝加哥土地价值的比例	280
表43	1830~1931年芝加哥中心商业区南北方向街道每临街英尺土地（包含十字路口和街道中间地块）价值	288
表44	1910~1933年芝加哥主要用途的土地价值	292
表45	芝加哥主要用途的土地价值指数（令1910年数据为100）	292
表46	芝加哥历次房地产周期的人口增长率	313
表47	芝加哥工人住宅和写字楼的租金水平相对数（令1915年数据为100）	315
表48	1915~1933年芝加哥人口增速和写字楼、工人住房租金增速情况	316

表 49	1918~1932年芝加哥某写字楼的总收入、总支出（包括税金和折旧）和净收入	318
表 50	1854~1932年芝加哥的建筑活动情况	321
表 51	1918~1927年芝加哥人口、写字楼租金、新建筑价值、土地细分数量和土地总价值的指数（令1918年数据为100）	322
表 52	1885~1893年芝加哥人口、新建筑、土地细分数量和土地总价值的指数（令1885年数据为100）	322
表 53	1918~1932年库克县房地产抵押贷款总额的情况	323
表 54	1862~1871年芝加哥特殊估税总额	329
表 55	1877~1892年芝加哥特殊估税总额	329
表 56	1919~1927年芝加哥特殊估税总额	330
表 57	1870~1877年芝加哥特殊估税总额	330
表 58	1892~1897年芝加哥特殊估税总额	330
表 59	1927~1932年芝加哥特殊估税总额	330
表 60	1926~1933年芝加哥房地产数据（令1926年数据为100）	333
表 61	芝加哥房地产繁荣时期各因素增长率	337
表 62	芝加哥房地产萧条时期各因素下降比率	338
表 63	芝加哥房地产周期中各因素偏离正常趋势的情况	340
表 64	芝加哥房地产周期的平均时间间隔	341
表 65	芝加哥土地价值达到峰值的年份与商品批发价格、运河-铁路股票价格和工业股票价格达到峰值的年份比较	350
表 66	芝加哥土地价值达到谷底的年份与商品批发价格、运河-铁路股票价格和工业股票价格达到谷底的年份比较	350

图 目 录

图1 芝加哥位置及水运系统优势 ·············· 7

图2 伊利诺伊-密歇根运河 ·············· 9

图3 1830年芝加哥地图 ·············· 12

图4 1830年芝加哥土地细分情况 ·············· 20

图5 1830~1843年芝加哥的土地细分 ·············· 27

图6 1836年芝加哥土地平均价值（美元/英亩） ·············· 28

图7 1836年芝加哥的土地价值（美元/英亩） ·············· 29

图8 1843年芝加哥的土地价值（美元/英亩） ·············· 35

图9 1854年进入芝加哥的铁路 ·············· 50

图10 1844~1862年芝加哥的土地细分 ·············· 57

图11 1856年芝加哥土地价值（美元/临街英尺） ·············· 61

图12 1857年芝加哥土地平均价值（美元/英亩） ·············· 62

图13 1856~1857年芝加哥的土地价值（美元/英亩） ·············· 63

图14 1860~1863年芝加哥的土地价值（美元/英亩） ·············· 68

图15 1840~1930年芝加哥贸易额和制造业产值 ·············· 73

图16 1873年芝加哥的下水道、铺设的道路及桥梁情况 ·············· 80

图17 1871年的火烧区域以及1872年的法令限制区域 ·············· 90

图18 1834年、1844年、1857年和1873年芝加哥新增的居住区域 ·············· 91

图19 1863~1879年芝加哥的土地细分 ·············· 93

图20 1873年芝加哥的土地价值（美元/临街英尺） ·············· 95

图21 1873年芝加哥土地平均价值（美元/英亩） ·············· 96

图22 1870~1873年芝加哥的土地价值（美元/英亩） ·············· 97

图23 1880年芝加哥马车线 ·············· 107

图24 1891年芝加哥的公共交通 ·············· 127

图25 芝加哥城市版图的扩大 ·············· 131

图26 1892年芝加哥土地价值（美元/临街英尺） ·············· 155

图 27	1892 年芝加哥每平方英里及 960 英亩整块地土地价值（美元/英亩）	157
图 28	1890~1892 年芝加哥的土地价值（美元/英亩）	162
图 29	1899 年居住区的扩张	170
图 30	1890~1932 年芝加哥的发展	171
图 31	1902 年高架铁路线和地面公交线路	174
图 32	1910 年芝加哥住宅区土地价值	181
图 33	1910 年芝加哥 960 英亩整块地土地价值（美元/英亩）	182
图 34	1907~1931 年芝加哥公寓的总收入及运营成本	198
图 35	1905~1932 年芝加哥办公楼的总收入和运营成本	198
图 36	1933 年芝加哥 7 层以上建筑的分布情况	201
图 37	1910 年、1928 年、1931 年从岩岛大道到克劳福德大街段第 79 街沿线的土地价值	207
图 38	1910 年、1928 年、1931 年劳伦斯大道土地价值	208
图 39	1910 年"卢普区"外围主要商业中心的土地价值	211
图 40	1928 年"卢普区"外围主要商业中心的土地价值	212
图 41	1880~1992 年芝加哥的土地细分	213
图 42	1926 年芝加哥住宅用地的价值（美元/临街英尺）	215
图 43	1926 年芝加哥 960 英亩整块地土地价值（美元/英亩）	216
图 44	1926 年芝加哥住宅区的扩展	217
图 45	1918~1928 年芝加哥各区域土地价值的上涨	220
图 46	1903~1932 年芝加哥地面交通线及高架铁路的扩展	221
图 47	1931 年芝加哥住宅用地的价值	223
图 48	1926~1933 年芝加哥房地产市场情况	225
图 49	1929~1933 年芝加哥"卢普区"外围银行倒闭的情况	227
图 50	1886 年芝加哥富人和穷人房屋占地面积情况	241
图 51	1933 年芝加哥不同楼层高度的分布情况	245
图 52	1833~1933 年芝加哥新增住宅用地的分布	252
图 53	1865~1933 年高档居民区土地价值的变化	254
图 54	1828~1933 年芝加哥外围高价值土地情况	255
图 55	1910 年、1928 年芝加哥北大街和迪维森大街区域住宅土地价值	256
图 56	1910~1928 年芝加哥第 55 街和第 56 街区域住宅土地价值	257
图 57	1890~1931 年芝加哥廉价居民区土地价值波动情况	259
图 58	1933 年芝加哥被其他种族人群占据的区域	261

图 目 录

图59　1832～1933年芝加哥老住宅土地价值情况 ………………………………… 264
图60　1833～1933年芝加哥新增工业用地的分布 ………………………………… 265
图61　1931年芝加哥工业土地价值 …………………………………………………… 266
图62　1873年、1910年、1928年从芝加哥大街到第55街的州街段土地
　　　价值情况 …………………………………………………………………………… 268
图63　1873年、1910年、1928年从州街到中央街的麦迪逊大街段土地
　　　价值情况 …………………………………………………………………………… 269
图64　1873年、1910年、1928年从芝加哥大街到第55街的密歇根
　　　大道段土地价值情况 ……………………………………………………………… 270
图65　1873年、1910年、1928年从罗斯福大街到劳伦斯大道的克拉克
　　　大街段土地价值情况 ……………………………………………………………… 271
图66　1932年6月芝加哥商店租金与交通流量 …………………………………… 272
图67　1928年芝加哥农舍大道、霍尔斯特德大道、西塞罗大街土地价值 ……… 273
图68　1910年、1928年密尔沃基街土地价值 ……………………………………… 274
图69　1928年芝加哥第63街到第79街区域土地价值 …………………………… 275
图70　1836年、1873年、1893年、1923年、1933年芝加哥中心商业区
　　　建筑所占据的空间体积 …………………………………………………………… 277
图71　1830年、1836年、1854～1856年、1870～1873年芝加哥中心
　　　商业区主要地块总价值 …………………………………………………………… 282
图72　1896年、1909～1913年、1925～1928年、1931年芝加哥中心
　　　商业区主要地块总价值 …………………………………………………………… 283
图73　1830年、1836年、1856年、1873年芝加哥中心商业区每一街区（半个街区
　　　深、含十字路口）土地平均价值（美元/临街英尺） …………………………… 284
图74　1894年、1910年、1928年、1931年芝加哥中心商业区每一街区（半个街区
　　　深、含十字路口）土地平均价值（美元/临街英尺） …………………………… 285
图75　1910年、1921年、1928年、1931年芝加哥中心商业区每一街区中间地块
　　　（100英尺深、不包括十字路口）土地价值（美元/临街英尺） ……………… 286
图76　1835～1933年芝加哥土地总价值、总人口、制造业产值 ………………… 287
图77　1833～1933年芝加哥中心商业区房地产抵押贷款利率与铁路
　　　债券收益率 ………………………………………………………………………… 293
图78　1855～1932年芝加哥每年新铺人行道的英里数 ………………………… 294
图79　芝加哥百年来土地价值上升与复利增长比较 ……………………………… 295
图80　芝加哥离市中心不同距离人口情况 ………………………………………… 297

图 81	1920~1930 年芝加哥人口变化	298
图 82	1850~1880 年阿什兰大街到霍尔斯特德大道地区每平方英里人口变化情况	299
图 83	1890 年、1910 年、1930 年芝加哥阿什兰大街到霍尔斯特德大道每平方英里人口数	300
图 84	1910 年、1928 年芝加哥阿什兰大街东侧住宅土地价值	300
图 85	1840~1930 年芝加哥人口密度情况	301
图 86	1836~1928 年芝加哥密歇根湖湖岸地区土地价值	302
图 87	1830~1933 年芝加哥土地价值	302
图 88	1830~1933 年土地价值	303
图 89	芝加哥历次房地产周期相关数据	311
图 90	1900~1933 年芝加哥不同区域人口增长与土地价值变化	312
图 91	1933 年芝加哥带有供暖设施公寓的租金与运营成本	319
图 92	1854~1932 年芝加哥新建筑价值	320
图 93	1830~1932 年芝加哥土地细分量	327
图 94	1869~1932 年库克县房地产交易情况	331
图 95	1865~1931 年芝加哥税收和特殊估税总额	332
图 96	芝加哥房地产周期	341
图 97	1831~1933 年芝加哥人均土地价值、美国批发价格、非技术工人工资、铁路股票价格的走势比较	343
图 98	1830~1933 年芝加哥土地价值、建造周期与美国整体商业活动比较	344
图 99	1866~1933 年芝加哥土地价值、房地产转让量与芝加哥制造业产值的比较	345
图 100	1830~1933 年芝加哥土地价值、土地细分周期与芝加哥银行结算额周期比较	346
图 101	1830~1933 年芝加哥土地价值周期、商品批发价格、运河-铁路股票价格、工业股票价格的比较	347

第一部分

1830~1933年芝加哥城市发展与土地价值增长关系的历史

第一章

1830~1842 年运河时代的土地繁荣

 A. 引言:研究的客观性

芝加哥在 1830 年还只是一个仅有十几座木屋的小村庄,1930 年便已发展成了一个占地面积 211 平方英里的大都市,其总人口比占地 82.5 万平方英里的八大州①还要多。同时,这 211 平方英里的土地价值也从几千美元飙升到了 50 亿美元,50 亿美元的价值相当于在 1803 年购买面积为 3.75 亿英亩的路易斯安那州价格的 300 多倍,也略多于 1925 年②美国 23 大州所有农场的总价。芝加哥发展之迅速、现在规模之大,使得人们不得不去分析这个位于芝加哥河和密西根湖交界处的世界大都市到底是如何形成的。

在美国工业革命时期,芝加哥城市发展与土地价值的数据,对于土地价值研究、经济和社会变化的研究都有着重要意义。芝加哥的建筑活动并

---

① 1930 年芝加哥人口为 337.6436 万。亚利桑那州、蒙大拿州、内华达州、新墨西哥州、北达科他州、犹他州、怀俄明州等八大州占地面积一共为 82.5534 万平方英里,总人口为 334.6843 万(美国人口普查,1930 年)。

② 1925 年,以下 23 州的农场总面积为 2.433 亿英亩,其总价值为 49.56206 亿美元,包括:缅因州、新罕布什尔州、佛蒙特州、马萨诸塞州、罗得岛州、康涅狄格、肯塔基州、田纳西州、阿拉巴马州、密西西比州、爱达荷州、怀俄明州、科罗拉多州、新墨西哥州、亚利桑那州、犹他州、内华达州、新泽西州、特拉华州、马里兰州、西弗吉尼亚州、弗吉尼亚州。它们是美国农业发展最差的州,在 1920 年它们农场的总价值仅占美国所有农场价值 550 亿美元中的很小一部分(1920 年美国人口普查;1932 年美国统计摘要,574~575 页)。1922 年,根据美国联邦贸易委员会报告,美国所有土地总价值估计为 1 220 亿美元(《国家财富与收入》,华盛顿,1926 年 [美参议院文件,126],34 页)。

非是一直稳定进行的，而是跌宕起伏的。某一段时间内整个城市近乎疯狂地①兴建建筑，导致城市邻近地区的大片草原都被高楼大厦所覆盖，然而接下来的一段时间里建筑活动又趋于停滞。同样，芝加哥的土地价值也时而增长时而下跌。一年间，特定地区的土地价值会飙升10倍，但接下来的一年里不但没有增长，反而还会下跌。

芝加哥城市的形成一直是以纤细的线条从城市中心向周边延伸的，按不均匀的速度发展。一位80多岁的观察者说道："芝加哥集繁荣的都市、聚集的村庄以及荒僻的旷野为一体。"② 在芝加哥市内我们可以看到：第一，在40层的摩天大楼旁边依旧有旧的6层（或者更低的）建筑存在；第二，在中间地带，陈旧的高档住宅区紧挨着工厂、商店，旁边还有大片的小屋；第三，在湖岸有大片高大的公寓楼；第四，在边远区域还有独立的城镇，有些彼此融合，有些则被一块块草原隔开了；第五，有些区域长满了草和树桩，在这里一个居民都没有，似乎昭示了此处房地产投机的失败。在如此斑驳的都市里，1933年的土地价值也参差不齐，每英亩价值从1 000美元到2 000万美元不等。甚至有的地方土地价值为50美元/临街英尺，而仅隔200英尺的地方土地价值竟可以高达1 000美元/临街英尺。

本书研究主要着重两个方面的内容。一个是，我们常见的由新建筑、公共设施、交通线路所反映的城市的发展；另一个是，土地价值的结构性上涨与变化，这是我们平常不能直接观察到的。城市的发展与土地价值变化之间存在着紧密的联系。虽然要得到它们之间紧密联系的确切数字并不容易，但我们仍然可以通过对过去情况的分析得出。

读者可能会疑惑，仅基于对芝加哥这个特殊城市历史的研究是否能对其他城市发展的研究与土地价值研究有着普遍的适用性呢？如果这一系列偶然事件不可能在未来重演，那么对这些特殊事件及其影响的了解会有多大作用呢？我们经常可以发现，一个城市的发展经历跟人的自传有些相似。在历史的发展中，一系列事件是不可能被再次重复的，就好比一个人自己独特的经历造就的这个人的气质也是无法被复制一样。在一个城市的成千

---

① 巴尔扎克在《法拉格斯》一书中将巴黎形容为情绪波动的魔鬼，其中一种波动情绪便是对建筑的狂热。

② 阿德勒（Adler）先生在1888年2月19日的《芝加哥论坛报》上引用了该说法。

上万的小群体中，有些事是大家身边周围的人都描述或经历过的；有些却是个别的男女所拥有的独特的经历。土地价值反映了局限于一个街区或者一个城市范围内所有因素的影响。

然而，对一个城市发展的研究还是可以揭示出一些带有普遍性的、共性的东西。对一个世纪以来芝加哥城市发展与土地价值的整体把握可以发现一些周期性的规律，某些大体模式或者说相似历史经历在某种程度上还是有一定重复的。本书第一部分的五章内容每一章都讨论了一个完整的房地产周期，其中包括了某些相似经历的阶段。因为在决定一个城市土地价值的过程中，当地因素比国家或国际性因素更为重要。所以可以通过包含一段完整周期的时间（有时是35年）去研究一个城市当地的房地产市场，可以更好地了解城市土地价值的本质。对一个城市作长期的研究可以帮助我们发现影响其他城市房地产的因素。了解许多城市短时间内的土地价值不如研究一个城市长时间的土地价值，因为后者能为城市土地价值研究提供更有用的信息。

城市发展是一个长期累积的过程。每栋建筑、每条铁路或公交线路以及每个公园都会给这个城市的人们留下深刻的印象。铁路或公园一旦形成便会逐渐固定，即使城市变化再大，其位置也是固定的。城市的特征会随着新兴设施的投入而改变，但是不会荡然无存。同样的，城市里土地价值及分布也是一个长期累积的过程。本书的第一部分将会介绍芝加哥不同区域的土地是怎样被用于不同用途的，或者是如何被特定的社会阶层及种族所使用的。

本书的第二部分主要是以图表的形式说明了人口增长、贸易增长、制造业增长、物价水平变动、股价变动、薪酬变动以及利率水平变化是影响一百年来芝加哥房地产价值变动的主要因素。这一部分的主要目的是通过对芝加哥城市发展与土地市场的总括研究，分析影响城市土地价值的社会因素和经济因素是如何起作用的。

✦ B. 芝加哥早期发展因素

水运——当法国探险家乔利埃特（Joliet）早在第一次土地繁荣开始前

的160年到达这里时,他便预言了芝加哥的辉煌前景。① 国家的先驱们一直在寻找这样的地方,从他们第一次发现芝加哥到这里最终成为殖民地的几十年间,芝加哥地理位置上的优势一直被欧洲探险者们所看好。当时的北美地图上清楚地标识着它的位置。芝加哥在当时就被很多人认为将有重要的战略地位,人们相信它在未来会有很好的发展前景。

芝加哥这个位置为何如此幸运?对于这个问题的回答要追溯到冰河世纪。那时,冰河冲刷了整个密歇根湖,但是并没有切断北美五大湖的水进入密西西比河谷的水道。圣劳伦斯河与北美五大湖形成了第一条由东部通往美国心脏地带的大道。倾入密西西比河的河流网形成了一条从南部进入美国内部的通道。而芝加哥便是这两大水运体系的交汇点。由于当时陆路交通很不方便,所以人们主要借助水运通道,芝加哥的幸运就变得理所当然了。

流入伊利诺伊河的德斯普兰斯河(Des Plaines),也是密西西比河的支流,与密歇根湖平行且距离最宽不超过10英里,被一个较低的不超过6~8英尺高的大陆分水岭隔开。最初的白人探险家乔利埃特与马凯特(Joliet & Marquette)早在1673年就找到了这个地方,发现可以通过那片陆地缩短到芝加哥的距离。春汛期间这里主要的水道、芝加哥河的南支流以及浅的"泥湖"(Mud Lake)都会形成从密歇根湖到德斯普兰斯河以及伊利诺伊河的一条条排水通道。② 印第安人在白人到达这里之前便通过水路乘着独木舟到芝加哥,在这里成为殖民地之前③,这里是他们与皮毛商们的集市点。

要塞——当水路还是从海岸到大陆内部最主要的通道时,像芝加哥这样的水运枢纽是入侵者以及皮毛商都不得不经过的重要关口。④ 要想对周围

---

① 早在1673年,乔利埃特就曾说过可以修建一条运河来连接五大湖以及密西西比河,也就是后来据达伯龙神父(Father Dablon)所描述的:"第四点……便是我们可以通过乘船到达佛罗里达。我们可以通过修建一条运河从伊利诺伊河(密歇根湖)到达圣路易河(德斯普兰斯河以及伊利诺伊河)。"(达伯龙神父,《历史杂志》,237页。引自于安德列斯(A. T. Andreas)的《芝加哥历史》[芝加哥,1884年],Ⅰ,165页)

② 《伊利诺伊州库克县的历史》(芝加哥,1909年),Ⅰ,38页。拉萨尔(Lasalle)在《联系》中引用道:"芝加哥水运就像海峡一般,它是整个草原所有水道的汇合处。"

③ 麦洛·考非(Milo M. Quaife),《芝加哥及古老的西北》(芝加哥:芝加哥大学出版社),21页。

④ 有关军事优势可以参见哈尔波特的《美国历史高速》,Vol.Ⅶ;《水运道路》(美国城市,1903年),51~82页。

第一章 1830~1842年运河时代的土地繁荣

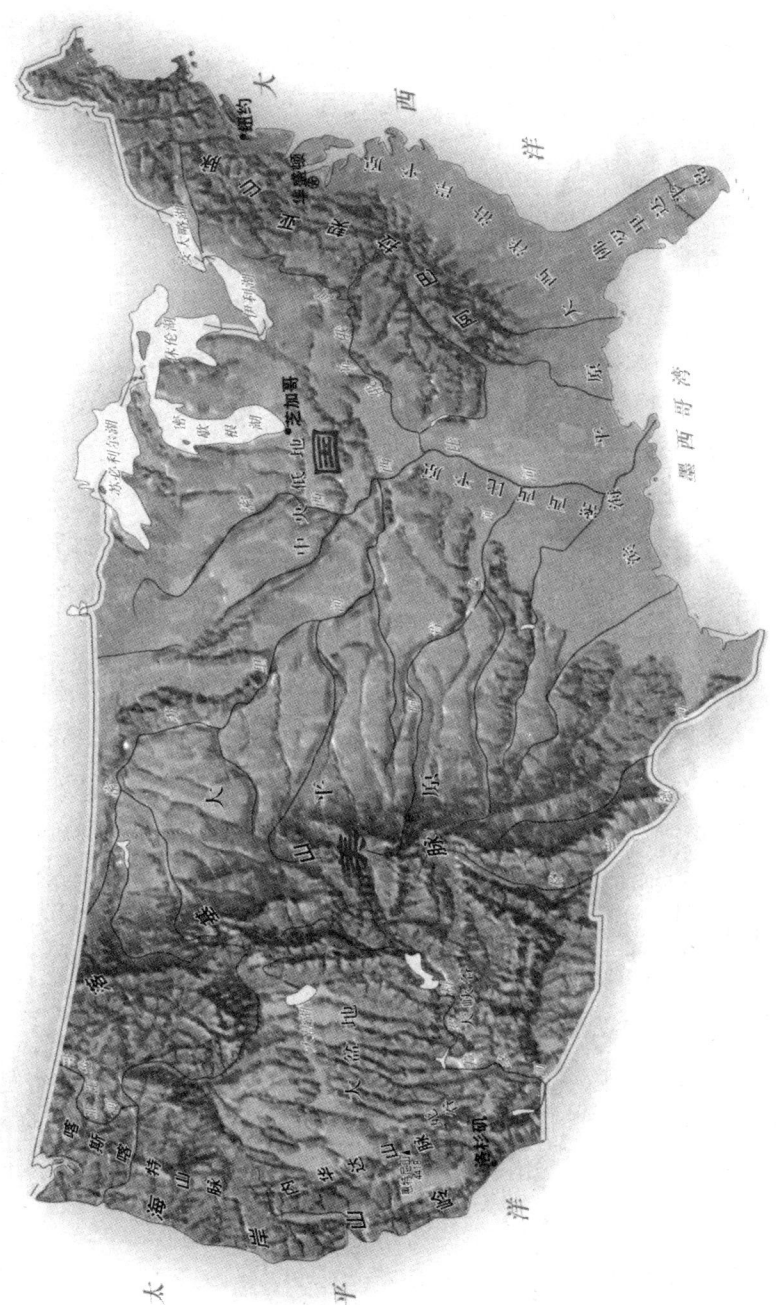

图1 芝加哥位置及水运系统优势

区域实行军事控制,首先便要在此驻军。然而对于 18 世纪的白人殖民者——无论是法国人还是英国人来说,要想在芝加哥驻军都显得太遥远了。1795 年,当安东尼·韦恩(Antony Wayne)将军奉劝美国政府从印第安人那里占领芝加哥河河口①的 6 平方英里领土时,便已经看中了芝加哥重要的地理位置。1803 年,迪尔伯恩要塞建立。该要塞大约有 60 人守卫,每年都会有一次轮船给这里带来补给品,同时也将与印第安人进行贸易换得的皮毛带回。② 同年,在该要塞的保护之下,这里也建立了一些供印第安人、白人以及皮毛商居住的小木屋。③ 该要塞位于芝加哥河的南岸,也就是现在的密歇根大道。1812 年,这个要塞在"迪尔伯恩大屠杀"中被摧毁。1815 年,芝加哥河口又建立了第二个要塞。此时这里已经有 10 座或 12 座房屋,被龙少校(Major Long)称为"低俗、污秽、恶心"的小村庄。1830 年,包括位于麦迪逊大街的 3 间木屋,这里最多有 12 户居民。西部大移民的浪潮并没有席卷到这里,在 1830 年之前只有南方人通过俄亥俄山谷抵达伊利诺伊州。直至此时,芝加哥的发展几乎可以忽略不计。

运河——早在建立贸易要塞之时,人们便已提出通过修建运河来减少水运路程的想法。对城市的未来发展来说,修建运河无疑是相当重要的。从芝加哥河南支流到德斯普兰斯河之间修建长达 8~9 英里的水道。这种不成熟的想法很快便被经常旅游的观察家所驳回,德斯普兰斯河本身仅是有着几处急流的小溪,有时根本无法乘小船横渡。据负责检查该路线的联邦工程师称,为确保水路通道的畅通,有必要修建从芝加哥到拉萨尔(Lasalle)的距离为 100 英里的运河。

虽然困难重重,但这并没有使联邦政府停止对修建运河的支持。1673 年,乔利埃特首次提出了有关运河项目的讨论。1808 年,加勒廷(Gallatin)提出了有关内部改良的计划。1814 年,麦迪逊总统将此案提交到了国会。④ 1815 年,美国从印第安人手里购买了该通道。⑤ 1818 年,伊利

---

① 考非,同上,43 页。
② 同上,154 页,引自"威斯康星州历史合集",XI,239~240 页。
③ 《芝加哥:异地者与旅游者家之家》(芝加哥:Galpin,Hayes,McClure,1869 年),20 页。
④ Knight and Zeuch,416 页。
⑤ 考非,同上,342 页。

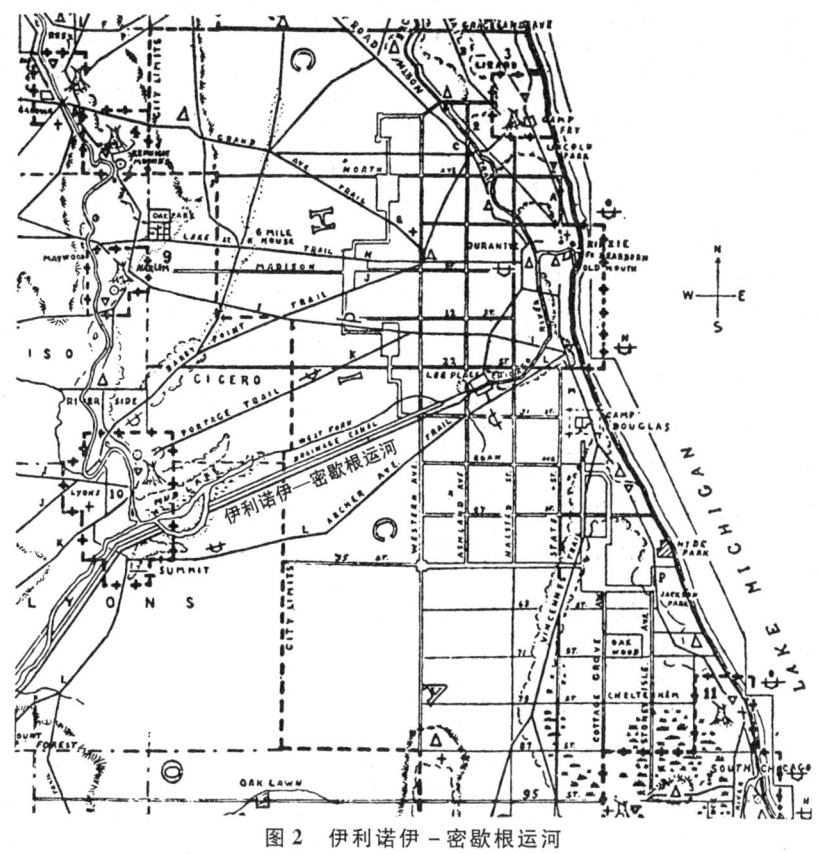

图2 伊利诺伊-密歇根运河

诺伊成为了州。① 1817年，龙少校顺利地做出了调查报告。② 伊利诺伊州南部的人士发现了一条可以不再依赖新奥尔良而到达东部市场的通道。1818年，伊利诺伊州州长也相应地将此信息汇报给了联邦政府。③ 1819年，国防部秘书长卡尔霍恩（Calhoun）指出，运河在战争期间是重要的交通要道，所以对于国防相当必要。④ 1822年，国会授权伊利诺伊州进行调查并且允许其征用90英尺宽的狭长土地用于修建运河。⑤ 伊利诺伊州任命运河委员会检查并估计五条可行路线的花费，其中重点考虑了从芝加哥河到德斯普兰

---

① 顾德斯比德（Goodspeed）与赫利（Healy），Ⅰ，74页。
② 同上，Ⅱ，70页。
③ 同上，Ⅰ，89页。
④ 同上，Ⅱ，72页。
⑤ 《美国公共条例》，波士顿，Ⅲ，659~660页。

斯河的路线。① 1825 年 1 月，伊利诺伊 - 密歇根运河公司成立，这是一家私人公司，它获得 100 万美元的政府拨款来开挖运河。② 然而，1826 年 1 月，在该公司开始运营之前，立法机关又担心该公司的存在会影响国家的拨款，于是便撤销了该公司。③ 1826 年，伊利诺伊州又上书联邦政府，请求国会划拨土地用于修建运河，尽管遭到了新奥尔良州的反对，但在 1827 年最终还是获得了同意。于是在该路线四周各划了 5 英里的土地给该州，但前提是必须在五年内启动运河工程，并且必须在通过该法案后的 20 年内竣工，否则从土地销售中所获得的资金必须归还联邦政府。④ 1829 年 1 月，伊利诺伊州从国会获得了土地授权，于是任命三个运河委员选择路线并确定哪些土地被征用来修建运河，土地价值为 1.25 美元/英亩。委员们选中了芝加哥 - 德斯普兰斯河河段的路线，并将相关的土地区域列出了清单。1830 年 5 月 21 日，美国总统批准了该决定。图 4 显示了最早的芝加哥城，它主要包括了从现在的麦迪逊大街到肯植街，以及从州街到德斯普兰斯大街的范围。芝加哥的第一批细分地块⑤于 1840 年 9 月 4 日出售。

运河于 1836 年 7 月 4 日开始动工，在 1842 年中止了一段时间后，最后于 1848 年竣工。尽管在芝加哥第一批土地交易后 18 年里，运河并没有成为从五大湖到密西西比河的主要交通路线，但是它给芝加哥带来的吸引力以及刺激土地投机——这点重要性再怎么强调也不为过。1825 年伊利运河成功竣工，运河沿岸城镇的土地价值迅速攀升，于是人们纷纷流向这里，这使得同样的土地投机扩展到整个芝加哥。在芝加哥第一批土地购买者眼里，芝加哥沿岸并非肮脏的茅屋村，而是随着运河完成会逐渐升华的大都市。运河点燃了人们心中的希望。

1900 年 5 月 13 日的《芝加哥论坛报》上有一篇题为《运河成就了芝加哥》的文章这样描述了运河的重要性：

芝加哥在 1830 年之前仅仅是隶属于印第安人的军事哨所，它没有足够的财力来建立运河。在运河还没有开始修建时，芝加哥仅仅是一个小村庄。

---

① 顾德斯比德，赫利，Ⅱ，76 页。
② 《伊利诺伊州第四届会议法律》，160～161 页。
③ 顾德斯比德，赫利，Ⅱ，76 页。
④ 《美国公共条约》，Ⅱ，234 页。
⑤ 译者注：土地细分是将整块地分成小地块以便出售的过程。

运河委员绘制了芝加哥的第一份地图,也是运河委员完成了那里的第一批土地销售。运河成就了芝加哥,就好比近年来铁路成就了西部城镇一般。芝加哥是一个运河之城。

道路——除了运河之外,芝加哥的道路建设也是其早期发展的一个重要因素。原先那些绕着湖或沿着高地的蜿蜒小路是由美洲野牛、印第安人、皮毛商在芝加哥河沿岸踩出来的。正是这些小路形成了这个小镇最初的核心道路。后来,城市测量员每隔一英里便画一直线来规划道路,这些规划中的道路随着城市的发展也慢慢成为了城市街道,这使得芝加哥的道路形成了棋盘状的布局。

芝加哥河及其南北支流形成了一个"Y"字形,将芝加哥城区分成了三部分:北区、南区和西区。芝加哥河是大量乘客和商品的出入口,沿岸相应地成为了重要的水陆聚集地。船只选择在陆路交通便捷的运河沿岸卸载,因此,进入城市某区域道路的数量及宽窄直接决定了该区域的初期发展。

在湖湾有一条"芝加哥路",它是从东面涌入芝加哥的移民的主要通道。① 大篷马车通过南方有名的温森斯小道(Vincennes)将商品从沃巴什运到芝加哥。② 西南方向是一条印第安小道,被称为"通往布朗寡妇之道",后来又被叫做"阿彻(Archer)大道"。③ "芝加哥路"在现在第39街的北面;温森斯小道位于第51街北部;"通往布朗寡妇之道",也就是我们现在所说的"阿彻大道";还有一条从西通向第18街南部的小道——这些道路大都在第18街与州街的位置交汇,然后从那里通往迪尔伯恩要塞。

北区以及西区的道路在最初并非很重要,因为它们所通向的区域只有很少的白人居民。要塞对面从河流北岸沿着密歇根湖岸向北便是绿湾小道,这里一直到1812年都是英国的前哨基地。当还不能利用湖上通道时,人们通常是经这条小道到希博伊根(Sheboygan)、拉辛(Racine)、基诺沙(Kenosha)以及密尔沃基(Milwaukee)。"利特尔要塞(Little Fort)"小道旁便是现在的"林肯大街"。④

---

① 考非,《芝加哥新旧高速路》(芝加哥,克勒出版社,1923年),37~46页。
② 同上,54、58、60、69页。
③ 同上,79页。
④ 同上,105~107页。

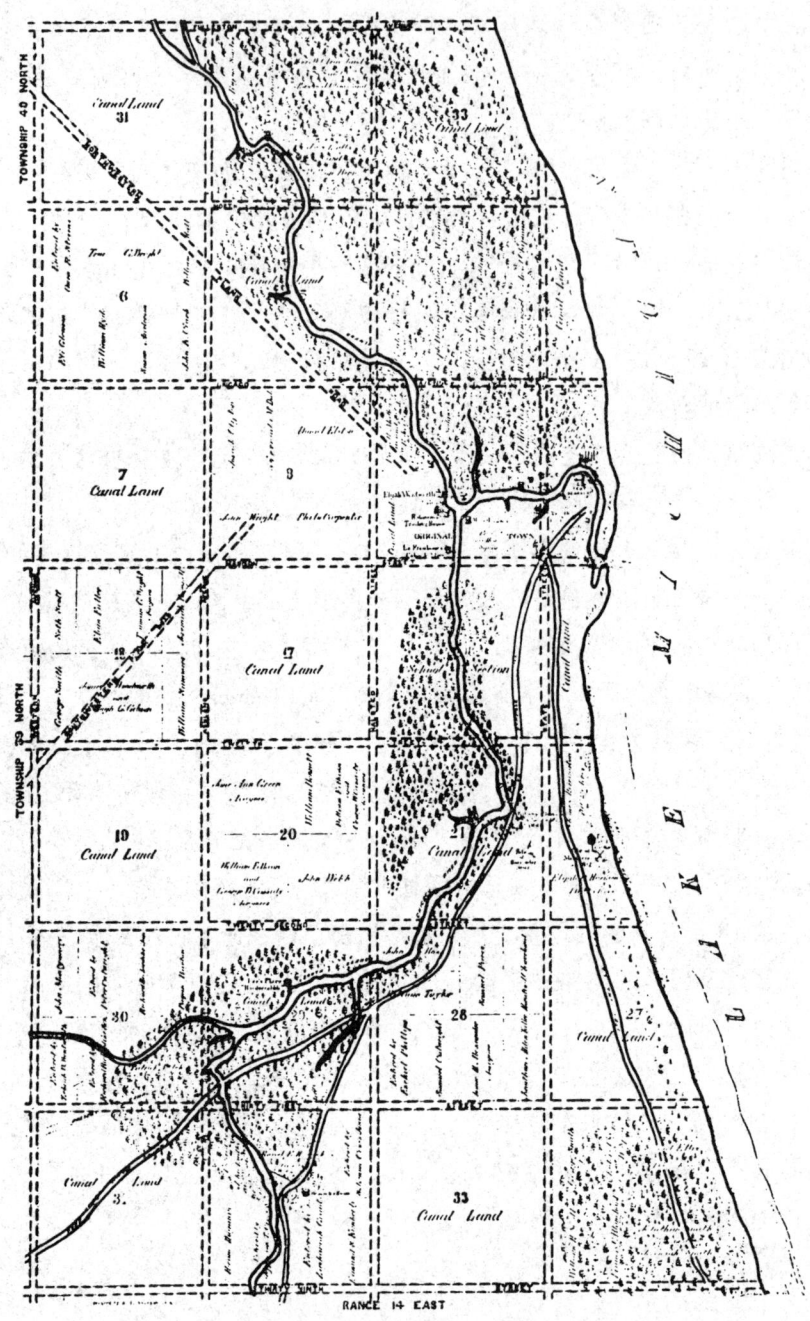

图3 1830年芝加哥地图

在西区，沿着现在的"湖街（Lake Street）"以及"格兰德大街（Grand Avenue）"① 便是通往加利纳（Galena）的道路，沿着水运通道便是现在的奥格登（Ogden）大道，沿着芝加哥河北部支流与德斯普兰斯（Des Plaines）河之间往西北方向的小路便是后来众所周知的密尔沃基街和埃尔斯顿（Elston）大街。② 很多路线都汇合在芝加哥河南岸。

1830～1832年芝加哥的发展——在1830年，芝加哥还只是一个仅由12栋木屋组成的小村庄，通过现在的南水大街旁边的一条道路连接在一起。河岸有三个小客栈：第一个在河的南岸，也就是在现在湖街与市场大街（Market Street）的十字路口处，是由马克·布本（Mark Beaubien）在1826年为庆祝卖掉桑加纳什（Sauganash）所修建的；第二个叫"沃尔夫口"（Wolf's Point），在湖街与西水大街③的西边，1828年由肯植（Kinzie）修建；第三个在北水大街的北面，由塞缪尔·米勒（Samuel Miller）在1828年修建。1831年，由渡轮将这三个小客栈连接了起来。

1830年到1832年初，芝加哥还没有怎么开始发展。在1832年时它还只是一个仅有着12栋木屋的小镇。这些房屋的地理位置如以下描述：

在北区，除了要塞之外还有两个小屋以及古老的肯植屋（Kinzie house），另外，在南区还有2～3个小农舍，在河汊的西岸有一个肯植（Kinzie）小店，在密歇根大道有一个马克·布本修建的客栈。④

西部移民潮并没有渗透到芝加哥地区，部分原因是由于担心有敌意的黑鹰印第安人回到这里。

通往芝加哥的道路日益便利起来。从芝加哥可以通过伊利运河直达纽约。1828年，可以通过在五大湖上行驶轮船从布法罗到达芝加哥，从新奥尔良、圣路易斯也可以通过在密西西比河上乘船，然后通过伊利诺伊河远至皮奥里亚（Peoria）。直到1831年，大家才发现通过芝加哥航线从纽约到圣路易斯运送货物比通过新奥尔良航线要便宜1/3。通过海运从锡拉库扎（Syracuse）运送到芝加哥的食盐的售价也远比伊利诺伊州的丹维尔（Danville）生产的盐的售价低得多，于是沃巴什的农民便都认识到了芝加哥是购

---

① 考非，《芝加哥新旧高速路》（芝加哥，克勒出版社，1923年），87～88页、91页。
② 同上，107页。
③ 译者注：见图4。
④ 马克·布本客栈便是他在1832年将桑加纳什卖掉之后所修建的那个。

买东方货物最便宜的市场。

1832 年,由斯考特(Scott)将军率领的部队来到了芝加哥,从此结束了来自黑鹰印第安人的威胁。士兵不仅使这个地方摆脱了印第安人的威胁,而且在他们返乡之时到处传颂这块肥沃的西北之土,斯考特将军还亲自给华盛顿提交了一份有关芝加哥发展前景的报告。于是,在 1832 年下半年,大批移民开始涌入芝加哥。到年底时,这个小镇便发展到了大概有 30 栋房屋、200 人居住的规模。还有两座木桥,一座位于现在的兰道夫(Randolph)街的南部,一座位于肯植(Kinzie Street)街的北部。

1833 年的芝加哥——1833 年,在位于州街与威尔斯(Wells)街之间的南水大街新建了一些用于商业用途的房屋,这里也是后来这个城镇最主要的街道①。如约翰·贝茨(John Bates)(于 1832 年定居该地时)所描述的"当时或许除了湖街和州街十字路口处的天主教堂之外,其他还什么都没有"。② 耶利米(Rev. Jeremiah)也说道:"1833 年,由于周围都是沼泽地带,克拉克大街和湖街还是一片偏僻得几乎人迹罕至的地方。"③ 1833 年 8 月,查尔斯·巴特勒发现,在西区只有一个小客栈,北区也仅有一个叫"街区小屋(Block House)"的房屋。④

1833 年,人们不再用以前用过的圆木而使用从当地锯木厂买来的木材开始修建房屋。⑤ 然而,据巴特勒所说,"由于当时以非常匆忙的速度修建房屋,除了个别例外,大多数房屋都属于人类居住最廉价、最原始的类型。"⑥ 查尔斯·拉特比(Charles Latrobe)这样描述当时的建筑情景:

村庄里面简直就是一片混乱,到处都是泥沙和垃圾。投机者们天天摆弄着斧头和锤子,使得木屋如雨后春笋般不断涌现,似乎宣告着大家做好其他一些同样运用较轻材质的建筑物也将出现的准备。⑦

1833 年一共修建了 150~200 座房屋。船只数量也从 1831 年的 7 只到

---

① 格兰德威利·斯博罗德(Grandville T. Sproat),写给《芝加哥论坛报》的信,1886 年 12 月 12 日;查尔斯·巴特勒,1881 年 12 月的信,同上,Ⅰ,129 页。
② 安德列斯(A. T. Andreas)的《芝加哥历史》[芝加哥,1884 年],Ⅰ,131 页。
③ 同上,300 页。
④ 同上,129 页(1881 年 12 月 17 日查尔斯·巴特勒的信中写道)。
⑤ 查尔斯·克里夫(Charles Cleaver),《四五十年代的芝加哥回忆》(芝加哥:费格斯出版社,1913 年),54 页。
⑥ 安德列斯(A. T. Andreas)的《芝加哥历史》[芝加哥,1884 年],Ⅰ,129 页。
⑦ 同上,124 页。

1832 年的 45 只，再到 1833 年的 120 只。《芝加哥美国报》也首次出版。这里的 350 位居民还建立了自己的政府机构。联邦政府还给予了他们 2.5 万美元用于港湾的开挖。首批工厂也出现在河的北岸，包括制革厂（1831 年）、肉联厂（1832 年）、肥皂厂（1833 年）以及砖厂（1833 年）等。

1834 年的芝加哥——1834 年的芝加哥发展非常迅速，人口从一年前的 300 人增至 2 000 人。其增长主要是沿着湖街一带，而湖街与拉萨尔大街十字路口处距离商业中心仍有着很远的距离，当时的商业中心是一栋被称为"哈伯德豪宅（Hubbard's Folly）"的四层大楼。1834 年，迪尔伯恩大街主干道上修建的吊桥对南水大街以及迪尔伯恩大街南部成为商业中心有很大的影响。1834 年春季的涨水使得疏浚港口的工作顺利竣工。停泊在河口对面的船只现在可以通过这条主干道进入商业区中心地带。通过以下描述，我们可以得知在 1834 年这个城镇的规模仍然有限：

在西区，除了斯蒂勒（Stile）先生的小圆木屋之外还有一个铁匠店，就这么多。在北区，有肯植屋和其他一些房屋。另外，还有一间房屋在南区的湖街南面。村庄大多数房屋都位于湖街与南水大道的位置。湖街有哈伯德引以为豪的豪宅。①

1835～1836 年间的芝加哥——1835～1836 年，芝加哥继续迅速发展。人口从 1834 年的 2 000 人增长到 1835 年的 3 264 人，最后到 1836 年的 3 820 人。直至 1837 年，这里已经有了 450 座房屋，与 1832 年年初的 12 座以及 1833 年 180 座都形成了鲜明的对比。

1836 年，芝加哥主要居民区在河岸南区。正如一位观察家所说：

芝加哥的发展主要局限于河岸附近。居民区离市中心的距离都还不是很远。1835 年春，在拉萨尔大街附近，也就是大概湖街 117 号的位置，一栋三层楼的建筑开始修建并于秋季竣工。当时大家都觉得这栋建筑离商业中心太远了，应该不会有好的前景。②

1836 年，建筑物并没有延伸到南区的兰道夫街。查尔斯·侯顿（Charles Holden）先生说道："尽管有一些用栅栏围起来的稀稀疏疏的房屋，

---

① 伊诺克·蔡斯（Enoch Chase），1883 年 8 月 2 日的信，引自安德列斯（A. T. Andreas）的《芝加哥历史》［芝加哥，1884 年］，138～139 页。
② 《芝加哥论坛报》，1887 年 7 月 3 日。

兰道夫街南面主要还是树林与平原。"① 位于湖街与南水大街之间、吊桥附近的迪尔伯恩大街段被称为是"最活跃的街道",它也是人们进行商业活动的中心,因为这里坐落着加勒特(Garrett)的拍卖行。在1835年后半年以及1836年间,这里共拍出了价值约为180万美元的地产。②

1835年北区开始迅速发展起来。查尔斯·巴特勒在1835年5月考察了肯植(Kinzie)与沃尔科特(Wolcott)的土地增值后,对芝加哥河北岸的土地做出了如下描述:"位于芝加哥河北岸的土地几乎被荒芜的灌木丛覆盖了,只要一下雨道路便如沼泽一般,到处泥泞不堪。"③ 然而到1836年,大量移民开始迁往芝加哥河北岸,主要位于克拉克大街东面。正如侯顿先生所说:"那一年(1836年)的北岸非常了不起,尽管我们所到达的地方距离原始森林仅有几步之遥,但那里却新建了很多商业建筑。"④ 主要的航运和转运业务都位于芝加哥河北岸。

在这段时间里,西区的发展稍微落后于其他两区。1838年,查尔斯·克里夫(Charles Clever)在离河流西岸三个街区的位置即华盛顿大道与杰斐逊街的十字路口处建立了一座房屋,据他说道,"它就这么孤独地坐落在那里,像一盏灯一样为很多从村庄和德斯普兰斯河晚归的人照亮道路。""那时",他继续说道,"它似乎离城镇还比较遥远。在它与湖街桥之间只有一座小屋,而且好像要在草原上走好一段路才能到达。"后来,从1838年到1843年,从克里夫的小屋到河岸之间逐渐修建了越来越多的房屋,但是过程极其缓慢。

截至1836年年底,芝加哥城已经有了很多不错的建筑。在克拉克大街与湖街的十字路口,有座四层楼砖瓦结构的沙龙(Salon)大楼,还有一座建立在北区拉什(Rush)大街与密歇根大道之间、造价为10万美元的四层楼的湖边酒店(Lake House),它是当时最好的宾馆。坐落在拉什大街、安大略大街与伊利大街之间的奥格登大厦,以及坐落在第16街与草原大道十字路口处的克拉克大厦,是那个年代最好的两栋大厦。它们和其他房屋之间都相隔一英里半的距离,其建筑之华丽是当时任何其他房屋都无法比

---

①④ 《芝加哥论坛报》,1887年7月3日。
② 邦纳(Bonnell)在1876年3月15日的信,引自安德列斯(A. T. Andreas)的《芝加哥历史》[芝加哥,1884年],Ⅰ,137页。
③ 同上,131页。

拟的。

一位新闻记者在时隔两年后的1837年1月再次游览芝加哥时，发现这里发生了巨大的变化：

我几乎快认不出这个地方了。原先这里还只是一片稀疏的草原，而现在却修建了这么宽敞的大道，还有那么多马车、货车。偶尔你还可以看到匆忙赶集的一家子，或者像我一样目瞪口呆的人：在人行道上提着大包小包，看见四层砖瓦大楼和硕大的标志完全惊呆了。①

然而，这样的情景还只是局限在一小部分区域内。1837年，芝加哥总人口数为4 179人，在西区一共仅有433人，在克拉克大街以西的北区也只有320人。有关1837年居民区的描述如下：

1837年，北区的人们主要居住在肯植街；在南区，人们主要聚居在湖街与南水大街；然而在南水大街与华盛顿大道之间的克拉克大街、迪尔伯恩大街以及拉萨尔大街都只有很少的花园房屋。州街与麦迪逊大街都是当时的主要出城通道。西区是人口最为稀少的地方，"从克林顿街到联合公园到处可见大量的鸟鹂"。②

4 179人主要都集中在25个街区或者说100英亩的范围之内，而四周都是广袤的大草原，这番景象看上去真有点奇怪的感觉。对此，可以从人口异常的年龄分布和性别分布以及从条件差到难以忍受的道路中找到解释。超过1 900人，或者说总人数的45%，都是成年男性。其中，绝大部分单身男性居住在旅馆、寄宿公寓或者商店。③ 水兵居住在船上，一些农民和移民居住在他们在草原上的大篷车里。因此，这个城镇的398座房屋里差不多每间房子里要住10个人。我们可从以下描述中看到，即使在1834年，芝加哥也是一个相当拥挤的地方：④

直至1834年5月中旬，这里根本没有空间以供不断涌入的新的人潮居住，于是便快速地修建了一些房屋以满足住宿，或者随着旅居者离开还可以腾出一些地方。旅馆以及一些寄宿公寓总是满的，而且有时一个房间有三张床。很多乘坐马车来的移民通常只能将他们的马车作为居所。在市郊

---

① 安德列斯（A. T. Andreas）的《芝加哥历史》[芝加哥，1884年]，I，138页。
② 摩西（Moses）、科克兰德（Kirkland），《芝加哥历史》，I，105页。
③ 温特沃斯（Wentworth），《早期的芝加哥回忆》（芝加哥，湖边出版社，1912年）。
④ 安德列斯（A. T. Andreas）的《芝加哥历史》[芝加哥，1884年]，I，134页。

你还可以看到大量的草原大篷车以及拴系的马匹，还可以看到闪亮的火——那是那些勤劳的主妇在为她们饥饿的家人们做饭。

下面是对芝加哥早期街道的描述："一旦下雨，整个村庄的街道便被完全淹没，到处都是泥，有些地方足以将马拉的货车淹没半个车轮之深，大人经常都是背着小孩从学校来回。"①

1837年，芝加哥的商店数量迅速增长，有29个纺织品店、5个金器具店、45个杂货店、10个客栈以及19个律师事务所，这些都远远超过了4 000人的需求。然而芝加哥作为方圆200英里范围内的贸易中心，一次便有多达500位农民的货物在此交易。对于移民者来说，芝加哥是一个新的起点。因为它是县政府所在地，因此，它也是3 200平方英里区域的法律中心，包括现在的库克县、雷克县、麦克亨利县以及杜佩奇县。它是周围一大片区域的政府机构所在地，是伊利诺伊州银行的支行所在地，还是与印第安人的交易点。1836年，这里的交易总额达到100万美元。在那个时候，周围的乡村甚至还没有自给自足，而这里所有从美国东部运来的商品在轮船回来的时候都已经卖光了。

1837～1840年间，北区比其他两区发展得更为迅速，人口数从1 238人增加到1 759人，增长了41%；南区人口只从2 330人增加到2 664人，增长了14%；西区人口数几乎保持不变。所有储存农产品的仓库都坐落在芝加哥河的北岸，因为农民们都是从南区过来，所以他们必须通过迪尔波恩街大桥。1839年，这座大桥因不安全而被拆除，继而被一个渡口所代替。这时，南水大街的地产所有者便开始在那里建立仓库，结果导致农民们纷纷将他们的农作物卸在南岸，并且从此再也不过河了。② 于是在1840年，北区的地产所有者们便设法通过修建克拉克大街主干道上的桥梁来确保他们原先的经济利益。虽然这一举动并没有为北区带回贸易，但是却有助于克拉克大街以及湖街新的商业中心的形成。正如威廉姆·奥格登（Wiliam B. Ogden）在1841年所描述的："商业主要集中在湖街以及克拉克大街，它的每一次聚集都给北区原有的微弱贸易造成严重的冲击。"③ 北区从此一直

---

① 《芝加哥论坛报》，1886年12月12日（格兰德威利·斯博罗德，第一任小学教师）。
② 亨利·布朗（Henry Brown），《芝加哥现在以及未来的发展前景》（芝加哥，费格斯出版社，1876年），22页。
③ 威廉姆·奥格登的信，1841年3月27日。

没有恢复它先前的商业声望,但是,在19世纪40年代,它却还是芝加哥高档住宅区的所在地。

在1837~1842年的经济大萧条期间,芝加哥的发展非常缓慢。一直到1842年,河岸四周只延伸了3~4个街区的距离。这年,沃高普(Waughop)先生这样描述了这个年轻的城市:"1842年,芝加哥似乎已经完全是一个超级大镇了,向北一直延伸到了北印第安街(也就是格兰德大街),向南一直到麦迪逊大街,向西一直到杰斐逊街(Jefferson)。"①

这便是芝加哥在第一轮房地产周期时城市的发展。接下来,我们描述它的房地产周期。

C. 1830~1842年芝加哥的土地价值

开始——尽管在1830年前,从芝加哥河到德斯普兰斯河之间的运河能否被修建一直被人们频繁讨论,但是,芝加哥的重要战略位置一直都是毋庸置疑的。自1819年开始的、长时间的全国范围的经济大萧条,加之州银行的破产,使得当地的金融陷入困境,该地区的人数也随之减少了,看上去仿佛任何投机活动都不可能得以开始。1833年,伯塔瓦托米(Pattawomie)印第安人将芝加哥附近2 000万英亩的土地以每英亩0.06美元的价格卖给了美国政府。② 一直到1830年,芝加哥的政府用地都是最有价值的土地,其售价最低为1.25美元/英亩,其他地方的土地并不值钱。因此,在1830年年初,211平方英里的芝加哥总土地价值顶多也不会超过每平方英里800美元,即16.88万美元的总价。当时几乎没有人愿意以这个价格购买,因此,在1830年这个估价已经算是很高了。芝加哥的第一批土地由运河委员在1830年9月以每英亩仅比最低价略高一点的价格出售。一块面积为80×180英尺的地块当时出售的最高价仅为100美元。

南水大街、湖街以及迪尔伯恩大街交界处的一块土地售价为0.5美元/临

---

① 沃普,《芝加哥论坛报》,1884年9月28日。
② 安德列斯(A. T. Andreas)的《芝加哥历史》[芝加哥,1884年],I,125~128页。

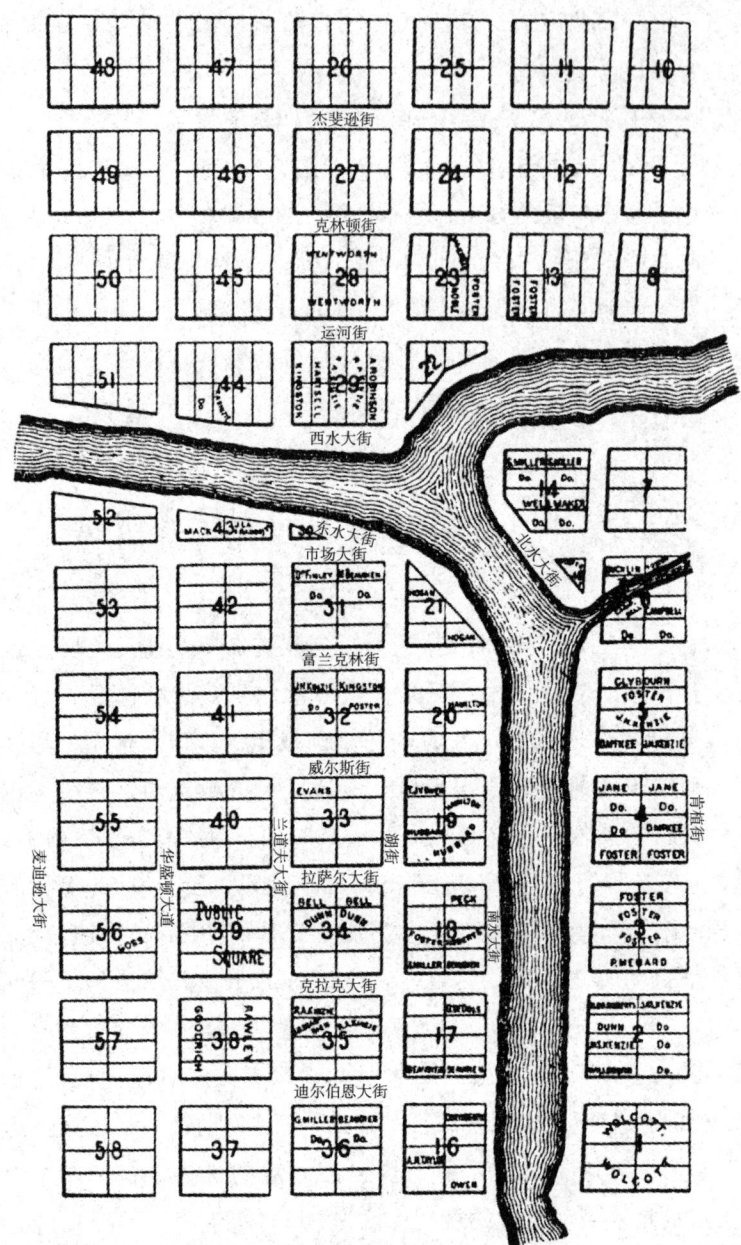

图 4　1830 年芝加哥土地细分情况

街英尺①。当时这个城镇土地的均价极少超过每英亩 25 美元,甚至在河流北岸毗邻城镇的土地价值还以每英亩 1.25 美元的价格出售。②

1830~1832 年间,土地价值升值很小,湖街与威尔斯街十字路口处面积为 80×150 英尺的地块在 1832 年售价仅为 39 美元/英亩,位于南水大街与迪尔波恩大街十字路口处同样大小地块的价格也仅为 78 美元/英亩。③ 同年,兰道夫街与迪尔波恩大街十字路口处的土地售价也仅为 60 美元/英亩。④ 一个曾见过芝加哥被密歇根湖水淹没大部分城区的游客曾说道:"就是花 6 便士买下整个芝加哥我也不愿意。"⑤

开始升值——1833 年人口以及建筑的增加也反映了在河流南岸老城镇商业区土地价值的迅猛增长。威尔斯街西面的南水大街上的一块土地在 1830 年 9 月售价为 42 美元,1833 年 10 月为 66 美元,结果在 1833 年 11 月 30 日便立即飙升为 800 美元。对土地的需求引发了一场投机运动,使得土地价值一天天不断攀升。地产活动从城市中心地带逐渐蔓延到四周,土地买卖也由最初的少数人发展到最后几乎每一个居民都加入了。安德列斯描述了如下的房地产繁荣:

最初的买卖都是很正常的,购买者通过直接支付现金购买土地然后新建住宅或商店。然而这种正统需求慢慢地也被投机洪流吞没了,随着土地购买竞争越来越激烈,其价格也不断上升。土地价格第一天为 50 美元/英亩,第二天就升到了 60 美元/英亩,到下个月便已是 100 美元/英亩了。这种情况没有持续多久便已经发展成了疯狂的投机,几乎每一个居民都受其影响,每一个新来者都投身其中。1834 年年底,这种疯狂投机的现象几乎都习以为常了。"芝加哥人的任何业务或者盈利如果不包括土地交易,都不能算是成功。"⑥

随着对城市中心土地需求越来越强烈,人们开始关注原居民区之外的

---

① 译者注:临街英尺是美国计量土地价值的一种单位,它是用总价除以地块的临街长度而得出,由此看出,西方人看重土地的商业地位——是否临街。
② 《肖特沃(Shortall)与霍德(Hoard)摘要》,80 卷,526 页。
③ 同上,85 卷,510 页。
④ 同上,75 卷,156 页。
⑤ 詹姆士·帕顿(James Parton)在《大西洋月刊》中一篇题为《芝加哥》的文章中写道,1867 年 3 月,326 页。
⑥ 同上,115 页。

区域，于是土地市场便被拓展开来。学校董事会被迫将学校区域重新划分，除了将麦迪逊街大街和州街十字路口附近的一块土地留做学校用地之外，其他 142 块、占地 3.5~4 英亩不等的土地在 1833 年 10 月 4 日以每英亩 60 美元即总价 38 865 美元的价格卖掉了。① 从 1830 年到 1833 年，土地价值由 1.25 美元/英亩升值到 60 美元/英亩，这使得学校董事会在当时对 60 美元/英亩的售价还是相当满意的，但是，没过多久，他们又为他们卖地太仓促而感到后悔。这片被用做教育后代的区域，在后来成为最具价值的土地，在当时他们竟以如此低廉的价格卖掉了，这使得学校董事会后来遭受了不少谴责。

升值热潮——1834 年土地价值不断升值表现得最为明显。整个美国都在进行疯狂的土地投机，人们都对这个位于伊利诺伊-密歇根运河口的城市的发展抱以很大的期望，于是纷纷迁往芝加哥。在 1834 年 6 月，位于南水大街与克拉克大街十字路口处一块 80×180 英尺的土地，售价高达 3 500 美元，为前两年售价的 35 倍。然而一年后它的售价又飙升至 15 000 美元。②

1835 年芝加哥土地价值的飙升可以归结为很多因素。首先，伊利诺伊州立法机关在 1835 年 2 月 14 日授权伊利诺伊州政府用运河土地做抵押获得 50 万美元的贷款用于开挖运河③。其次，批准成立一家新的伊利诺伊州银行，其资本金为 150 万美元，允许其放贷 100 万美元。④ 1835 年 9 月该银行在芝加哥成立支行，并开始给土地购买者提供宽松的贷款，这无疑是导致土地价值上涨的最直接的原因。最后，1835 年 5 月 5 日，政府土地办公室在芝加哥成立，这吸引了大批的投机者、地产机构来到该城市，使芝加哥成为买卖双方交易的市场。

横扫全美上下的投机力量与当地因素相互结合后，使得投机热又达到了一个新的高度。在芝加哥，密歇根州银行、印第安纳州银行以及威斯康星州银行发行的纸币远比伊利诺伊州银行的要多。芝加哥房地产的名声在

---

① 詹姆士·帕顿（James Parton）在《大西洋月刊》中一篇题为《芝加哥》的文章中写道，1867 年 3 月，133 页。
② 顾德斯比德，赫利，I，107 页；《肖特沃与霍德摘要》，40 卷，222 页。
③ 《伊利诺伊州法律》（第 9 次会议，第 1 期；Vandalia，1835 年），222 页。
④ 《伊利诺伊州法律》（1834~1835 年），7 页；多尼（G. W. Dowrie），《芝加哥银行 1817~1863 年的发展》（伊利诺伊大学，1913 年），61~63 页。

纽约也非常响亮，甚至在那里可以公开拍卖芝加哥的土地。当有关纽约拍卖芝加哥土地的消息传到芝加哥时，当地的投机者都为之震惊，紧接着便刺激了又一轮新的升值。1835年，哈伯德先生将其位于霍尔斯特德大道与芝加哥大街交界处一块80英亩的土地在纽约以8万美元出售了，这意味着他在几个月内便赚了7.75万美元，一开始大家完全不敢相信这个消息是真的。当哈伯德先生亲自证实后，当地的土地所有者便重新估算他们的土地价值。许多来自纽约和南方的购买者甚至包括从苏格兰远道而来的乔治·史密斯（George Smith），都带着现金来到芝加哥进行土地投资。外来者纷纷在这里购买土地，这在每天都亲眼目睹土地价值不断飙升的当地人看来并不为奇，因为他们已将自己全部的资金用于土地投资，这使得他们在一年之间赚足了够一辈子花的钱。安德列斯描述了外来者的加入对当地土地市场的影响：

  投机并不仅仅局限于芝加哥或者西部地区。由于各州在法律授权下发行的纸币过多，这些纸币在全国上下到处泛滥，远远超出了正常的贸易需求，于是人们便到处寻找投资机会。在西部投机热还未完全开始之前，东部的金融中心——纽约、波士顿以及费城的种种商品以及房地产的投机已经达到了一定高度。在芝加哥购买土地一天便能致富的消息很快传到了纽约，那里的资本家一听到这个消息，其兴奋程度完全不亚于当地人。投机性需求不断增长。东部的资本家，一旦着手买卖地产通常便是最富于冒险、最疯狂的投机者，他们一直保持着狂热的状态，直到市场开始瓦解，才逼迫他们停下一段时间以观察。①

  为满足不断增长的需求，地块细分也越来越多了。除了在1833年位于河流北岸、州街东面的肯植区域外，1835年又增加了从州街到塞奇威克街（Sedgewick）以及从肯植街到迪维森（Division）大街的沃尔科特和布什奈尔街区域（Bushenell）。学校附近的大多数区域都被细分成许多小的地块。见图4。

  快速上涨——在这些因素的影响下，芝加哥的土地价值在1835年增长极其迅速。位于湖街与迪尔波恩大街十字路口处的一块面积为80×180英尺的特雷蒙特房屋（Tremont House）地块，在1831年可以用来交换一小堆木

---

① 《伊利诺伊州法律》（1834～1835年），7页；多尼（G. W. Dowrie），《芝加哥银行1817～1863年的发展》（伊利诺伊大学，1913年），Ⅰ，135页。

材,1832 年可以交换一双长筒靴,1833 年则可以用来交换一桶威士忌,现在的价格却可以足够买下一家装满商品的大商店。位于迪尔波恩大街与南水大街十字路口处面积为 80×180 英尺的多尔(Dole)地块,在 1835 年 3 月售价为 9 000 美元,12 月便升至 25 000 美元。

学校附近的土地价值猛涨。1835 年 3 月 20 日到 6 月 6 日间,第 134 街区的土地价格由 400 美元涨到了 2 200 美元。① 第 137 街区的土地价格从 1933 年的 260 美元涨到了 1835 年 12 月 7 日的 3 500 美元。② 第 65 街区的土地价格从 1834 年的 602 美元涨到了 1835 年的 2 000 美元。③ 其他街区也都以差不多的比例上涨。位于克拉克大街与南水大街十字路口处一块面积为 80×150 英尺的土地在 1834 年 3 月 15 日售价为 2 000 美元,1834 年 6 月 1 日便升为 3 500 美元,最后在 1835 年 6 月 10 日以 15 000 美元卖出。④ 土地增值甚至也蔓延到了市中心 6 英里外的范围。麦迪逊大街以及肯植街处的土地价值增至 10 美元/英亩,⑤ 富勒顿街和西塞罗大街(Cicero)交界处的土地价值增至 12 美元/英亩。⑥ 第 63 街与州街处的土地价值也增至 10 美元/英亩。⑦ 到 1835 年秋季,这些土地都赚钱了,它们不久之前还仅为 1.25 美元/英亩。然而在城市南部以及西北方向的土地价值在 1835 年仍仅为 1.25 美元/英亩。

高点——在 1836 年的春季和夏季,土地价值继续增长。依据 1835 年的法律规定,州政府必须要以运河土地以及将来的通行费为担保才能以 5% 的利率贷款 50 万美元。在 1836 年 1 月又通过一项新的法律,允许州政府用该州的信用以 6% 的利率贷款 50 万美元,同样还要求,芝加哥城区以及一些细分的土地售价不得低于之前运河委员的估计值。⑧ 该法律还允许分期付款,它允许土地购买者先付总额 1/4 的现金,然后剩余的本金和利息分别在接下来的 3 年内等额还清,利率为 6%,这就是众所周知的"运河条款"。⑨

---

① 《肖特沃与霍德摘要》,34 页,820~821 页。
② 同上,320~322 页。
③ 同上,39 卷,114~115 页。
④ 同上,40 卷,892~894 页。
⑤ 《芝加哥摘要》,第 940 期,569 页。
⑥ 同上,第 3302 期,512 页。
⑦ 同上,第 1078 期,215 页。
⑧ 《伊利诺伊州法律》(第 9 次会议,第 2 期;Vandalia,1836 年),145~150 页。
⑨ 同上,150 页,第二版。

第一章 1830~1842年运河时代的土地繁荣

法律规定的芝加哥城区土地必须出售的时间几乎与房地产的高峰时期一致。在1836年7月4日这些土地以1 619 848美元成交,其中400 000美元都是现金①。这使得运河委员会有足够的资金来开挖运河。最后,这个项目的准备工作一开始,人们便抱着巨大的期望。

芝加哥的投机热在1835年的6~7月到达了高点,它几乎吸引了城市里每一个人的目光。哈里特·马丁尼奥(Harriet Martineau)描述了这一情形:

在我们到达之时(1836年),我几乎从没见过有哪个地方比芝加哥还忙。街上到处都是土地投机者,这儿那儿地跑来跑去谈生意。一个穿着红色衣服的黑人,拿着红色旗帜,骑着白马宣布交易时间开始。只要他在大街的任何一个角落一停下,人们便涌上前围住他,似乎是一种流行的狂热影响了所有人。这些绅士在街上走着,店主们便会拿着出卖农场或者土地的牌子跟他打招呼,奉劝他赶紧在土地价值还没有上升前将其买下。②

除了芝加哥,伊利诺伊州的其他500个城镇里有些以前根本都不存在的地段,现在也都变成了农场,并且到芝加哥来出售。③ 于是芝加哥"孵化了其他的西部城镇",它是一个投机漩涡中心,其特征与规模正如约瑟夫·巴勒斯特(Joseph. N. Balestier)所描述的那样:

仅几英里的芝加哥,却存在着巨大的投机者。这个群体不计后果地发展,他们追逐每一个投机泡沫;其狂热程度不断上升以至于最后不得不依赖它;项目越荒谬、目标越遥远,他们便是越疯狂地追逐。伊利诺伊大草原、威斯康星大森林以及密歇根沙丘几乎都构成了一个完整的、想象中的城市链。整片土地像是赌注一般,被人们在纸上谈来谈去。经常都是由一条虚构的线条将其浪漫气息由城市中心蔓延到四周。只要哪里刮起了房地产浪潮,无论多么微小,都会被人们热切地传诵和响应。一些人会围攻土地办公室,要求以每英亩1.25美元的价格购买土地。一旦从政府手中买到土地,这个消息几天内便会上报,用耀眼的彩色字体印在大家公认的头版里。一些机灵的投机者不分白天黑夜来回地跑,直至能拿到政府给的价格。那些湖岸的垃圾、沼泽都会慢慢消失,取而代之的是一个有港湾、有运河、

---

① 摩西与科克兰德,I,96页。
② 《芝加哥早期回忆》(1912年),27~28页。
③ 威廉·威庞德·普利(William Vipond Pooley),《1830~1850年伊利诺伊州的居民区》,《威斯康星州大学报告》,No.220(1908年),278~279页。

有铁路的大都市。不一会儿这些周围的土地都会被细分成一块块大小 50×100 英尺的地块出售。但目前恐怕还只有最原始的野兽才能居住在那里。①

如图 5 所示,芝加哥的土地供应不断增加。"每户门前都有自己的小花园,完全把自己想象成百万富翁了的模样"。② 在 1836 年投机狂潮后期,由于相同信念的相互影响,人们认为土地持续繁荣的心理便产生了,正如如下所说:

土地拍卖为投机狂潮助了一臂之力。当人们因为同样的目标、同样的使命聚集在一起时,在巧舌如簧的演说家的煽动下,人们的热情逐渐高涨,从而变为激情,再由激情变为疯狂。愿意来听演说的人,购买可能性几乎已有了一半,再加上一阵兴奋的想象力,几乎任何预期效果都可以产生了。一次幻想便可能带走数百万美元。在整个世界历史中,这种时刻经常都有精神病发作的情况。人们坚信信念可以创造奇迹。此时投机热便成为一种流行的心理疾病。拍卖商便是最高级的牧师,通过投机者将他们的想法到处传播。像古罗马女先知和祭司一样,他们到处发表虚假神谕,并胡乱做一些预言占卜。③

有关人们发财的事件简直是令人眼花缭乱,银行不断发行的纸币使得土地利润不断增加,土地价值也飙升到了一个新的高峰,旅行者将全国范围内的投机热潮到处宣传,精明的拍卖商便充分运用这些信息煽动当地购买者使投机热达到了一个新的高潮。从图 6 与图 7 我们可以看到在 1836 年高峰期一些土地地段的具体交易情况。起初在 1830 年,以 100 美元可以买到城区的最好地块。我们可以利用这段时期内的土地交易来估算整个城区内土地价值的变化,从而可以更好地了解那段时期投机的狂热。

高峰概览——直至 1836 年夏季,芝加哥范围内的土地销售总额已经从 1830 年的 16.88 万美元增至 1 050 万美元,上涨了 60 多倍。其总额的 56%,即 590 万美元,是仅局限于州街及麦迪逊大街十字路口处 1 英里多范围内 2.5 平方英里的区域。1836 年 6 月 20 日,老城区价值达到 265 万美元,其中一块在 1833 年售价为 3.8 万美元的学校区域的地块增值到 120 万美元。自 1830 年,这些土地的平均售价几乎上涨了很多倍。南水大街与迪尔波恩

---

①③ 安德列斯(A. T. Andreas)的《芝加哥历史》[芝加哥,1884 年],Ⅰ,135 页。
② 同上,137 页。

第一章 1830~1842年运河时代的土地繁荣

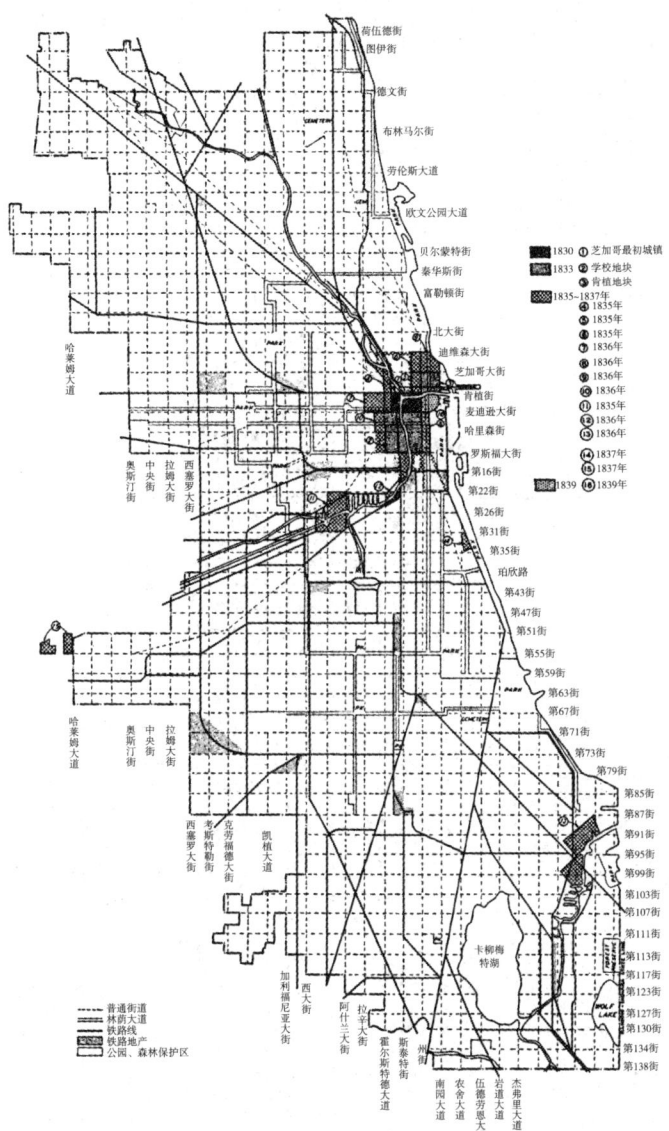

图5 1830~1843年芝加哥的土地细分

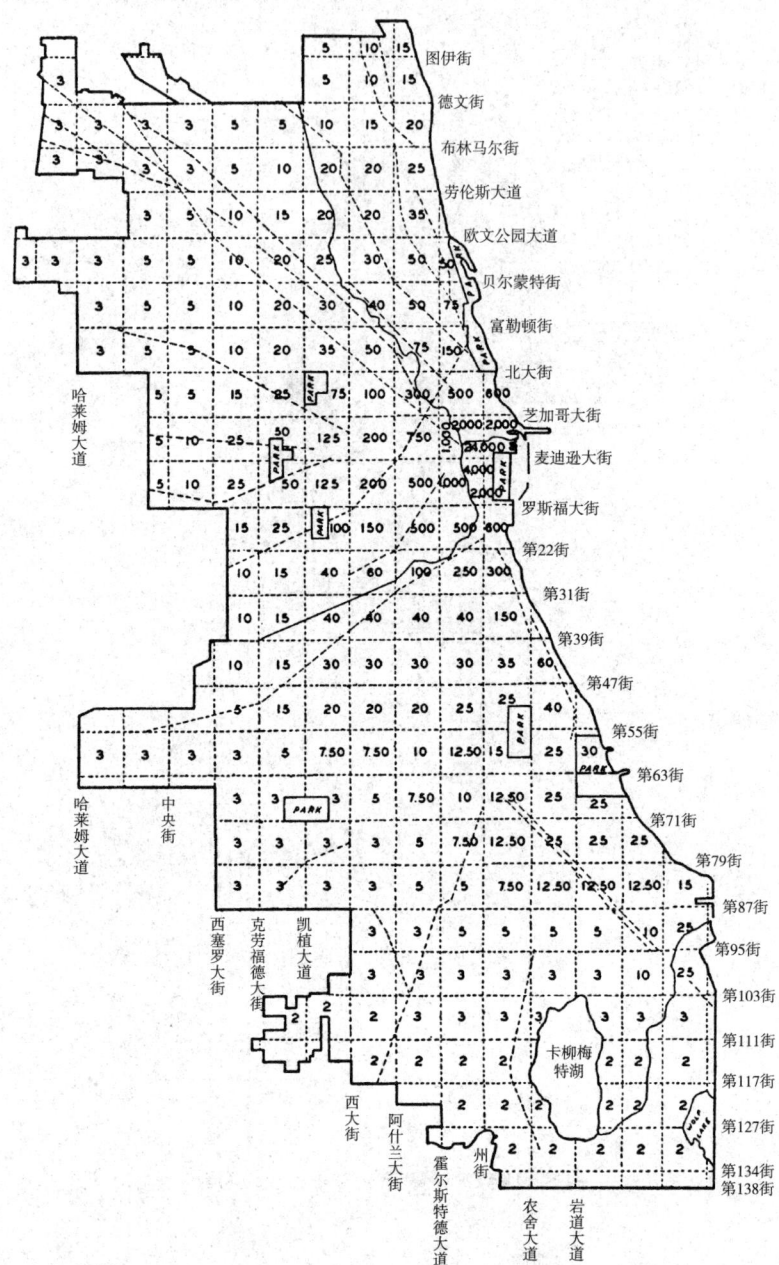

图6 1836年芝加哥土地平均价值（美元/英亩）

第一章 1830~1842年运河时代的土地繁荣

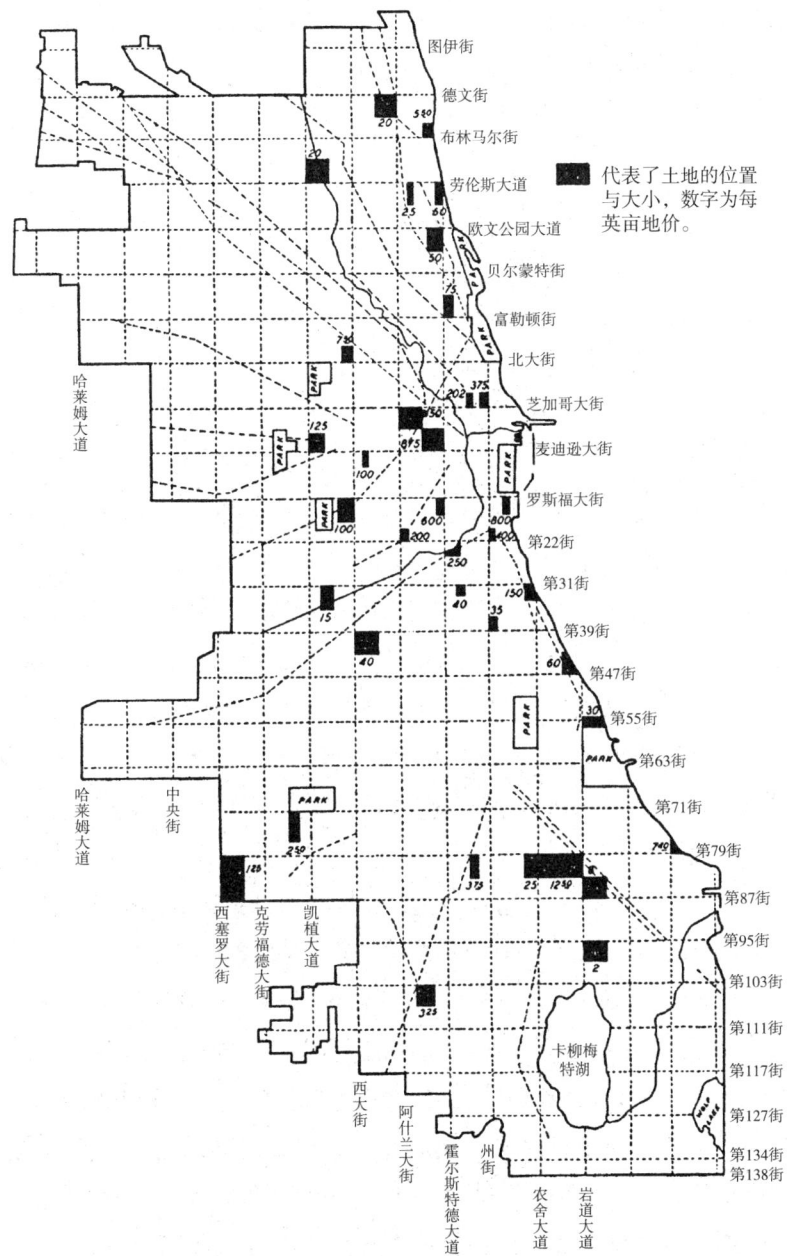

图7 1836年芝加哥的土地价值（美元/英亩）

大街交界处地块的价格达到了最高，迪尔波恩街吊桥边一块3.5英亩的土地价值甚至达到了15.2万美元。南水大街和拉萨尔大街十字路口处的两地块一共卖到了10万美元。州街和南水大街十字路口处南边的一块地也卖到了10万美元，这和兰道夫街上整个街区地块的价格差不多了。华盛顿大道上的一地块为4.6万美元，麦迪逊大街上的一地块为2.3万美元，罗斯福大街上的一地块为6 000美元。最值钱的地块主要位于河流北岸，那里整个售价几乎都在5万~10万美元之间。在老城区的西岸，最高价再次出现在邻近河岸的街区，其中湖街南部的一些街区曾高达7万美元，往西一直到德斯普兰斯大街价格依次降为2.9万美元、1.9万美元到1.45万美元。

这些高价格的出现确实有其经济上的合理性，因为在1836年，[①] 迪尔波恩大街以及南水大街一些比较好的地段，商店的租金都可以高达1 000 ~ 1 500美元/年，即使以10%的利率进行估价，这些土地的价格也很合理。

1836年夏季，市中心一块面积为6.5平方英里即4 140英亩的凹形地段平均售价高达500美元/英亩，即总价200多万美元。这意味着这块空地自1830年以来价值上涨了400倍。距离州街和麦迪逊大街十字路口处2~3英里的一块面积为11平方英里（7 000英亩）的土地到1836年其价值上涨了接近100倍，平均每英亩为116美元，总价为81.7万美元。距离州街和麦迪逊大街十字路口处3~4英里的一块面积为14.5平方英里（9 220英亩）的土地其价值自1830年以来也上涨了40倍，平均每英亩为50美元，即总价为41.6万美元。

州街和麦迪逊大街十字路口处4英里以外的其他区域，也就是现在城市的80%的区域，大约175平方英里的范围内，在1836年秋季其土地平均售价都达到了12.5美元/英亩，涨了10倍。邻近湖岸地段的涨幅甚至还高达20~40倍，然而距离市中心8~10英里范围的土地价值仅略高于最开始1.25美元/英亩的政府最低价。显然，即使当时最生动的投机想象，大概也不会想到这个城市会沿着河岸和湖岸发展到那么远的距离。尽管这块11.2万英亩的土地占了芝加哥总面积的80%，但它在1836年土地价值仅为140万美元，约占芝加哥土地总价值的13%。

---

① 《芝加哥美国报》，1836年7月9日。

停滞阶段——1836 年 7 月土地价值迅猛上涨告一段落,一直到年底才呈现缓慢增长态势。① 1836 年 6 月 20 日,大多数土地投标价都大大超过了运河委员的估计,② 但是 1836 年 9 月 5 日土地报价的下降却又让他们大失所望。过段时间后销售额开始下跌,销售量也大幅度下降,这使得投机者只能高价持有他们上次买的土地。1837 年 5 月 26 日,威廉·奥格登(William B. Ogden)曾写道:"今年春天我的销售额迄今为止一共才 12 000 多美元",这表明,当时要想保持高峰期价格确实有一定的难度。

萧条的力量——在严重的经济危机前夕,1837 年 2 月 27 日,伊利诺伊州大胆提出实行内部改良计划,提议由州政府发行总额为 1 025 万美元的债券,用来修建 1 341 英里长的铁路。该州大部分地区都期待着该计划能像伊利诺伊-密歇根运河一样给芝加哥带来巨大的商业利益,结果却由于现有资源还无法承受该项目而使得该项目受挫。银行系统也受到了很大的制约。起初从纽约以及费城的银行借来大量资金用于修建该项目,后来由于债券无法出售,于是立法机构便为伊利诺伊肖尼城市(Shawnee town)支行增加了 140 万美元的资金,后又为伊利诺伊州银行增加了 200 万美元资金,并且要求这些银行将这部分额外资金用于购买这些债券。于是芝加哥的希望——伊利诺伊-密歇根运河项目便与其巨大的内部改良计划交织在一起了,其命运也掌握在银行以及州政府债券手上了。

同时,从银行不断流出的用以维系土地价值的纸币数量早已超过了银行硬币可兑换的总额。早在 1836 年 5 月,国家颁布法令,各地土地办公室所卖的土地只接受硬币(黄金和白银),不接受纸币。在 1837 年 5 月初,由于纽约银行暂停硬币兑换,导致货币市场紧缩,并蔓延到美国的西部和南部,5 月 22 日还蔓延到了圣路易斯。③ 1837 年 5 月 29 日,伊利诺伊州银行投票决定无限期暂停硬币兑换,州立法机关通过特别法令批准了该决定。

由于这些原因,使得地产相关贷款或者延长现有地产贷款都变得不太

---

① "1836 年后期投机热到达了最高峰"(诺里斯(Norris),《1846 年芝加哥的商业方向及其统计数据》),费格斯芝加哥出版社,1833 年,53 页。
② 《芝加哥美国报》,1836 年 7 月 23 日。
③ 多尼(G. W. Dowrie),《芝加哥银行 1817~1863 年的发展》(伊利诺伊大学,1913 年),83 页。

可能。奥格登在 1837 年 5 月 26 日的信中写道，"钱的确很紧缺"，但是在 1837 年 11 月 23 日他又写道，"我不知道哪里能贷到款，哪怕以再高的利率。"① 芝加哥的土地销售量在 1835 年为 370 043 英亩，1836 年为 436 992 英亩，然而在 1837 年却降到 15 168 英亩。但是，此时土地价值还没有剧烈下降。1838 年，商业有发展，伊利诺伊州银行在为期 13 个月的硬币停止兑换后，在 1838 年 8 月 13 日恢复了硬币兑换。② 1838 年，土地办公室出售了 17 640 英亩的土地，但只有小部分是在芝加哥城市范围内。

急剧下跌——然而，1839 年秋季，又一轮金融危机横扫全国，东部银行暂停硬币兑换的消息传到了西部，于是伊利诺伊州银行便于 1839 年 10 月 20 日再次暂停了硬币兑换。③ 当地的情况也越来越糟糕。伊利诺伊州银行在 1839 年为了扭转市场而损失了 100 万美元。另外，该州除了用于挖运河的 500 万美元之外，还花了 600 万美元用于城市内部的改良，然而最终这一切都化为了泡影。④ 1839 年，地产价值急剧下降。1839 年，⑤ 市场极度低迷的时候，政府甚至坚持以每地段 200~500 美元的价格，即总价为 10 万美元的价格，将位于麦迪逊大街北面、州街东面的迪尔波恩要塞保留地卖掉，然而这是在 1836 年以 90 万美元买进的。在 1839 年后半年，奥格登对位于迪尔波恩大街与兰道夫街十字路口处西南角地块的合理估价为 350 美元，然而强制拍卖的价格为 200 美元，这里在 1836 年时价格为 7 800 美元。他这样说道，"我对该地产的估价已经用了比现在更高的利率。"⑥ 1839 年 11 月，奥格登估计自 1836 年以来最好商业地段的地产价值下降了 75%，边远地段的土地价值自高峰期以来下降了 90%~95%。⑦

1837~1843 年，整个芝加哥都没有新的土地细分。这块被分割成无数小块地段的 3 平方英里的土地已经足够至少 5 万人居住了，然而当时城区仅

---

① 1837 年 11 月 23 日写给麦克格雷格（McGregor）的信。
②③ 多尼（G. W. Dowrie），《芝加哥银行 1817~1863 年的发展》（伊利诺伊大学，1913 年），87 页。
④ 同上，88 页。
⑤ 1839 年 6 月 17 日，威廉·奥格登给查尔斯·巴特勒的信中写道："迪尔波恩要塞保留地在上周以极低的价格卖掉了。"
⑥ 1840 年 1 月 10 日写给威廉斯（M. J. Williams）的信。
⑦ 1839 年 6 月 17 日，威廉·奥格登给查尔斯·巴特勒的信中写道："商业街的地块价值几乎难以达到 1836 年的 1/4，边远地块的价值与 1836 年相比几乎只相当于当时的 1/10~1/20。"

有4 000人。① "城镇地块" 成了一大笑柄，我们可以由以下报道看出当时地产的情形：

在沿着学校区域（罗斯福大街以南）外优美的克拉克大街散步时，我们可以发现，有一大片美丽的草原，它们在投机高峰时被立桩标出，被看做是价值上千美元的城市地块，然而现在却没有带来一分钱，反而成了马铃薯种植地。②

但是，土地价值还没有到最低谷，或者说，土地购买者还没有达到破产的程度。继续修建运河逐渐变得困难，其他一些内部改良方案也看不到希望，伊利诺伊州银行的信贷系统也日益衰竭。1840年1月，奥格登写道：

此时对土地还无法达到一个令人满意的估价，因为除了需要立即使用土地外，几乎没有人愿意购买土地，地产的命运在很大程度上取决于运河挖掘能否完成，然而在当时这还是一个完全无法确定的问题。③

同时他还写道：

尽管城市边界区域变得更加漂亮了，但是，人们曾经的轻快、自由、慷慨的感觉都被闷闷不乐与忧心忡忡所取代。曾经的时代逐渐远去，而现在的人们却背负着巨大的压力。几乎没有人能逃过1836年的萧条。土地投机的参与者大多都经历了从最开始的极度自信到慢慢经受苦难再到最终破产的命运。④

最低点——一直到1841年和1842年，芝加哥的金融状况以及土地价值才达到了最低谷。负责开挖运河的承包人接受政府年息6%的支票以代替现金，并于1840年以15%的折扣接受总价值为100万美元的国债；1841年5月，州政府没能为挖掘运河提供任何财政资助，使得该工程在1841年11月停止。伊利诺伊州银行在1842年2月破产，4月份该银行发行的面值1美元的纸币从85美分跌至44美分。⑤ 该州现在欠债1 400万美元，直至1842

---

① 3英里或者1920英亩或者19 200个25×125英尺的地块，如果每个地块上一家人或者5个人居住，那么便足以为100 000个人居住。因为在1837年，平均每座居民房屋里居住10人，而且绝大部分人口都集中居住在100英亩的土地上，所以这个可以居住在细分地块上的人口数还是相对保守的。

② 《芝加哥美国报》，1839年4月22日。

③ 1840年1月14日写给西弗（J. W. Seaver）的信。

④ 1840年1月15日写给詹姆斯·艾伦船长（James Allen）的信。

⑤ 同上，103页；《Sangamon日刊》，1842年4月8日。

年 6 月州债券已经跌至 18 美分，这时伊利诺伊州银行 1 美元面值的纸币再跌至 34 美分。① 伊利诺伊肖尼城市支行，同样在 1842 年 6 月也暂停营业，不久之后整个关于内部改良的工程便都停止了。

运河工程停止时，有一篇题为"投机遭到了致命一击"的报道。丧失抵押赎回权的土地不断增加。伊利诺伊银行系统在 1836 年仅持有价值 8 296 美元的地产，1839 年为 57 138 美元，由于丧失抵押赎回权土地的增加，到 1841 年为 534 421 美元，1843 年为 1 243 327 美元。② 运河地块的购买者在 1837 年由于无力支付债务，根据立法机构颁布的特别法令他们可以延期支付。然而在土地价值急剧下降的时期，该救济措施几乎没有起多大的作用，于是立法机关在 1841 年又开始实行新的救济措施。首先，在 1836 年达成成交的价格基础之上减少 1/3；其次，允许他们用已经支付的钱全额购买一块细分了的土地，这样他们至少在名义上用所花的钱购买到了至少一小部分土地。③

低谷概览——1842 年土地价值降到了最低点。④ 土地总价值从 1836 年的 1 000 万美元下降到了 140 万美元。⑤ 所有土地价值都无一例外地下降了。市中心 1 英里范围以内的土地价值从 590.1 万美元降到了 81 万美元；市中心 1~2 英里范围以内的从 207 万美元降到了 20.7 万美元；市中心 2~3 英里范围以内的从 81.7 万美元降到了 7 万美元；市中心 3~4 英里范围以内的从 46.1 万美元降到了 4.6 万美元；4 英里以外的从 140 万美元降到了 26.9 万美元。

芝加哥最好的商业中心，也就是湖街以及克拉克大街的土地价值，在 1842 年不超过 100 美元/临街英尺；在现在的"卢普区"，⑥ 麦迪逊大街北部的土地价值不超过 10 美元/临街英尺，南部的土地更是最多 2~3 美元/临街

---

① 《芝加哥民主报》，1842 年 6 月 8 日。
② 《货币审计报告》（1876 年），118 页。
③ 《伊利诺伊州法律》，1841 年（第 12 届大会），49~51 页。
④ 科尔伯特估计几乎下降到了只有 1836 年高峰期的 5%："运河工程都停止了，形势比以往任何时候都萧条黯淡，地产价格至少都降到了 1836 年的 5%"（科尔伯特与钱柏林，《芝加哥与大火》）；"1842 年地产几乎没有任何价值，每个人都想处理掉手头的地产，但是没人愿意买"（《费格斯历史系列》No.5，Ⅱ，16 页："本杰·雷蒙德（Benj. W. Raymond）的生活"）；威廉·布罗斯（William Bross），《芝加哥历史》，17 页："地产下降到了相当低的数字，在 1842 年几乎达到了最低谷"。
⑤ 作者是通过当时的销售估计的。
⑥ 译者注：具体释义见第四章。

第一章 1830～1842年运河时代的土地繁荣

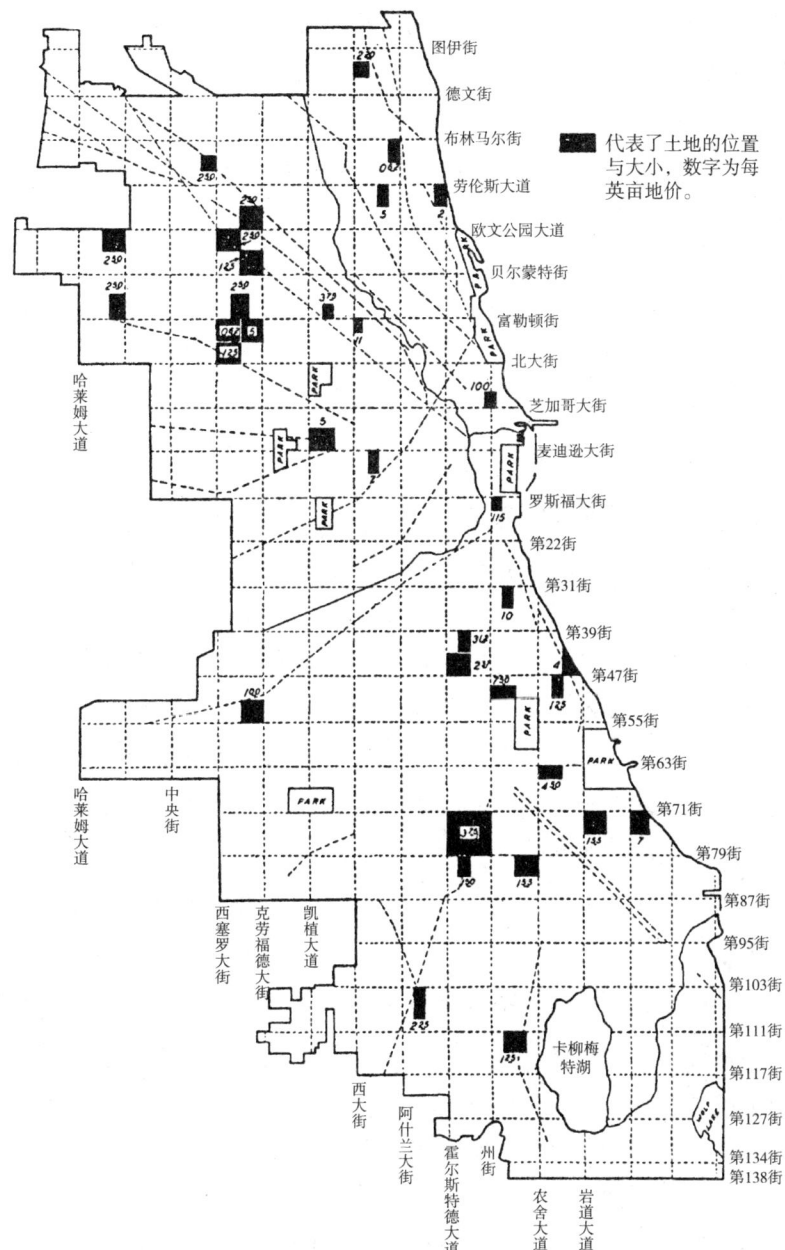

图8 1843年芝加哥的土地价值（美元/英亩）

英尺。如图 8 所显示的，州街与麦迪逊大街十字路口处 1 英里以内的土地价值不超过 100 美元/英亩，市中心 2 英里处的土地价值降到了 10 美元/英亩，4 英里以外的最多 2.5 美元/英亩。

影响——土地价值的急剧下跌使得很多在 1836 年之前购买土地的人都破产了。约翰·莱特（John S. Wright）由于无力支付 2.5 万美元而损失了全部土地，这些土地在 1836 年繁荣时期价值达到 20 万美元，而且后来在 1856 年其价值至少达到 100 万美元。① 费罗·卡彭特（Philo Carpenter）为了支付 8 500 美元的债务卖掉了后来价值同样超过 100 万美元的土地。② 奥格登在 1841 年 1 月 25 日的信中这样写道：

自从你离开后，芝加哥发生了巨大的变化。地产贬值到让人难以置信的程度。曾经价值上百上千美元的土地，现在价值不超过 10 美元。你离开时最富有的人现在可能是最贫困的……大家都陷入了深深的窘迫之中……我们都尽量缩小开支，只为了努力满足日常生计……更别说继续投机了。③

《芝加哥每日新闻》曾报道："商人们遭受了前所未有的困境，几乎到处都是他们破产的消息，那些能顶住压力的几乎都难以重获自信。"④ 约瑟夫·巴勒斯特这样描述了如此惊人的崩溃情景：

但报应到来了——那些专业的投机者及其他的受害者都被吞没在了破产的漩涡之中。就是由于轻信那些投机者，土地经营者将自己陷得越来越深，直到他的命运比那些被他欺骗了的人还要惨。

1837 年是有着太多记忆的一年……每个人的脸上都记录着不幸，但接着又因为饱含希望而焕发光彩；失望印在每个人的脸上，但却习惯性地堆在笑容里。这段煎熬的日子给人们留下的仅是湮灭的财富、破灭的希望以及崩溃的心理。到处是破产者的叹息声，到处是将一切委托给了贪婪的投机者而上当受骗的妇女的哭泣声。那些曾备受青睐的、近乎痴狂的政治事件，现在看来更加速了人们目前的痛苦。⑤

---

① 安德列斯（A. T. Andreas）的《芝加哥历史》[芝加哥，1884 年]，I，136 页；约翰·莱特，《芝加哥的过去、现在与未来》（芝加哥，1870 年），290 页。
② 《早期的芝加哥与伊利诺伊州》（"芝加哥社会历史合集"，第一卷，第五章），119 页。
③ 1841 年 1 月 25 日写给摩尔（H. Moore）的信。
④ 《芝加哥每日新闻》，1845 年 3 月 27 日。
⑤ 安德列斯，同上，I，135 页。

这便是1836年土地繁荣的后期。土地价值从一个极端又走向了另一个极端,在1841年、1842年的低迷期,芝加哥的土地价值跌到了前所未有的程度。那些遭受严重损失的投机者们,有可能在以后的投机活动中会有所节制,当修建运河的希望完全破灭时,人们似乎对未来完全没有了信心,芝加哥土地价值也几乎不可能回升了。正如奥格登在1841年写道:"运河的停工、人们的破产,进一步加重了土地市场的萧条,人们资金紧缺,地产买卖更是难以成交。"①

---

① 奥格登在1841年6月27日写给玛格(B. Mager)的信中提到运河的暂停修建对人口以及租金的影响:"很多人都开始离开这里……房子都空了";在1841年6月7日写给帕森(Parson)博士(同上,323页)的信中写道:"运河的暂停使得房屋租金下降了很多。"这两封信都保存在芝加哥历史社会博物馆中。威廉·奥格登是芝加哥首任市长,也是芝加哥西北铁路总局主席,是芝加哥早期最杰出市民之一。犹他州的城市奥格登便是以他的名字命名的。此时他将东部资金大量投资于西部土地中。

1843～1862年铁路时代的土地繁荣

 A. 1843～1848 年

运河的重新动工——由于伊利诺伊州整个银行系统的瘫痪以及内部改良计划的失败,完成伊利诺伊-密歇根运河的可能性也变得相当渺茫,芝加哥成为大都市的希望几乎也随之成为泡影。土地价值降到了冰点。该运河已经花费了700多万美元,但竣工的日子似乎遥遥无期。此外,除了运河本身拥有的资产外,仍有230 476英亩的土地以及3 491个地块在大萧条时期尚未出售或抵押。① 但是,对芝加哥以及运河来说幸运的是,有三个群体因为共同的利益决定联合起来继续推进该水运工程。首先,芝加哥市民,他们期望运河的完成会使芝加哥成为大都市;其次,债券持有人,他们已经将所有的资金都投入该工程中,现在只要继续投资一部分资金就可收回他们以前的投资并获利;最后,伊利诺伊州政府可以通过为伊利诺伊河谷的农民提供产品市场,使农民们赚钱,这样政府才能收到税收,才能够使该州清偿债务。据估计,至少要再花费160万美元才能完成运河的修建工程。为了获得这笔资金,立法机关在1843年2月授权州长可以以运河沿线土地及其通行费为担保借取这笔资金。法律规定,旧债务的本金和利息可

---

① 詹姆斯·威廉·普特南(James William Putnam),《伊利诺伊-密歇根运河》(芝加哥大学出版社,1918年,58页),这是有关伊利诺伊-密歇根运河最具权威的著作。

以通过销售运河沿线土地获得的收益进行偿还,并且在偿还新贷款的本金和利息后,还可以通过运河通行费偿还旧债务。大家都一致认为,随着运河的竣工,运河土地一定会随之增值,于是法律规定必须在运河竣工后才能出售运河沿线土地,并要求在运河开通后连续4年内每年至少销售一次,而且其价格不能低于公正人的评估价。① 针对这些提案,巴林兄弟银行委员会代表旧的债券持有人调查了运河的财政状况。据他们1844年1月1日报道,该运河负债484.7402万美元,但运河本身及其土地就值900万美元。因此,他们建议伦敦的债券持有人考虑预先支付完成运河工程所需的资金。②

然而,在对这些经济收益充满十足信心之前,该州必须放弃内部改良计划的其他项目;而且需要将所持有州银行的股权与欠州银行的债务进行互换,即通过"债务-股权互换"来减少债务。另外,还要通过支付州政府债券的利息来提高市场对于政府债券的信心。通过这些措施,伊利诺伊州的信用迅速得到了恢复。用于运河修建的新贷款也在1845年提前到位。随着《芝加哥报》的欢呼:"拿上铁锹,去挖运河吧!"③ 运河工程继续修建了。由于薪酬水平以及物价比1836年和1837年的高峰期都低,因此,目前的资金完全足够继续修建运河。于是,这项被耽搁许久的工程终于又被重新推进了,并且预计在两年半的时间内完工。

马车以及湖上交通的发展——人们都对芝加哥充满信心,相信它在未来会有更好的交通设施,于是芝加哥慢慢成为马车运输以及湖上运输的集散地。1837年之前芝加哥邻近地区并没有种植足够的农作物。查尔斯·克里夫写道:

从1842年或1843年年初,农民开始为自己以及芝加哥市民种植大量农产品,同时也将产品在邻近地区销售。但是,近年来,为了销售更多的剩余产品,他们似乎在开拓更大的市场,因为在1842年冬天到1843年期间,农民种植的各种农产品价格低廉到几乎没有种植的价值……渐渐地,他们

---

① 《伊利诺伊州法律》(第13届会议,春田出版社,Ⅲ,1841年),54~58页。
② 普特南,"伊利诺伊-密歇根运河的经济发展史";《政治经济期刊》,XVII(1909年),290页;戴维斯(Davis)、斯威夫特(Swift)的《伊利诺伊-密歇根运河》(1844年),134页。
③ 《芝加哥报》,1845年3月3日。

便通过航运将食物运到纽约销售。①

随着伊利诺伊州北部人口的迅速增加以及农场的逐渐开发,芝加哥变成了最大的农产品交易市场。人们将西部的小麦通过船只运到东部以较高的价格出售,用以交换低价的盐、灶炉、木材以及其他一些生活必需品。在芝加哥与美国东部之间,由于湖上交通运输价格较低,使得芝加哥的粮食价格仅仅略低于纽约,而且来自美国东部货物的价格也仅略高于它的原产地。虽然运河费用低,但是道路交通很差,必须要用马车运输从而导致路上交通费用奇高。

居住在河岸的农民将30蒲式耳的小麦运到市场要花5天的时间,回到家才发现由于转运费仅剩10多美元了,但是,由于某些原因他们需要一些现金,于是也只好继续这样运货了。②

尽管通过马车进行长途运输有很大的困难,但是,仍然有越来越多的小麦运到芝加哥。1838年78蒲式耳的货运量在1841年增加到了4万蒲式耳,1842年增加到了58.7万蒲式耳。1845年,一共向东部地区装运了100多万蒲式耳小麦,在1847年装运了200多万蒲式耳小麦。③

除了运往东部的小麦之外,有些来自沃巴什的农民也将他们的农作物带到这里来以满足当地消费。

还有一些农民从南方带来苹果、黄油、火腿、熏肉、羽毛等。通常他们要走200~300英里的路程,途中还得露营。他们在篝火上烤熏肉片、玉米和煮咖啡,并且尽力从装运费中省出钱来买咖啡、盐等——这些印第安纳州人的行程永远都是这样一成不变,他们习惯了成群结队地乘着各种奇形怪状的马车,也就是以前大家熟知的"草原大篷车"——我曾经在州街以及南水大街附近看见160辆这样的车。④

这些农民带回的最重要物品之一便是木材。大量的密歇根森林里的五针松木材通过船只被运到这个木材紧缺的草原大州。在芝加哥,木材的运

---

① 查尔斯·克里夫(Charles Cleaver),《四五十年代的芝加哥回忆》(芝加哥:费格斯出版社,1913年),74页。
② 同上,75页。
③ 《亨特商人杂志》,1858年,75页。
④ 同上,75页。

输量从 1843 年的 750 万板英尺①增加到 1844 年的 1 900 万板英尺，② 在 1847 年更是增加到了 3 200 万板英尺。③ 随着不断运进的木材以及不断运出的小麦数量的迅速增加，密歇根湖运输总吨数从 1842 年的 117 711 吨增加到 1844 年的 459 910 吨。④

即使在陆路交通还不便利的 40 年代，在芝加哥仍有大量的人在这里来来往往，大量的商品在这里流通。农民的马车，在 1847 年有 7 万辆进入芝加哥——平均每天 200 辆，⑤ 这些移民通过乘坐马车以及汽船不断地进进出出，给这个城市带来了大量的临时居民。据估计，在可航行的 7 个月时间内，每天大概都有 4 艘汽船进出芝加哥，这些汽船大概每天载客 430 人，即 7 个月内一共载客约 92 000 人；芝加哥的 8 个驿站每天也大概有 120 人出入，全年一共约 43 800 人。⑥

在 1848 年以前，农民以及移民在湖街上商店的买卖使得芝加哥的零售商业得到了很大的发展。

在运河开通之前，主要的交通工具便是农民的马车以及草原大篷车。在丰收的秋季，通往芝加哥各个方向的道路上都可以看到布篷马车。在城区，湖街便是唯一的商业街，在那里到处都可以看到在拥挤的人群中穿梭的马车。农民们带来小麦、玉米、燕麦以及其他农产品，然后带走灶炉、盐以及几万板英尺的木材，这些都是在芝加哥才能买到的东西。这些农民的买卖行为占芝加哥零售贸易的大部分，批发贸易那时还不为人所知。⑦

农民对商品的需求不仅刺激了零售贸易，同时，随着木材进口量的增长，它还刺激了诸如马车以及农具等木材制造业的发展。麦考密克（McCormick）在 1847 年建立了收割机厂。大量谷物以及牲畜运往芝加哥也使得面粉厂、酿酒厂、包装厂、肥皂厂以及动植物油加工厂得以发展。

1843~1848 年芝加哥的城市发展——芝加哥总人口从 1841 年的 5 000

---

① 译者注：板英尺是计量木材体积的单位，1 立方米 = 424 板英尺。
② 诺利斯（Norris），《1846 年城市发展方向》，15 页。
③ 《亨特商人杂志》，1858 年，428 页。
④ 同上，428 页。
⑤ 《交易所发展史》，查尔斯·泰勒（Charles H. Taylor，芝加哥：罗伯特法律公司，1917 年）。
⑥ 诺利斯，《1846 年城市发展方向》，24 页。
⑦ 沃高普，《芝加哥论坛报》，1884 年 9 月 28 日。

人增加到了 1842 年的 6 000 人，在 1844 年又增加到了 8 000 人。① 我们可以从如下描述中看出芝加哥当时的城市面貌：

这个有着 8 000 人口的城市主要位于距离密歇根湖边半英里的河岸一带。人行道还没有铺砌砖块。城区的商业中心主要是从州街到威尔斯街的湖街，居民区主要是沿着密歇根大道、沃巴什大道、州街到威尔士街的范围。现在的麦迪逊大街当时还不是城区。考虑到过河的不确定性以及通行时间长，在芝加哥河北岸几乎没有商业区，居民区也很少见。这里也没有排水设备，地面的污水沟便是排水的唯一通道。据描述，道路相当泥泞，位置较低的地方到处都是水，像海绵一般。一年有 8 个月的时间街道都难以通行。②

从一份 2 000 人（他们的名字都出现在 1844 年的城市通讯录中）的居民分析中可以看到，在 1 200 名给出明确地址的人中，有 180 人住在旅馆，275 人与雇主一起住在宿舍。③ 只有 5 个人住在亚当斯大街以南，1 个人居住在克林顿街以西，7 个人居住在芝加哥大街以北。大多数人集中居住在从州街到市场大街范围的兰道夫街和华盛顿大道上，从拉萨尔大街到拉什大街的北水大街上，以及靠近湖街桥的西岸。几乎每一栋商业大厦要么在湖街，要么在湖街与南水大街之间的克拉克大街上以及迪尔波恩大街上。南水大街大概有 25 家商店。

1844 年芝加哥新建了 600 栋建筑，1845 年新建了 871 栋建筑。人口从 1844 年的 8 000 人增加到 1845 年的 12 000 人再到 1846 年的 14 000 人。威廉·布罗斯这样描述了 1846 年的芝加哥：

1846 年芝加哥的居民区主要是在兰道夫街和麦迪逊大街之间，河北岸有 4 个或 5 个街区。河西岸也只有一些零星的住房。在河岸大概有 6 个货栈，还有一些批发商店在这里。零售商店主要集中在湖街。④

芝加哥河南支流两边的河岸上，从湖街到华盛顿大道范围内，木材加工厂不断增多。1846 年，玻璃厂、门窗制造厂、面粉厂都在西岸逐渐开办起来。兰道夫街上有一个马车厂，在北区拉什大街上有一个造船厂。另外，

---

① 查尔斯·科尔伯特，同上，Ⅱ，691 页。
② 《芝加哥使者》，1882 年 9 月 25 日。
③ 诺利斯，《1844 年城市发展方向》。
④ 《芝加哥论坛报》，1876 年 6 月 24 日。

在从克拉克大街到威尔斯街的北水大街上还有一个铸铁厂，在伊利诺伊街和芝加哥大街之间有一个啤酒厂。1843～1845 年，南区以及西区的人口增长比北区要快，如表 1 所示。①

据诺利斯所说，1846 年，城市内 3/4 的土地上都盖满了房屋，有 20 个街区的范围全部是密密麻麻的建筑。甚至还有 32 栋 3～4 层楼高的砖瓦房，另外还有很多木屋。②

1847 年，"河湾大会"在芝加哥召开，来自美国各地的代表团都来到了这里，这是芝加哥早期历史中非常重要的一件大事，芝加哥过去二十年来的发展受到了世人广泛的关注。

表 1　　　　　　　　　1837～1845 年芝加哥人口统计　　　　　　单位：人

区域	年份			
	1837	1840	1843	1845
南区，克拉克大街以东	1 021	1 197	1 986	3 238
南区，克拉克大街以西	1 309	1 467	2 231	3 460
西区，兰道夫大街以南	195	251	509	1 009
西区，兰道夫大街以北	238	179	414	830
北区，克拉克大街以西	320	436	600	1 052
北区，克拉克大街以东	918	1 323	1 840	2 499
总计	4 170	4 853	7 580	12 008

一直到 1848 年，西区已经快速发展成为制造中心。1848 年，有一篇《草原宝石》的文章写道："邻近芝加哥河南支流的西区到处都是商店、机械修理店、木材厂等。"③ 北区的高档居民区主要位于拉萨尔大街和迪尔波恩大街上，南区的高档居民区主要位于麦迪逊大街北边的沃巴什大街和密歇根大道上。华盛顿大道已经发展成了一条教堂之街。现在"卢普区"内的麦迪逊大街以及门罗大街主要是一些小的花园房。湖街依然是主要的商业街。最初的贫民窟主要位于芝加哥河北岸的"沙滩"地带、芝加哥河北支流河汊的"基尔古宾（Kilgubbin）"、威尔斯街以西华盛顿大道以南靠近

---

① 诺利斯，《1846 年城市发展方向》。
② 同上，5 页。
③ 《芝加哥论坛报》，1887 年 7 月 10 日。

芝加哥河南支流的区域。

1848年年初，芝加哥还只是一个小镇，那时还有牛羊在距离市政厅1英里外的草原上吃草，偶尔还穿梭在中心商业区的主干道上。还有一些野猪也在市中心跑来跑去。甚至在沃巴什大道以及亚当斯大街还能看见狼的身影。道路也没有得到任何改良，正如温特沃斯在 Long John 中所描述的：

1848年，我们几乎还没有道路，这些街道仅仅是一些乡村小道。在春天，这些道路几乎数周都无法通行。我经常看到一些空的货运马车陷在南水大街的街区……没有人在这些泥潭旁树立一些标记，比如"此处无底"、"到达中国的最短路程"，或者可以立一个人物雕像在那里来表明"他在下沉"等。①

这便是芝加哥——在还没有一种能够使整个城市焕然一新的新的交通工具问世之前，这里没有人行道、下水道、煤油灯、街车、铁路等，几乎什么都没有。

土地价值的缓慢上升——1844年，芝加哥的土地价值开始缓慢上升，起初仅局限于主要商业中心附近的街道。靠近州街的兰道夫街上的一地块在1842年售价为10美元/临街英尺，1844年为15美元/临街英尺，1846年为50美元/临街英尺，1848年为80美元/临街英尺。②范布伦（Van Bruren）大街附近的沃巴什大道一地块在1848年上升到了18美元/临街英尺，③西区靠近华盛顿大道的克林顿大街的地块在1843~1847年从1.5美元/临街英尺上升到了11美元/临街英尺。④南水大街附近的密歇根大道从1840年的13美元/临街英尺上升到1848年的50美元/临街英尺。⑤靠近门罗大街的州街地块在1848年售价为30美元/临街英尺，这是1843年时价值的5~6倍了。⑥1848年，在芝加哥商业中心一块面积为25×150英尺的空地，租金为

---

① 在《芝加哥的早期回忆》中，查尔斯·克里夫也做了类似的报道（芝加哥：费格斯出版社，1882年），28页。
② 收录在芝加哥产权信托公司文件里，82卷，858~867页。
③ 同上，60卷，848页。
④ 同上，44卷，664~667页。
⑤ 同上，39卷，986~988页。
⑥ 同上，41卷，962页。

250 美元/年；一栋四层楼的砖瓦房（25×100 英尺）的租金为 800 美元/年。①

在这段时间里，郊区的土地价值上升趋势还不是很明显。1845 年，②州街靠近罗斯福大街的土地已经达到了 250 美元/英亩，然而在 1847 年第 63 街靠近岩岛（Stony Island）大道处的土地售价还仅为 7 美元/英亩。③ 同年（1847 年），罗斯福大街靠近西大街的土地价格为 50 美元/英亩，④ 第 63 街靠近农舍大道土地的售价还仅为 4.5 美元/英亩，⑤ 欧文公园靠近纳拉干大街的土地在 1849 年也仅为 7 美元/英亩。⑥ 1847 年，阿什兰大街靠近劳伦斯大道的土地仅为 3.25 美元/英亩，⑦ 劳伦斯大道靠近湖街的土地仅为 2 美元/英亩，⑧ 第 63 街靠近霍尔斯特德大道的土地仅为 7 美元/英亩。⑨ 这些例子都足以表明，1848～1854 年，在新的交通设施出现前，州街与麦迪逊大街十字路口处 1 英里以外的土地价值还处于较低的水平。

B. 1848～1857 年新交通设施的出现

运河——第一个交通设施便是人们期盼已久的运河，它于 1848 年 4 月开始通航。⑩ 运河通航最直接的影响便是使芝加哥成为伊利诺伊河谷的贸易中心。⑪ 运河沿岸的农民现在都通过船只将他们的产品运往芝加哥。同时，伊利诺伊的煤也通过运河被运往芝加哥，这使得芝加哥的制铁工业能得以发展。另外，船只通过运河带回的木材量由 1848 年的 1 500 万板英尺增加到了 1850 年的 3 900 万板英尺，1855 年更是增至 8 100 万板英尺——这极大

---

① 普特内（M. L. Putnay），《芝加哥房地产价值与历史纪录》（1990 年），121 页。
② 《肖特沃与霍德摘要》，70 卷，459 页。
③ 同上，72 卷，437 页。
④ 《芝加哥产权信托公司摘要》，1 737 卷，704 页。
⑤ 同上，1 154 卷，353 页。
⑥ 同上，1 588 卷，96 页。
⑦ 同上，3 795 卷，495 页。
⑧ 同上，2 061 卷，61 页。
⑨ 同上，657 卷，666 页。
⑩ 顾德斯比德，赫利，同上，Ⅰ，187 页。
⑪ 詹姆斯·威廉·普特南（James William Putnam），《伊利诺伊－密歇根运河》（芝加哥大学出版社，1918 年），102 页。

地刺激了木材贸易的发展。① 圣路易斯商人发现通过密西西比－伊利诺伊河、伊利诺伊－密歇根运河、伊利运河以及哈得逊河等水运路线从芝加哥到布法罗的费用要远远低于通过俄亥俄河的费用，时间也要短得多。通过这条水运路线从芝加哥到纽约的航行时间仅为 12~20 天，而通过俄亥俄河流则需 30~40 天的时间。② 1850 年，在运河上航行的汽船每艘可载 35 名乘客，时速可达 6 英里/小时，③ 于是大量移民便通过伊利诺伊－密歇根运河从芝加哥前往西部地区。

电报——1848 年 1 月 15 日，从芝加哥到密尔沃基开通了斯比德（Speed）以及康奈尔（Cornell）两条电报线。不久之后圣路易斯也开通了欧雷里（O'Reilly）线，从而使得芝加哥可以与纽约和新奥尔良进行电报通讯。1850 年，从拉波特（Laporte）到芝加哥的斯诺（Snow）电报线的开通使得芝加哥可以与底特律、多伦多以及整个加拿大进行联络。直至 1851 年，克拉克大街与湖街的十字路口处已经成为电报中心，这里有 4 条电报线路。这使得小麦经销商能够迅速与世界市场联系，从而加速了芝加哥成为金融中心的进程。

木板路——从奥格登大道到莱昂斯（Lyons）的"西南木板路"于 1848 年开始修建，1849 年 3 月完工。现在密尔沃基街的"西北木板路"于 1848 年开始修建，1849 年完工。麦迪逊大街以及州街的木板路铺设开始于 1848 年，在铁路出现之前，农民主要是通过这条道路驾着大篷车装着小麦来到城市。修建前两条道路的公司通过收取通行费，每年可获得 10%~15% 的红利。1852 年，人们便迅速利用城区州街和麦迪逊大街上的木板路开通了公共马车线路。

铁路——运河、湖上运输以及木板路出现的最大影响便是为芝加哥修建铁路提供了充足的优势，而铁路的修建更使得芝加哥成为了批发贸易与制造业中心，同时它也是芝加哥土地价值迅速增值的最重要因素，并且它

---

① 詹姆斯·威廉·普特南（James William Putnam），《伊利诺伊－密歇根运河》（芝加哥大学出版社，1918 年），102 页；《亨特商人杂志》，ⅩⅩⅩⅨ（1858 年），428 页。
② 《芝加哥交易所发展史》，Ⅰ，148 页。
③ 顾德斯比德，赫利，同上，Ⅰ，209 页。

所导致的土地增值是其他任何因素都无法比拟的。① 铁路连接了整个美国，但是，最开始修建铁路的主要目的是为了连接水路，因此，既有运河又有湖泊的城市天然就要修建铁路。然而，在最初的铁路计划中，由于运河还没有完工，芝加哥的卓越优势也还没有完全体现出来。所以在起初的1836年和1837年，伊利诺伊州中区的主要铁路路线还主要是为了连接位于密西西比河岸的加利纳、伊利诺伊－密歇根运河的终点站拉萨尔以及俄亥俄河沿岸的开罗城（Cairo）；最初的岩岛铁路线也是为连接伊利诺伊－密歇根运河到岩岛的密西西比河；密歇根中区一线起初也是连接底特律与密歇根湖沿岸的圣约瑟（St. Joseph）；加利纳－芝加哥一线也主要是为了连接密歇根湖与加利纳的主要矿山。各个州都在规划自己的铁路系统，但是很少考虑到与其他州的铁路系统相连接。数百家私人公司都在规划修建相邻城镇间的短线铁路。在混乱的项目与互相冲突的地方规划中，最开始还没有将芝加哥列为西部铁路枢纽，否则之前一定会有很多地区联合起来反对这个规划。然而，东部一些精明的资本家早在1851年便已看好芝加哥的大好发展前景，在他们的影响下迫使岩岛线将芝加哥作为终点站；一些其他从芝加哥出发的路线，比如加利纳线等，最终都成了全国铁路系统的重要部分。人们的梦想终于在六年后变成了现实，1848年时一条铁路都没有的芝加哥，在1854年已经成为西部的铁路枢纽。

芝加哥最初的铁路线便是加利纳－芝加哥一线，1848年它还只是一条只有一些二手机车以及六节货运车厢通往德斯普兰斯运河的10英里线路。考虑到零售商会将其看做马车贸易的威胁，于是铁路线便被迫停在霍尔斯特德大道和肯植街的边界。依靠农妇"黄油－鸡蛋资金"以及东部资本家的资助，1850年铁路线一直向西延伸到了埃尔金（Elgin），直至1853年8月已经延伸到了自由港（Freetport），然后通过新建的伊利诺伊州中区一线延伸到了加利纳和迪比克（Dubuque）。另外，还有其他一些线路在杰尼瓦（Geneva）边界与这条主线汇合：首先，从北而来的福克斯（Fox）河谷贸易一线与其汇合；其次，直接通往密西西比河西岸、位于爱荷华州的富尔顿（Fulton）的加利纳支线与其汇合；最后，芝加哥、柏林顿、昆西一线铁

---

① 芝加哥这个城市就这样建立起来了，其贸易额翻了两倍，土地价值翻了三倍，而这主要都是靠一项措施才得以实现的——那便是使之成为铁路枢纽。

路使得从奥罗拉（Aurora）到柏林顿、爱荷华州的铁路联系更加紧密，同时也可以通过加利纳一线从芝加哥到达杰尼瓦。由于铁路的成功修建，芝加哥小麦的订单量在1852年增加到了50.5万蒲式耳，在1855年增加到了450万蒲式耳。芝加哥木材运输量也分别增加到了1852年的4 750万板英尺以及1855年的1.11亿板英尺。① 铁路不仅将其主线延伸到了肯植街以及芝加哥城区内的芝加哥河，同时，为了更好地保证与湖上贸易的连接，1851年铁路公司还购买了芝加哥河北支流远至州街的土地，并且同年还在威尔斯街和肯植街分别修建了旅客站点。

在1837年被看做是内部改良计划重要部分的伊利诺伊中部铁路，在1850年从国会获得了250万英亩的政府划拨地。在国外贷款的帮助下，1852年完成了从伊利诺伊州的马图恩（Mattoon）通往肯新斯顿（Kensingston）（第115街）的铁路线。在1852年前期，这条铁路本是通往罗斯福大街的，1853年市议会通过的一项法令决定更改为通往位于密歇根大道以西的湖街终点站。直至1855年，伊利诺伊州所有铁路全部竣工，造价4 000万美元，这是当时世界上最大的铁路系统。

在谢尔曼（Sherman）和杰克逊（Jackson）大街建立火车站的岩岛铁路线，在1852年可以从芝加哥到达乔利埃特，到1854年可以最终到达岩岛。第二年，通过密西西比河上新建的一座桥到达爱荷华州。尽管轮船利益相关者以及圣路易斯和新奥尔良商人想将这座对航运构成威胁的大桥关闭，但是，铁路仍然沿着圣路易斯-芝加哥一线成功地分流了爱荷华州的大部分贸易。它对当地的土地价值也产生了重要的影响——不仅仅是局限于火车站附近的土地，同时对成立车辆修理厂的罗斯福大街的土地以及从罗斯福大街到英格伍德（Englewood）一线的土地都产生了重要的影响。

1852年，西部的密歇根中区铁路以及密歇根南区铁路都可以使人们从东部到达芝加哥，前者主要是通过伊利诺伊中区铁路到达，后者主要是通过岩岛铁路到达。这些新的铁路吸引大量移民纷纷迁往芝加哥，从而使得芝加哥的常住人口及暂住人口在接下来的几年内迅猛增加。

---

① "加利纳-芝加哥一线的成功给后来伊利诺伊州其他铁路的成功修建塑造了极好的榜样，如果这项工程失败了，芝加哥人口恐怕还不够现在的一半多。"（《芝加哥杂志》，1857年，摘自于《费格斯历史系列》，No.5，Part Ⅱ，16页）。

第二章 1843~1862年铁路时代的土地繁荣

除了以上列举的那些最为重要的铁路外,还有:首先,在1854年沿着密尔沃基街北边修建的81英里长的芝加哥-密尔沃基一线;其次,在城市西北方向穿过杰斐逊街以及诺伍德(Norwood)公园,于1854年修建的芝加哥-圣保罗-庞德杜拉(Fond Du Lac)一线,它刚开始主要是在郊区的村庄修建,但是,后来成为芝加哥以及西北铁路的重要组成部分;再次,有芝加哥-奥尔顿(Alton)一线,但在1854年仅能通过此线从奥尔顿以及史柏凌菲尔德到达乔利埃特,直到1857年才能沿着伊利诺伊-密歇根运河一线到达芝加哥;最后,还有在1859年完成的匹兹堡-韦恩要塞-芝加哥一线的铁路,从而使芝加哥与匹兹堡之间形成了一条直通的线路。这四条铁路在1860年都到达了麦迪逊大街附近的运河街火车站。

在经过一段时间密集的铁路修建之后,特别是从1852年到1854年间,① 到1856年芝加哥已经成为有着2 933英里轨道的10条铁路干线的中心,可以通往全国各地,每天有58辆旅客列车以及38辆货运列车在这里穿梭。这些铁路干线的利润也从1851年的17.4万美元增加到了1855年的1 065.2万美元,到1857年更是增加到了1 859.052万美元。② 在1857年每天有120辆火车进入芝加哥。

谷物以及木材贸易——铁路、运河以及湖上交通的协同效应使得三方都获利匪浅。铁路和运河将小麦带来,然后由湖上船只将其运往东部,又通过这些船只从东部带回木材,再通过铁路和运河将其运送到当地木材供不应求的西部地区。芝加哥的木材订单量在1843年为1 200万板英尺,1847年为3 200万板英尺,1848年迅速增加到6 000万板英尺,1850年为1亿板英尺,1853年为2亿板英尺,1856年为4.57亿板英尺。同时,从芝加哥进行船运的谷物量,从1850年的不到200万蒲式耳到1854年的1 300万蒲式耳,再到1856年的2 200万蒲式耳。③ 另外,湖上船只的装卸量从1844年的45.991万吨增加到1854年的109.8644万吨,到1856年增至160.8645万吨。到1854年,凭借优越的交通优势,芝加哥已经成为全世界最主要的谷物以及木材交易市场。

---

① 1854年修建了1 621英里(顾德斯比德,赫利,同上,I,253页)。
② 《亨特商人杂志》,XXXIX(1858年),756页;XXXIX(1858年),424页。
③ 钱柏林,《芝加哥及其郊区》(芝加哥,1874年),282页、285页。

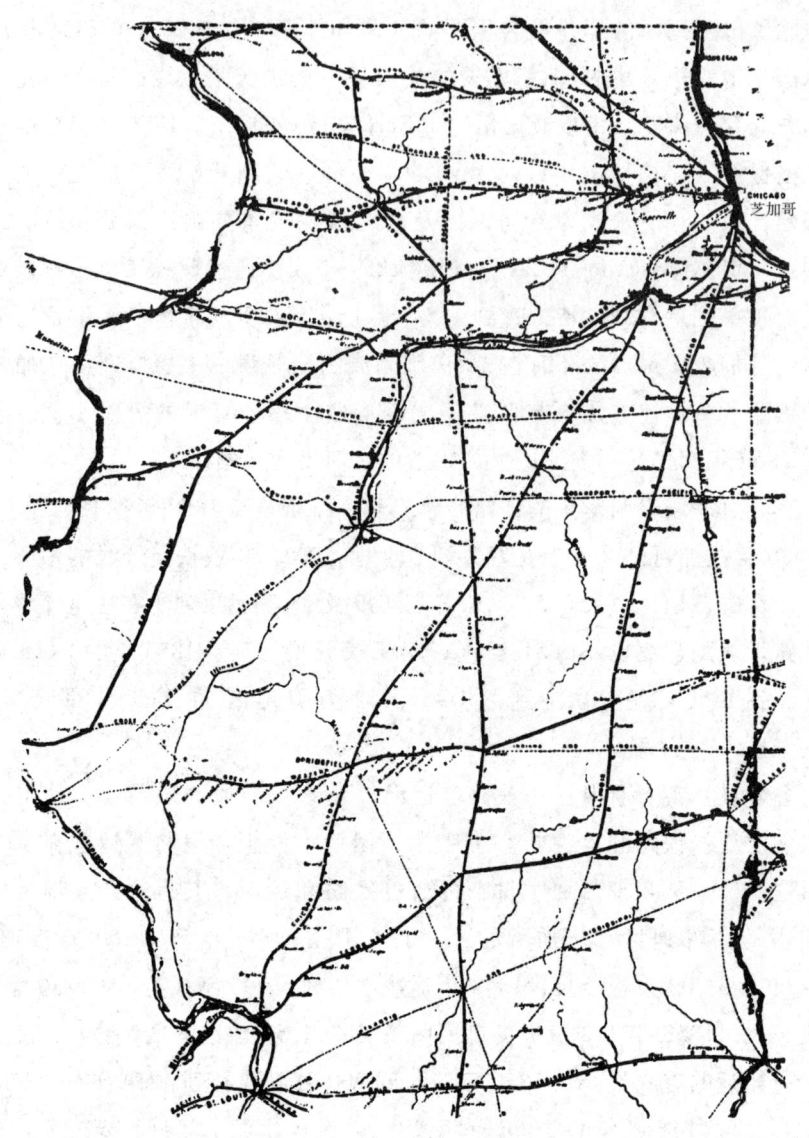

注：实线表示1854年已经修建好的铁路，虚线表示规划的铁路线。

图9　1854年进入芝加哥的铁路

早期的工业——湖上贸易、运河以及铁路进一步推动了芝加哥成为大型批发中心，同时也促使城市新的制造业的发展。东部的铁路带来了大量的技工及劳力；西部的铁路使得已经开始生产的马车以及农具市场进一步扩大，同时也进一步刺激了马车制造、锅炉制造、铁轨制造、桥梁建造等新的商业需求。湖上船只带来了为制造马车所需的木材以及铁器。运河带来了伊利诺伊的煤。铁路、运河、湖泊共同在芝加哥汇合。第一批制造业工厂也建立在河岸以及铁路终点站附近——从这些趋势都足以看出运河、湖泊、铁路以及芝加哥河及其南北支流之间形成了重要连接。制造业虽然还处于萌芽期，但是为其以后的迅猛发展奠定了重要的基础。制造业工人数也从1850年的2 081人①增加到1856年的10 573人，②同时制造业的产值也从256万美元增至1 551万美元，③这些数字的重要性不在于绝对值大小，而在于显示了未来的发展前景。在此期间形成的格局以及建立的联系都为以后几十年工业的发展产生了不可估量的影响。

新的银行——新的交通、批发贸易以及制造业的发展都迫切需要建立一个新的金融系统。近二十年来伊利诺伊州几乎还没有一个正规的银行，对货币的需求总是可以通过乔治·史密斯即时的兑换而获得，或者是通过一些私人证券以及一些其他较远州银行发行的纸币来满足的。1851年，新的银行法通过了。该法案授权在伊利诺伊州成立银行，银行被允许发行纸币。该法案有一个特点，这在日后变得非常重要，就是银行发行的纸币必须以相同数量的债券作为担保，这些债券的年利率为6%。事后，银行发行的纸币多以南方各州年利率6%的债券作为担保，因为这些债券当时的市价是低于面值的。在这项新的法令下，截至1854年1月，芝加哥成立了9家新的银行，同时自1852年起借贷资金也越发容易，这也是促成房地产投机的一个重要因素。到1856年，伊利诺伊州内的所有银行发行的纸币总额已经超过1 200万美元，然而，实际上，几乎没有硬币储备作为保证用来兑换这些纸币。1848年，芝加哥交易所的成立具有重要意义，这在后来也对金融中心位置的确立起到了决定性的作用。当时金融中心还主要位于靠近湖街的克拉克大街。其他一些新建的银行以及保险公司主要都位于那里，同时它也是电报线路中心。

新的批发贸易——伊利诺伊-密歇根运河的开通使得芝加哥农民的贸易形式有了巨大的改变：在此之前主要是零售贸易，之后主要都是批发贸

---

① 《美国人口普查》（1950年）——所有库克县的数据。
②③ 《芝加哥每日民主报》，1857年1月1日的当地调查。

易。我们可以从如下描述中看出这些变化:

突然之间,运河就开始通航了,农民的马车消失了,商人们对这突如其来的变化感到吃惊,甚至有些措手不及。农民可以在距离芝加哥30~80英里的运河沿线以跟芝加哥一样的价格卖出农产品。

一些有魄力的谷物供应商,为了满足农民零售贸易的需求从而将他们的产品推广到运河沿岸的城镇出售,于是整个城市的批发贸易便这样拉开了帷幕。芝加哥迅速增长的人口以及批发贸易的优势使商人们的生意和信心得以重新恢复。①

1848~1857年间芝加哥的城市发展——在简要地介绍最具重要意义的交通之后,接下来很有必要分析在芝加哥城市迅猛发展期间交通对于芝加哥土地价值升值的重要影响。

芝加哥人口在1847~1848年间从10 589人增加到20 023人,几乎增长1倍。另外,还有大量的暂住人口来到这座年轻的城市,使得这里的旅馆、餐厅以及零售商店不断增多,远远超过了芝加哥当地居民的需求。很多大篷马车的农民、船员以及迁往西部的移民都加入了"1849年加州淘金热"的浪潮。从纽约到芝加哥在1836年要花30天时间,由于东部新布法罗到密歇根铁路的通车,在1849年便只需要花7天时间。旅行者可以从新布法罗乘坐汽船前往芝加哥,然后在芝加哥乘坐运河班轮到达拉萨尔,然后再转乘密西西比河汽船。于是在1849年当铁路还没有得以很大发展时,芝加哥的街道每天便已经是川流不息了。当时还相当新奇的新工业革命力量令当地的报纸专栏作家都感到瞠目结舌,蒸汽技术以及物资和人员的大量流通使得这个安静的小镇迅速人声鼎沸,这使得这些专栏作家感到兴奋不已。

我们现在的街道仿佛一张栩栩如生的图画。街上到处都是载满人、载满货物的马车,车轮的咯吱声、轮船的汽笛声、机械的叮当声以及其他各种声音混合在一起;大量商品在商店与码头之间流转,码头上到处堆积着一箱箱、一捆捆的商品;仓库,就像心脏一般,由一边接收谷物,又由另一边再将产品送到等待运输的汽船;木材场也堆积着大量的木材;铁匠店也输出了它们技艺精湛的制品;成群的马匹,一些将被运往芝加哥塔特尔

---

① 沃普,《芝加哥论坛报》,1884年9月28日。

马匹交易市场,而一些将被运往屠宰场以及食品厂;大批陌生人随着火车和汽船来到这里,每个人都耳濡目染着这样繁忙的景象。这与仅两个月以前毫无生气的城市相比,简直就是天壤之别。①

随着1852年芝加哥-纽约铁路线的开通,芝加哥的发展节奏更是加快了,行程从以前的7天降至36小时。在1845年和1846年遭受饥荒的大批爱尔兰人、由于农业萧条以及1848年自由主义运动失败的德国人可以直接从主要的入境港——纽约迁往这块美国的心脏地区。1852~1853年间,芝加哥的人口从38 754人增加到了60 666人,并且在1853年一半的人口都属于移民。大多数新增人口都是通过铁路涌入这个城市的。1854年,通过密歇根中区铁路每天大约可以带来2 000名来自东部的乘客。1857年,出入芝加哥的铁路带来了300万乘客。然而,根据一名观察家的叙述,即使在1853年芝加哥所呈现的景象也并非么吸引人:

当时(1853年10月6日)的芝加哥是一个城市,这没错,但它完全就像一个原始的、肮脏又廉价的西部小镇。在南区,大概有12条大街,但是都不足为奇,仅有一座不错的建筑,就是著名的克拉克大厦。密歇根南区铁路火车站也是建立在克拉克大街上的。在这条街的西面,虽然远在联合公园附近的公牛客栈有一些稀疏的木屋,但是在北区以及西区都有大量的空地。城市中心也是些廉价的木屋建筑:一些位于南水大街;一些位于湖街;还有一些砖瓦房坐落在兰道夫街以北的克拉克大街以及迪尔波恩大街。在兰道夫街以南也有一些木屋,偶尔还有一些低矮的教堂大楼,一直延伸到12街区以南。芝加哥的街道在那个时候都很糟糕,几乎都是没有铺石砖的,一些老城区还稍微有些木板铺在上面。木板下面都是很深的泥浆,一有马车经过便泥浆四溅。②

由于大量的欧洲移民以及东部的一些无家可归者通过铁路到达芝加哥,芝加哥的人口在1855年迅速增至8万人,自1845年以来的十年间几乎翻了7倍。③ 旅馆也相当拥挤,尽管在高速地修建旅馆,但是,据说在1854年芝加哥仍然没有一间空的房屋。我们可以从如下描述中看出1854年节奏之快:

---

① 《芝加哥每日新闻报》,1849年10月18日。
② 约翰·亚历山大·詹姆森(John Alexander. Jameson),"回忆",《美国政治社会科学学术年刊》(1890年)。
③ 钱柏林,《芝加哥及其郊区》(芝加哥,1874年),279页。

在芝加哥历史中，从来没有什么时候像过去几周那样清楚地展示了这个城市的忙碌。各种交通工具都穿梭于街道之中，人行道上也到处都是来去匆匆、熙熙攘攘的人群。旅馆也相当拥挤，那些坐晚班车到达芝加哥的人要是能在会客室地板上找到地方落脚那已经是相当幸运了。①

客流量在克拉克街大桥达到了顶峰。1854 年，在那里从早上 6 点到晚上 7 点客流量可高达 24 000 人，从 11 月 13 日开始平均每日流通人数更是增加到了 27 750 人。第二拥挤的地方便是西部的兰道夫街大桥，在 1855 年平均每日流量为 12 660 人。湖街、威尔斯街、麦迪逊大街以及肯植街的大桥每日平均流量分别为 9 426 人、8 836 人、7 946 人和 6 546 人。这些地方一天客流量合计为 73 164 人。② 从密歇根中部来的乘客通过伊利诺伊中区铁路到达位于密歇根大道东边的湖街火车站，从密歇根南部来的乘客到达范布伦大街以及谢尔曼大街，同时前往西部的移民也在这些车站或者威尔斯街以及肯植大街的火车站出发。

新建建筑以及公共设施的改良——在人们对房屋的需求激增以及相应的房屋租金不断上升的刺激下，芝加哥的房屋量从 1842 年的 1 364 栋增加到 1851 年的 5 798 栋，在 1853 年增加到了 9 212 栋。③ 在 1854 年新增了价值 2 438 910 美元的新建建筑以及公共设施，也即 1854 年芝加哥新建筑价值为 2 438 910 美元。在随后三年，这一数值分别为 3 735 000 美元、5 708 624 美元和 6 423 518 美元，新建筑价值共为 18 305 000 美元。④ 这些建筑不仅包括一些小木屋，还包括一些位于湖街和兰道夫街上四五层的砖瓦建筑。⑤

随着公共设施的改良，尤其是木板路、人行道、煤气灯、下水道和桥梁的修建，城市发生了巨大的改变。早在 1844 年，湖街便已开始铺设木板路，在 1850 年整个城市共铺设了 6.69 英里的木板路，其中，州街 12 667 英

---

① 《每日民主新闻》，1854 年 11 月。
② 同上，1855 年 12 月 22 日。在 1871 年，21 座桥共流通人数为 200 000 人。
③ 顾德斯比德，赫利，同上，Ⅰ，223 页、250 页。在 1851 年，西区共有 1 506 栋建筑，南区 2 742 栋，北区 1 550 栋。1853 年共有 7 267 处住宅。
④ 摩西（Moses）、科克兰德（Kirkland），《芝加哥历史》，Ⅰ，124 页。
⑤ "大部分的建筑都是砖瓦建筑。铁器对开发商来说几乎是不可缺少的成分，然而在过去主要都是用石头来建造房屋。在设计部分，特别是对商店来说，人们越来越关注的是品位及风格。"《民主党人》，1852 年 1 月 5、6 日。

尺，西麦迪逊大街 7 481 英尺，市场大街 4 921 英尺，北克拉克大街 4 329 英尺。南克拉克大街、拉萨尔大街、威尔斯街、东麦迪逊大街及西兰道夫街的木板路一共长达 2 930 英尺。① 这些木板路的铺设为州街、麦迪逊大街以及北克拉克大街土地的升值做出了巨大的贡献，因为大量铺设的木板路引来了马车公交线路。到 1856 年每天共有 18 条线路，408 趟马车行驶其间。② 自 1850 年 9 月首次引入煤气灯开始，到 1855 年已经有 2 000 名用户使用，1856 年整个城市共有 456 盏路灯。③ 1851 年开始修建第一条下水道，长达 2 987 英尺。直到 1856 年，芝加哥城内的下水道已经长达 6 英里。城区东部的下水道直接通到密歇根湖，西部的则流入芝加哥河中。④ 一直到 1854 年，城市共铺设了 139 英里的木板路。⑤ 1851 年芝加哥还成立了一家自来水公司，1857 年该公司为 7 053 栋建筑物供水。⑥ 1854 年芝加哥铺设了 27 英里的木板路，但由于它们需要不断地修复，于是人们开始尝试用碎石、鹅卵石，最后决定用木块来铺路。1856～1857 年间，威尔斯街和华盛顿大道用木块铺设了大量的路面。⑦ 1856 年，在拉什大街建造了一座新的铁桥，从而将伊利诺伊中区及加利纳车站连接了起来。1857 年，在伊利大街以及格兰德大街也修建了桥梁。⑧

芝加哥的扩张——1848～1857 年间，以湖街为中心建造了大量 4～5 层坚固的砖墙建筑。城市南区、北区及西区建造了数千座平房。到 1856 年，从芝加哥河南支流到密歇根大道、作为主要零售街的湖街几乎没有什么空地块了。南水大街也已经从破烂的小棚屋之街摇身一变成为了主要的批发街。州街、克拉克大街和迪尔波恩大街上的商业贸易一直延伸到了华盛顿大道上，而那里的教堂也迁到了沃巴什大道。1854 年，范布伦大街和国会大街以南的密歇根大道及沃巴什大道到处都矗立着时尚的房屋。火车站附近的宾馆如雨后春笋般地冒了出来。在芝加哥河南支流西边的兰道夫大街、

---

① 《芝加哥每日新闻报》，1851 年 1 月 4 日；顾德斯比德、赫利，同上，219 页。
② 摩西（Moses）、科克兰德（Kirkland），《芝加哥历史》，Ⅰ，127 页。
③ 同上，124 页。
④ 安德列斯（A. T. Andreas）的《芝加哥历史》[芝加哥，1884 年]，Ⅲ，60 页；同上，Ⅰ，202 页。
⑤ 摩西（Moses）、科克兰德（Kirkland），《芝加哥历史》，Ⅰ，126 页。
⑥ 同上，125 页。
⑦ 同上，126 页。
⑧ 安德列斯（A. T. Andreas）的《芝加哥历史》[芝加哥，1884 年]，60 页、202 页。

市场大街和富兰克林大街有大量的马车厂；炼铁厂和木材加工厂一般位于兰道夫街和华盛顿大道附近的运河大街和克林顿街；在芝加哥河北岸的肯植街，到处都是包括麦考密克收割机工厂在内的一些大型工厂。巨大的谷物仓库位于河边靠近铁路终点站的地方，一直延伸到南区的罗斯福大街。在芝加哥河南支流的西岸一直延伸到第22街有大量的木材场。1856年，最大的货场位于麦迪逊大街和阿什兰大街十字路口——人们称为"公牛头"的地方。其他一些重要的货场则位于第18街和芝加哥河南支流交界处、农舍大道和第29街交界处。在第26街和密歇根湖交界处有不少美国马车公司的商店，为人们提供了大量的就业机会，这导致周边增加了许多工人住所和公寓。霍尔斯特德大道、德斯普兰斯大街和哈里森街周围也有20英亩的茅屋区。密尔沃基街和联合大道附近、靠近罗斯福大街的克拉克大街和州街附近以及肯植大街附近都是贫民区。[①] 几乎每一居民区都有自己特有的方言。铁路带来的大量的流动人口，为铁路和工厂周围地区的发展做出了不小的贡献。

  1848~1857年间，西区的发展在所有区域中是最为迅速的。[②] 到1853年12月，西区的人口达到了14 679人，1856年8月为28 250人，几乎增加了1倍。同时，北区的人口从17 859人增加到了25 524人，南区人口从26 592人增加到了30 339人。[③]

  到1857年，西至霍尔斯特德大道以西半英里处、南至罗斯福大街、北至芝加哥大街的城区范围，全部保持着稳定的发展趋势。其他地方也有成片的地区在发展。西区的发展沿着麦迪逊大街到了阿什兰大街。在第26街和农舍大道交界处的卡威利（Carville）、在第39街和密歇根湖边交界处的克里夫威利（Cleaverville）、西大街和富勒顿街交界处的霍斯坦（Holstein），是那时市区以外的卫星工业镇。此外，其他分散的居民区也在发展，例如克拉克大街和迪维森（Division）大街附近、欧文公园和克拉克大街附近。除上述地区之外，城郊的小镇已经开始沿着铁路，在海德公园第53街等处冒了出来。同时，英格伍德地区、第63街、岩岛大道也开始有了零星的初

---

  ① 顾德斯比德、赫利，同上，190~191页。
  ② 顾德斯比德、赫利，同上，221页。
  ③ 摩西（Moses）、科克兰德（Kirkland），《芝加哥历史》，613页。

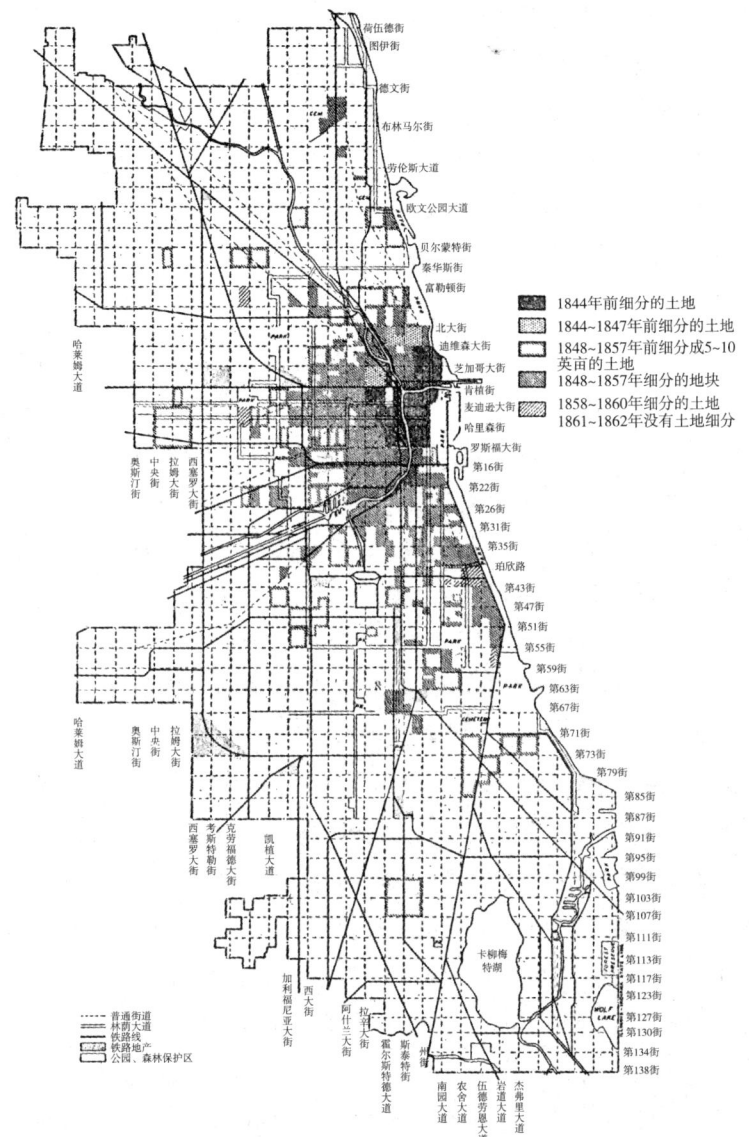

图 10　1844～1862 年芝加哥的土地细分

步发展。城郊的移民也在这个时候开始起步。① 1860 年在州街和麦迪逊大街

---

① 最早的移民于 1856 年到达肯伍德。"1856 年秋,海德公园顶多有 6 间房屋。"(安德列斯,同上,530 页) 1854 年肯斯顿(Kensington)只有三四间棚屋。1867 年之前英格伍德也只有很少的移民。

十字路口处 4 英里的范围内共有 11.2 万人居住，其中 70% 即 7.9 万人居住在 2 英里范围以内。①

1848~1857年土地的升值——1848 年运河竣工后，运河委员会开始出售河边大量成片的土地。他们将芝加哥主要商业区 2~3 英里的土地划分成一块块 10~20 英亩的地块。于是新的繁荣再次开始了。商业区经济的发展和租金的提高使该区域的土地价值得以提升。1848 年拉萨尔大街西边湖街的土地售价为 225 美元/临街英尺，1849 年靠近州街处的麦迪逊大街的土地售价为 120 美元/临街英尺，而到了 1852 年 10 月克拉克大街和湖街的十字路口处卖到了 400 美元/临街英尺。② 1852~1854 年间的价格增长更是令人惊叹不已。在 1852 年，从银行借款以及分期付款的便捷刺激了房地产的投机。铁路、车站、木材场、谷物仓、制造厂的发展以及人口增长带来的旅馆、商店、住所等都需要大量的土地，这使得邻近的空闲地带的土地价值猛涨。同时，租金的增加和高楼大厦的修建也使那些已经付诸使用的土地价值变得更高。湖街在 1856 年平均售价已达 1 000 美元/临街英尺。③ 最大的批发街——南水大街的售价也高达 500 美元/临街英尺。靠近范布伦大街的密歇根大道和沃巴什大道周围最好的居民区土地价格为 300 美元/临街英尺，④ 然而这些街道十字路口处地块的售价达到 400 美元/临街英尺。⑤ 沿着芝加哥河，南至第 18 大街、北至北大街的许多地块售价也达到 100 美元/临街英尺。其他一些地方也跨进了"100 美元/临街英尺"俱乐部，如南边的罗斯福大街、北边的芝加哥大街和西边的霍尔斯特德大道。

1856 年，靠近门罗大街的州街和克拉克大街的土地售价为 250 美元/临街英尺。克拉克大街北边的土地售价为 125 美元/临街英尺，橡树（Oak）大街附近的拉萨尔大街售价为 200 美元/临街英尺，卡彭特大街附近的湖街售价为 100 美元/临街英尺，联合公园对面的湖街售价也是 100 美元/临街英尺。在门罗大街和亚当斯大街间的密歇根大道上的地块在 1855 年售价为

---

① 《芝加哥公共运输和地下铁路委员会报告》，1916 年，73 页。
② 顾德斯比德，赫利，同上，239 页。
③ 《芝加哥民主新闻》，1857 年 2 月 5 日。
④ 同上，1855 年 11 月 12 日。
⑤ 密歇根大道和国会大街十字路口处的土地售价为 400 美元/临街英尺（同上，1856 年 4 月 17 日）。

325美元/临街英尺。① 1856年湖街和克拉克大街十字路口处土地的售价达到1 000美元/临街英尺。② 麦迪逊大街北边、霍尔斯特德大道西边的居民地产售价为60~70美元/临街英尺。而在第22大街和州街交界处、罗斯福大街和霍尔斯特德大道交界处、北区威尔斯街以西芝加哥大街以南的工人住宅区售价为15~20美元/临街英尺。在一些更偏远的地区，诸如富勒顿街、阿彻大道、阿什兰大街，土地价值为4美元/临街英尺。

1848~1856年，州街和麦迪逊大街十字路口处周围3~4英里范围内的土地价值增长速度令人惊讶不已。③ 州街和罗斯福大街交界处的土地在1845年的售价为200美元/英亩，而1856年每临街英尺便能卖到50~150美元，④即平均售价是20 000美元/英亩。第22大街南、州街东的第33街区土地售价从1851年的600美元涨到1856年的10 000美元。⑤ 第90街区的土地售价从620美元涨到26 000美元。⑥ 在第39大街和州街交界处大约20英亩的土地售价在1850年是25美元/英亩，1857年涨到1 000美元/英亩。⑦ 州街和北大街周围的售价在1848年为39美元/英亩，到1856年是1 400美元/英亩。北大街与迪尔伯恩大街、克拉克大街交界处一块12英亩的土地在1845年售价为50美元/英亩，而到了1857年部分细分后的地块售价为50 000美元/英亩。⑧

芝加哥城区内的土地总价值已经从1842年的140万美元上升到了1856年年末的1.26亿美元，在这14年间差不多涨了80倍，其中绝大部分的增长发生在最后5年中。新的峰值差不多是1836年的12倍，即使在之后看来也是相当令人惊讶的数值。正如《芝加哥每日论坛报》在1859年1月报道的："最近5年芝加哥房地产的增值是巨大的。在一个相对短暂的时期内，

---

① 《芝加哥民主新闻》，1855年12月22日。
② 《芝加哥论坛报》，1891年2月13日。
③ 从当时一些观察家在《民主报》（1853年7月11日）的评论我们就可以看出其增长速度之快："五年前，3 000美元可以比现在50万美元都能买到更多的土地。"
④ 1856年罗斯福大街和州街交界处的土地，160~180英尺土地售价20 000美元，或者125美元/临街英尺（《芝加哥日报》1856年12月8日）。罗斯福大街和州街、沃巴什大道、密歇根大道的土地，拍卖售价是每临街英尺100~124美元（同上，1856年3月26日）。
⑤ 《肖特沃与霍德摘要》，41期，356页。
⑥ 同上，79期，141页。
⑦ 同上，72期，904页。
⑧ 《芝加哥地契和信托摘要》，1605期，627页、630页。

拥有一定数量土地的人都发现自己发了大财。"①

州街和麦迪逊大街十字路口处 1 英里范围内的土地价值从 1842 年的 81 万美元上涨到 1856 年的 5 075 万美元，增长了 60 倍。最大的增幅出现在州街和麦迪逊大街十字路口处周围 1～4 英里的环形带上。在州街和麦迪逊大街十字路口处周围 1～2 英里环形带内，土地价值在 1836 年是 200 万美元，1842 年是 20 万美元，然后增长到 1856 年的近 3 700 万美元，这个数字差不多是 1842 年的 185 倍、1836 年的 18 倍。在州街和麦迪逊大街十字路口处周围 2～3 英里的环形带内，土地价值在 1836 年约为 81.64 万美元，1842 年约为 8 万美元，1856 年上涨到大约 1 850 万美元，这个数字差不多是 1842 年的 230 倍、1836 年的 22 倍。在州街和麦迪逊大街十字路口处周围 3～4 英里的环形带内，土地价值在 1836 年为 41.6 万美元，1842 年约为 4 万美元，到 1856 年上涨到了 700 万美元，这个数字是 1842 年的 175 倍、1836 年的 17 倍。4 英里外 11.2 万英亩的土地，1836 年估价为 140 万美元，即 12.5 美元/英亩；在 1842 年该区域估价为 28 万美元，即 2.5 美元/英亩；1856 年增长到约 1 200 万美元，这个数字是 1842 年的 43 倍、1836 年的 9 倍。州街和麦迪逊大街十字路口处周围 1 英里的环形带内，土地价值在 1836 年和 1842 年占了当时城市土地总价值的 56%，到 1856 年最多不超过总价值的 40%。

铁路发掘了中心商业区 1～4 英里范围内土地的潜力。那一时期，这一地区被细分为许多片区②。湖街临街 20 英尺、花费 1 万美元建好的商店，1 年的租金就是 4 500 美元。考虑到土地实际使用的需要，中心商业区 1 英里以外的土地销量也很好。当时大量需求来自于新兴的谷物贸易商，他们在密歇根大道和草原大道最好的地段以 300～400 美元/临街英尺的价格购置了总价为 12 000 美元、15 000 美元和 25 000 美元的房屋。除了这些实际使用的地区外，其他地方的土地价值则基于对芝加哥持续发展的期望。当时的预测是大多数居民区会有南移的趋势，所以 1855 年时第 22 街、草原大道以及密歇根大道的许多地方土地价值涨至 50～60 美元/临街英尺。类似的期望值在整个芝加哥蔓延，这使得整个芝加哥最偏远的土地都升值了。③

---

① 《芝加哥每日论坛报》，1859 年 1 月 6 日。
② 见图 10。
③ 见图 11、图 12、图 13。

第二章 1843~1862年铁路时代的土地繁荣

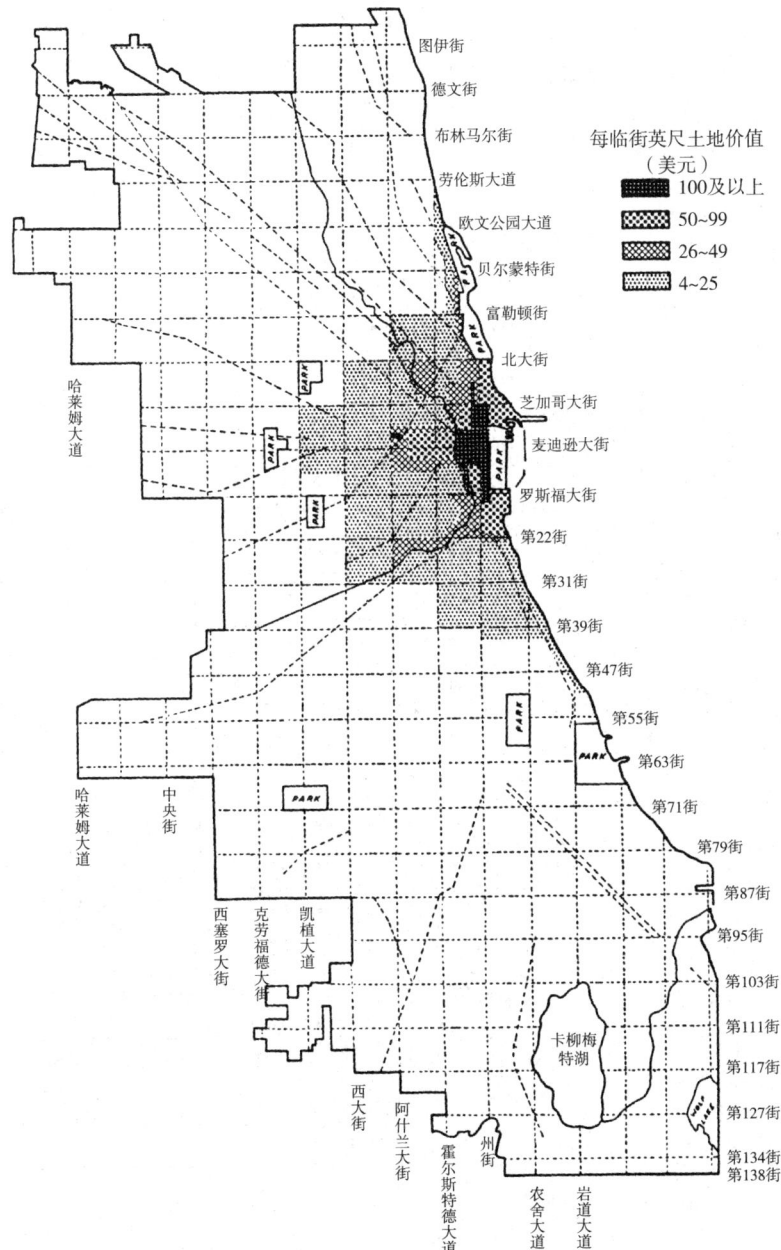

图11 1856年芝加哥土地价值（美元/临街英尺）

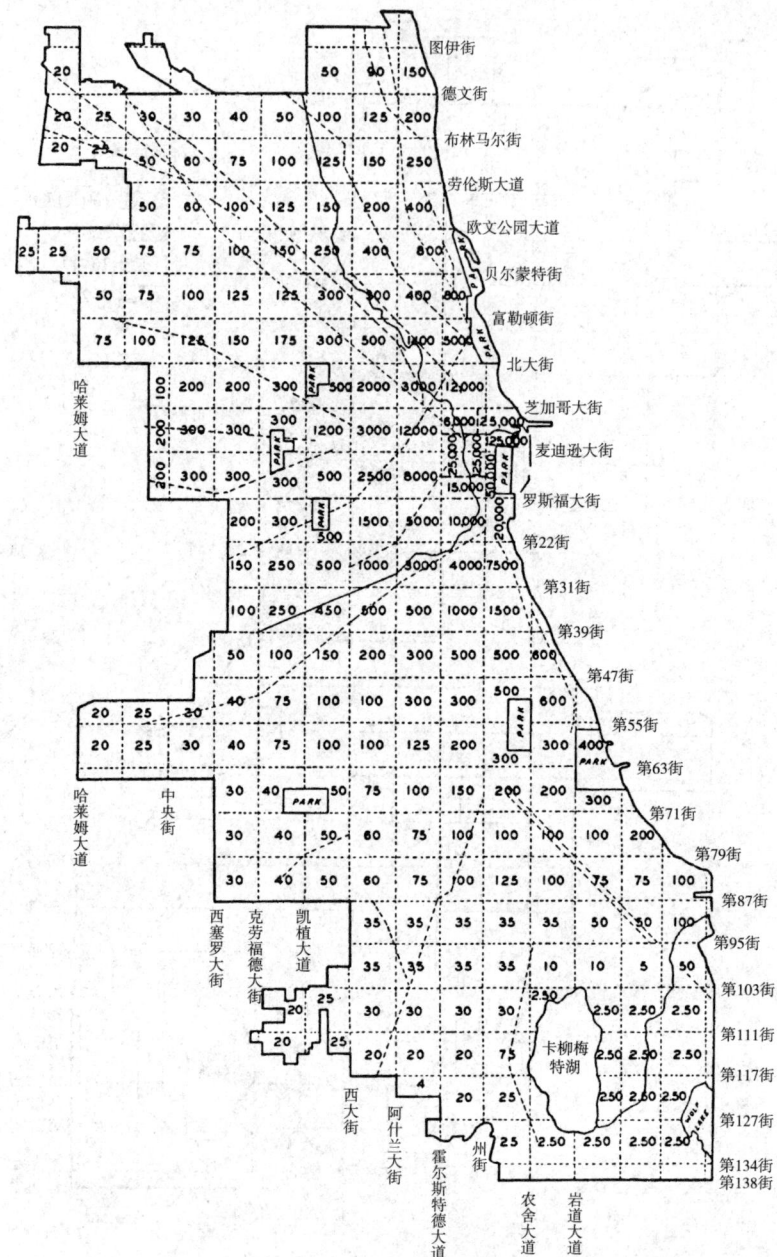

图12　1857年芝加哥土地平均价值（美元/英亩）

第二章 1843~1862年铁路时代的土地繁荣

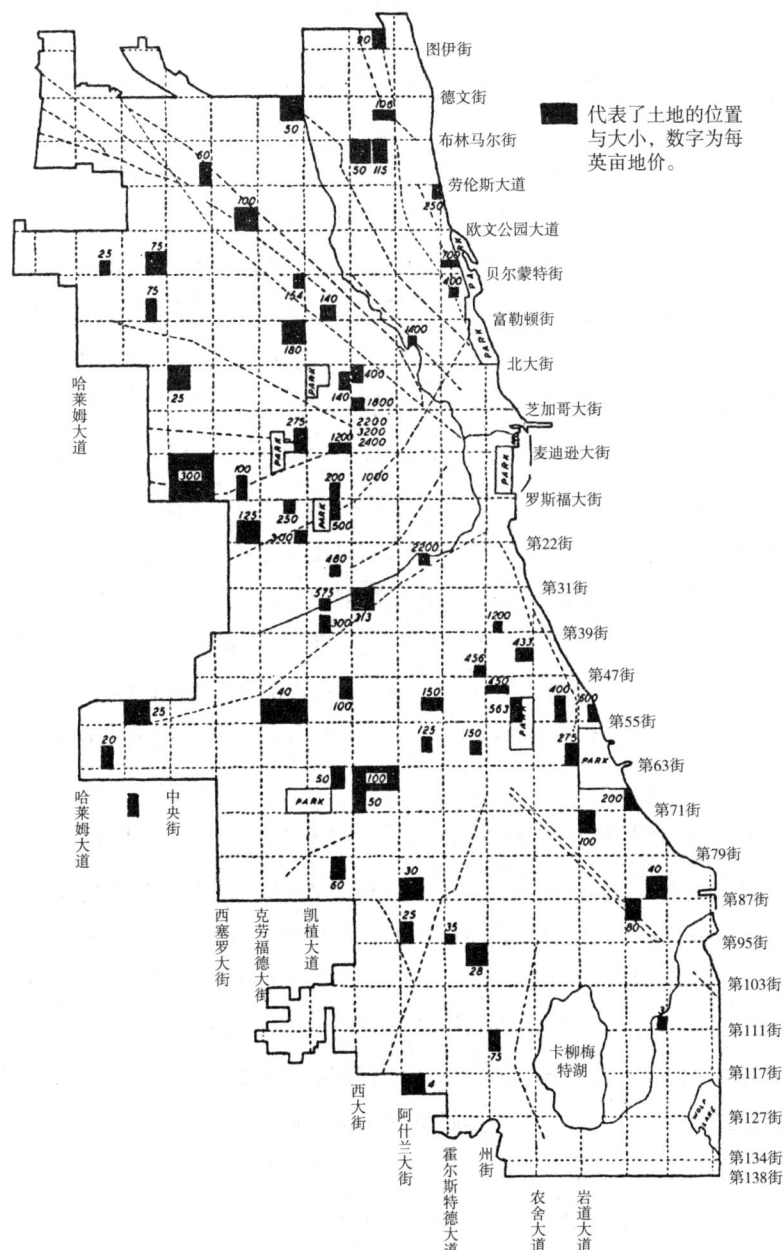

图13　1856~1857年芝加哥的土地价值（美元/英亩）

C. 1857~1862年经济大恐慌及内战

1857年经济大恐慌——芝加哥建筑物的数量、芝加哥铁路的收入、谷物和木材的收入都在1856~1857年达到新的高峰，1855年5月到1856年12月大宗商品的价格实际上一直在下跌，每蒲式耳小麦的价格从2美元跌到1美元。① 由于东部资金过度用于西部土地的投机和过快的铁路建设，1857年夏纽约发生了金融紧缩，纽约银行再次中止了硬币兑换，这使得芝加哥的一家私有银行在1857年8月11日被迫倒闭。随后又有2家芝加哥私有银行在1857年9月30日倒闭。② 在1857年10月，共计有18 170万美元债务的15条铁路，迫于债权人的压力而被迫转让。其中，伊利诺伊中区铁路有2 400万美元的债务，密歇根南区铁路债务达1 800万美元，密歇根中区铁路债务达1 400万美元。纽约股票交易所的铁路股票价格在1857年猛跌，加利纳铁路从1856年12月15日的119点跌到1857年10月12日的54点。同时，纽约中部铁路的股票从93点跌到53点，密歇根南区铁路从88点跌到9点。③

1858年的大萧条——1857年经济大恐慌的影响在1858年逐渐体现出来了。芝加哥铁路的收入从1857年的1 676.8万美元降到1858年的1 306.2万美元，木材运输量从1857年的46 000万板英尺跌到1858年的27 900万板英尺。新建筑价值从1857年的642.35万美元下降到1858年324.64万美元。④ 数百名失业者在1858年1月以50美分/天的报酬工作。失业救济处开始投入使用以减轻人们的困难。⑤ 尽管当时是大萧条时期，但房屋建筑活动仍在如火如荼地进行。1872年共有1 100栋新建筑竣工。⑥ 尽管其中大部分建筑是廉价的木屋。然而这些数字表明房屋的新建造活动仍然没有止步。

---

① 《民主报》，1857年1月1日。
② 《芝加哥报》，1857年10月1日。
③ 《民主报》，1856年12月15日；《芝加哥报》，1857年10月19日。
④ 关于1858年建筑物数量，参见《芝加哥每日论坛报》，1859年1月1日。
⑤ 顾德斯比德，赫利，同上，280页、285页。
⑥ 《芝加哥每日论坛报》，1859年1月1日。

1857年建筑成本至少降低了 1/3，这也在一定程度上刺激了一些房屋新建的进行。①

1859年1月1日，《芝加哥每日论坛报》在其年度评论中写道："那些有能力持有房地产的人们，不会将房产以低于两年前的价格卖出。而且在城中的一些地方，房地产的价格确实比之前增加了 10%~20%。"这使得1858年许多房地产所有者仍然坚定地以1856年的最高价持有房产。但必须承认的是，许多破产者被强制以极其惨重的损失放弃他们的地产。报纸上也出现了越来越多的关于丧失抵押品赎回权和拍卖的报道。②

1859 年——1859年芝加哥整体的商业情况有了一定的好转。木材收入有少量增加，猪肉加工业的增长较可观，谷物运输和铁路收入没有再大幅下跌。但新建筑价值从1858年的324.64万美元下降到1859年的204.4万美元。③ 土地价值在那时也急剧下跌。约翰·赖特在1860年3月的一段文字中描写道："自1857年来，除了市中心的核心地段地产外，其他的几乎都下跌了一半以上。"④

1860 年——芝加哥包括破产在内的所有债务，已经从1859年的265.1万美元降到了1860年的128.8589万美元，⑤ 伊利诺伊州的银行也安全渡过了1857年的金融风暴，它们似乎也将有更加美好繁荣的前景。但新建筑价值在1860年继续下降到118.83万美元，房租和土地价值也持续降低。⑥ 约翰·赖特是一个相对比较乐观的观察家，他在1861年说："市中心地块的价格减少了一半，而其他地区的地产价格也下降了四分之三。"⑦ 抽样销售额也证实了这种论断。根据威廉·科夫特（William J. Kerfoot）的说法，大量工人在1857年前买入的第12街以南的土地，都在1860年失去了价值。据科尔伯特所说：

1857年冬，街道十字路口处的许多地块价格已经大幅下跌，但由于到

---

①② 《芝加哥每日论坛报》，1859年1月1日。
③ 《芝加哥出版论坛》，1860年1月4日。
④ 约翰·史莱特，《芝加哥的过去、现在与未来》（1868年），12页。
⑤ 《芝加哥论坛报》，1861年1月1日。
⑥ "大量的工人为了寻找工作而离开，留下的为了减少开支也被迫住在拥挤的环境。这使得许多住宅和商店闲置，也使得有能力继续持有房产的人，进一步降低正在使用的房屋的房租。数以百计的房屋由于人们只能支付部分费用而被放弃"（引自钱柏林，201~202页）。
⑦ 赖特，同上，14页。

期偿付贷款几乎不可能了，这使得 1858 年和 1859 年房地产价格下跌得更厉害。这座城市的房地产大部分是在运河时期买卖的。人们需要依赖土地价格持续增长来支付债务，然而他们现在发现即使是以跳楼价也卖不出去。①

1861~1863 年银行体系的崩溃——内战的爆发显示出伊利诺伊州纸币的弱点，该州银行发行的 12 320 964 美元纸币是以 14 000 000 美元债券作担保的，其中 9 527 500 美元是南部各州的债券。② 但到了 1861 年 5 月 15 日，密苏里州债券跌到 35 美分，田纳西州债券跌到 45 美分，弗吉尼亚州债券跌到 43 美分。③ 因此，以这些不断下跌的南方各州债券作担保发行的纸币很快就陷入混乱状态。到 1862 年伊利诺伊州只有 3 家银行的纸币勉强维持面值不贬值。到了 1864 年，98 家银行已经停业，只有 23 家银行在努力维持生计。④ 事实上，当时美国境内流通的各种票据和纸币有 7 000 种之多，其中有 1 600 种是由不同的州银行发行的纸币（这些纸币目前贬值程度不一），其余 5 500 种都是涂改的或伪造的票据。这种形势下，各个行业都遇到了严重的困难。但幸运的是，1863 年颁布的国家新银行法案把所有的混乱状态都一扫而空。

与此同时，尽管南方各州身处内战，并且南方各州的建设活动实际上已经停止，但是，由于欧洲需要美国的小麦、战争需要谷物和肉，这使得芝加哥小麦运输量从 1858 年的 1 100 万蒲式耳上升到 1861 年的 2 400 万蒲式耳，玉米运输量从 400 万蒲式耳上升至 2 400 万蒲式耳。同时，铁路也通过运送士兵、谷物和牲畜成为非常赚钱的行业。⑤ 1856~1862 年间，西区的人口再次增长了 1 倍，数量从 28 250 人上升到 57 193 人。整个城市的人口也在同一时期内从 84 113 人上升至 138 186 人。⑥

马车线⑦——从 1859 年开始，在芝加哥的三个区域 3 条独立的公交马车线路开始运营。1859 年 4 月 25 日，南区马车线路系统始于州街和兰道夫街十字路口处，沿着单轨道的线路顺着州街向南行驶到罗斯福大街，并在

---

① 科尔伯特与钱柏林著，《芝加哥大火》，95~96 页。
② 安德列斯（A. T. Andreas）的《芝加哥历史》（芝加哥，1884 年），619 页。
③④ 《帝国的财政：伊利诺伊州银行业的历史》（芝加哥：克拉克出版社），159 页。
⑤ 摩西（Moses）、科克兰德（Kirkland），《芝加哥历史》，393 页。
⑥ 同上，613 页。
⑦ 译者注：该处指的是有轨马车。这种马车在铁轨上行驶，可以容纳多达 70 个乘客，车厢较长。

1859年年底前延长至第22街和州街十字路口处。1864~1865年，州街线路新开了一条支线，可以从阿彻大道到达阿什兰大街东面的桥口。1866年州街线路已经从第22街延伸到第31街。1864年建成了一条起点在第22街、顺着印第安纳大道行驶到第31街的线路。初期州街线路异常拥挤，原因是道路本身非常破旧，很难驾马车从上面穿过。

西区马车线路系统有两条向西行驶的主线：一条在麦迪逊大街；另一条在兰道夫街和湖街。这些线路汇集在麦迪逊大街和霍尔斯特德大道，以便于到达中心商业区。北区马车线路系统始于芝加哥河的北支流，并在1863年完工。它的主干在克拉克大街和百老汇大街，北达欧文公园大街，西至阿什兰大道。1859年在芝加哥大街建成了一条短线，从克拉克大街到芝加哥河的北支流。1865年另一条线路竣工，可以顺着迪维森大街去克莱伯恩大道，再到拉诺比（Larrabee）街。① 人们尝试在克拉克大街大桥上铺设马车线路，以连接北区和南区，但是在1860年被禁令停止。马车线路都是根据公共交通线路原则修建的，因为旧的马车线路很容易受到越来越破旧的不良路面状况的影响，所以新的线路很快占据了大部分的业务。

1862年的土地价值——尽管1863年芝加哥在猪肉加工业、城市发展速度（特别是西区的发展）、人口数量、谷物贸易等各个方面都有所增长，但是，芝加哥的土地价值在1862年一直都非常低。克拉克大街东面的华盛顿大道地块，1856年为500美元/临街英尺，在1861年跌到250美元/临街英尺。麦迪逊大街靠近克拉克大街、州街靠近门罗大街的地块从200~300美元/临街英尺跌到150美元/临街英尺。1857年在兰道夫街和威尔斯街十字路口处的西北角，8万美元可以买到一处80×180英尺大小的闲置房。1861年，同一块地，加上一幢价值14万美元的房子，整个售价差不多只是原先房子单独的价格。北区和西区靠近居民区的闲置土地，售价减少了50%。从30笔边远区域土地买卖记录来看，从1856年、1857年到1860年、1863年间，其平均售价降低了67%。② 西区周围的降幅是比较小的，这是因为大萧条时期西区的城市建设在持续发展，这里的土地勉强维持了它的价格。

---

① 参见1880年的运输线路（图23）。
② 有关1860~1863年的销售参见图14。

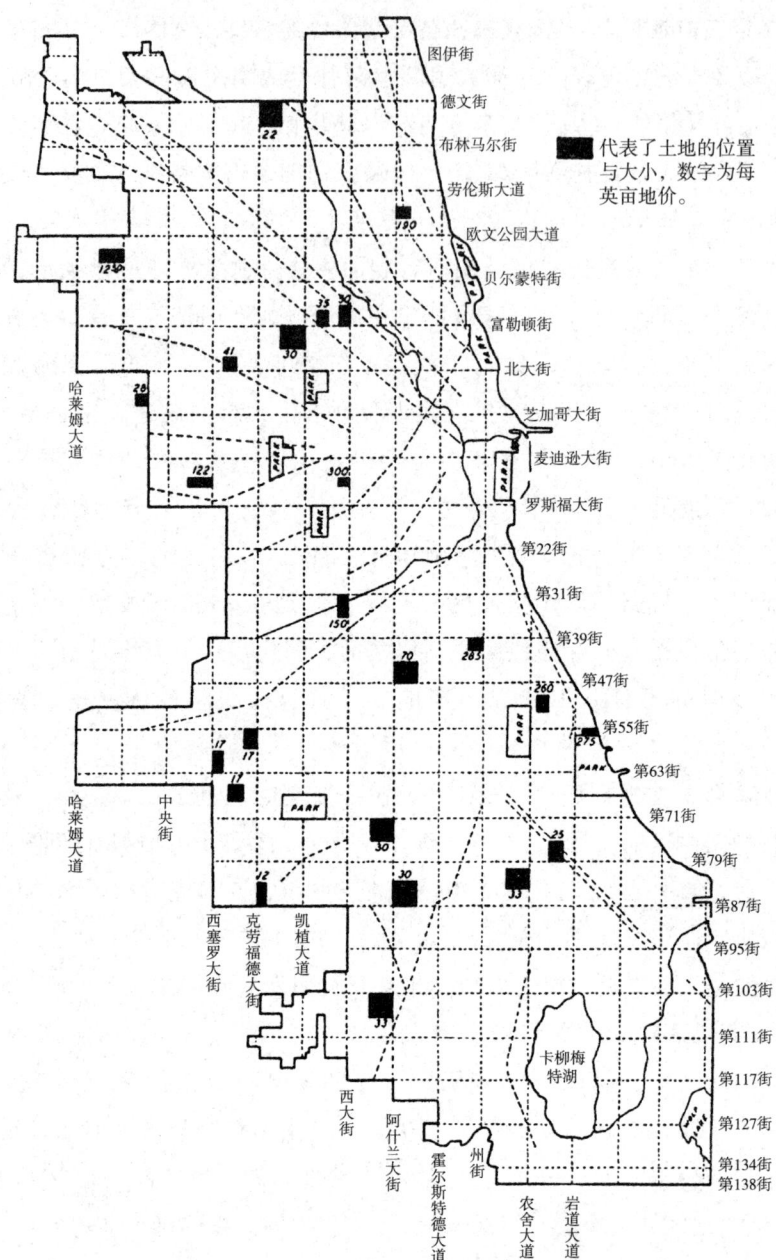

图14 1860~1863年芝加哥的土地价值(美元/英亩)

然而，我们从当时的销售量以及约翰·赖特的描述中可以估计到，1859~1863 年的数据比任何时期都更加萧条。作为热情的房地产专家，约翰·赖特对这些数据相当熟悉，他很有可能将这些土地价值的下降程度弱化了。芝加哥的土地总价值从 1856 年的 1.26 亿美元降到了 1861 年的不超过 6 000 万美元。①

---

① 安德列斯（A. T. Andreas）的《芝加哥历史》[芝加哥，1884 年]，Ⅱ，571 页："1858 年，在投机影响下，大部分购买交易都相当迅速而及时……1857 年的冲击使这种付款的可能性大大减少。由于困难重重，加之没有前途的未来及其不动产价格的萧条，地产所有者普遍放弃了继续购买以及分期付款。在 1859 年，房地产进入了相当艰苦的时期，除了大家普遍认为它就如流沙一般——投入多少钱都会被吞没掉之外，几乎得不到其他任何认可。"

1863~1877年恐慌、内战、大火后的土地繁荣

A. 1863~1865年内战晚期

前一章我们已经讲到,芝加哥的城市发展及其土地升值很快就受到了考验。首先是1857年的经济大恐慌;其次是美国内战的爆发,南方各州信用的丧失、州银行的破产。人们都担心美国的永久分裂会摧毁原有的贸易体系,这一切都使得人们对前景的预期更加恶化。内战在1861年似乎摧毁了所有的商业,但是,在1862年秋季时却又呈现出了另一番完全不同的景象。由于在1860年、1861年和1862年国外农作物歉收,导致欧洲对美国的食物需求量增加,从而使得东部的谷物和肉产品有了很好的市场。作为西部铁路枢纽以及东部铁路的终点站,芝加哥成为将粮食从东运往大西洋海岸的主要集散地。1860~1862年间,芝加哥的谷物订单量从3 100万蒲式耳增加到了5 600万蒲式耳。① 同时,芝加哥迅速成为全球主要的肉类加工中心。

芝加哥在很多方面都得益于内战。首先,这场战争消耗了大量的劳动力,从而刺激了芝加哥农业机械的需求;其次,芝加哥铁路还因为战争中的士兵和军需品的运输而赚取了大量利润。由于战争对食品、车辆、制服

---

① 钱柏林,《芝加哥及其郊区》(芝加哥,1874年),285页。

以及露营设备的大量需求,芝加哥就开始大量生产和运输这些必备品。在芝加哥,几乎完全感觉不到内战的负面影响,反而获益匪浅。同时,它也是投机商的圣地。由于战争对融资的需要,国家银行系统在1863年被重新建立,同时也导致了较严重的通货膨胀,价格上涨使得战争所需产品订单的持有者赚取了大量的利润。到1865年,芝加哥已经拥有17家银行,这表明新的金融秩序正在被迅速重新建立。由于战争,商业规模及其利润都上升到了迄今难以知晓的高度。在内战期间,正如科尔伯特所说的,芝加哥"成为了工人与投机者的天堂"。①

由于战争引发的商业繁荣和工厂兴隆吸引了大量来自加拿大以及欧洲的劳动力来到芝加哥。芝加哥人口数也迅速从1860年的109 263人增加到1865年的187 446人。新建筑的价值也从1862年的52.5万美元增加到1863年的250万美元,到1864年更是增加到470万美元。② 直至1864年年底,芝加哥已经建设成了从市中心向四周延伸3英里的城市,其中居民区占地面积18平方英里。③ 1864年,由于建筑需求,使得马车沿线的土地以及邻近区域的空地价值上涨了10%~15%。同时,随着市中心商业房屋租金的上涨,中心商业区的土地价值也增加了20%。④ 但是,土地价格的涨幅与其他商品价格的巨大涨幅相比,简直不能相提并论。

B. 1865~1871年战后的土地繁荣

1865~1871年芝加哥贸易以及制造业的发展——随着内战的结束,引发了工业的再次调整。1864年9月~1865年5月,主要大宗商品的价格下跌了50%。战争物资需求戛然而止。成千上万的士兵必须要在工厂或者农场找到落脚处。南方各州由于内战的战败以及旧的奴隶制度的瓦解,使其短期内无法继续为北方产品提供有利的市场。

尽管有诸多不利因素,但北方依然进入了工业快速发展的时代。战争

---

① 科尔伯特与钱柏林,《芝加哥与大火》,116页。
② 《芝加哥论坛报》,1865年1月1日。
③ 科尔伯特与钱柏林,《芝加哥与大火》,119页。
④ 同上,118页。

期间由于对钢铁的需求引进了贝塞麦法炼钢法（转炉炼钢法）。内战结束后，这一炼钢法使得原煤生产以及钢铁工业都得到了巨大的发展。1865~1873 年，美国的铁路线长度增加了 3.3 万英里，增长了 1 倍。

芝加哥附近有伊利诺伊煤矿和梅瑟比（Mesabi）山脉丰富的铁矿，同时还有五大湖将这两个矿相连接，于是芝加哥在工业革命期间获得了相当大的收益。芝加哥在内战前期便已是极其重要的铁路枢纽，随着铁路网从密西西比河向西部延伸，它更使得发展迅速的西部地区成为其腹地。布林顿 - 岩岛铁路使得爱荷华州、堪萨斯州以及内布拉斯加州都主要依赖于芝加哥市场，芝加哥 - 奥尔顿铁路一线也从圣路易斯分流了大量伊利诺伊州南部以及密苏里州东部的贸易。① 1869 年，联合太平洋——中太平洋铁路线的贯通使得芝加哥可以与太平洋沿岸以及美国东部地区进行贸易往来。芝加哥的铁路线长度也从 1860 年的 4 912 英里增加到了 1869 年的 7 019 英里，铁路利润额也相应地从 17 609 314 美元增加到了 48 886 305 美元，芝加哥的市场也随之得以进一步扩大。②

芝加哥的批发贸易更是充分利用了铁路的优势。他们不是等待生意自己找上门来，而是自己敲着"鼓"到西部去招揽客户——这种生意策略还是前所未闻的。由于这样的精明策略以及得天独厚的地理优势，芝加哥的批发贸易额从 1860 年的不到 1 亿美元增加到 1868 年后每年的 4 亿美元。③ 内战前，芝加哥几乎还没有哪家公司每年的销售额能超过 60 万美元，然而，在 1866 年有 22 家公司销售额超过了 100 万美元。1872 年，单是菲尔德 & 利思公司一家的销售额便达到了 2 000 万美元，其中利润为 100 万美元。④

同时，芝加哥大宗商品的贸易量也不断增长。湖上船只的货运量也从 1860 年的 1 931 692 吨增加到 1869 年的 3 125 400 吨。有多达 300 只船只，装着木材，日日夜夜来往于港口，几乎以每分钟两艘船的速度经过吊桥。⑤ 松木不断进入芝加哥，在 1868 年其数量高达 10 亿板英尺，与 1861 年相比

---

① 刘易斯（Lewis）与史密斯（Smith）著，《芝加哥：声望发展史》，108 页。
② 摩西，科克兰德，《芝加哥历史》，Ⅰ，142 页。
③ 钱柏林，《芝加哥及其郊区》（芝加哥，1874 年），121 页。
④ 同上，123 页。
⑤ 詹姆斯·帕顿，《大西洋月刊》，1867 年 3 月，335 页。

第三章 1863~1877年恐慌、内战、大火后的土地繁荣

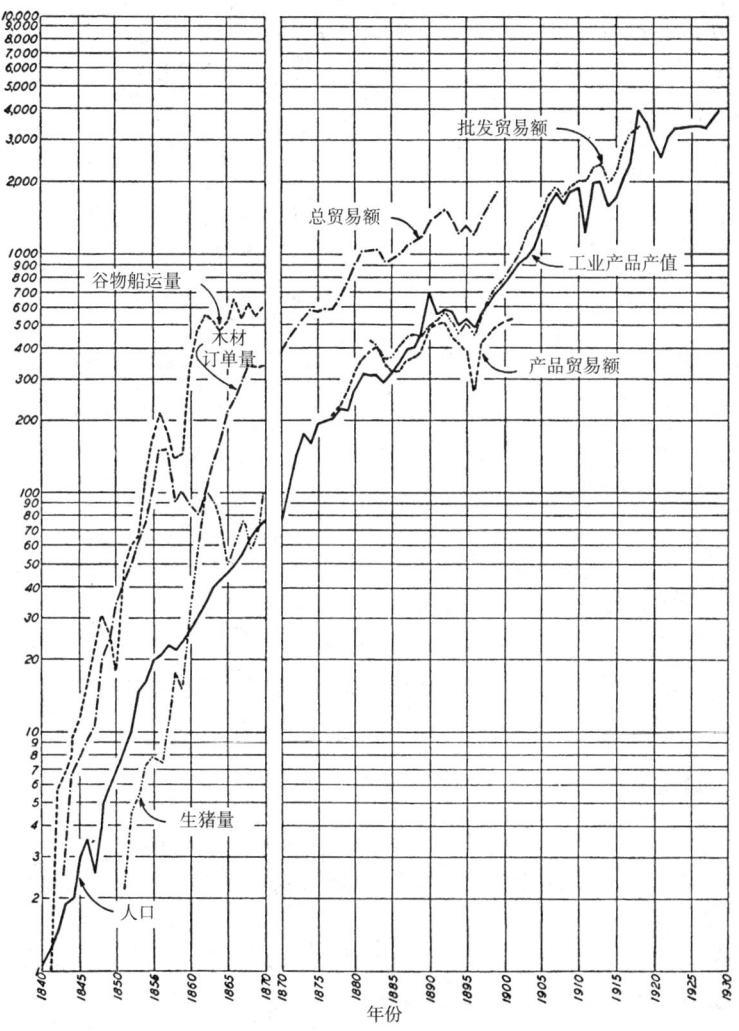

注：纵轴1单位表示300万板英尺木材、1万头生猪、10万蒲式耳、4 000人口和1 000万美元。

图15　1840~1930年芝加哥贸易额和制造业产值

增长了4倍，甚至还需要在河流南岸建立500英亩的木材场用于暂时存放5 000万板英尺的木材。① 成千上万的松木板通过铁路运往西部，还有一些便被留在芝加哥用于修建房屋。

1870年，芝加哥谷物交易量达到6 000万蒲式耳，大大超过1847年农

---

① 钱柏林，《芝加哥及其郊区》（芝加哥，1874年），282页。

民在湖街上赶着马车带来的 100 万蒲式耳的交易量。

然而，与谷物和木材批发贸易相比，制造业的发展对芝加哥发展更具有重要的意义。在内战前，芝加哥以"西北交易市场"著称，大量的买卖者来这里主要是为了买卖产品，几乎没有什么商品是由芝加哥自己生产的。然而，到 1867 年，大量用于铁路、农场、房屋修建及装饰的产品都是由芝加哥自己生产的。"整个草原地区都是靠芝加哥制造的机器在收割庄稼"。①芝加哥除了生产大量的钢、铁和木制品之外，还生产大量的鞋子、服饰、肥皂和蒸馏水等。1865 年后，肉类加工业主要位于第 39 街以及霍尔斯特德大道附近，那里与各条铁路都有着紧密的联系，并且一直占据着重要优势。简而言之，芝加哥制造业产值从 1856 年的 1 500 万美元增加到 1873 年的 1.76 亿美元，工人数量也从 1 万人增加到了 6 万人，市场得以迅速扩大，同时芝加哥的人口数也得以增加。②

1865~1871 年，芝加哥在快速发展。期间人口从 18.7 万人增加到 32.5 万人。1864~1870 年的 7 年间，芝加哥新建筑价值超过了 7 600 万美元。芝加哥的房屋量从 1848 年的 3 742 栋增加到 1857 年的 19 000 栋、1868 年的 40 000 栋以及 1870 年的 56 000 栋。③我们可以从表 2 中看出内战后房屋修建迅猛的增长势头。④

表 2　　　　　　　1864~1870 年芝加哥新建筑价值　　　　　单位：美元

年份	新建筑价值	年份	新建筑价值
1864	4 700 000	1868	14 000 000
1865	6 950 000	1869	11 000 000
1866	11 000 000	1870	20 000 000
1867	8 500 000		

公共设施的建设与私人房屋修建几乎保持着一致。1865~1871 年间，下水道从 75 英里增加到了 151 英里。在 19 世纪 60 年代由于越来越多的下

---

① 詹姆斯·帕顿，《大西洋月刊》，1867 年 3 月，337 页。
② 《芝加哥的工业发展》，Ⅲ，514 页。
③ 钱柏林，《芝加哥及其郊区》（芝加哥，1874 年），67 页。
④ 摩西，科克兰德，《芝加哥历史》，Ⅰ，142~143 页；《芝加哥论坛报》，1865 年 12 月 30 日。

第三章 1863~1877年恐慌、内战、大火后的土地繁荣

水道污水以及工业废料流入已断流的芝加哥河，该河发出的恶臭简直让人难以忍受。1871年，人们通过挖深伊利诺伊-密歇根运河才使得芝加哥河扭转乾坤。① 由于大量污染物排入芝加哥河再流入湖泊，居民用水受到了严重威胁，于是1867年3月便在湖底下挖通了2英里长的隧道。② 1867年，每天有超过1 800万加仑的水通过154英里的管道；在1871年每天有超过2 400万加仑的水通过275英里的管道。③ 与此同时，旧的木板路也被抛弃，取而代之的是木块路和碎石路，其中最受欢迎的是木块路。1865年，仅有2.5英里的街道铺设的是木块，然而在1871年年初便已经有了57英里的木块路，另外还有30英里由碎石、砂砾、煤渣以及鹅卵石铺砌的路。④ 尽管道路建设有了很大进展，但是仍然还有446英里即83%的街道没有铺砌任何东西。木板人行道的数量从1854年的159英里增加到了1871年的900英里，同时碎石人行道的数量也从500英尺增加到了30英里。在1871年有6 555个灯柱，然而在1865年还仅为2 500个。同时，在这7年间还新建了19座大桥，其中15座都位于主要商业区之外，从而将相对偏远的西区、北区和南区联系起来。到1871年，共有6条铁路以及27座大桥。每一座桥的费用在2万~4.8万美元不等。1871年3月31日，共有246 015个行人以及45 306辆车通过这些大桥，另外还有7 231个行人以及1 616辆车穿过华盛顿大街隧道。⑤ 所以在1871年3月31日共有253 246人以及46 922辆车辆经过芝加哥的所有大桥，这与1855年一天73 164的人行量以及18 404的车流量相比，增加了不少。

我们可以从下面报道中看出芝加哥在1853~1867年这14年间的巨大变化。

在城市中心，游客们可以看到大量高耸的、坚实的房屋，还可以看到很多时尚华丽的旅馆以及公共建筑。这些在其他城市看来也都是相当值得称道的。街道跟纽约一样，到处挤满了车辆，纽约有的东西在芝加哥也同

---

① 科尔伯特与钱柏林，《芝加哥与大火》，160页。
② 詹姆斯·锡汉（James W. Sheahan），乔治·乌普敦（George P. Upton），《芝加哥大火》（1872年），41页。
③ 同上，37页。
④ 科尔伯特与钱柏林，《芝加哥与大火》，161页。
⑤ 同上，160页。

样可以看到。几乎每时每刻，游客都可以感觉到自己仿佛置身于繁华的大都市中，一会儿被华丽巨大的地毯店吸引了眼球，一会儿又会惊叹于庞大的纺织品店或是杂货店。一会儿游客还会发现自己不知不觉进入了一个比泰勒还大的餐厅，这里一年四季的美味佳肴应有尽有。然后还会经过一家珠宝店，各种金、银、钻石闪闪发光，这里去年一年便售出了 3 200 只手表。

在离芝加哥河 2～3 英里的南面的湖岸边，还可以看到很多漂亮的别墅和花园，这使得芝加哥拥有"花园之城"的美名。整个芝加哥没有一所廉价公寓，勤俭的工人大都拥有自己的住宅，其他人也依然可以租住整套房屋。芝加哥 70% 的房子都是木屋，街道上也都是木板人行道，以及黑色草原路。①

城市的外观到 1871 年有了进一步的改观。当时有 6 万栋房屋，其中 4 万栋都是木屋，每一栋价值平均为 1 000 美元左右。在南区较繁华的大道上还可以看到一些用大理石修建的华丽建筑，其价值从 8 000～10 000 美元上升到 2.5 万～10 万美元。在市中心，7/9 的商业大楼都是高达 4～6 层的砖瓦建筑，大概有 60 栋商店、旅馆、公共建筑、教堂、仓库等，每栋价值超过 10 万美元。②

在内战后的 10 年间，芝加哥和很多美国城市一样，对公共设施的建设充满了极大的热情。那是一个铺张显耀的年代，人们都热衷于"迅速致富"，而不论通过什么样的方式。在 1868 年和 1869 年，全国都充斥着腐败，大量的丑闻都是在这段时间内出现的，比如牟伯莱尔（Mobilier）证券公司与联合太平洋铁路公司勾结事件、纽约大规模的特威德珠宝抢劫案、古尔德（Jay Gould）试图通过政治操纵黄金市场、轻率的铁路融资、华盛顿墨菲（Boss Morphy）案件、南方外来议员的欺诈行为等。③ 整个社会道德标准大幅下降，芝加哥也毫不例外。城市改良中存在的奢侈浪费以及土地繁荣

---

① 詹姆斯·帕顿，《大西洋月刊》，1867 年 3 月，338～339 页。
② 科尔伯特与钱柏林，《芝加哥与大火》，188～194 页。
③ 想了解有关当时土地投机以及政治腐败现象的情况，可以参考马克·吐温以及查尔斯·达德利·沃勒（Charles Dudley Warner）的《镀金年代》（Hartford：美国出版公司，1873 年），特别是 254～256 页。想了解巴黎的土地投机情况，可以参考埃米尔·佐拉（Emile Zola）的小说《货币》（L'argent）》。

时期的大量政治腐败在 1873 年达到了顶点。

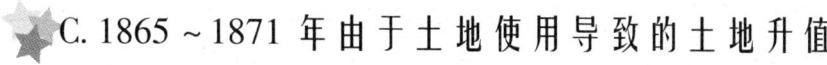 C. 1865~1871 年由于土地使用导致的土地升值

芝加哥土地价值的快速上升开始于 1865 年，随着 1869 年市中心某些地区土地价值达到顶峰，1870~1871 年一些公园以及林荫大道附近的土地也开始迅速增值。然而 1871 年 10 月 9 日发生的那场大火又使得土地价值下降，在 1872 年和 1873 年春一些地区的土地又再次开始升值，升值过程一直持续到 1873 年的经济大恐慌。我们需要通过对一些区域土地的使用情况进行说明，才能更清楚地了解整个土地升值过程。

中心商业区——内战期间，湖街一直是最主要的零售和金融区域。1865 年，克拉克大街与湖街十字路口附近是最主要的商业区，其土地价格平均每临街英尺 2 000 美元。但是，慢慢地，一些金融机构沿着拉萨尔大街以及克拉克大街向南延伸。零售贸易也开始沿着克拉克大街、迪尔波恩大街以及州街朝麦迪逊大街延伸。批发贸易开始朝沃巴什大道北部居民区发展。最重要的事件便是 1865 年芝加哥交易所从拉萨尔大街与南水大街的十字路口处迁往华盛顿大道与拉萨尔大街的十字路口处。这是一次很成功的搬迁，因为其他一些金融机构也跟随着芝加哥交易所搬到了华盛顿大道与拉萨尔大街的十字路口处。华盛顿大道一些地块的价值从 1862 年的 150 美元/临街英尺增加到 1871 年的 1 700 美元/临街英尺。因为芝加哥河上的克拉克大桥的交通十分拥挤，零售商业沿着克拉克大街向南发展，在麦迪逊大街形成了一个新的中心，有大量来自西部的人潮来到这里。1869 年，麦迪逊大街与克拉克大街十字路口处的土地售价高达 3 000 美元/临街英尺，当时被称为芝加哥商业区土地价值的领头羊。

同时，许多来自农舍大道、印第安纳大道、州街以及阿彻大道的马车线路也与兰道夫街、麦迪逊大街以及范布伦大街的马车线路汇合，西南居民区也倾向于将州街作为主要的商业中心。在内战期间通过棉花投机获得几百万美元的波特·帕默（Potter Palmer）购买了州街 3/4 英里的临街地块。当时的州街还只是一条狭窄的小巷子，两旁有一些简陋的小木屋。然后他

在华盛顿大道修建了一座高大的商厦,同时还将位于州街与昆西大街西南处的小屋拆掉并重新在那里修建了一座宏伟的酒店。1868 年,他亲自经营酒店,将商厦以每年 50 000 美元的租金租给菲尔德·利思合资公司。于是马歇尔·菲尔德(Marshall Field)——这个商人们公认的领导者——从湖街搬到州街,这个举动对很多较小规模的生意人来说就如同一声命令一样,大家也跟着统统搬往州街,① 大批商业撤离湖街。1869~1871 年间,州街上修建了 30~40 座临街的大理石建筑。这种变化对州街与麦迪逊大街十字路口处的土地销售产生了很大的影响:1860 年为 300 美元/临街英尺,1866 年为 500 美元/临街英尺,1869 年为 2 000 美元/临街英尺。靠近麦迪逊大街的州街地块的价格分别如下:1862 年为 150 美元/临街英尺,1866 年为 300 美元/临街英尺,1867 年为 500 美元/临街英尺,1868 年 2 月为 725 美元/临街英尺,1868 年 11 月为 1 250 美元/临街英尺,1871 年为 2 000 美元/临街英尺。② 从华盛顿大道到范布伦大街的市中心的土地价值在 1868~1869 年的增幅也很大,据说有些人为了赚取利润很有可能头一天买进土地第二天就出售。

由于大量零售贸易以及金融中心撤离湖街,大量的批发贸易搬到了这里,其土地价值稳固地保持在了每临街英尺不超过 1 000 美元。大量的批发贸易还挤进兰道夫街并且继续向沃巴什大道以及密歇根大道延伸,使得邻近杰克逊大街以及范布伦大街的沃巴什大道和密歇根大道的地块从 1864 年 7 月的 450 美元/临街英尺上升到 1868 年 8 月的 875 美元/临街英尺,到 1869 年 3 月更是增至 1 250 美元/临街英尺。③

高档住宅区——社会精英占用沿街土地使其价值居高不下,这也直接反映了在内战期间以及战后新崛起的富裕阶层的奢侈品位,说明一向艰苦朴素的美国人民也期望能够居住在高楼大厦和时尚的环境中。社会精英们联合起来将一些特定的街道发展成高档住宅区,并确保这些街道的下水道、水管以及木块道路等公共设施得以改善。④ 如图 16 所示,1865~1871 年间,大多数公共设施的改良工作不是在市中心区域就是在特定的街道区域。然

---

① 弗雷德里克·弗朗西斯·库克(Fredrick Francis Cook),《芝加哥过去的日子》(芝加哥:1910 年),187~189 页。
②③ 《肖特沃与霍德摘要》,64 卷,783~785 页、850~854 页。
④ 科尔伯特与钱柏林,《芝加哥与大火》,446 页。

第三章 1863~1877年恐慌、内战、大火后的土地繁荣

而工人阶级只有住在主要商业大道才会顺便享有这些公共设施。北区以及南区的高档住宅区的街道虽然不是直接在湖滨,但也主要位于湖的附近。西区的则主要位于商业区以西一带。无论如何,他们都是离下水道排污口、屠宰场、制革厂和酿酒厂最远的河岸位置。同样,他们也拥有到市区最为便利的交通设施,并且也最能够充分利用下水道、人行道、水以及路灯等公共设施。大部分工人阶级由于昂贵的地价以及微薄的工资根本无法支付这些地块的费用,更别说缴纳赋税了。这些高档住宅区的土地价值为10 000~25 000美元,建在该地块的房屋价值为10 000~100 000美元,或者更多。

这段时间,高档住宅区开始向南扩展。在北区,有很多漂亮的树木,有些甚至高过教堂顶,那是社会精英们首选的住宅中心。迪尔波恩大街以及拉萨尔大街自1856年以来一直保持着每临街英尺200~300美元的土地价值,但由于桥梁的存在使得北区的交通非常困难。下面发生在1867年的场景显示了吊桥开放的情景:

桥梁两端挤满了焦急等待的人群以及车辆,他们排着长长的队伍,望眼欲穿地等待着吊桥的开放。当吊桥开放的时刻,大家都拼命拥挤过桥……在特殊的日子或其他的一些日子里,吊桥几乎不开。于是一般有重要会面的生意人都可以默许有1小时左右的耽搁时间。一些从旅馆驶往火车站的马车,虽然只有1/4英里的路程,但由于是在河对岸,所以也必须在火车发车前一个小时出发。①

同时,没有马车可以从北区过桥,也没有火车可以从北区沿着河岸到达,这更是加重了交通堵塞。因此,在北区,一些位于芝加哥河北岸的工厂以及贫民窟之间,甚至密歇根湖岸沙滩边的一些高档住宅区,有时也是一片破烂不堪的情景。由于交通障碍,一些生意人便决定将他们的居住地从北区迁往南区,这样便不会因为吊桥的不确定开放从而不能及时到达南区的中心商业区。

在19世纪四五十年代,门罗大街以南的沃巴什大道以及密歇根大道是当时的高档住宅区,这些高档住宅区一直延伸到了第12街附近。这主要是

---

① 詹姆斯·帕顿,《大西洋月刊》,1867年3月,335~336页。

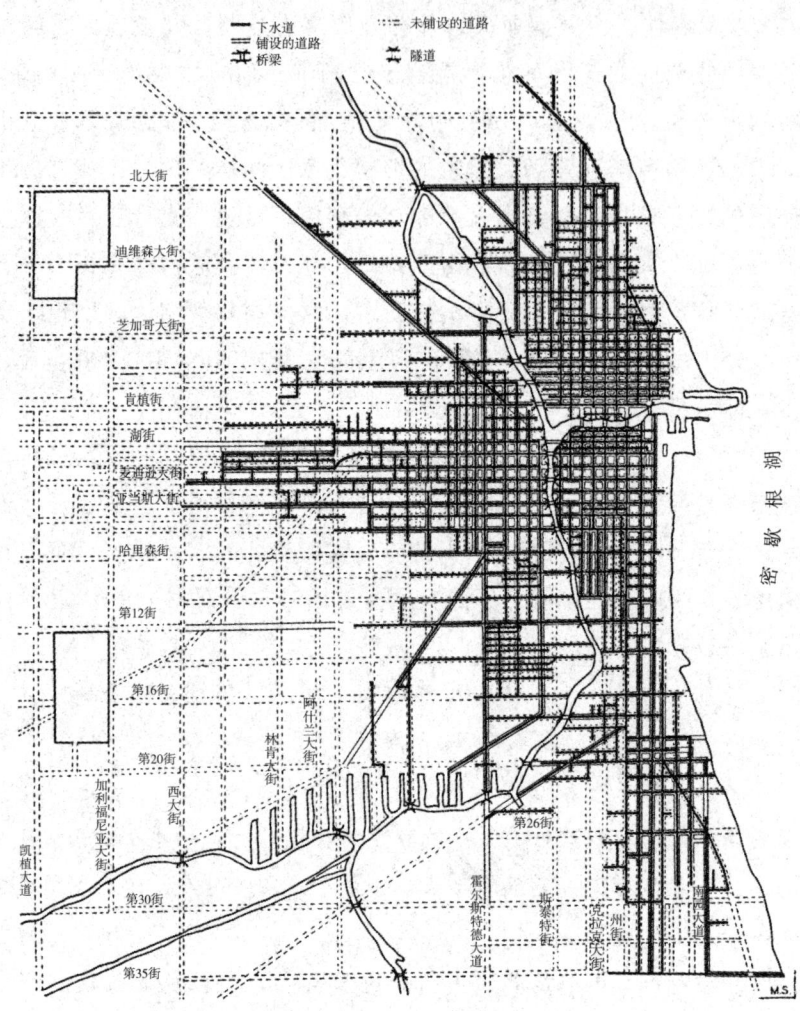

图16 1873年芝加哥的下水道、铺设的道路及桥梁情况

由于以下原因：市区中心商业的扩展；越来越多的富人寻找定居点；铁路以及马车等交通设施使得更远的地方也能很快到达中心商业区。由于在草原大道有一栋相当吸引人的建筑，① 以及伊利诺伊中部铁路和农舍大道马车带来的便利交通，使得大量的高档住宅区向东扩张，于是这些"大道"——

---

① 位于第18街以南的草原大道自从1837年亨利·克拉克在那里修建了一栋价值1万美元的房屋后便开始享有极好的声誉，它与其他房屋大概相隔1英里的位置，当时它在草原大道一直是被看做是一栋标志性的建筑物。

第三章 1863~1877年恐慌、内战、大火后的土地繁荣

包括印第安纳大道、草原大道、卡柳梅特大道以及南园大道都被认为是最好的高档住宅区。这些地方的土地价值从1864年的20~35美元/临街英尺升值到1867年的100~150美元/临街英尺,1871年更是升至200~500美元/临街英尺。第18街附近的草原大道更是达到了顶峰,马歇尔·菲尔德以及菲利普·阿莫在1873年之后也都安家于此。① 铺满了木块的南园大道在周日有1 500多辆马车经过这里到达新的停车场,所以其价值比铺满沙砾的密歇根大道要高约200~250美元/临街英尺。位于第53街以及湖园大道的海德公园一直向南及向北延伸,使其周围成了时尚的郊区。南部的郊区更时尚,而且还有新的公园和林荫大道,这些都使得该地区的土地价值快速上涨。湖园大道附近的土地价值达到了60~100美元/临街英尺。由于工人阶层的住房总是处于外围,这样他们的住宅填满了第51街和州街的西北部区域。

西区由于有大量的批发商、木材商以及制造商,于是也形成了自己的繁华街道。1871年,从湖街到范布伦大街、从霍尔斯特德大道到阿什兰大街的这一区域已经有了很完善的下水道和木块路。在兰道夫街、湖街、麦迪逊大街、范布伦大街还有马车道路,因此,这里很符合建立高档住宅区的标准。这里的土地价值也从1867年的60~80美元/临街英尺上升到1871年的300美元/临街英尺,其中华盛顿大道是最主要的居民街。位于华盛顿大道以及阿什兰大街的联合公园的地块在1856年售价仅为100美元/临街英尺,直到1864年由于塞缪尔·沃克(Samuel H. Walker)才使得从门罗大街到哈里森街段的阿什兰大街得以发展:通过加宽街道、种植遮阴树、修建下水道、铺路,并且在主要街道十字路口处分别修建昂贵的房屋,塞缪尔·沃克使西区在1871年成为最繁华的街道。② 1867~1871年间,最好的阿什兰大街上的地块的价值从50美元/临街英尺增至450美元/临街英尺。西区的高档住宅区一直向西扩张到现在的加菲尔德公园。因为几乎没有什么公共设施,很多位于该公园附近的地块售价仍为30~50美元/临街英尺。

然而,在北区,拉萨尔大街、迪尔波恩大街以及州街以东的一些街道

---

① 《爱德华之城市发展方向》(1873年)。
② 钱柏林,《芝加哥及其郊区》(芝加哥,1874年),255~257页;安德列斯(A. T. Andreas)的《芝加哥历史》[芝加哥,1884年],Ⅱ,582页。

并没有像南区的一些街道一样发展迅速，但是至少也还保持了贵族特色，其土地价值保持在 200～300 美元/临街英尺之间，同时，诸如下水道、水管以及木块路等公共设施还是得到了最充分的保证。

总之，在 1871 年城区内只有 2 500 英亩的土地被占总人口 1/6 的社会精英所占用，其总价值超过了 1 亿美元。投机者希望上层以及中产阶级继续占用城区外的土地，并且使其数量和价值都超过城区内的土地。

1863～1871 年间的制造中心——到 1871 年，铁路动脉围绕市中心形成了一个铁路网。在市中心的芝加哥河及其南、北支流附近有 17 个粮食仓库，还有很多货栈。麦考密克收割机生产车间——价值 60 万美元的装置，仍然位于芝加哥河北岸。制革厂、蒸馏厂、面粉厂、锅炉厂都面朝芝加哥河的北支流，还有大量的酿酒厂位于自来水厂的北面。在西区，从芝加哥河的南支流到霍尔斯特德大道、肯植大街以南的位置，是一块面积 160 英亩的地块，主要是锅炉厂、制铁厂和木材厂。在范布伦大街到第 22 街、芝加哥河南支流到阿什兰大街的区域，是一块 500 英亩的木材场。① 第 22 街以及阿什兰大街附近是新的工业区，沿着河岸有 14 英里的码头，同时新的冶铁中心也位于这里。在第 39 街和西大街附近的布赖顿街位置，亚当·斯密斯拥有一连串的小工厂。第 31 街与霍尔斯特德大道十字路口处以东的位置是一些其他的工厂。所有的肉类加工厂都集中于第 31 街与霍尔斯特德大道附近，即新的木材场的位置。一些轻工业，比如服装厂、烟厂、铁匠店、木匠店等都沿着马车线零星地分散在二级商业区。还有一些更偏远的工业区，比如沿着岩岛铁路一线，在位于第 45 街到第 51 街段的温特沃斯街有马车修理厂；在霍斯坦街、富勒顿街有一些货车厂；在科内尔街、第 75 街以及埃利斯大道的位置还有一家钟表厂；新的工业中心主要都位于芝加哥南区一直到第 95 街与湖边的位置，以及卡柳梅特河流沿岸的码头处。这使得大量的工人从市中心来到这些新兴工业区。税收以及土地价值都远低于市中心是大量的工业聚集在这里的重要因素。在靠近芝加哥河北支流的肯植街、霍尔斯特德大道到河岸的土地价值为每临街英尺 300～400 美元，即 75 000 美

---

① 在《大西洋月刊》里的一篇文章中，詹姆斯·帕顿记载道，在 1867 年，共有 6.14 亿板英尺的木材及其 5 000 万板英尺的松木存放在河汊旁的木材场。"港口塞满了刚到的装满木材的船只。装满木材的火车也从各个方向开往这个草原大州。" 333 页。

元/英亩；在第22街以及阿什兰大街附近，靠着码头的土地价值为12 500美元/英亩；在有着最好设施的木材场地块的土地价值为4 000美元/英亩；在卡柳梅特区靠着河流、湖泊以及铁路沿线的土地价值为1 000美元/英亩。

1863~1871年的贫民窟、红灯区、工人居住区——1871年，在北区威尔斯街以西，在西区肯植街以北、哈里森街以南、阿什兰大街以西以及在南区州街以西的位置，共有4万座木屋，平均每座价值为1 000美元，20万人居住其间。到1873年，由于制造业的增长，使得西区的人口数量在1862~1872年间增加了3倍（57 000~214 000人），北区的人口数在1862~1872年间增加了1倍（35 000~70 000人），同时，南区的人口在1862~1872年间几乎也增加了1倍（45 500~88 500人）①，大多数增加的人口都是挤住在木屋的工人，这些木屋主要位于河岸工厂地块的前后，其街道几乎没有下水道和人行道。人口最稠密的区域主要位于西区的霍尔斯特德大道、哈里森街、第22街以及芝加哥河南支流形成的区域内，其中环境最差的地方便是霍尔斯特德大道附近的麦克斯韦（Maxwell）街，正如以下一位当地观察家所描述的：

在这里，你可以发现成千上万又深又脏、散发出恶臭的池塘，有时甚至有几英尺深，其宽度都相当于一个小湖了。几乎每走一步，你都可以看到一些死猫、死狗、死耗子等。这些一向都很聪明伶俐的动物曾经误认为这个街道很宽，于是便试着通过，结果却因为鲁莽而付出了生命的代价。②

当时的红灯区主要位于市中心华盛顿大道以南、拉萨尔大街以西以及芝加哥河南支流形成的区域内。其中心主要在威尔斯街与门罗大街十字路口处，也即臭名昭著的康利地块。黑人居民区主要位于州街以西、哈里森街以南的范围，一直到1874年大火③才迫使他们搬迁至第22街到第31街段、州街以西的区域。

爱尔兰移民主要居住在第31街和霍尔斯特德大道附近的桥口区域，瑞典移民及挪威移民主要在威尔斯街以西靠近芝加哥大街的位置，德国移民则主要位于威尔斯街以西靠近北大街的位置。其他一些收入较低的家庭主

---

① 钱柏林，《芝加哥及其郊区》（芝加哥，1874年），279页。
② 《芝加哥论坛报》，1873年6月19日。
③ 不要将这场火与1871年10月9日的大火混淆了。

要居住在市中心的商店里，或者是第二商业区的位置。介于上层阶级与工人阶级之间的中产阶级居民区主要位于沿着密尔沃基街的西北区域。中等的土地价值为60美元/临街英尺，最便宜的为20美元/临街英尺。在1871年，这块将近被25万人使用的土地价值还不超过5 000万美元，然而不到10万人使用的高档住宅区土地总价值为1亿美元。

第二商业街——有最好人行道和马车线路的街道是芝加哥发展最快的街道。在内战结束后，那些马车路线，也就是后来主要的公共交通路线和旅游大道，开始发展成为最重要的商业街。在1868年，那些因为在第22街与密歇根大道十字路口处附近建立商店而遭到嘲笑的人，却因最初的投资而获得10%～15%的年回报率。到1871年，大量的商店开始迁往交通动脉附近。霍尔斯特德大道附近的西麦迪逊大街的土地在1873年价值为600美元/临街英尺。同时霍尔斯特德大道与麦迪逊大街十字路口处的地块售价为1 500美元/临街英尺，仅略低于市中心最繁华地段的价值。从密尔沃基街到哈里森街的霍尔斯特德大道段土地价值也高达500美元/临街英尺，北克拉克大街主干道北部的临街地块售价为1 000美元/临街英尺，芝加哥大街为500美元/临街英尺，迪维森大街为250美元/临街英尺。密尔沃基街是西北区域的主要道路，在1871年有25 000人居住在这里，一直向北到迪维森大街的地块其价值为100～200美元/临街英尺。在州街上，从哈里森街到第39街，其土地价值依次从500美元/临街英尺降至100美元/临街英尺。从第22街到第39街，有着大量酒吧的农舍大道段土地价值为100～150美元/临街英尺。从州街到阿什兰大街段的阿彻大道地块售价为60～200美元/临街英尺。从哈里森街到罗斯福大街的蓝岛大道段土地价值为60～100美元/临街英尺。位于霍尔斯特德大道附近的第12街（也就是现在的罗斯福大街），其地块价格为150～200美元/临街英尺。然而到了靠近第12街的凯植大道附近的地块价格降至50美元/临街英尺。位于芝加哥河北支流以东的芝加哥大街上的土地价值也为150～300美元/临街英尺。从第22街到第31街的温特沃斯街这一段是南区州街以西最主要的商业街，其地块售价为60～100美元/临街英尺。

1865～1871年公园的建设——1869年芝加哥公园和林荫大道的修建是这段时间内郊区土地升值的重要因素。1866年之前，除了一些占地仅几英亩的小公园之外,芝加哥仅有一个修建于1854年的面积为15英亩的联合公园。现在的林肯公园在1865年时还只是一片墓地。内战后,巴黎的奥斯曼公园以及林荫大道的名声传到芝加哥,于是芝加哥也开始寻求进行高档建设。有关纽约中央公园附近土地迅速增值的报道更加刺激了房地产开发商的神经。保罗·科内尔(Paul Cornell)曾设想通过特别赋税在南区修建一座大型公园,在1867年2月他和他的合伙人通过了成立南方公园委员会的法案,并且决定将公园地址定在第35街以北、密歇根大道以东以及农舍大道以西的位置,但最终没能成功。① 该法案最初在1867年4月遭到选民否决,后来在1869年2月24日得以通过,最终确定了南区公园以及林荫大道今天的范围,包括华盛顿公园和杰克逊公园,中路(Midway)街、德雷克塞尔街等,并且获准发行200万美元的债券用于购买这些规划的土地。② 该法案最终获得了选民的同意,并在1869年3月成为一项法律。③ 几乎同时,公园法案也得以通过,该法案规定成立西方公园局和修建三个西区公园——洪保德公园、加菲尔德公园、道格拉斯公园,并且得到了立法机关的通过和选民的同意,④ 同时,林肯公园向北部扩张的法案也得以通过。⑤

南区和西区公园债券顺利发行。1869年为建设南区公园购买了1 100英亩的土地,1870年为建设西区公园购买了600英亩的土地。这导致了那些已建好的城区1英里以外的、面朝或者邻近公园的土地的剧烈投机。在1871年大火前期,投机达到了一个新的高峰,尤其是南区公园附近的土地。后来由于大火的发生而使其增值遭到一段时间的停滞,一直到大火结束后才得以恢复。

郊区——尽管近郊的土地价值在这段时间没有达到高峰,但是在1868年便开始呈现出迅速上升的势头。铁路沿线的郊区建设在1856年才刚开始,在1857年经济大恐慌以及内战期间,郊区土地投机又遭到停滞。尽管有三条铁路线,南区英格伍德区域在1866年还仅有几间房屋。从英格伍德到密歇根湖之间大概只有10间房屋的样子。随着海德公园以及英格伍德的迅速

---

① 《伊利诺伊州法》(第25届大会;1867年),Ⅱ,472~478页。
② 《伊利诺伊州法》(第26届大会;1867年),Ⅰ,358~366页。
③ 钱柏林,《芝加哥及其郊区》(芝加哥,1874年),314页。
④ 《伊利诺伊州法》(第26届大会;1867年),Ⅰ,342~343页。
⑤ 钱柏林,《芝加哥及其郊区》(芝加哥,1874年),337~339页。

发展，① 1868 年和 1869 年，在南区的海德公园、英格伍德和西北区沿着西北铁路的欧文公园以及杰斐逊公园开始有一些新的细分地块出售。②

1868~1871 年间土地投机运动的扩张——市中心商业区以及马车沿线居民区的土地在 1863 年开始升值，1868~1869 年更是迅猛增长，接着便开始下滑。1869 年土地投机开始向居民区以外的土地以及铁路沿线的郊区扩张。所谓公众参与购买土地的活动开始于 1868 年。自 1861 年起购买房地产可以赚取很大利润已经是众所周知的了。1871 年，一位作家报道说，芝加哥几乎每两个男人中的一个、每四个女人中的一个都会参与土地投机。然而，郊外的土地投机活动达到新的高峰时，1871 年 10 月 9 日的大火使它第一次遭到了中断，大火后才得以重新发展。

★ D. 1871 年的大火以及 1873 年经济大恐慌前夕

1871 年 10 月 9 日的大火——由于芝加哥连续 6 个星期滴雨未下，地面相当干燥，于是"一盏被踢翻了的煤油灯"借助东南飓风，引发了全城大面积的熊熊燃烧，这是芝加哥历史上最具毁灭性的事件之一。这场大火起源于西区的第 12 街和德科欧文（Dekoven）街附近，但是，在那里仅造成了很小的损失。通常情况下当火势达到芝加哥河便会很快结束，然而，这场超级大火很快就席卷到了河对岸的哈里森街，那里大量稠密的木屋便迅速燃烧了起来，很快火势就失去控制，仿佛火炉一般，横扫了中心商业区，在五分钟内就融化了一栋五层砖瓦结构的房屋，并且将中心商业区的所有旅馆、仓库、影院、银行、报社以及政府大楼都横扫一空。第二天清晨，火势还跃过芝加哥河蔓延到北区，使得那里所有的工厂以及美丽的居民区

---

① 《房地产期刊》：1871 年 8 月 19 日："南到卡柳梅特以及湖岸的郊区在几年前还仅是一块沼泽地，除了打猎、捕鱼之外几乎没有什么别的用途……如果建筑一直保持着同样的速度，那么城市南区一直到英格伍德的范围都将是一片密集的、大规模的房屋。"

② 《房地产期刊》：1871 年 5 月 20 日："在欧文公园、迈普伍德（Maplewood）公园，人们都忙于植树、铺路、挖井、修建房屋，这些房屋整体完全可以和美国任何城镇的房屋媲美。两年前，这里还没有一座房屋、一颗树木，没有一条人行道和街道，然而现在在这片土地上却已经有漂亮的小村庄了，我们可以看到 20~50 座漂亮的城郊小屋。"

第三章 1863~1877年恐慌、内战、大火后的土地繁荣

在天黑前便化为灰烬。在大火最终到林肯公园停止之前，它已经席卷了2 100英亩的范围，摧毁了60 000栋建筑中的17 450栋（包括那些最昂贵的建筑），使得104 500人即1/3的人无家可归。这场大火摧毁的建筑、个人财产以及商品等全部损失近2亿美元。① 损失主要是位于中心商业区、北区以及西区；南区的新居民区几乎完好无损。作为芝加哥城商业对手的其他城市都希望这场大火能够永久摧毁这座已经取得震惊世界工商业成就的城市。一些市民则希望市中心建筑的毁灭能够使得新的商业中心迁移到新的位置。这场大火后来不但没有使芝加哥的发展倒退反而更加速了它的发展，但这场大火确实也对芝加哥的发展产生了永久性的影响。

大火使得104 500人无家可归，但他们并没有离开城市而是在西区寻找避难所，这使得那里的人口从1871年的16万人迅速增加到1872年10月的21.4万人，增加的人口主要住在城区的边缘地带。于是，西麦迪逊大街暂时性地成了最重要的商业大道，其附近的土地价值在大火后也迅速达到了一个之后很多年都无法超越的高度。同时，由于10家银行以及其他30~40个公司设立办事处，哈里森街以南的沃巴什大道的地块价格也随之增长。马歇尔·菲尔德在第20街与州街十字路口处和西区分别建立了一栋百货大楼。大火毁灭了曾经居住27 800人的市中心住宅区。沿着密歇根大道东侧的临时性商业建筑，完全没有了昔日的繁华景象。于是这里以前的居民都想迁往南区其他的高档街区。

同时，北区被大火烧毁商业区的土地价值由于前景不确定，平均都下降了30%。② 西区以及南区烟雾缭绕的废墟地块附近的土地拥有者力图修建新建筑，以便从以前废墟地带抢夺一些商业机会。那些市中心的土地拥有者，在砖块还没变冷之前便开始在废墟上修建新的房屋，这些房屋比以前的更为华丽。通过向美国东部筹措足够的资金，并经过一年的忙碌建设，芝加哥的土地拥有者为新修房屋花费了4 000多万美元，其中大部分还是在市区，③ 芝加哥的零售以及金融中心又重新回到大火前的所在地。从华盛顿大道到门罗大街的州街，随着重建，又重新成为美国最著名的零售贸易区。

---

① 科尔伯特与钱柏林，《芝加哥与大火》，285~287页、301页。
② 同上，302页。
③ 《芝加哥论坛报》，1872年10月9日。

拉萨尔大街附近的华盛顿大道还有 17 家全国性的银行进驻。

中心商业区南端的土地价值完全恢复到了大火之前的水平。与此同时，哈里森街到第 22 街的沃巴什大道完全被银行以及企业抛弃了。由于其他企业的大量临时涌入使其作为高档居民街的特色不复存在。大量旧房屋成为了旅社，这一地区形成了商业街与居民区混杂的局面。1872 年该地区租金下降了 30%。尽管最初被烧毁地区的土地价值呈下降趋势，但在大火后不到一年内便扭转乾坤而开始上涨。零售和金融业自迁离湖街后，在新的位置发展得更加稳固。

大火还造成了其他一些永久性的影响。繁华的北区，在大火后一年内便被重建了起来，但是，土地价值并没有能够马上恢复。在被烧毁区域的商业区及其边缘地段修建了太多的店铺，除了那些因临近零售、贸易以及金融中心的州街、麦迪逊大街、华盛顿大道以及拉萨尔大街的地段外，大多数地方的租金都下降了。在原先红灯区的位置，由于旧房屋的毁灭，使得红灯区不得不转移到哈里森街以南和州街以西那些未被大火涉及的老城区。威尔斯街、富兰克林街以及门罗大街沿线曾被大火烧毁的区域现在成了批发贸易中心，那里的地块售价达 500 美元/临街英尺，然而在湖街、兰道夫街与沃巴什大道十字路口处的地块售价则为 1 000 美元/临街英尺，或者更多。大火的另一影响便是加速了城市更新的趋势。麦考密克收割机厂并没有在沿着芝加哥河北岸的昂贵的土地上重建，而是建立在了第 22 街以及西大街附近、靠近芝加哥河南支流的新工业区。最后，银行以及零售商店也离开湖街，迁移到了新的金融贸易中心区。于是，大火后的一年内，市中心区域便重建了新的砖石建筑，绝大多数都是 4～5 层高，甚至还有 3 栋 7 层高以及 6 栋 8 层高的建筑。① 人们对重建房屋充满了热情，新的城市从废墟中冒出来——这场大火反而给这座城市带来了福音。持续的繁荣使得人们都忘记了这些新建建筑都是他们以年利率 8% 的贷款——这样高的成本修建起来的，而且这些贷款必须在 5 年内全部还清。但从这些建筑壮观的外表是看不出这些修建者几乎都是背负贷款的。

大火还有一个重要的影响，那就是它使得工人住宅区加快形成了围绕

---

① 《芝加哥论坛报》，1872 年 10 月 9 日。

第三章　1863~1877年恐慌、内战、大火后的土地繁荣

城市的半圆形布局。在这场大火后，政府颁布了一项禁止在市中心附近修建木屋的法令①。火灾后工业的普遍繁荣和重建的节奏之快使得熟练的技工工资涨到 5 美元/天，有时还高达 10 美元/天，这使得工人们有能力修建住宅或购买地块。对于那些在欧洲长期被压迫的移民来说，拥有土地似乎是独立的基础。1872 年后半圆形工人住宅区加速形成。在北区，新的工人住宅区开始于林肯大街以西的富勒顿街，一直向南延伸到了北大街，向西延伸到了芝加哥河北支流。在西区，新的工人住宅区开始于密尔沃基街以西，它填补了西至西大街、南至肯植街的大块空地；过了一段时间后，它涵盖了北至麦迪逊大街、东至奥格登大道、南至罗斯福大街的范围。在南区，新的工人住宅区从第 16 街开始，南至第 36 街。南区新工人住宅区西至西大街，东至州街。

　　大火只是使郊区的发展受到了暂时的考验，但是并没有使其停止。1872 年及 1873 年前期，土地投机更是上升到了前所未有的高度。对大火的恐惧以及市中心禁止修建木质结构的房屋使得有些人开始离开城区转而搬向郊区。下面，我们将继续讨论 1865~1873 年间芝加哥郊区土地的升值。

　　1865~1873 年间偏远地块的升值——1865~1873 年间，距离市中心 3~8 英里的土地价值也显著上涨。1866~1873 年间，南区，在第 47 街与州街十字路口处的位置，土地价值从 1865 年的 500 美元/英亩上涨到 1873 年的 10 000 美元/英亩。② 第 51 街与德雷克塞尔街十字路口处的土地价值从 1865 年的 1 000 美元/英亩上涨到 1873 年的 20 000 美元/英亩。另外，交易记录显示，海德公园附近的土地从 1865 年的 100 美元/英亩增值到 1873 年的 15 000 美元/英亩。③ 同样，西区，加菲尔德公园（也就是当时的中央公园）附近的土地售价从 1867 年的 275 美元/英亩上涨到 1873 年的 4 000 美元/英亩。④ 同期，道格拉斯公园附近的土地价值也从 500 美元/英亩增加到了 3 500 美元/英亩。⑤ 洪保德公园的土地价值也从 1869 年的 250 美元/英亩上涨到 1873 年的 5 000 美元/英亩。⑥ 林肯公园以北，从贝尔蒙特街到富勒

---

① 见图 17。
② 钱柏林，《芝加哥及其郊区》（芝加哥，1874 年），309 页。
③ 同上，353 页。
④⑤ 《芝加哥产权信托公司摘要》，第 539 期，638 页。
⑥ 钱柏林，《芝加哥及其郊区》（芝加哥，1874 年），335 页。

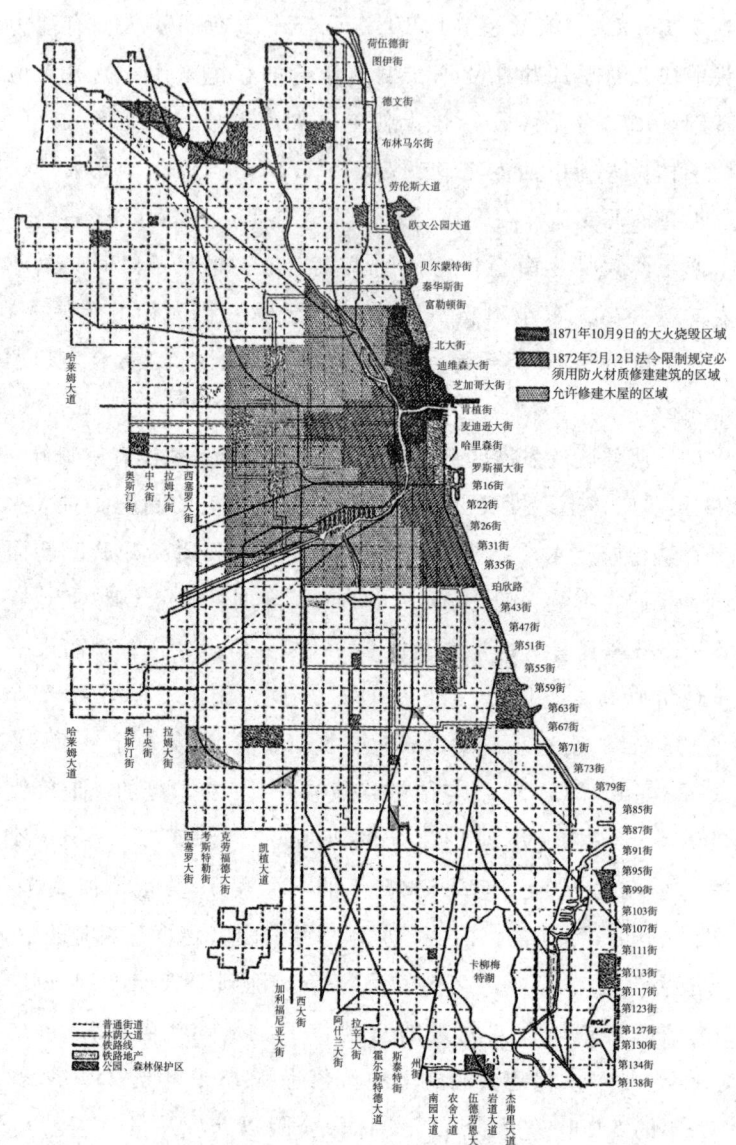

图17 1871年的火烧区域以及1872年的法令限制区域

第三章 1863~1877年恐慌、内战、大火后的土地繁荣

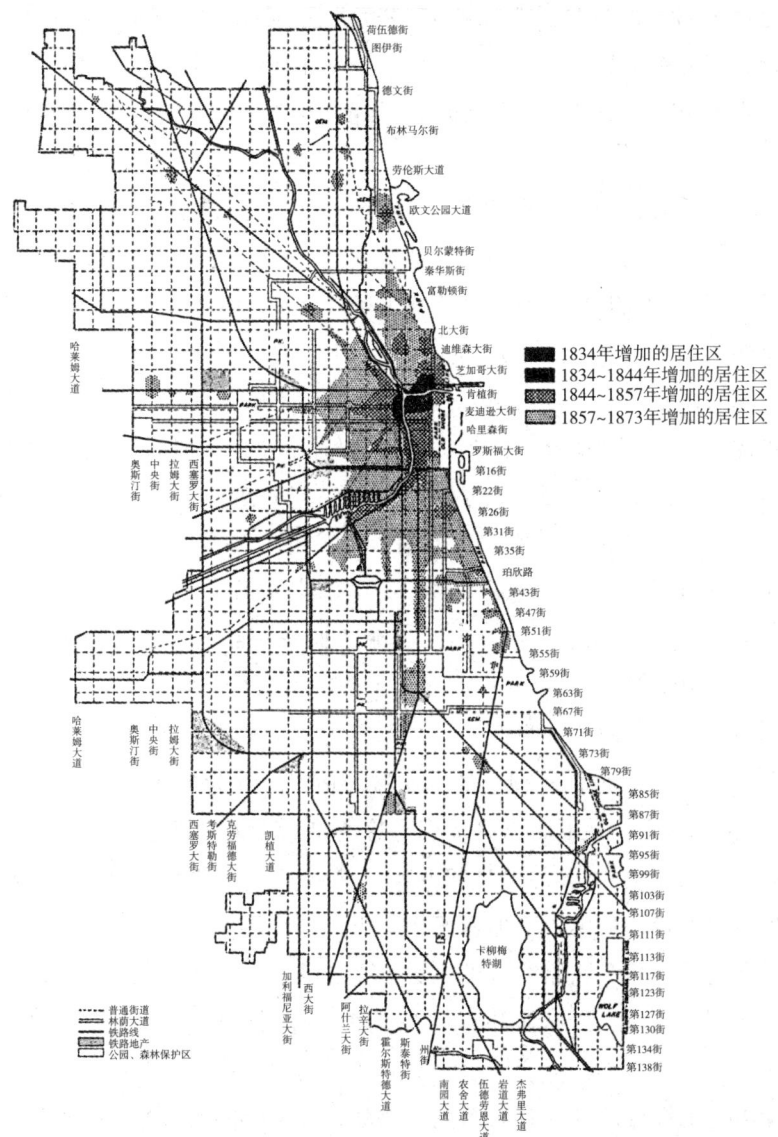

图18　1834年、1844年、1857年和1873年芝加哥新增的居住区域

顿街的土地价值在1868~1872年间也上涨3倍。①

土地的迅速增值并不局限于这些高档区域。第35街附近州街以西的土

---

①　钱柏林，《芝加哥及其郊区》（芝加哥，1874年），349页。

地价值从 1 000 美元/英亩上涨到 15 000 美元/英亩；位于第 39 街以及霍尔斯特德大道的木材场地块在 1863 年、1864 年、1868 年以及 1872 年有记录售价分别为 70 美元/英亩、250 美元/英亩、1 000 美元/英亩和 4 000 美元/英亩。[①]

郊区城镇的发展以及新兴郊区的诞生，使得土地价值的变化令人眼花缭乱，尽管这些地区土地使用没有什么变化，其价格还是从最初的 25~100 美元/英亩到后来的每细分地块 400~1 000 美元。游览车带着成千上万的人到这里购买土地，有时一天其销售额就可以达到 50 万美元。海德公园以及英格伍德公园附近的土地在五六年间便升值 1 000%~15 000%，这使得投机热再次蔓延到更远的郊区。第 95 街以及阿什兰大街附近的土地每英亩售价销售记录如下：1868 年分别为 50 美元、68 美元和 100 美元；1869 年 150~250 美元；1871 年 400 美元左右；1873 年分别为 1 000 美元、1 375 美元和 1 500 美元。蓝岛土地公司以 35 000 美元的本金进行土地投机，在 1873 年纯利润便已接近 100 万美元。在芝加哥南部，卡柳梅特运河码头公司以 1.25~100 美元/英亩的价格购买了密歇根湖与卡柳梅特河流之间 4 000 英亩的土地，并从政府那里获得了 5 万美元用于修建港口码头以确保与铁路的联系。1874 年，他们所拥有的土地财产估价一共为 570 万美元，即 1 000 美元/英亩。后来，他们不仅将卡柳梅特港口附近的地块卖给了工人，还将位于第 100 街、第 38 街以及印第安纳大道附近一直被忽略的卡柳梅特湖岸沼泽地段以及较远的河谷土地也卖给了工人。

沿着芝加哥西北铁路线，欧文公园、杰斐逊公园以及诺伍德附近的地块在 1863 年时售价还不到 100 美元/英亩，此时却已高达 1 000~3 000 美元/英亩。

随着土地投机活动一直蔓延到铁路线，距离市中心 12 英里的范围便不再被人忽略了。由于沿着中央公园大道正在修建芝加哥 - 丹维尔 - 温森斯铁路线，这使得第 55 街到第 87 街、凯植大道到西塞罗大街等偏远地段的土地价值从 1868 年的 50 美元/英亩增至 1873 年的 500 美元/英亩和 1 000 美元/英亩。

---

① 《芝加哥产权信托公司摘要》，第 1830 期，522~538 页。

第三章 1863~1877年恐慌、内战、大火后的土地繁荣

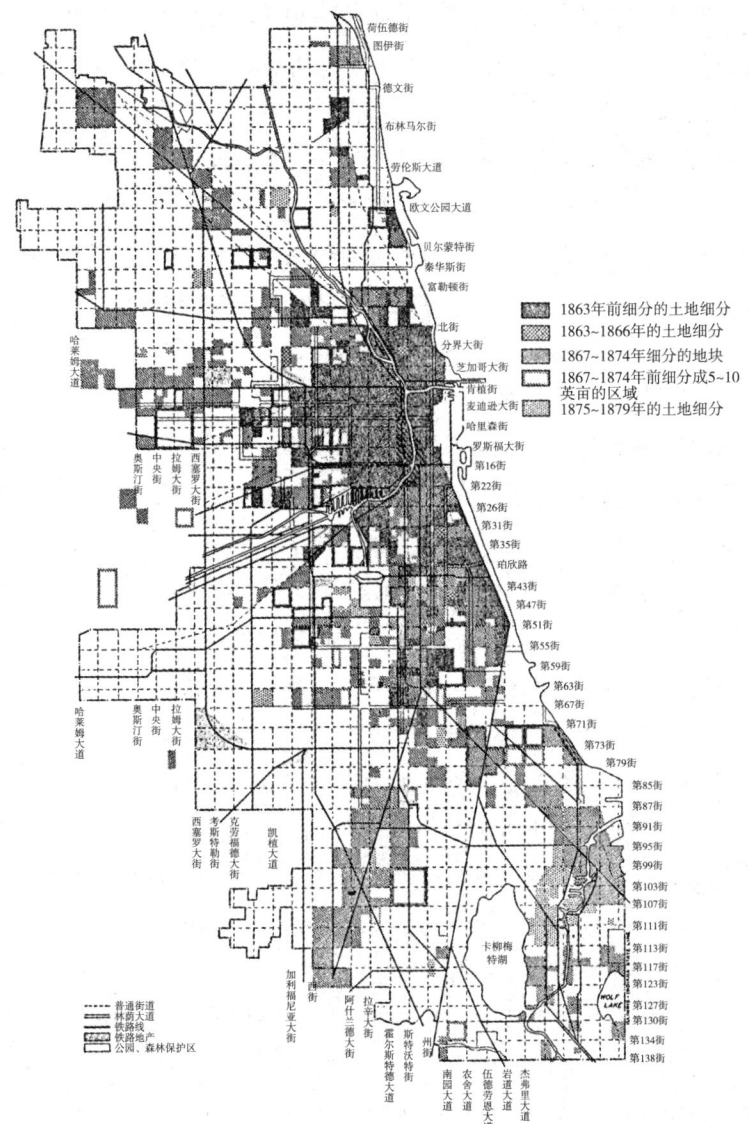

图19 1863~1879年芝加哥的土地细分

芝加哥人口数在1860~1873年间迅猛增长，到1870年，距离市中心3~5英里范围的人口已经增加到了55 000人，然而在1860年时仅有8 000人。截至1873年，偏远郊区的人口数已经接近10万人。这段时间内人口的增长速度远远落后于土地细分。在1873年，芝加哥共有104 411个地块，

超过一半的都被占用。在库克县,一共有 120 301 个地块,几乎所有的地块都还是空着的。在 1868~1873 年间,这些地块足够为 100 多万人口提供住处,然而在 1873 年芝加哥的人口总数还不到 40 万。① 落后的市郊以及稀疏房屋的发展程度再怎么强调也不足为过。在 36 平方英里的湖镇,1870 年只有 3 360 人。同年,从第 39 街到第 138 街、从州街到密歇根湖的区域也仅有 3 644 人。城区的发展一直沿着主要街道几乎延伸到了麦迪逊大街与凯植大道的交界处,并且还蔓延到了第 39 街和农舍大道交界处、密尔沃基街和北大街交界处,但是其间还是间隔着一些未开发的土地。1873 年在英格伍德 1 英里范围内已经有了 100 多间房屋,这在前几年还是一大片草原,然而人口数依然保持不变。不仅从州街以东、第 35 街到第 63 街有大量的空地,同样,第 67 街以南、阿什兰大街以西也是空地。在北区,富勒顿街以北、西大街以西的位置还几乎是一片空旷的草原。

1873 年高峰期芝加哥土地价值考察——从 1862 年秋季到 1873 年春季这 10 年间,尽管批发物价下降了 50%,但芝加哥目前城区 211 平方英里范围的土地总价值增长了 8 倍多,即从 6 000 万美元增加到 5.75 亿美元。② 与 1856 年的高峰值相比,土地总销售额增长了 20%,芝加哥的土地价值平均上涨了 360%。1873 年土地价值达到高峰期时,在州街和华盛顿大道上最好的零售以及金融中心地块价值为 2 000 美元/临街英尺,在华盛顿大道、麦迪逊大街以及门罗大街等街道与州街十字路口处的地块价值为 2 500~3 000 美元/临街英尺,③ 在市中心批发区的华盛顿大道、拉萨尔大街、克拉克大街以及麦迪逊大街的地块售价为 500~1 250 美元/临街英尺,在芝加哥河南支流靠近西大街位置的工业地块售价为 300~400 美元/临街英尺,最高档居民区土地价值为 250~500 美元/临街英尺,中产阶级居民区地块价格为 100~150 美元/临街英尺,工人居民区价格为 20~60 美元/临街英尺,第二商业街的最好地块价格为 500~1 000 美元/临街英尺,在较差商业区的较差地块价格为 50~200 美元/临街英尺,郊区地块价格为 10~100 美元/临街英

---

① 当时一家人或者说 5 个人便可以拥有一块 50×125 英尺的地块。要知道 1873 年地块的确切数字可以参见钱柏林的《芝加哥及其郊区》(芝加哥,1874 年),186~187 页。
② 具体地块价格参见图 20、图 21 和图 22。
③ 1870~1873 年芝加哥主要商业区以及其他区的具体销售额可以参见钱柏林的《芝加哥及其郊区》,198~306 页。

第三章 1863~1877年恐慌、内战、大火后的土地繁荣

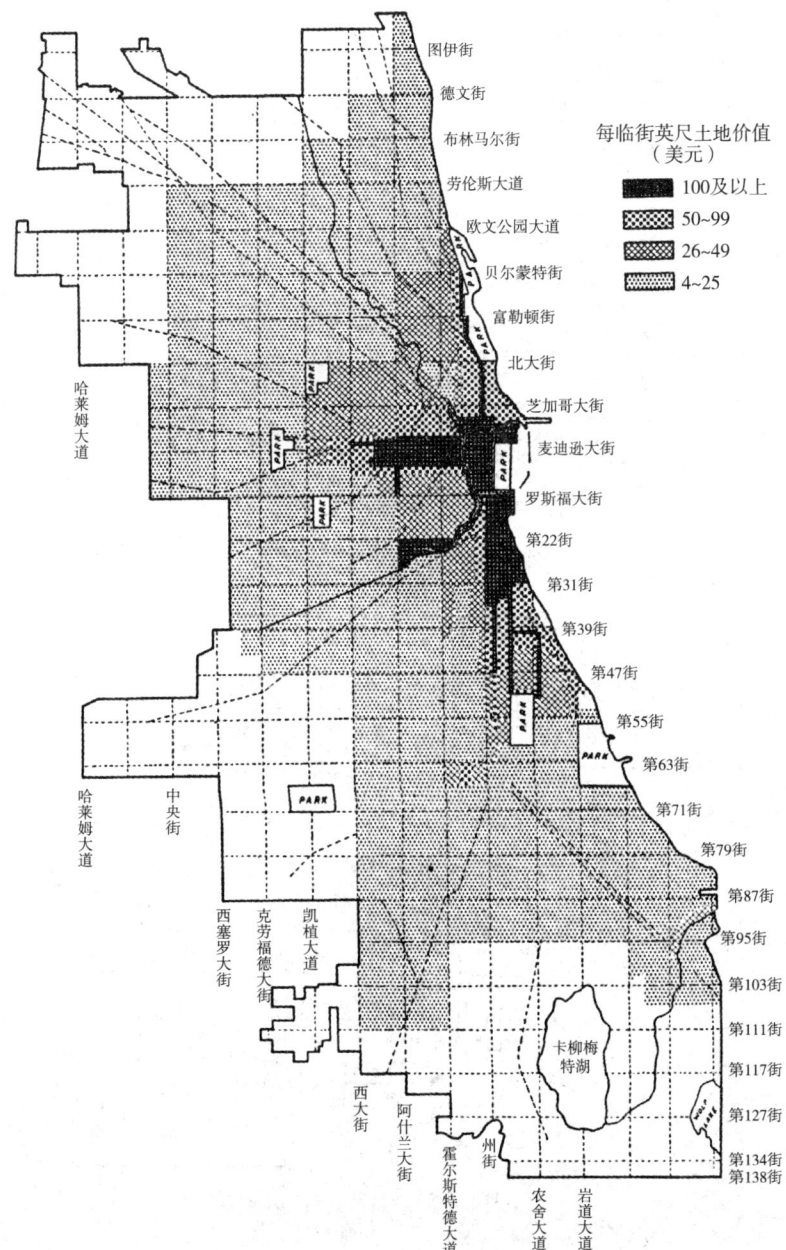

图20　1873年芝加哥的土地价值（美元/临街英尺）

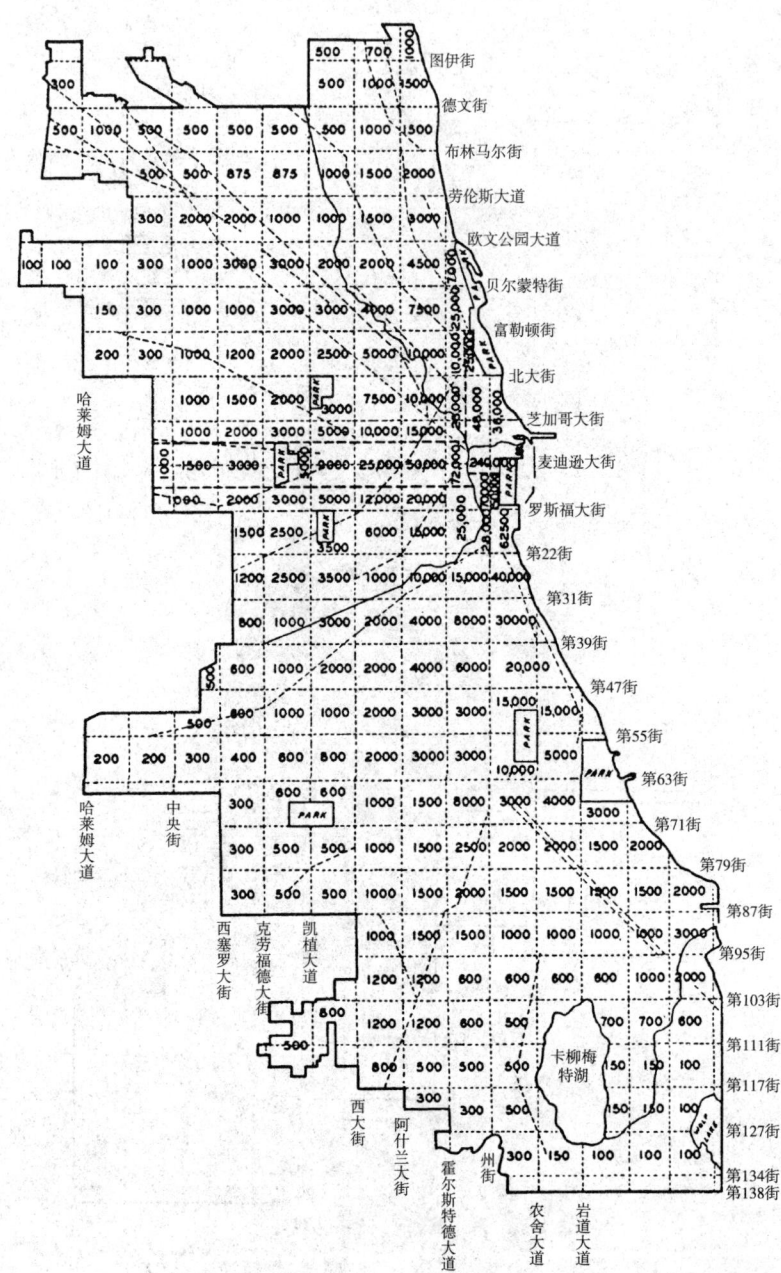

图21 1873年芝加哥土地平均价值(美元/英亩)

第三章 1863~1877年恐慌、内战、大火后的土地繁荣

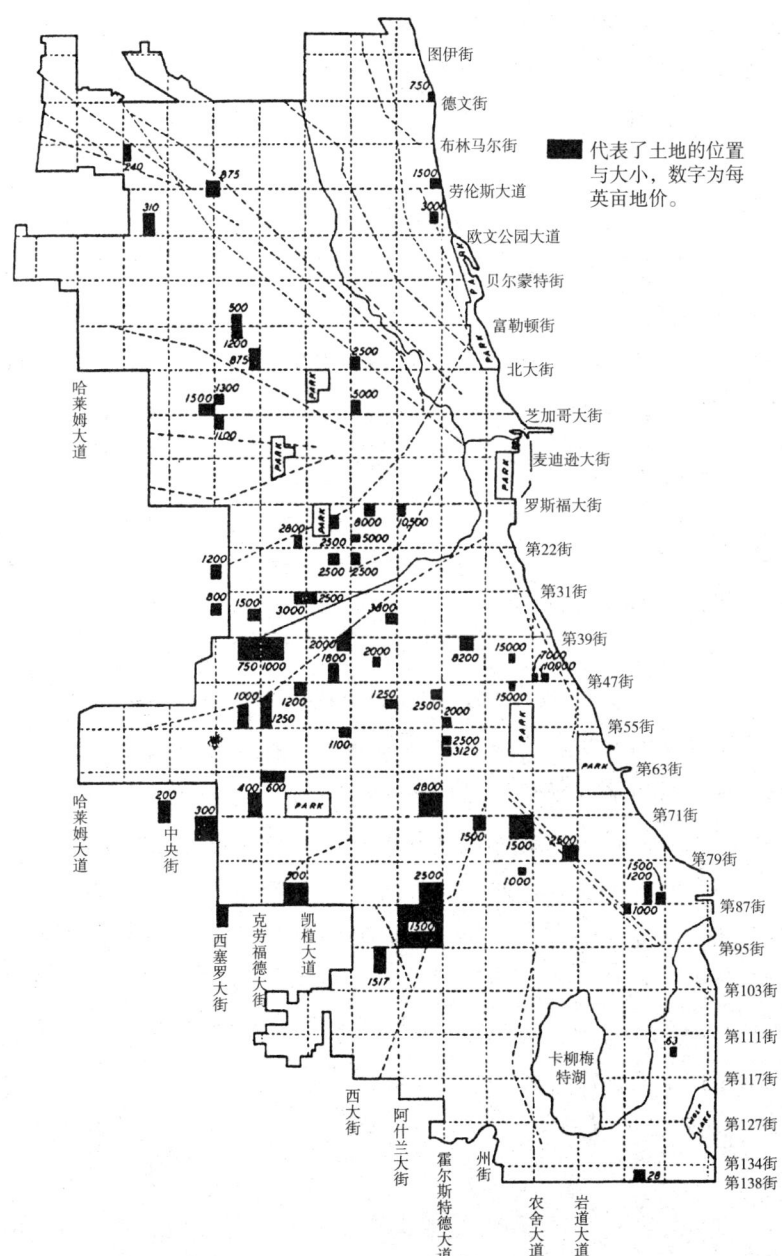

图22　1870~1873年芝加哥的土地价值（美元/英亩）

尺，城市外围土地的价格为 500~2 000 美元/英亩。当地作家都认为这个价格还较低，市区的土地价值应以租金回报率为基础计算，所以其价格应该为现在市场价的 3 倍。按芝加哥目前最贵土地 30 美元/平方英尺的价格与波士顿 100 美元/平方英尺、纽约 167 美元/平方英尺、伦敦 320 美元/平方英尺相比，一些乐观主义者预言，这个年轻的城市最终将成为世界上最大的城市。①

1862~1873 年间，芝加哥土地市场最为显著的特征便是市中心以外 3~6 英里和 8 英里范围内土地的迅速升值，特别是在南区，这里有最繁华的街道、最具贵族特色的郊区、最大的公园，还有 10 条铁路干线中的 5 条，这些都使得第 39 街以南的土地总价值从 1862 年的不到几百万美元上升到 1873 年的 1.23 亿美元。1856~1873 年间州街与麦迪逊大街十字路口处 1 英里范围内的土地价值平均增值 150%，然而湖街以及南水大道的土地价值却呈下降趋势，州街与麦迪逊大街十字路口处 1 英里和 2 英里土地价值也分别增长了 180%~332%，州街与麦迪逊大街十字路口处 3~4 英里范围内的土地价值也增值了 1 000%，在州街与麦迪逊大街十字路口处 4 英里以外范围、目前城市范围 160 多平方英里土地总价值从 1 200 万美元增加到 1.87 亿美元，上升了 1 460%。这些都是郊区铁路、马车线路、公园以及林荫大道的共同影响。火烧区域商业中心木屋的禁止修建、郊区较低的税率、工业以及马车修理厂向城市边缘的迁移、对大火的恐惧、远离噪音与臭气的迫切希望等，这些因素都使得大量的移民迁往旧居民区的边缘地带，同时也刺激了土地购买者想象未来还会有更多的居民迁往这里。在 1836 年第一次土地繁荣期间，州街与麦迪逊街十字路口处 1 英里以内范围的土地价值占了整个城市范围的 56%，1856 年第二次土地繁荣期间占了 40%，然而这次却仅占整个城市土地价值的 22%。在州街与麦迪逊街十字路口处 4 英里以外的 160 多平方英里的土地价值占城市总土地价值的比例从 1836 年的 7% 到 1856 年的 10%，再到 1873 年的 33%。1873 年，当时整个城区范围内土地价值为 3.61

---

① 《芝加哥论坛报》，1878 年 5 月 31 日。

亿美元,[①] 城区外围土地价值为 2.14 亿美元。

表3　　1836~1879 年间以芝加哥州街与麦迪逊街十字路口处
为核心的各范围土地价值　　　　　　单位：千美元

范围（英里）	1836年	1843年	1856年	1861年	1873年	1879年
0~1	5 900	810	51 000	25 000	125 000	60 000
1~2	2 000	200	37 000	18 000	103 000	60 000
2~3	816	80	18 500	10 000	81 700	40 000
3~4	416	40	7 000	3 000	78 600	30 400
4 以外	1 400	280	12 000	4 000	187 000	50 000
总计	10 532	11 410	125 500	60 000	575 300	240 000

★ E. 1873 年经济大恐慌以及随后的大萧条

1873 年春，土地升值的最后阶段是南区和北区公园附近土地价值的快速上涨。高楼林立的城区范围的土地价值则几乎保持稳定。5月，边缘地带的土地开始滞销。由于土地价值在过去十年一直保持上涨趋势，人们并不担心土地市场的崩溃。大家普遍认为，只有灾难的降临才会导致土地价值的下降，比如 1857 年的大恐慌、内战以及 1871 年的大火等。

一切好像都还显得很正常和平静。然而，1873 年夏季土地投机者却面临着潜在的危机：以高利率的借款所建造的宏伟商业建筑过于华丽、过于

---

① 科尔伯特对 1871 年和 1874 年芝加哥土地价值的估价如下表所示。

单位：美元

位置	1871 年的土地估计价值	1873 年的土地估计价值
南区	82 609 690	161 500 000
西区	65 964 930	155 000 000
北区	28 357 280	44 000 000
总计	176 931 900	360 500 000

奢侈的街道改良、过度的土地细分以及用少量现金借助贷款来购买大量房地产——这些都是对当时形势过度乐观的表现。

一旦市区的规划实施，土地拥有者便马上提高地价，地价会上升好几千个百分点，这样的情况很多。

3年后，《房地产与建筑期刊》的编辑以超脱的视角回顾了1871～1873年间芝加哥的房地产市场，他是这样描述的：

大火后，几乎每个人都急于利用土地所有者的潦倒机会，人们经常看见大量的买者以卖者亏本价买进废墟土地。于是土地市场又呈现出了一副炙手可热的情景，市场交易火暴，经常出现一周200万美元的销售额。需求之大刺激了土地价值迅速飙升。两年之后，这些商业地块的价格已经是火灾后的2～3倍，有些地方甚至还高达4倍。然而，无论是市区的地块还是郊区的地块，其价值都开始遭到质疑，于是土地价值上涨的趋势便开始相对缓和，但是较差的商业地块仍然值钱。一些冒险者成群结队地涌入这个城市，投资一些小块土地，然后将它们出售给那些不是很挑剔也不急于得到土地产权的人。这些被金钱蒙蔽了眼睛的人，除了金钱什么都看不到。开发商们更是满怀希望地修建更多宏伟的商业大厦，哪怕他们背负的债款已经足以导致他们破产。每天都会有新的细分土地出现，地块的出售速度甚至快于契约签订的速度。政府部门发现要为街道小巷进行公共设施改良而筹集几百万美元的资金是完全不成问题的。在这一两年的时间内，征税简直毫不费力。[①]

在1873年，人们都还沉浸在对土地繁荣的兴奋中，他们几乎不可能对土地市场做出冷静沉着的分析。1873年夏，土地价值的上升趋势由于购买者的现金紧张遭到了中断。瓦匠、木匠以及其他建筑技工的薪酬从1872年每天5～10美元下跌到了3美元；同时，在1872年购买大量便宜地块的购买者现在也没有多余资金继续买地了；市区部分商业街区的租金开始下降了；商业利润也大跌；新的盈余资金也减少了。地块购买者发现几乎很难将手上的地块变现。另外，先前购买的土地这时也到了第二次分期付款的时候，再加上税赋，购买力逐渐减弱。随着土地价值停滞不前，土地购买

---

① 《芝加哥论坛报》，1876年5月13日。

第三章　1863~1877年恐慌、内战、大火后的土地繁荣

需求也急剧下降。因为人们都不相信地块在下个月或明年还会维持这一价格水平。

这种短暂的平静从1873年5月一直持续到了9月，土地拥有者们期望土地市场能在秋季恢复。然而杰伊·库克（Jay Cooke）公司于9月18日在纽约破产的消息却令土地所有者们震惊不已。紧接着又是股票市场的崩溃，银行都相继暂停了硬币兑换，企业大量破产等，这些都是1873年经济恐慌的显著特征。然而芝加哥的土地价值并非立即就陷入下跌趋势。一些地产拥有者出于支付债务的压力，开始以1873年高峰期土地价值折价20%出售一些位于繁华大街的地块。同时还有关于提供借贷资金用于偿还旧贷款的政策也出台了。到1874年春季，土地价值平均下跌了20%，但当时仍然还是可以通过降价出售换来现金的。

经济大萧条的力量逐渐显现。1873~1874年间，芝加哥工厂雇佣工人数从6万人下降到5.2万人，工资总额也从3 200万美元下降到2 650万美元。[1] 同时，被烧毁区域内新建筑的平均价值也从2 550万美元下降到578.5万美元。[2] 薪酬也从2美元/天下降到1美元/天，甚至更少。大量的失业者都靠政府救济维持生活。房屋、商业租金也大跌。与1872年相比，建筑的成本下降了1/3，这也导致了以前修建的房屋重置成本的下降。

1875年芝加哥的地产拥有者发现他们的租金总收入急剧下降，然而他们每年还必须支付8%~10%的利息，赋税额却依然和以前一样高。由于建筑成本降低，房屋价值也下降了40%。[3] 为了避免更多的损失，他们便将贷款购买的地产与农场或者其他财产进行交换。"在1875年第一季度，4/5的地产交易是通过只用极少的现金以'互换'的方式实现的。这种交易一直延续了9个月。"[4]

1874年，市场上已再难寻昔日用大量现金购买土地的人了。空地拥有者为确保收入，有时还允许开发商以他们的地块进行抵押从而为建筑房屋筹措资金。这使得他们最终失去了所有的资产。[5] 大量的地产拥有者无力转

---

[1]　《工业芝加哥》，Ⅲ，514页。
[2]　同上，Ⅰ，149页。
[3]　《房地产与建筑期刊》，1876年7月1日。
[4]　同上，1878年4月8日。
[5]　同上，1878年1月6日。

移债务负担，只能焦虑地等待土地市场能够恢复到 1872 年的活力。

经济大萧条的情况并没有得到任何改善，反而进一步消耗了地产拥有者仅剩的一点力量。土地成交量从 1874 年的 64 602 宗减少到 1875 年的 57 638 宗、1876 年的 50 884 宗、1877 年的 47 860 宗。① 随着大萧条的继续，越来越多的转让交易都是丧失抵押品赎回权的产权转让，因此，实际的销售情况远远低于这些数字。旧贷款的展期或者新贷款都越来越难以获得。丧失抵押品赎回权的宗数从 1874 年的 1 069 宗增加到 1875 年的 1 166 宗、1876 年的 1 284 宗、1877 年的 1 803 宗。② 办公楼租金到 1876 年也下降了 20%，1877 年平均租金与 1873 年相比也下降了 30%。③ 房屋租金超过 100 美元/月的实在是凤毛麟角。

1876 年，芝加哥的土地价值完全是一片混乱的状态，同一街区的价值由于地产拥有者不同的财务状况而迥异。

价格差别相当大，如果他（可能的买主）选中一块看中的街区或者地块，然后咨询业主相应的价格，他可能会因为业主经济状况的不同而得到不同的答案。如果买者按卖者的价格购买了该地产，那么所有的预付款都将由买者出。相反地，如果地产持有者发现买方无法支付自己所说的价格，那么他将立马给他一个能够拯救自己的最低价；如果买方仍然不愿意，那么他将以买方说的价格成交。④

那些并非迫不得已而出售房地产的人不愿意在市场上进行交易，因为他们深知先前的买入价远远高于现在。

几乎所有的地产持有人都在等待土地市场的再次升温，并且至少两年内都不打算将其卖掉。从来没有什么时候的地产交易像现在这样的萧条。⑤

除非是被逼得实在没有办法了，否则人们不会蚀本出售在芝加哥的房地产。一些较好地块的租金还没有低到不能支付地产税和利息，然而其他一些相对较差的地方却真的很低。土地拥有者只好这样安慰自己：尽管失去了一些东西，但是坚信只要坚持拥有地产，日后一定会弥补回来的。⑥

---

①② 《芝加哥论坛报》，1876 年 11 月 19 日。
③ 《房地产与建筑期刊》，1876 年 3 月 18 日。
④ 同上，1876 年 8 月 19 日。
⑤ 同上，1876 年 6 月 3 日。
⑥ 《房地产与建筑期刊》，1876 年 8 月 19 日。

第三章 1863~1877年恐慌、内战、大火后的土地繁荣

土地市场，一些地方还坚持1873年的高峰价。然而一些却愿意接受任何高于抵押贷款余额的价格，但即使这样，也没有几宗成交。

此时，房地产价值跌入了最低谷，几乎没人能用现金购买房地产。于是人们决定召开一场行业大会，让那些最有经验、最值得信赖的房地产专家聚集在一起，根据不同土地的状况来确定相应的价格。就好比将每一种利益都涂上玫瑰色一样，有关价值的友好协议是不可能达成的。① 但是，无论是否能达成明确的结论，这场讨论至少给市场带来了一丝曙光，使投资者能够采取更为理智的行为。

尽管对土地价值的确切范围还持有怀疑态度，但是，土地价格自1873年以来一直在下跌。

于是在改良的街区房地产价格价格下降了。最开始不是地价下降，而是房价下降。除了这些，还由于不能支付下一次分期付款，土地所有者被迫出售土地。这最终影响到了其他街区，尽管并非相似的抵押情况，但是各个地块都一致遭到了降价。

不必要的市政改良带来的赋税负担更是加重了土地价值下降的趋势。

在空地沿途铺设了数英里的下水道、给水管、人行道，而这些在未来数年内还是完全没有必要的。

自1872年高峰期后，土地价值呈现出痛苦而缓慢的下跌过程。

自芝加哥成为大城市后，此时（1876年7月）的土地市场交易、价格以及利润都降到了最低谷。交易记录相当少，甚至连询问的也很少。价格自1873年秋季不断往下跌，所有的投资者都感到相当气馁。地产拥有者以及经销商都小心翼翼地观察土地价值的下滑趋势，不愿意采取任何举动而希望土地价值的下降会自行停止，然而这样的处理方法更是摧毁了土地的需求、加剧了价格下跌，使得人们更加不敢购买。如果这种下滑趋势非常明显而剧烈，哪怕只有几个月，人们可能会由于看不清形势而从房地产市场撤离资金。或者如果它跟一些东部城市如旧金山一样，由于大型矿山泡沫的破灭而导致突如其来的土地价值下降的话，人们也会有一些充足的理由提前将资金投入别的渠道。然而，土地价值的下滑趋势是如此的缓慢，

---

① 《房地产与建筑期刊》，1876年7月22日。

它的开始、继续以及结束的整个过程都相当缓慢。每一项市场状况似乎都经过了深思熟虑,没有急躁,没有惊恐,也没有拥挤。土地市场形势比30年代还严峻。由于国家金融的脆弱、当地政府的腐败、越来越低的租金以及其他一些负面影响等,购买房屋的人越来越少。这都使得地产拥有者相当困惑,对怎样才能将自己从困境中拯救出来感到毫无头绪。①

土地市场的下跌更使得个人相当悲惨。

在土地买卖历史中,几乎还没有哪次下跌像这次持续这么久,还没有哪次下跌程度像这次这样厉害,它几乎延续了三年——人们财产损失、希望破灭的三年。人们的思想和生命几乎都被毁灭了,人们都丧失了希望。当人们辛苦劳作数年,然后在某些他认为能够让他过上轻松日子的东西上进行投资时,却发现由于债务压力自己甚至不能保证最基本的生活。在耐心地等待后,希望化为了泡影,他可能甚至会被债权人逼到走投无路的地步。当人们发现经历如此漫长的等待,原先的期盼还是实现不了,他变得沮丧、无望、抑郁,这些比痛苦还痛苦的精神状态都不足为奇。甚至有些土地拥有者还为此丢掉了性命。没有人知道他们最终到底损失了多少财产。②

与1876年相比,1877年地产拥有者的悲哀达到了顶峰。自1873年大恐慌后,1877年芝加哥银行系统再次瓦解,芝加哥最大的储蓄银行——哥伦比亚蜂巢银行——的倒闭使得其他21家银行在4年间也先后倒闭。整个美国都爆发了严重的工人骚乱,1877年7月5日警察与民众在芝加哥河南支流的霍尔斯特德大道大桥上发生了一场激烈的冲突,20人被杀,70多人受伤。欠缺资金是无法偿还到期债务以及购买土地的重要原因。富有的人们都愿意将金、银等金属货币储藏起来,因为它们总是在不断增值,而土地与商品却是在不断贬值。③ 不能按期偿还分期抵押贷款的地产持有人,会在接下来很短的时间内就丧失抵押赎回权。相关地产将被拿去拍卖。大多数情况下,除了抵押贷款持有人自己外,几乎没人参加这种拍卖。拍卖价格是如此之低,甚至只有抵押贷款的1/4。但当时没人出面来确保这种拍卖

---

① 《房地产与建筑期刊》,1876年7月8日。
② 同上,1876年12月30日。
③ 《芝加哥论坛报》,1878年7月28日。

第三章 1863~1877年恐慌、内战、大火后的土地繁荣

价格的合理性。曾经富裕的地产经营者在大多数情况下不仅损失了土地，甚至有时为了逃避原有土地购买所形成的债务还要被迫破产。那些法庭费、律师费等即使对胜诉方来说也是一笔很大的开销，人们就是这样从富裕变成贫穷的。正如塞缪尔·沃克所说，"由于变幻无常的地产，人们都不再是之前笑眯眯的面容，而是丢掉了面具展现出了丑陋的一面。"他在1873年还身价1 500万美元，然而在1877年却完全破产了。如果连芝加哥中心商业区的房地产都丧失抵押赎回权的话，那么其他一些空地更是难以想象了。"最开始仅是销售不畅，接着便是停滞，最后完全是没有销路了。"与1836年以及1856年繁荣期之后一样，芝加哥的土地市场一般都是在大恐慌第一次冲击的4年后才会跌到底点。由于土地没有卖空机制，加上没有一个规范的土地市场，土地拥有者一直不愿放弃土地，直到利息费用、税金、罚金等损耗榨干了土地拥有者的最后一滴血。4~5年的时间似乎可以结束这场痛苦的过程，几乎要这么长的时间土地市场才可以在一个新的低水平基础上重新建立起来。

在1877年以及1878年，人们不得不悲哀地承认要让土地价值恢复到1873年的水平是不可能的。1873年的那一幕只是一场幻觉或者投机病。正如《芝加哥论坛报》的房地产编辑在1878年所说的：

> 在经济繁荣时，郊区地块引诱了土地投机者购买，并在后来导致了这些人的破产。现在这些郊区地块已经在市场上绝迹了。曾经引以为荣的、具备水上优势的芝加哥土地，现在会被直接形容成沼泽地块。在代理商办公室展示出的郊区地块的地图只是为了给那些想在该处养奶牛的人或者种菜的人看的。

当这些文字发表后，第63街和霍尔斯特德①大道十字路口处以及第47街和阿什兰大街十字路口处地块售价分别为8美元/临街英尺以及12美元/临街英尺②，位于第111街和密歇根大道十字路口处的土地价值为100美元/英亩③，马歇尔·菲尔德以5美元/临街英尺的价格买下了现在的芝加哥

---

① 《芝加哥论坛报》，1879年5月23日。1878年10月5日记录道，在第63街和霍尔斯特德大道西北角落一块75×139的地块价格为800美元。

② 同上，1878年11月21日。第47街和阿什兰大街一块47×121的地块售价为600美元。

③ 同上，1879年10月5日。

大学校园。①

F. 1877~1879 年低谷概览

芝加哥土地价值在 1879 年到达了最低点，此时几乎没有什么市场，但是我们有必要利用 1878 年和 1879 年的销售数据以及一些其他数据来讨论其下跌的程度。

面积 211 平方英里的芝加哥的土地价值平均下降了 50%，总土地价值从 1873 年 5.75 亿美元下降到了 1877 年不到 2.5 亿美元。② 下降幅度最小的区域为：北迪尔波恩大街、麦迪逊大街附近的州街、阿什兰大街以西的麦迪逊大街、第 32 街南部的密歇根大道、木材场区域、门罗大街以北的沃巴什大道、接近城市中心区的中档住宅区。

在繁华的西区以及北区的住宅区域，除了南园大道的土地价值下降超过 75% 之外，其他地区大概下降了 50%。比如，杰克逊大街附近的密歇根大道的地块售价仅为 200 美元/临街英尺，而在 1873 年时为 1 000 美元/临街英尺；杰克逊大街南面的州街地块为 500 美元/临街英尺，而以前是 1 250 美元/临街英尺；高档居民区的地块也仅为 75~200 美元/临街英尺，而以前是 250~500 美元/临街英尺；第 47 街和德雷克塞尔街附近的土地每英亩为 7 500 美元，不再是 20 000 美元；第 25 街以及州街的地块每英亩为 5 000 美元，不再是 15 000 美元；第 63 街以及拉辛大街的地块为 500 美元/英亩，不再是 2 000 美元/英亩；第 48 街以及香普兰街地块为 2 350 美元/英亩，不再是 10 000 美元/英亩；罗文斯伍德（Ravenswood）的地块为 375 美元/英亩，不再是 3 000 美元/英亩。

---

① 《芝加哥论坛报》，1879 年 8 月 18 日。马歇尔·菲尔德以 79 166.67 美元买下了位于伍德劳恩（Woodlawn）街、伊甘达尔（Egandale）街、第 55 街以及第 59 街附近一块 63.5 英亩的地块。
② 同上，1878 年 7 月 28 日："价格几乎都下降了一半，经常是只有 1/3，有时甚至下降到还不到几年前的 1/4。""大萧条的原因综述"，《劳动与商业》（H·R，46th Cong，第二期；华盛顿，1879 年），Misc·Doc·5："1873 年的芝加哥"："主席：与 5 年前相比，现在的房地产市场到底缩水了多少呢？查尔斯·兰道夫（芝加哥交易所秘书）：我想，从 1873 年到今天（1879 年）大概缩水了 40%~50%。"

第三章 1863~1877年恐慌、内战、大火后的土地繁荣

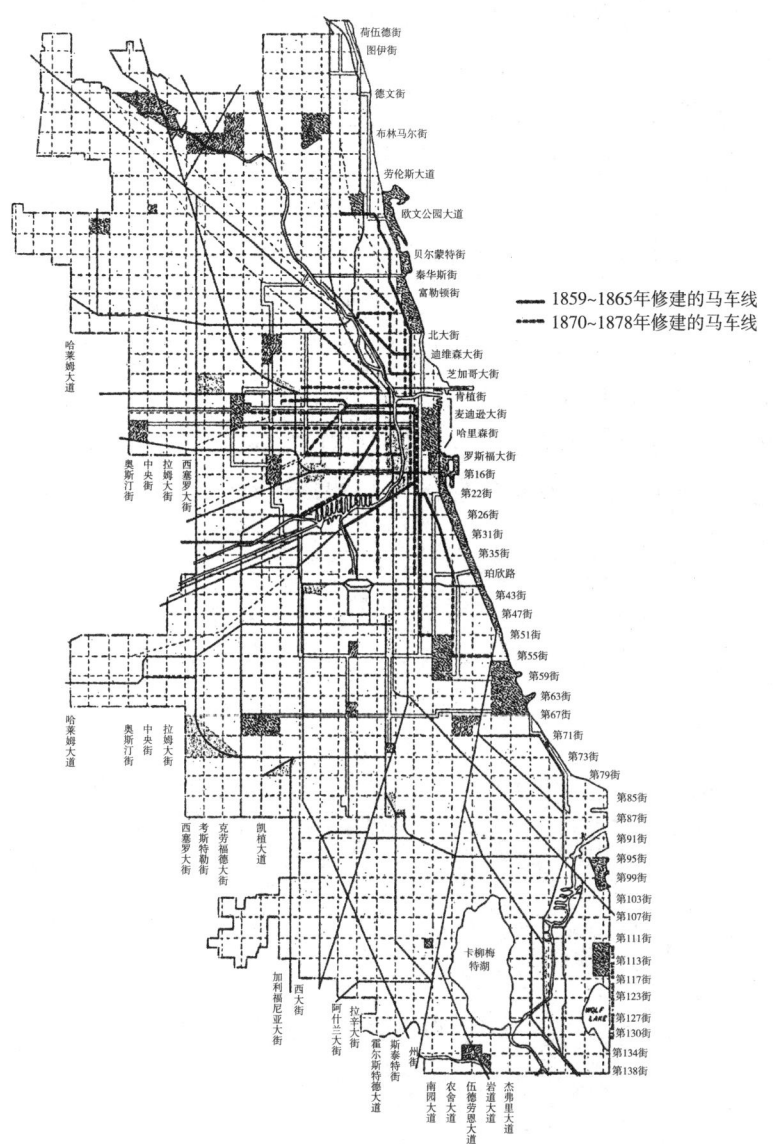

图23　1880年芝加哥马车线

另一面——纽约中央公园附近的土地价值下跌幅度比芝加哥的更猛烈，这对芝加哥来说是很大的安慰，① 这是因为当东部人要谈论房地产繁荣遭遇

---

① 《芝加哥论坛报》，1876年10月27日。

的可怕案例时，他们便不再会以芝加哥为例了。更大的影响便是建筑费用的降低。利率也从1873年的8%下降到了1878年的6%。① 较低的费用使得每年平均兴建了约1 000栋房屋，1875年为875栋，1876年为1 636栋，1877年为2 698栋——3年间一共兴建了25英里的临街房屋。加工业也在不断发展，阿墨（Amour）以及斯威夫特（Swift）开始将冷冻牛肉用冷藏车运往东部，然而其他的一些制造业以及批发业仍然没有变化。东部的一些公司开始来芝加哥建立分公司。人口增加与房屋数增加保持一致，硬币兑换的恢复不再遥远，人们也不再将金、银等金属货币储藏起来。此时还发明了电话，爱迪生发明的电灯也即将公之于世。最初的公寓也是在芝加哥出现的。很多新的工厂正处于萌芽期。如图23所示，麦迪逊大街、农舍大道、密尔沃基大道的马车线路在1875～1877年也陆续延伸到了公园地带。

---

① 《芝加哥论坛报》，1878年11月17日。

第四章

1878~1898年第一座摩天大楼和第一届世博会时期的土地繁荣

★ A. 1878~1884年总体商业状况的恢复

随着美国整体商业状况的好转，土地价值也开始从1877年的最低谷慢慢恢复。原材料价格、工人工资、房屋和店铺的租金以及利率在1877年都降到了非常低的水平，这对制造业的发展是一个极好的时期。1878年农产品的丰收以及1879年硬币兑换的恢复重塑了人们的信心，为新的进步带来了动力。价格与利润的提升加速了生产，促进了就业，同时还为1883年短暂的房地产投机提供了资金。从1879年到1883年，美国铁路里程数增加了50%，对钢轨的大量需求推动了钢铁工业的发展。铁路建设、工厂的景气都迫切需要新的劳动力。这吸引了大量海外移民来到美国，美国的移民潮迎来了新的高峰，1877年移民为130 502人，1879年为250 565人，1880年为593 703人，1881年为720 045人，到了1882年为730 349人。①

芝加哥贸易、制造业和铁路的影响——芝加哥因为西部农作物产量的提高、铁路建设的增加、工业产品需求的扩大而获利不少。1880~1882年的3年间，又有7条铁路干线通往芝加哥城内。② 1878~1881年的4年间，芝加

---

① 《芝加哥论坛报》，1883年4月14日。
② P. L. 谭，《芝加哥铁路带》（硕士论文，芝加哥大学，1931年）。

哥银行业的结算额从不到10亿美元增长到22.5亿美元。① 1879～1883年的5年时间里,芝加哥制造业的雇工数从62 948人增加到114 457人,工资支出总额从3 500万美元上升到5 900万美元。② 1877～1881年,芝加哥的批发贸易额从3.87亿美元增至7亿美元。③ 1877～1883年,芝加哥的人口数也从420 000人增加到590 693人。通过对表4中数据的分析,可以发现银行结算额和贸易总额在1879～1881年增长特别迅速。

表4　　　　　1877～1883年芝加哥的银行结算额、制造业
雇工人数、贸易总额和人口数量的增长

年份	银行结算额（百万美元）	制造业产值、批发贸易额、产品贸易额（百万美元）	制造业雇用工人数（人）	人口数（人）
1877	1 045	595	58 213	420 000
1878	967	650	67 504	436 731
1879	1 258	764	62 948	465 000
1880	1 726	900	80 075	503 298
1881	2 249	1 015	87 900	530 000
1882	2 367	1 045	96 654	560 000
1883	2 526	1 050	114 457	590 693

芝加哥商业状况的改善对土地价值的影响——由于商品售价的上升幅度远远高于成本的上升幅度,市场上工业产品与贸易总量的增长给商人带来了很大的利润,新的盈余资金产生,这使得有新资金可用于投资。因此,到1879年盈余资金的不断增加积累了大量财富。④ 在硬币兑换恢复之前,由于先前其他商品价格总是在不断下降,这样黄金、白银等金属货币就越来越值钱,使得很多有钱人将他们的黄金和白银窖藏了起来。随着商品价格的上涨,大量黄金和白银便从窖藏之处转向流通。即使是在1876～1877年的困难时期,芝加哥一些原材料巨头以及那些在里德威利(Leadville)矿山投资的资本家也积累了大量财富。1879年后,随着新繁荣时代的到来,大量工人都能积累少量的资本了。因此,在社会的各个阶层,剩余资金开

---

① 《芝加哥论坛报》,1884年1月1日。
②③ 《芝加哥工业》,194页。
④ 银行结算额引自芝加哥票据交换协会的书面文件。制造业雇工数同上。制造业产值、批发贸易生产总额,引自《芝加哥论坛报》(1878～1884年),每一年1月1日期刊。

第四章 1878~1898年第一座摩天大楼和第一届世博会时期的土地繁荣

始积累,以便开始用于投资。

芝加哥房地产业有着足够的优势吸引大量剩余资金进行投资。在1879年,与其他投资相比,房地产业可以提供最高的回报率,而且也相当安全。1872~1880年,高等级债券的收益率已经从6.5%跌至4%。[①] 在相同时期内,芝加哥最好的房地产抵押贷款利率也从8%降到6%。里德威利矿业的繁荣结束后,许多矿业股票变得一文不值。1877年,芝加哥所有储蓄银行实际上已经破产,大量工人都不再把钱存入银行。

另外,芝加哥中心商业区房地产的净收益开始呈现上涨趋势,而不再下跌。房地产投资能保证本金安全,而不是血本无归。1878年芝加哥土地价值开始上涨,不再呈下跌趋势。人口的增加以及大萧条时期大量迁出家庭重新搬回城市中心,其速度比房屋兴建速度还要快。1879年每月租金在15~40美元的住宅房租,比以往增长了25%。住房租金和商店租金的上涨一直持续到1882年,比1878年上涨了75%,这在州街和南水大街表现得尤其明显。与此同时,在1873年前盛行的市政建设的铺张浪费也得到了有效的遏制,1874年后地产相关税费也开始下降了。欠税总额从1877年的50 399美元下降到1879年的28 866美元。闲置了5年的郊区住房也已经有人居住了。在商业中心的某区域,人们用厚厚的砖石建起了9层的建筑物。更加密集和有利可图的公寓住宅也在快速地兴建。

这时芝加哥的房地产市场终于结束了多年的下跌转而开始上升。到1878年和1879年,在芝加哥中心商业区办理取消抵押品赎回权的法律手续占整个房地产法律手续的很大比例。在法律清偿的过程结束之前,地产买卖非常困难。除了产权所有人的资产净值之外,地产购买者还要做好准备全额偿清一些到期或者即将到期的抵押债务。现在前所有人的所有权已经消失,产权已经归属于抵押权所有人,地产就不再有任何债务累赘。例如,当保险公司接手了这类地产,它们就按抵押价再加上利息和费用形成的总价出售。因此,带着剩余资金投资的资本家发现,即便是在1878~1879年的低租金时期,房地产出租也能带来7%~15%的净投资收益。这种高回报

[①] 高级铁路债券的净投资收益,通过国家经济局的研究估算,引自菲利普·克里斯科尔(Philip W. Kniskern)的《房地产鉴定和估价》(1933年),407页。对有关芝加哥房地产贷款率,见《芝加哥论坛报》,1879年12月28日。

是相当安全的。同时，保险公司在1872年繁荣时期为芝加哥房地产业提供的贷款，现在通过抵押权出售也已经连本带利收了回来。

一旦剩余资金用于投资，芝加哥房地产便牢牢地吸引了这些资金。这些资金一部分投资于现有房产以收取租金，还有一些投资于开发闲置的土地。由于原材料以及商品上涨而获利的商人，也开始着眼于兴建宏伟的住宅，他们购买了大量位于林荫大道的地块；由于工人们根据经验不再相信银行，他们也把部分存款用于住宅和土地投资；随着铁路和制造业的增长，也需要大量的土地用于道路以及工厂建设。

1881年，拉德洛（E. H. Ludlow）作为当时纽约最老资格的房地产经纪人，提出了一个关于商业环境的改善如何最终影响房地产市场的理论：

农作物的丰收以及商业活动的繁荣需要更大的仓库和商店，这类场所的租金便相应地上涨，这也提高了其价值。此后，随着人们赚的钱越来越多，为了更好的生活，他们从中心商业区的小房子搬进了属于自己的高档小区。一开始是小型的高级住宅，然后是大一点的住宅，最后是宫殿般豪华的建筑。这使得开发商开始利用闲置用地，因此，那些道路得到改良的闲置土地的价格得以上升，最后一些之前没有准备用于修建建筑的土地也开始了投机买卖。

1877年的大萧条之后，工业和贸易盈余利润的流入，使得作为最具投资吸引力的房地产开始了土地价值恢复的第一个阶段。最具吸引力的中心商业区地产的大量买卖，使土地价值得以极大提升。1877年房地产几乎没有任何市场，在经过那样一段时间混乱和迷茫的形势后，1878~1880年新的现金"交易"市场发展起来了。由于丧失抵押赎回权的房地产处理完毕，在1881~1883年的房地产市场上，相似收入阶层间或类似地块间，其出价和售价几乎没有多大的差别。

B. 1878~1883年芝加哥土地价值的恢复

然而，我们刚才所讨论的土地价值恢复并非出现在芝加哥的所有区域，它们的影响仅局限于某些特定的区域，通过一些较好地段的土地增值，然

第四章 1878~1898年第一座摩天大楼和第一届世博会时期的土地繁荣

后才传到另一个区域。所以,要讨论土地价值恢复的具体过程,就必须逐步地进行分析:(1)中心商业区的地产交易;(2)密歇根大道土地价值的上涨;(3)南芝加哥的复兴;(4)普尔曼的发展;(5)新芝加哥交易所区域的繁荣;(6)海德公园、英格伍德公园以及北区和西区外围地区的发展。

1. 1879~1880年,中心商业区的地产交易——1879年,从杰克逊大街至华盛顿大道段的密歇根大道土地的价格为200~250美元/临街英尺,① 比1873年下降了75%。此时几乎还看不出土地价值恢复的迹象。1879年位于杰克逊大街至门罗大街路段的沃巴什大道土地的售价为333~400美元/临街英尺,州街和麦迪逊大街十字路口处土地的售价为1 150美元/临街英尺,亚当斯大街和威尔斯街十字路口处土地的售价为250美元/临街英尺,这些均比1873年记载的价格要低。② 然而这些销售额已经表明情况有了很大的改善,因为在1877年最低迷的大萧条时期内几乎卖不出任何地产,因而也就无法衡量大萧条时期土地价值的最底线。

2. 1880年,密歇根大道的繁荣——乘坐时髦的马车,女性炫耀她们昂贵的长袍和首饰,这些都是80年代典型社会生活的写照。这些行为慢慢地沿着各主干道传播到了南区的公园。因此,当1880年密歇根大道在杰克逊大街至第35街之间修建了一条主干道时,吸引了所有人的目光。那些即使在70年代大萧条时期都生意兴隆的原材料巨头也发现那里是最适宜居住的地方。到1881年,位于第26街以南的密歇根大道的高档住宅地块的售价,已经比1873年繁荣时期的还高。举例来说,第29街和密歇根大道十字路口处的土地,1874年售价为330美元/临街英尺,③ 1879年跌至200美元/临街英尺,1881年为500美元/临街英尺,1883年达到600美元/临街英尺。④

当密歇根大道的社会地位得到极大提升时,1882年帕尔默在北区修建了一个"青蛙池",1884年他在那里建了一栋造价25万美元的宅邸,于是这里很快就被称为湖滨公路。阿什兰大街以西的华盛顿大道很快转变为一条林荫大道,其价格增长了1倍。第18街附近的草原大道是芝加哥社会和金融名流的住处,包括马歇尔·菲尔德、菲利普·阿默和乔治·普尔曼等。

---

① 《芝加哥论坛报》,1879年6月18日。
② 同上,1879年6月18日、9月28日、10月17日。
③ 同上,1874年12月20日。
④ 同上,1879年4月5日。

草原大道上那些价值 20 万美元的宅邸，1882 年售价接近 700 美元／临街英尺，但是它的霸权地位已经受到了一定的威胁。

3. 1879～1883 年，南芝加哥的复兴——南芝加哥和卡柳梅特区的发展，首先是因为运河和航运中心，其次是因为铁路和制造中心。在 1836 年和 1873 年这一区域也出现过繁荣。1836 年除了规划出一片城镇所在地外，没有什么具体措施，后来这个地点就被抛弃了。但在 1873 年的繁荣时期，那里建起了一座港口和许多码头。1874 年还修建了巴尔的摩（Baltimore）和俄亥俄商场，许多小企业和木材场都位于卡柳梅特河岸。铁路建设的复苏重新启动了过去的计划。芝加哥 - 西印第安纳铁路是一条短线，成功地使印第安纳州线可以通往芝加哥的波尔克（Polk）和迪尔伯恩大街。1880～1882 年，中心商业区有四条主干铁路为中转提供了便利。这四条主干铁路分别是格兰德线（1880 年）、芝加哥 - 东伊利诺伊线（1881 年）、芝加哥 - 印第安纳 - 路易斯维尔线（1882 年）以及伊利线（1882 年）。这些新线路穿过卡柳梅特区，并且和其他三条主干线连接在一起，构成了 1880～1882 年的七条主干线。芝加哥铁路无形中形成了环形。南芝加哥运输设施带来的繁荣及其本身的战略性位置，使那里成为湖运铁矿和伊利诺伊煤铁路运输的集散中心，并且吸引了两座大型轧钢厂于 1880 年在芝加哥南区定址。芝加哥环线公司是为建造环绕芝加哥的大线路而组建的，为计划使芝加哥成为制造业之城，它在当时以 100 万美元购买了东芝加哥周围弗西斯（Forsythe）的 8 000 英亩的土地，其中 1/3 的金额是现金支付的。① 这些计划自然刺激了土地的买卖，1881～1882 年，在卡柳梅特区有些地块售价高达 1 000 美元／英亩。但环线计划失败了，这给土地投机泼了一盆冷水。然而这个地区稳固的发展还是在继续。1883 年美国铁路汽车公司在赫格韦斯克（Hegewisch）镇成立。1883 年南芝加哥区域作为新工业的选址点，包括赫格韦斯克和普尔曼镇在内，人口数已达 1.6 万，而在 1880 年那里的人口数尚不足 2 000 人。

4. 普尔曼（Pullman）——1880 年乔治·普尔曼决定将他的大型马车厂落户于芝加哥周围。他无论走到何处都有大批的经纪人和记者尾随，但普

---

① 《房地产和建筑期刊》，1881 年 8 月 28 日。"1880 年还无人居住的地区，到了 1882 年已经拥有 1 000 多座房子，人口达到 5 000 人。"

尔曼对这些人都置之不理,他假意公开视察奥斯汀周围的土地,暗地里却以 75~200 美元/英亩不等的价格购买了第 111 街和卡柳梅特周边 3 500 英亩的土地。1883 年,在新工厂落成之后,这片土地已经升值到 1 000~3 000 美元/英亩。普尔曼镇,自身配套有煤气厂、水厂和污水处理工厂。它过去是、现在也仍然是芝加哥一个独立的中心区。

5. 新芝加哥交易所区域的繁荣——芝加哥交易所以前位于拉萨尔大街和华盛顿大道的十字路口处。1881 年它决定迁往杰克逊大街和拉萨尔大街十字路口,那里自 1871 年芝加哥大火后就一直因被人们忽视而闲置着。这个决定使芝加哥的金融中心转移到了新的地区。1881~1883 年,芝加哥交易所周边的杰克逊大街、范布伦大街、威尔斯街和拉萨尔大街的土地价值由 200~400 美元/临街英尺上涨到 1 500~2 000 美元/临街英尺。而另一些街道比如谢尔曼大街、太平洋街等增值幅度更大,从不足 200 美元/临街英尺涨到 2 000 美元/临街英尺。① 在这个新区,1883~1885 年兴建了城里最好的办公楼。这些价值 700 万美元的新建筑都是用厚重的石料和砖石建成的,有 9 层之高。其中,位于亚当斯大街和拉萨尔大街十字路口处的国家保险大厦,于 1885 年竣工,随后被宣称为第一座钢结构摩天大楼,尽管它当时还并不完全符合这种结构的所有特点。② 在 1885 年时,摩天大楼时代仍没有完全到来,因为人们一般都不愿意住在比较高的楼层,也没有意识到高楼的革命性意义。

1881~1885 年,按照当时观察家的估计,新芝加哥交易所周围半英里以内的土地和建筑物的价格增长了 2 000 万~4 000 万美元。然而,在被芝加哥交易所抛弃的华盛顿大道和拉萨尔大街的老城区,出现了暂时性的土地价值和房租的下跌。像这种从老城区搬迁的行为并不仅仅是为了追随芝加哥交易所,也符合一些高官们的意志,同时还因为新兴的金融中心可以为他们提供更优质的服务。

6. 公寓狂热——1881~1883 年,一股居住公寓的潮流迅速流行并席卷全国,被后人称为"公寓狂热"或者"公寓潮"。仅在 1883 年的芝加哥,1 142 幢公寓楼拔地而起,这其中不乏许多粗制滥造的工程。这些公寓大都

---

① 《芝加哥论坛报》,1881 年 7 月 23 日。

② 同上,1883 年 10 月 28 日。

分为两部分：外面的起居室以及里面较暗的房间和厨房。① 其中比较高档的一些公寓还提供暖气、煤气灯和陶瓷浴缸。一方面，这些公寓楼被人们抨击，诸如隔壁房间的噪音在整个楼层都能听到、缺少光线、不透气、没有庭院等；另一方面，它又因为生活便利例如只需要很少的佣人和家具、有人专门负责锅炉等原因，受到了很多家庭主妇的青睐。无论如何，公寓楼给早期开发商带来了10%的净利润率。开发商们很快意识到居住用地容积率越高，土地总价就可能越高。高档住宅区受到了公寓楼流行的影响，价格有所降低，因此，这些地区的地产所有者频繁签订私人协议，将公寓楼排除在小区外。早期公寓的选址，一般沿着诸如农舍大道等交通干线，部分位于已开始衰落的高档住宅街区，或位于毗邻高档住宅的中等住宅街区。

7. 芝加哥外围地区的发展——在1880年芝加哥城市版图之外，但属于现在芝加哥版图之内的区域，大约有60个近郊城镇和村庄，每处拥有500～2 000人。1880～1890年这10年的特点便是这些城镇的高速发展。与此同时，城市外围的发展也是一大特色，包括第39街以南、西大街以西、北大街以北等，这些地区不断发展，直到最后形成了一条连续的居民带。

在所有地区中，南区的人口和土地价值的增长是最为明显的。它通往中心商业区的交通设施比北区和西区都要先进得多。尽管南区芝加哥河上的吊桥时开时关，经常耽误人们过桥，导致人们不断抱怨，但是，即便如此也没有成为南区发展的障碍。南区不仅拥有最好的郊区铁路系统，马车线路也最多，同时也最为便捷。1882年，州街和农舍大道等主干道的马车线升级为缆车线，一直向南到达第39街，使得到达第39街的时间与之前到达第22街的时间差不多。除了快速的交通优势之外，这些大道也很有吸引力，它们可以通往上流社会居住的公园区域，像肯伍德公园和海德公园等。在西区，通往较好的居住区的道路要路过一片简陋又杂乱的地带，而且到处都是粗俗的外地人。而在南区，州街以东、从中心商业区一直到公园沿线到处都展现出诱人的景象。此外，普尔曼镇、南芝加哥和赫格韦斯克的快速发展也使得工业中心逐步向南发展。因此，位于普尔曼镇和南芝加哥的密歇根大道的繁荣，很快便扩大到南区更广的区域。沿着农舍大道和州

---

① 《芝加哥论坛报》，1883年12月9日。

街的马车线，相当多的商店和公寓楼在 80 年代建了起来，这些街区的土地价值在 1883 年上涨了 1 倍。肯伍德公园和海德公园不断地向南向北扩展。英格伍德发展迅速，它的商业中心也从温特沃思街转到了第 63 街。伍德劳恩也已经开始吸引商店和住宅，而在 1880 年它还只是一个小村庄。海德公园 48 平方英里的村庄中，有 20 个独立的社区，其人口数已经从 1880 年的 1.5 万人增加到 1883 年的 4.5 万人。①

8. 1878~1883 年芝加哥土地价值升值回顾——1879~1880 年间，那些通过贸易利润累积而成的资金，最初用于购买中心商业区的地产（这些地产大多正处于丧失抵押赎回权状态），或者用于购买林荫大道两旁的住宅地块。到了 1881 年，购买土地以修建铁路、公用道路或者新工厂等类似的行为使得土地的价格被大幅地炒高了。而芝加哥交易所移到了新城区也使得市中心西南处有了巨大的发展。普通工人购买住宅地块，再加之投机商炒卖地块，使得这个城市的发展向周边延伸。到了 1883 年，芝加哥城的土地价值比 1877 年的萧条时期上涨了 40% 之多。但是，在城郊，除了少数几个非常火热的地段之外，绝大部分土地的价格仍然比 10 年前低许多。事实上，在老城区里面，除了某些区域的土地价值在 1883 年超过了 1873 年的价格最高峰，例如密歇根大道、芝加哥交易所新区以及南区和北区的一部分，其他一些地区却一直处于衰落中，特别像西区从富尔顿街到麦迪逊大街、霍尔斯特德大道和阿什兰大街这一区域因为交通设施鲜有提高和居民素质平庸而在土地价值上持续走低，中心商业区以北和以东的土地价值也没有恢复到 1873 年的水平。

然而，房地产商和土地的业主们却对 1883 年的地产形势表现出审慎的态度。经历了这么多年的风雨以及地产价格的跌宕沉浮，目前的地产价格看起来似乎达到了一个正常的水准。而 1 700 多栋老旧的住房闲置、价格低廉的低端公寓建筑供过于求的现状，都给那些在郊区大量购买地块的投资者们上了生动而难忘的一课。至于那些原先在市中心商业区拥有地产后来又在 1872 年将其用做抵押来贷款盖大楼的投资者们，到现在则是两手空空：既没土地，也不见大楼盖好。新进的地产持有者们则觉得目前的局面很令

---

① 《芝加哥论坛报》，1884 年 1 月 6 日。

人满意。大部分的地产都可以拿来做抵押。到1881年，最优惠的抵押贷款利率已经降到了5%。① 对于那些可带来收益的地产，表现最好的投资一年可以净赚10%~30%。由于不用因为迫于压力而急着抛售，这些地产持有者可以观摩过去10年间地产价格的起伏带来的困惑以真正了解房地产的定价准则，从而避免同样的情况再度发生。因此，《房地产和建筑期刊》的编辑这样描述过去：

> 房地产业在过去的十年里有一段间歇反复的历史进程：人们的感觉从心灰意冷到极度热切，然后又回到从前的沮丧，接着又进一步变成恐惧，再到半信半疑，而最后终于再度充满信心。倘若任何一个人经历了所有社会大众所经历的这些感觉的话，即使只有一半的强度，也最终会被折磨得送进精神病院。正当这些感觉逐渐弥漫的时候，房地产价格又开始逐渐上涨，但是土地本身却一直很稳定，并没有多大变化（除了部分得到了更好的改造和相关法律的指定外），市场运行也再度一切正常。对房地产市场的了解不是在一个明确的时间中可以获得的，而是一个逐渐认识的过程。由于历史在这方面的记载颇为详细，使得交易商们可以仔细研究这些历史资料，以利于将来做出决策。②

同时，他也对房地产业回归平稳做出了评论：

> 如果将房地产价格大起大落的数据公布的话，那么它所能导致的各种情绪和行为看起来一定会既混乱又有趣，在这其中可以找到一点点浪漫、一部分虚构、一些诽谤中伤、大量的臆想、无穷无尽的绝望、高涨的狂热以及对于传统的彻底颠覆等。③

在房地产"稳定"期，1882年下半年，公民协会的 J. G. 科森斯（Cozens）先生根据一份城市所有土地价值的表格总结出了一个结论：城市区域内的121 002个地块的平均售价是3 168美元，城市范围内的土地总价为38 332.8万美元。④ 对比1873年作者对相同区域36 000万美元的估价，这些数字至少表明城市范围内的土地总价值已经全面恢复到1873年的峰值。那些位于1883年城市范围之外但在现在的城市范围内的土地，其价值的恢

---

① 《芝加哥论坛报》，1881年8月13日。
② 《房地产和建筑期刊》，1880年11月20日。
③ 同上，1880年11月13日。
④ 同上，1882年9月30日。

第四章 1878~1898年第一座摩天大楼和第一届世博会时期的土地繁荣

复不超过1873年的50%,这部分外围环带的总价在1883年没有超过1亿美元。因此,位于现在芝加哥版图内的土地的总价值,1883年约为48 500万美元,而1873年约为57 500万美元。1883年年初,针对不同类型的地产,按每临街英尺的价格可以在弗兰克·R. 钱德勒(Frank R. Chandler)制作的表格(见表5)中体现出来。①

表5　　　　　　　1876~1883年根据主要用途划分的
芝加哥土地价值(美元/临街英尺)

地产种类	时间			典型区位(街道)
	1876年1月1日	1879年1月1日	1883年1月1日	
头等零售区	2 000	1 500	3 000	州街
银行和办公楼	1 250	1 100	2 000	拉萨尔大街、华盛顿大道
批发贸易	700	600	1 500	沃巴什大道、富兰克林街
二等零售	500	400	600	北克拉克大街、西麦迪逊大街
本地商业	400	300	400	第22街
本地商业	200	150	250	农舍大道、第35街、第39街
上流社会住宅	350	250	600	密歇根大道、草原大道、卡柳梅特街
头等住宅	200	200	300	迪尔伯恩大街,印第安纳大道
头等住宅,西区	—	150	200	阿什兰大街,华盛顿大道
头等住宅,3英里外	150	150	150	第29街周围的大道
头等住宅,3.5英里外	125	125	125	第31街周围的大道
头等住宅,4英里外	100	90	100	第35街周围的大道
头等住宅,4.5英里外	90	75	85	兰利街,温森斯街
中等住宅	65	50	65	所有区域
制造工人住宅	50	40	50	所有区域
劳工住宅	30	20	40	所有区域
廉价的劳工住宅	12	10	20	所有区域
高档近郊住宅	60	45	60	海德公园、埃文斯顿
次等近郊住宅	20	15	30	英格伍德

① 《房地产和建筑期刊》,1883年1月。

C. 1884~1886 年

1883 年商业活动的衰退——1879 年以来,生产量和批发价格的上涨势头在 1883 年停止,接着就开始下跌了。主要商品例如小麦、猪肉和铁的价格都在下跌。纽约股市中最活跃的 145 只股票的总市值在 1883 年从 30 亿美元跌到 20 亿美元,[①] 其中大部分是铁路股票。数千名轻信股票的人,在股票市场上投入了全部的微薄积蓄,结果全部赔光了。新的铁路建设也急剧收缩。

芝加哥贸易和制造业也受到了影响,制造业雇工人数从 1883 年的 114 457 人减少到 1884 年的 105 725 人。制造业产值、批发贸易额、产品贸易额从 1883 年的 10.5 亿美元下降到 1884 年的 9.33 亿美元。[②]

房地产市场也受到了这次商业衰退的影响。1879~1882 年一直稳步上升的房屋和店铺租金停止增长。土地价值的上涨趋势仿佛被时间静止器停止了一般。劳工纠纷又产生了新的不安因素。1883 年春季瓦匠的罢工曾一度导致了建筑活动的暂停。1886 年"干草市场"暴乱更是引起了东部资本家相当大的疑虑。

相对于商品和股票价格的急剧下跌,房地产销售额和新开工面积在 1884 年只有轻微的下降。芝加哥土地价值保持稳定,没有任何下跌的迹象。相对于微妙的、不断变化的商业环境,房地产市场并没有像反复无常的股票一般剧烈地波动。

洛杉矶、西雅图、堪萨斯城、奥马哈、明尼阿波利斯和其他一些城市土地繁荣开始形成,并在 1887 年到达顶峰。但芝加哥因为人口稳定增长,产生了对外围土地的持续需求,才使得房地产市场有了缓慢的增长。在这个平稳的时期,只有很少的投机迹象,土地价值呈现平稳增长态势。

---

① 《芝加哥论坛报》,1884 年 1 月 1 日。
② 《芝加哥论坛报》,1885 年 1 月 1 日;《芝加哥工业》,Ⅲ,194 页。

第四章 1878～1898年第一座摩天大楼和第一届世博会时期的土地繁荣

★ D. 1886～1894年影响芝加哥土地价值变化的特殊因素

1886～1894年间，由于受到一系列特殊因素的影响，芝加哥的土地价值达到了一个非同凡响的高度。在叙述这一系列因素对房地产市场产生综合作用之前，为清楚起见，我们将分别对这些因素进行讨论。中心商业区和南区的土地价值在这一时期出现了惊人的增长，而过时中等住宅带的土地价值则处于停滞阶段，西区和西北区郊区的土地价值只是略微上升，以下几个因素对此提供了最好的解释：（1）1886～1894年间芝加哥铁路和制造业的发展；（2）1886～1894年间芝加哥城市交通系统的进一步完善；（3）1885～1894年间钢架摩天大楼的出现；（4）1889年芝加哥版图的扩大；（5）1893年世界博览会在芝加哥的举办；（6）百货公司和公寓。

1. 1886～1894年间芝加哥铁路和制造业的发展——1886～1889年间（包括首尾两年），五条铁路干线进入芝加哥。1870～1890年的这20年间，穿越芝加哥的铁路里程增长了370%，运输总量增长了490%。这些铁路线对土地价值产生了以下影响。第一，修建铁路对土地产生了直接需求，通行线路、货场、站点都需要土地，对土地的大量需求不仅使得一些长期荒芜的土地产生了价值，同时还改变了周围土地的用途。1887年圣达菲铁路公司为修建货场所进行的一系列土地购买行为使得第35街和中央公园街附近的土地价值涨了1倍；为扩大终点站设施而购买的从第16街到波尔克街段的州街的土地行为，使得旧的红灯区和贫民窟彻底转化成了铁路用地。这使得红灯区加快了向南迁移的步伐。第二，新铁路线提供的郊区服务极大地提高了市郊铁路沿线的土地价值。1886年威斯康星中部线横穿道格拉斯公园，在随后几年里，当地人口大大增加，土地价值也大幅度上升。第三，随着多条铁路线进入芝加哥，如何解决各条铁路线之间货物转运的问题日益变得重要。为了解决这一问题，有人提出了一个计划，即在芝加哥西南10英里处一块1 200英亩的土地上建设一个交换场。这块处于斯蒂克尼带（Stickney tract）的土地于1887年被一财团购买。事实上这个计划在当时（1887~1994年）一直处于讨论阶段，并没有付诸实施，这些讨论带来了诸如这片土地是否有可能用于建工厂、开矿以及建包装厂等传言，这导致了1889~1890年在这片区域附近疯狂的土地投机。除了斯蒂克尼计划，同期还规划了其他几个环形铁路线工程。这些环形线铁路项目计划将起点建于卡柳梅特区域前的湖岸边的某个地点，然后从那里开始围绕整个芝加哥。第四，从土地价值角度来讲，这些环形线铁路项目的首要意义在于它们将与新兴制造业的建立紧密相关。此时，出现了这样一股潮流，即制造业竞相考虑入驻芝加哥以便获得一流的铁路设施及优惠的铁路运输费用。环形线铁路项目的推动者不仅仅局限于购买大宗土地（比如芝加哥东部8 000英亩的弗西斯地和印第安纳州靠近托里斯通（Tolleston）的2 000英亩土地），同时，他们也同工厂协商，建议其把工厂设置在铁路公司选择的地块上。他们以农场价购买了远离任何交通设施的农地，然后将环形铁路预设在选定地点，在预建线路沿线兴建工厂，圈定城镇区域，并且还将细分地块卖给了闻风而来的职员。环形铁路和工业镇区的规划是导致离芝加哥40英里外的郊区和新镇土地投机的重要因素。

a) 制造业的发展——芝加哥制造业的发展特别突出，制造业的雇员人数和产值在1884~1890年间几乎增长了1倍，如表6所示[①]。1890年的普查数据与其他年份由当地政府部门公布的统计数据没有严格的可比性，因为1890年的普查数据包含了许多先前并没有加进去的小工厂的数据。毫无疑问，制造业在1890年发展到了顶峰阶段，即使减去小工厂的利润，1890年的数据仍然比1891年的要高。1885~1890年雇工人数和工资增长的程度（从表6中可以看出）可以用来解释同时期"廉价"土地销售迅速增长的原因，因为当社会处于完全就业时人们会积累小额盈余资金以用于投资。

2. 1886~1894年城市交通体系的发展——在这段时期内芝加哥的快速交通设施层出不穷，使得人们可以很快跳过贫困阶层居住的中间区域，寻找适合自己居住的居所。这些交通设施包括：(1) 缆车[②]；(2) 铁路（包

---

① 《芝加哥工业》，Ⅲ，194页。
② 译者注：缆车也是在铁轨上行驶，通过上下悬浮的钢缆绳进行操纵。其速度较快，相当于有轨马车的两倍。

第四章 1878~1898年第一座摩天大楼和第一届世博会时期的土地繁荣

括高架铁路①);(3) 电车②。

表6　　　　　　　　1884~1893年芝加哥制造业雇员人数、
工资总额以及产值

年份	制造业雇员人数（人）	工资总额（百万美元）	制造业产值（百万美元）
1884	105 725	48.1	292.2
1885	109 625	51.2	316.9
1886	126 430	67.7	349.7
1887	134 615	74.6	403.1
1888	132 016	73.4	401.2
1889	151 070	84.5	452.2
1890	210 336	124.0	664.6
1891	180 870	104.9	567.0
1892	186 085	114.3	586.3
1893	171 700	99.2	574.5

芝加哥南区在交通体系上的发展方面再次领先,这个局面直到1894年年底才有所改变。到1892年南区缆车已在州街以及农舍大道等主要干道上通行。在1887年芝加哥北区和西区开始启用缆车线前,州街缆车线就已经扩展到第63街,农舍大道缆车线也扩展到了第67街,且后者还开通了一条从第55街到湖园大道的支线。在那些不能通行缆车的区域,芝加哥于1887~1889年在好几条与主要街道相连的街道上开通了马车线。乘坐缆车只需5美分,且转乘马车线无须任何费用,这极大地鼓励了人们在位于西南区的马车线终点站附近定居,并刺激了当地闲置土地价值的上涨。而南区当局并不满足于此时取得的进步,将主干道线的行驶速度从原先马车线的1小时4~6英里提高到了缆车的1小时9~12英里,并首次使用了铁路运输。火车的速度提升到了1小时14~15英里。1890年南区铁路公司开始在第20街和第39街之间大兴土木,又于1892年6月开始经营国会大街至第39街段的铁路线。该公司于1891年规划了第39街南路段线路,使得火车能穿行

---

① 译者注:通常由一辆小型蒸汽机车牵引四个车厢。这种机车车体庞大,不宜直接在市区街道上行驶。所以人们在地面上架设高架让其在上面行驶。
② 见1891年芝加哥公共交通线路图(见图24)。

于卡柳梅特和草原大道间的小巷,但是有段时间人们曾以为其南部终点站会建在第71街或圣劳伦斯大道甚至在第111街上。世界博览会的即将开幕,无疑导致了铁路的南部终点站建在了杰克逊公园。1892年6月南区高速铁路交通公司完成了南至第55街的铁路建设,1893年5月1日至杰克逊公园的线路全程完工。

南区交通设施的优越性及这一时期交通设施的持续改良是1882~1890年整个期间土地价值持续上升的首要因素。第一,缆车线沿途——州街和农舍大道——在80年代一直在稳步建设,土地价值也稳步上升;第二,作为缆车线辅助线的马车线沿途的处女地随着用于住宅开发,土地价值也上升了;第三,铁路线沿途的土地价值都大幅度上涨。"换乘处"和公交线路交叉处地块被用于商业而获得了很高的利润,比如第35街、第39街与农舍大道的十字路口,第31街与印第安纳大道的十字路口处。这些"换乘处"在成为外围商业中心之前其土地价值达到了高峰。

这一时期北区和西区的交通系统远远落后于南区。因为拉萨尔大街和华盛顿大道的隧道未能得到很好的维护导致马车以及行人难以通行[①],从而使得北区和西区的交通都因桥梁的阻碍没有得到什么发展。北区于1888年通过在克拉克大街修建了从泰华斯(Diversey)街到市区的缆车线路,在威尔斯街修建了从伊利诺伊街到林肯公园的缆车线路,改善了其交通。这两条缆车线都途经拉萨尔大街隧道进入中心商业区。北区在1890年又增加了缆车线的建设,即运行在林肯大街上的从市中心到富勒顿街的缆车线,运行在克莱波大道上的从迪维森大街到富勒顿街的缆车线。在北区,沿着密歇根湖岸建设的芝加哥铁路和埃文斯顿铁路很大程度上改善了北区的交通。这些北区新交通线沿途的土地价值都上升了。但北区缆车线经常中断,据说其交通服务远差于南区。而且,北区列车线不如南区列车线忙碌。

西区在这一时期的交通设施是最差的。它的马车线路从东一直延伸到西,来往于中心商业区,速度是城里最慢的,如哈里森街线勉强能达到每小时4英里的速度。直到1890年,从市区至克劳福德大街段的缆车线才正式竣工。1891年,密尔沃基街到阿米蒂奇(Armitage)街段、霍尔斯特德大

---

① 华盛顿大道隧道完成于1869年1月1日,拉萨尔大街隧道于1871年7月4日通行(摩西,科克兰德,同上,Ⅰ,145页)。

第四章 1878～1898 年第一座摩天大楼和第一届世博会时期的土地繁荣

道到蓝岛大道段的缆车线也完工了。这些缆车线途经华盛顿大道隧道进入中心商业区。建于 1886 年的威斯康星中央铁路提升了道格拉斯公园附近的土地价值。1888 年 12 月 18 日当局通过了一项关于在湖街修建铁路的法案。但是，负责修建这条线路的公司经历了很多变故，直到 1893 年 11 月 3 日从市场大街与麦迪逊大街十字路口处向北到湖街再向西到加利福尼亚大街的线路才开始正式运营。与此同时，铁路公司为西部高架运输系统规划了一个综合性的项目，但是这个项目直到 1895 年才成为现实。

a）**缆车圈的形成**——到 1890 年，三条从南区、北区、西区而来的缆车线分别通过不同的入口将人们送往中心商业区，从而在中心商业区形成了缆车圈。[①] 早在缆车圈完工前，市区的商业人士就已预见到了缆车圈的价值所在。最早的缆车圈于 1882 年由南区缆车线组建形成，这个缆车圈包含了州街、沃巴什大道、湖街以及麦迪逊大街所形成的区域。缆车圈的建成极大地提高了州街和麦迪逊大街土地的商业价值。1888 年北区缆车公司修了一条缆车圈，它是由北区缆车线在克拉克大街上向东转到伊利诺伊街，再朝南转向拉萨尔大街，向南前往门罗大街，再往东转向迪尔伯恩街，往北前往兰道夫街，最后向西转回拉萨尔大街，从而形成环路。这个缆车圈是 1889 年导致迪尔伯恩大街成为芝加哥最显眼办公街的首要原因，同时它也使伊利诺伊街南向的北克拉克大街的土地价值下滑，因为这正是缆车线从克拉克大街转向的地方。通过华盛顿大道隧道进入中心商业区的西部缆车线形成了一条从兰道夫街到麦迪逊大街、从威尔斯街到拉萨尔大街的缆车圈。兰道夫街和拉萨尔大街上的缆车线是从 1888 年开始修建的，完工于 1889 年。毫无疑问，这些缆车线路促使了摩天大楼在这些街道的修建，扭转了始于芝加哥交易所南迁所带来的商业南移的不利影响。

b）**规划中的铁路线（包括高架铁路线）**——不仅仅是那些实际上已经新建的铁路线促成了 1889～1890 年房地产的投机活动，那些备受推崇的、虽然已经提上日程但从未付诸实施的线路也起到了重要作用。这些交通线路或者处于讨论阶段，或者已经开工了，但仍然不可能克服所有的障碍，例如获得业主的同意、获得市议会的批准、筹集必备的资金等。在这些繁

[①] 见图 24，其为 1891 年的公共交通线路图。

杂的过程中，普通的地块买主很难判断哪条铁路线最终能建成、哪条最终以失败告终。即使在某条线路已经部分在建的情况下，人们通常也不知道终点站最终会建在何处。如果当时所有提出来的交通项目都落实了，芝加哥市区和郊区的版图上将会布满铁路线和缆车线。这些纷繁复杂的城市交通建设计划让土地买主倍感困惑，其中的一些计划对1889年和1890年土地市场产生的影响程度甚至比1896年已建成线路的作用还大，鉴于此，有必要提及以下几个项目：几条失败的铁路线，如芝加哥铁路、库克县铁路，这几个项目都已经征得了密尔沃基街沿线大部分业主对于修建铁路线的赞成票；密尔沃基线铁路公司提出的项目；从市区商业区通往埃文斯顿街的北部高架铁路线。还有一些南区项目，如卡柳梅特运输公司项目（从蓝岛到芝加哥），岩岛铁路提出的高架铁路项目，弗西斯高架铁路线（印第安纳至芝加哥州际线），州街高架铁路线以及通往第63街、往西南方向行至英格伍德的高架铁路线项目。芝加哥高架铁路公司提出了一个项目，即从南市区到北市区贯穿整个霍尔斯特德大道的高架铁路线，这个项目最终也以失败告终。所有这些项目的鼓吹者都将项目未来的前景生动详细地描述一番，都信誓旦旦地表现出一副一定会在1890年付诸实施的样子，但到1891年都失败了。①

3. 1885～1894年钢结构摩天大楼的建设——1880年前，芝加哥超过6层的建筑物屈指可数，更没有一栋超过8层。靠人力运作的原始电梯首先就限制了建筑物往高处扩展。随着水力、蒸汽和电力逐渐用于电梯，人们发现，通过增加地基砖石的重量可以在一定程度上支撑新增的楼层，从而能有效地利用宝贵的土地。但楼层超过一定高度之后，不仅仅是每多建一层，底层基础费用就更多地增加；而是不管基础有多庞大，再多建一层，地基的承重就马上达到了极限，不能再承受额外的重量。即使有上述障碍，人们仍对有限面积的土地需求越来越大，1881～1885年新交易所区域楼层高度都有了普遍提高，五栋大楼的高度提高到了9层。到1884年及1885年时，楼层提高到了11～12层。其中一栋大楼——国家保险大厦，始建于1884年，位于拉萨尔大街和亚当斯大街的十字路口处，是座钢结构建筑。虽然

---

① 《芝加哥论坛报》，1892年4月12日。

第四章　1878~1898年第一座摩天大楼和第一届世博会时期的土地繁荣

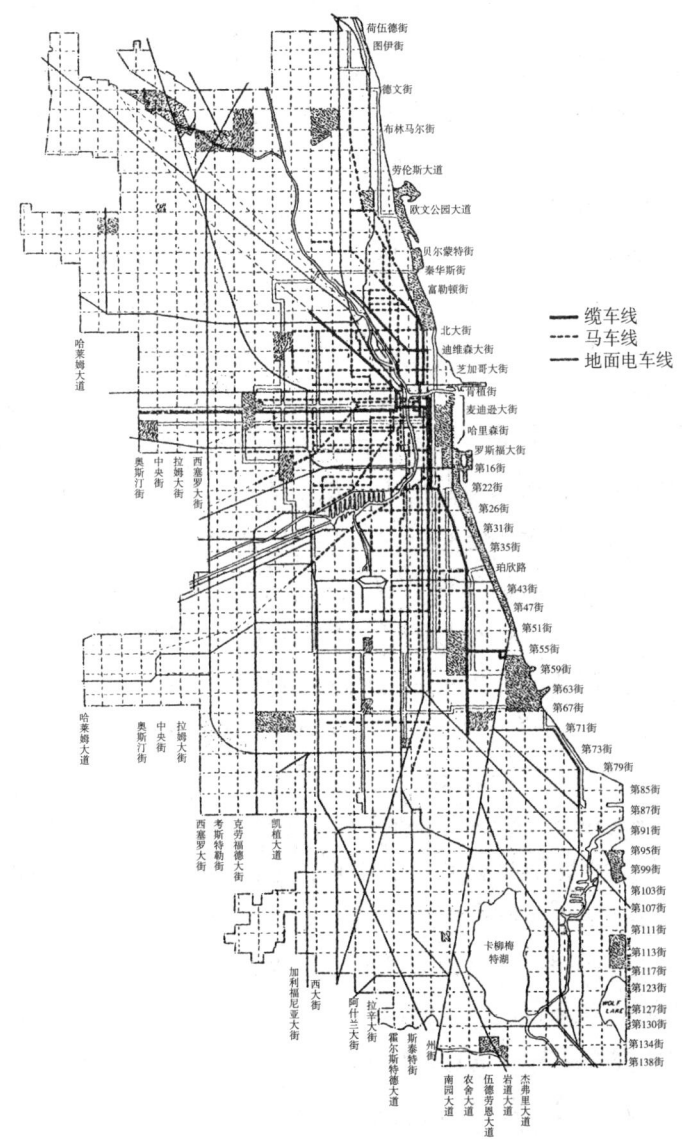

图24　1891年芝加哥的公共交通

当时没有得到普遍的认可，但是这栋楼的建筑师提出了一个改革办公楼建筑的原则。再加一层的重量不再是压在第一层上，钢铁框架就如篮子一样，力所能及地支撑着每层楼的重量，从而使得砖石可以如愿地向上砌。这时，电梯随楼层高度增加时所增加的空间需求成了限制楼层高度不能往上延伸的首要因素。

国家保险大厦在一定程度上是介于新旧建筑风格之间的产物，修建这栋楼的新方法起初并没有得到大家的普遍重视。事实上，租户起初都不愿租用9层以上的楼层，甚至有段时期人们怀疑这些新楼的基础是否足够结实以支撑9层楼的重量。

1888~1889年，随着位于麦迪逊大街和拉萨尔大街十字路口东北角的塔科马大楼（Tacoma Building）——一栋13层、全钢结构大楼的竣工，社会上兴起了一股兴建摩天大楼的潮流。事实证明，人们很喜欢充分考虑了空气和阳光因素的高层建筑。由于稀缺性，在高楼里拥有一间办公室能带来威望感。整个社会的资金也非常充裕，于是最初兴建高层建筑的成功引发了一股兴建摩天大楼的热潮。这个现象仅从经济角度是没办法解释的。这些高楼的立项书里经常假定在所有的办公室都能租出去的情况下所带来的可观利润，这使得人们在1889年极易上当受骗。新交易所区域的办公室租金没有普遍性地增长，事实上，还有下降的趋势。据估计，在1885年人们预计每年需要新建700间办公室，但是，在1885~1888年这4年间，新建了3 300间办公室，这样在1888年年底时这3 300间办公室中就有500间是空置的。①

尽管市场显然不需要这么多办公楼，但还是矗立了庞大的建筑群。1890年竣工的大礼堂，是一项公共事业工程，是由一个投机股票的富翁投资兴建的。18层的共济会礼堂是由共济会修建的，共济会希望它不仅能带来利润，同时使共济会拥有一个纪念性建筑。麦蒂纳礼堂是一个集会场所，计划要建34层高，然而最后却变成一栋空中楼阁。随着99年期租约变得流行，且能在其基础上获得贷款，有些建筑只需很少的启动资金就建成了。

直到1893年世界博览会结束前，这些新摩天大楼的融资一直比预想中的要成功得多。旧楼的住户纷纷涌向更新、更现代化的居住区。这些居住区拥有更好的电梯，装饰更时尚华丽，光线和空气更充足。而那些旧建筑迅速过时了。② 在许多情况下，如果一租户旧租约到期，新大楼的代理机构

---

① 《芝加哥论坛报》，1888年3月25日。
② 一位当代作家所描绘的在摩天大楼里拥有一间办公室所带来的威望而形成的印象，见亨利·布雷克·富勒的小说《悬崖居民（The Cliff-Dwellers）》（纽约：哈珀兄弟（New York：Harper & Bros），1893年）。

第四章 1878~1898年第一座摩天大楼和第一届世博会时期的土地繁荣

会为该租户迁到新楼提供便利。这一时期新制造业不断入驻芝加哥或芝加哥附近区域,从而催生了对办公楼的大量需求。越来越多的人进军房地产行业,一些赞助世界博览会的企业家们希望通过在这些深受欢迎的摩天大楼里拥有自己的办公室来提高声望。医生和牙医们发现花钱租用州街的高楼办公室是值得的。百货公司也察觉到了人们更愿意使用电梯上到商场去购物,而不那么喜欢穿过街道去对面商店。因此,垂直方向而不是水平的扩展日益成为了时尚。一些建筑物带来了可观的回报,有时甚至股票价格也上涨了。

高楼井井有条地分布在市区内。中心商业区南面形成了一个建筑群,主要分布在迪尔伯恩大街上,有16层的蒙纳德诺克大楼(1891年)、16层的曼哈顿大楼(1893年)、旧殖民地大楼(1893年)、埃尔斯沃斯大楼(1893年)、哈特福德大楼(1894年)。沿着拉萨尔大街有另外一个建筑群,如证券交易所大厦、YMCA楼及纽约生活大楼。还有一个建筑群坐落在中心商业区的北面,即兰道夫街和华盛顿大道上,有18层的共济会礼堂(1891年)、阿什兰大厦(1891年)、德国剧院(1891年)、库克县大楼(现更名为芝加哥信托大楼)(1891年)及迪尔伯恩大街上靠近兰道夫街的联合大楼(1891年)。哥伦布纪念大楼、信托大楼以及凯姆普兰楼矗立在从华盛顿大道到麦迪逊大街段的州街上。人们认为这些大楼是坚实的后盾,支撑着附近各项商贸活动。聚集在这些建筑里的住户人数非常多,这也提高了周围商业地产的价值。

摩天大楼的出现对1889~1891年间芝加哥中心商业区土地价值的增长起到了很大作用。把1889~1891年新建的25栋或30栋大楼(20~60层高不等)加总起来,尽管还没有填满三条街以上的面积,或主要商业区的7%,但是,这些楼所在区域的土地价值都被重新进行评估。"拆掉旧老鼠街,重建16层大楼"成为1889年芝加哥人的口号。即使土地拥有者实际上并没有建楼,他也会以假设修建了一栋16层的大楼来测算如果将他的土地卖给那些想要在此建楼的人到底会值多少钱。在假定将土地最有效利用时能产生的收益的基础上,土地都重新进行了评估。那些有坚实地基、能足够承重的楼房加高了,不能加高的楼房进行改建,使其在面对新的竞争时能保有租户。摩天大楼因而增加了潜在的楼层空间。

早在1889年就有人开始反对兴建摩天大楼了。反对意见首先是由位于主要商业区边缘的业主及二级商业街的业主提出来的，他们从自身利益考虑，希望商业区域向四周发展而非向垂直发展；其次，一些已经建成的摩天大楼的业主也反对继续兴建高楼，因为他们想独占摩天大楼带来的好处；最后，旧建筑物的业主也有反对意见，他们反对对土地重新评估，这样缴税就增加了。这些不同利益者的代表成功促使议会在1893年通过了一项法案，该法案规定了建筑物最高只能有130英尺，或实际上10层以下。在该法案通过之前，几栋超过此标准的大楼获得了特别许可证。

4. 芝加哥版图的扩大——在1889年6月29日，一块130多平方英里的区域并入了芝加哥，该范围内的居民对此都投了赞成票。通过并入海德公园、湖区、湖景区、杰斐逊及西塞罗部分区域等地方，芝加哥市区范围从36平方英里增加到了169平方英里。与此同时，新划进来的区域也带来了20多万的人口，芝加哥因而也有了100多万人，成为美国第二大城市。

事实上，版图的扩大给芝加哥带来的影响很容易被夸大。这些区域长期以来就一直与芝加哥有着紧密的联系。但还是对这些边远地区带来了重要影响，使得这些地区得到了市区的供水、下水道、路面设施、警察和消防等资源和服务，这是获得赞同票的关键因素。[①] 在其他城市极其所能地通过加上郊区的甚至谎填人口普查数字来增加人口数字时，一条公告出现了——芝加哥人口超过百万，该公告带来了一定的心理效应，使全国人民特别注意到了芝加哥在过去60年间所发生的变化，这也为芝加哥当选世界博览会的举办地增加了砝码。

5. 世界博览会——为庆祝哥伦布发现美洲大陆400周年的世界博览会将会于1892年在美国某地举办，早在1887年这个事实就引起了人们对芝加哥当选为举办地点的期盼。芝加哥议员很早就对联邦政府进行游说希望将芝加哥作为世博会的举办地，1889年国会将芝加哥列为待选的举办地。尽管纽约为了其荣誉将是强有力的竞争者，同时还有圣路易斯和华盛顿等其他候选城市，但芝加哥还是在1890年2月25日获得了国会的大多数赞成

---

① 据一位叫威廉·斯派金斯（William H. Spikings）的老居民向作者陈述的，并入芝加哥给杰弗逊镇带来的影响尤其大。上述优势对于海德公园靠近第53街和湖园大道的地方（原本就有供水系统）来说并不是很大。因而这里的人对并入芝加哥有极强的反对意见，据约翰·科内尔（John E. Cornell）——海德公园创始人保罗康奈尔之子所说。

第四章 1878~1898年第一座摩天大楼和第一届世博会时期的土地繁荣

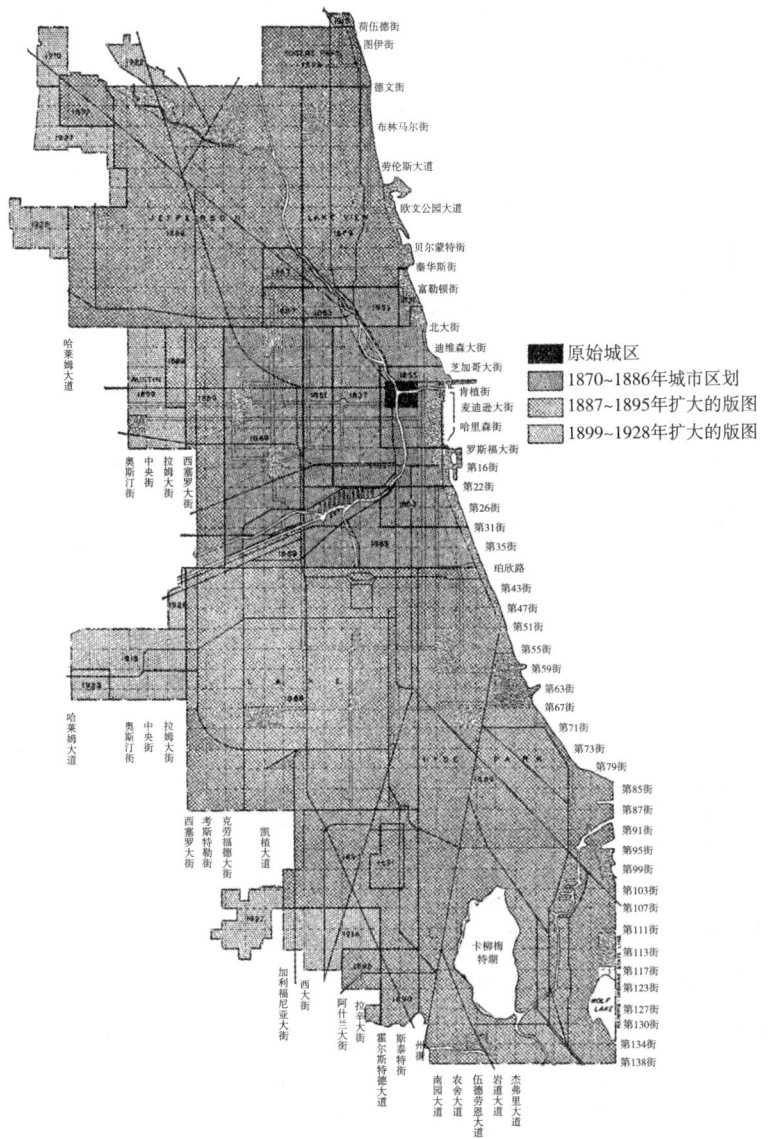

图25 芝加哥城市版图的扩大

票。芝加哥当地的房地产人士已经大体上预料到了这一令人欣喜的结果。在芝加哥没有拥有物业的人非常吃惊,因为他们发现房租一夜间就上涨了25%。

在芝加哥当选为举办地之后,市政府当局在莫名其妙地拖延了6个多月后终于做出了在城市哪部分或哪些区域举行世博会的决定。起初有人提议将世博会展览馆分为两部分，一部分在南区，另一部分在西区或北区。后来又决定将世博会作为一个整体。起初挑选出来的位置是市区湖岸200英亩的地方。尽管多数人赞成湖前那片地方作为举办地址，但是，以莱曼·盖奇（Lyman J. Gage）为首的少数人，以如此大面积开发新区域会降低中心商业区的地产价值为由，诱使世界博览会委员会决定将杰克逊公园选为世博会的主要举办地点，① 而保留了湖前区域，将其作为世博会的通道。随后西区政治家联合州议会，试图将杰克逊公园排除出竞选之列。南部公园专员已经得到了发行债券为杰克逊公园整理排水系统的许可。那些支持西区公园作为举办地址的人试图阻止那条允许南部公园发行债券的法令的通过。然而，这一企图也失败了。世博会的准确举办地址还是没有最终确定。沿着杰克逊公园北部布局博览会的这个想法也被摒弃了。在1890年9月有关人士提出了一个请求，即使用华盛顿公园作为世博会举办地点，这也掀起了沿第49街至第60街间的农舍大道段地块的一阵疯狂投机，但是，在南部公园专员拒绝该请求后，疯狂投机也消失了。在好几个月的犹豫之后，世界博览会委员最终做出了将杰克逊公园作为举办地点的决定。

杰克逊公园最终会成为世博会的举办地，这个预期的结果已经导致附近土地价值上涨到了《芝加哥论坛报》编辑所谓的"疯狂的高度"。西区和北区举办博览会的机会看起来相当渺茫，以至于它们永远不可能因为举办世博会而出现土地繁荣。时下人们的关注点从世博会的举办地点转移到了世博会本身的实质内容。本书列出了一些有关计划建设世博会塔楼的奇怪而宏伟的构想，这或许会让读者了解那个繁荣时代人们的想象力有多丰富。②

---

① 《芝加哥论坛报》，1890年9月13日。
② 以下是由不同的人在1890年提交的拟议项目："50层高的大楼，能容纳10万人的大会堂，1 000尺高的鹰形建筑，旋转大体育馆，一栋有42个展现各个州的塔形建筑物，一个屋檐下同时有众多会堂的大楼，既有公园又有歌剧院的综合物，一个40层高、每层说不同语言的通天塔，一个带有滚筒的塔，一个半英里高、顶上带有地球仪及哥伦布雕像的塔，五个浮动的、中间有开放枢纽通道的岛，由6个气球支撑的空中岛屿，所有大楼都是浮动的、中间有高架桥相连的建筑物，一个巨大的、内部有两个剧院的球形建筑，一幅750英里宽的美国地图，仿造巴比伦空中花园的建筑，一个巨大如山的、1 000尺高、顶部有个玻璃宫殿的建筑，由蒸汽动力支撑的、仿造尼亚加拉瀑布（Niagara Falls）的建筑物，底部1 200平方英里宽、1 200尺高、仿造古代世界的七大奇迹之一的金字塔建筑"（芝加哥论坛报社论，1890年6月15日）。

第四章 1878~1898年第一座摩天大楼和第一届世博会时期的土地繁荣

世界博览会对杰克逊公园附近的土地价值形成的影响在1890年年底就已经全部体现了——土地价值达到了高点,这比世博会开办日还早了3年。与此同时,1891~1892年间,该地区附近的土地所有者试图弄清楚在土地上的投资究竟出了什么问题(在这些土地上建设了与世博会相关的酒店和公寓而不能盈利)。大部分配套设施都建在第55街沿线和杰克逊公园附近。那些抱着从参加世博会的客人中获利的人注定要极度失望。人群是慢慢积聚的,人流高峰期只是持续了很短的一段时间,最后马上到了世博会的闭幕期,这些配套工程又回到了投资者的手中。在1893~1894年这个淡季里,该区域的空置公寓以很低的租金吸引了市内各个地方的租户。

世博会最后给房地产所有者带来了极大的失望。而建设工程仍在继续,许多潜在买主一直在等待世博会闭幕后土地价值的复苏。当世博会结束时,留下了大量空置的酒店和公寓,而这时正好处于金融萧条期,更深程度的行业萧条降临了。世博会后来不公平地被许多人当成了导致房地产下跌的替罪羊。实际上它的特殊影响只局限于杰克逊公园附近几平方英里的区域,而且它也只是促进1890年房地产市场繁荣的许多因素中的一个而已。如果世博会是在其他时间举办的,它对土地价值的影响可能是另外一番景象了。

6. 百货公司和公寓——大型商场内同时有许多品牌的商品出售,这也是这一时期的创新,而正是这个创新严重损害了小商店的利益。大型商场在各报纸上到处打广告,家庭主妇在那里不仅可以买到各式各样的东西,还可以在买东西时讨价还价,这是那些小商店无法比拟的。通往市区的交通设施得到了极大改善,这也为大型商场的崛起提供了便利。而逛大商场的潮流反过来又对中心商业区的土地价值上涨起到了促进作用。同样的,这也导致另外一些街道的地价下降了,如西麦迪逊大街、密尔沃基街和农舍大道等。

公寓的改造和房间布局的改进导致了对公寓需求的日益增加,使得适于建造公寓地段的土地价值上升,这也在一定程度上扭转了郊区化的趋势。

上述因素的综合效应便是城市中心商业的聚集、减少了中间带的旧木制房屋中的人口、开发了居住区边缘的处女地。正是由于这种缆车、蒸汽铁路、高架铁路等更快速的交通设施,使得人们可以迅速地更新由上辈人建造的已经落伍的交通线。摩天大楼和百货公司造成了市区小范围内的商业集聚，制造业和环行高架铁路的兴起、城市版图的扩大、世博会以及新郊区铁路线导致了居民区在新地块（这些地块没有因为出现废弃建筑和人口外流而被打上了不良烙印）上扩张的现象。许多靠近市中心、开发了一半的大片土地被直接跳过，从而到郊区开发。1889年，据一位观察家估计，如果老城区实行紧凑规划的话，其人口将会增加1倍。

✦ E. 1886~1894年芝加哥土地价值变化

1886~1888年新繁荣的开始——尽管商业活动在1884~1885年有所衰弱，但芝加哥市区范围内的土地价值在1883年重新达到了10年前的高度。相比于前一年，1886年芝加哥房地产转让量有了显著的增加，房地产销售总额从5 700万美元增加到了8 700万美元。① 土地细分仍然有限。1886年库克县新细分的4 135块地相对于1885年细分出去的3 210块地来说是增加了，但是这些数字与1873年的峰值相比还是比较低的。海德公园和英格伍德的土地价值上涨了。② 穿越道格拉斯公园的威斯康星中部铁路的修建给那些地方的业主带来了马上收回成本的希望，自1873年的繁荣期以来，这些业主就快因还贷和缴税而破产了。③

1887年大量新因素的出现似乎要激活房地产市场。圣达菲铁路公司为其货场和进入芝加哥的铁路线购买了土地④；斯蒂克尼土地也被出售了；南部缆车线从第39街扩展到了第63街和第67街；有关世界博览会可能在芝加哥举办的传言四处散播⑤；芝加哥环线公司在东芝加哥的弗西斯（Forsythe）购买了8 000英亩的土地用于建立制造中心。人们纷纷从市区搬往郊区。新环行线公司正在组建。有人谈论着新缆车线路和高架铁路线的建

---

① 《房地产与建筑期刊》，1892年1月2日。
② 《芝加哥论坛报》，1886年8月8日。
③ 同上，1886年9月5日。
④ 同上，1887年5月22日。
⑤ 同上，1887年8月21日。

第四章 1878～1898年第一座摩天大楼和第一届世博会时期的土地繁荣

设。① 新细分地块的数量从1886年的4 135宗增加到了1887年的13 714宗。秋季,当其他一些城市房地产的繁荣开始走弱时,资深房地产开发商从这些城市转移到了芝加哥,他们对芝加哥的土地价值如此之低感到吃惊。② 芝加哥本地投资者对在1873年繁荣期购买土地造成的损失仍记忆犹新,但是新来者显然显得更有信心,他们购买了西南区那些本地人不会买的、以英亩为单位的整块土地。

对市场起推动作用的因素在1888年仍然发挥着作用。运行在北克拉克大街上的、从林肯公园至中心商业区的缆车线完工了。③ 南区铁路公司征得了它计划线路沿线大部分业主的同意,并获得了市议会的准允。郊区迅速发展起来了。市内广大区域都取得了粗放型的发展。商店和住宅矗立在农舍大道沿线,向南一直扩展至第55街。④ 英格伍德的人口增至20 000人。密尔沃基街和阿米蒂奇大街西北的区域也正在开拓中。⑤ 阿什兰大街、克莱伯恩大街、卡彭特街形成的区域自1886年以来人口上升到了30 000人。⑥ 艾及沃特(Edgewater)新增了200人(1886年没有人在这里居住)。⑦ 在道格拉斯公园和加菲尔德公园附近、第55街和第69街间的岩岛大道—霍尔斯特德大道段区域⑧、农舍大道东边的第55街沿线,许多建筑都于1888年矗立起来了。老城区外围边缘呈带状发展。新区穿过了1871年火灾后修建的木屋带。西部土地所有者特别抱怨格兰德大街至麦迪逊大街、霍尔斯特德大道至阿什兰大街的衰退,对靠近市区日益增加的房屋空置也颇有怨言。总体上对房地产市场持乐观态度的人在1888年年底最终胜利了。"每个人都可在房地产市场上大赚一笔"这句话描绘了1888年11月房地产市场的基本情况。⑨ 市区物业尽管只有固定不变的租金和利润率,但其价值却上涨了。⑩ 库克县新细分地块数量从1887年的13 714宗增加到了1888年的

---

① 《芝加哥论坛报》,1887年5月22日。
② 同上,1888年1月15日。
③ J. V. 沙利文(Sullivan)(芝加哥地面交通线主席的助手)于1932年对作者如是说。
④ 《芝加哥论坛报》,1888年8月4日。
⑤ 同上,1888年9月16日。
⑥ 同上,1888年11月4日。
⑦ 同上,1888年10月28日。
⑧ 同上,1888年8月5日。
⑨ 同上,1888年11月18日。
⑩ 《经济学家》,1889年10月19日。

18 813 宗，其土地价值也上涨了。在市区，麦迪逊大街北部和威尔斯街东部，尤其是迪尔伯恩大街的地产出现了强劲的市场需求。

随着铁路股票和债券价格的下跌及其他城市的房地产市场趋于平静，投机者的视线转移到了芝加哥房地产市场，1888 年年底芝加哥房地产市场繁荣起来了。

1889 年的繁荣——1889 年的市场状态是，人们时刻准备着迅速对新立项甚至要开工项目的传言做出反应。因此，有关新缆车线、新制造中心、新摩天大楼、超过百万人口的大都市及即将举办世博会的消息，都被认为会激发芝加哥各个阶层的想象，吸引美国各个地方的投资者和投机者。当地商人的收入是可观的，芝加哥制造业雇员人数在这一年中从 13.2 万人增加到了 15.1 万人，人们从其他城市带来了储蓄和投机资金，新迁入的移民也带来了不会存到银行的大笔现金。有关邻居们在房地产上赚了大钱的传奇故事传遍了整个社区，这激发了人们用积蓄购买土地的愿望。

这种需求主要分为两种类型：一种是对市中心商业地产的需求；另一种是对外围整片土地和郊区地块的需求。大投资商对这两类土地都感兴趣，而工薪阶层由于购买力的缘故主要局限于便宜的地块市场中，除非他们联合起来组成辛迪加。

满是投机热情的景象首先出现在克劳福德大街西边的麦迪逊大街沿线区域，这个地方的新西塞罗和普罗韦索电车线路项目开工的消息一经报道，立即激起了人们对这片荒废了 16 年之久区域的兴趣。然后，在市区，迪尔伯恩大街这个较偏僻的大道，却因为北区缆车圈而得到了好处，在一大堆所谓专家的煽动下，房价有了较大的上涨。麦迪逊大街和迪尔伯恩大街十字路口处一块 20×40 英尺面积所谓的"T 形区域的钻石"的土地，以 15 万美元的价格出售了，或者说每临街英尺 7 500 美元，那段时间芝加哥最高的土地价格诞生了。这个交易打破了传统的价值观，使得许多芝加哥中心地段物业的业主确信，到目前为止他们低估了房地产的价值。对州街和麦迪逊大街十字路口处土地的需求日益增加，这导致了该区域土地价值的上升。与此同时，芝加哥外围区域的迅速扩张产生了对土地的新需求，尤其是对西南部土地的强劲需求。

按英亩计量出售的地块和细分地块的投机活动——房地产市场繁荣期

第四章 1878～1898年第一座摩天大楼和第一届世博会时期的土地繁荣

的最显著特征就是对以英亩计量的整块土地的投机和细分土地的大量出售。对市场这一阶段的描述不仅表明了1889年芝加哥各个阶层对土地的广泛兴趣,也显示了土地价值形成的独特性。

整片土地的销售价格和将其细分后地块的零售价格总和之间通常有很大的差距。通常上述两种价格之间的比率为3∶1,有时高达10∶1。将1英亩土地以极可能低的价格出售给细分商,这个价格刚好使他能够负担细分土地和出售细分土地的成本,这就是1英亩土地的最低价格。因为一块土地是否适合细分和细分地块的零售价格并没有固定的规律,整片土地的价值事实上在短时间内往往波动比较剧烈。有时,在投机高峰期,整块地的价值被抬高到了很高。没有办法测算土地的基本收入,由于它们将来的用途可能会是农地、密集居住区用地或工业用地,存在如此大的差异以至于芝加哥房地产管理局的评估委员断然拒绝对它们进行评估。

1889～1890年间,以下几种类型的买者涌入了整块地的投机市场:(1)为了将土地细分并将其零售出去的细分商;(2)购买整块地用于出售给其他专业的整块地投机者;(3)买地用于自住的普通工薪阶层;(4)工薪阶层组成辛迪加购买整块地后将其整体出售或是细分从而获得利润。

1889年仍存在那种可使上述任何类型的买主都获利的整块地。而大部分买主都挤向了发展最快、土地价值最高的地方,[①] 这意味着他们所购买的5/6的土地都在南部或西南部,而不是在被忽略了的西北部(其土地与南部和西南部的土地离市中心一样远,且土地价值只有南部和西南部的1/3)。到处传播的流言影响了这些买主的决定。正如《芝加哥论坛报》的编辑所描述的:

空气中流淌着土地将得以更好利用的音乐之声。到处都有某些重要的事情要发生。几乎每个住宅区离公寓楼6～9英里地方的土地用途都将发生显著改变:或者可能变成某大工业企业的选址,或者可能变成马车店,或者可能铺上新铁路线,还有可能成为世博会馆以外的任何场地。[②]

西南区那些曾被视为农地的土地,现如今受到重视,人们认为其有可能成为工业用地或铁路货场。

---

① 《芝加哥论坛报》,1889年3月17日。
② 同上,1889年11月17日。

一年前，那些仍以能生产多少玉米、燕麦或者土豆来定价的土地，现在的价值则是由离卡柳梅特终点站、斯蒂克尼、预计建设的木材场或任何一个位于这个区域的计划项目有多远而决定。也有些人说，这些土地的价值是由其未来发展前景决定的，而其他人则对此持否定态度，他们认为不管怎样土地价值的形成是有依据的。①

1889 年购买这些整块地的行为，即使在当时的评论员看来，也通常都是不计后果、不加选择的：

当受到了土地价值上涨报道的诱惑后，尽管不知道上涨是否真实或仅仅是别人的造谣，人们便马上跑到地图前，随便挑选出一块地让经纪人去买。这些人在赌博，给市场带来了一种不正常、不健康的刺激因素。例如，很少有人知道购买了西南面著名的斯蒂克尼地块的结果会是什么，买主急急忙忙地冲向那边，竞价……②

大部分土地在购买时只付了不超过总额 1/4 的首付款，买者期望在付第二笔款时把土地卖出去。那些整块地除了占据很大一片区域之外没有其他特色，离交通设施也很远，这些土地的买主和那些花了很大一笔钱购买较好位置土地的买主都被警告这整个过程最终一定会结束。

不管交易价格是多少，不管地产是什么样的，都极有可能在未来两年内出现使现在的（1890 年 5 月）投资者得到利润的市场。但是，最后的购买者会喋喋不休地向下一代抱怨他是怎么被 1893 年的萧条所套牢的③。

这再次证明，怀着其他人会付更多钱的想法，从而以高出地产本身价值许多的价格进行投机的活动是危险的。

当土地繁荣时，人们将发现那些很清楚自己为房地产付出多少价格的人所做出的努力都是徒劳的，而那些愿意支付高价格的人仅仅是因为他们知道还是有更愚蠢的人会从他们手中购买这些房地产从而留给他们利润。

整块地的繁荣可能在它们一发生时就开始崩溃了。1889 年秋天整块地市场停滞了。有人宣称："整块地价值趋势如此多变，任何一种趋势一旦确立便会蔓延开来。""现在的价格不能经受住细分市场的考验"。④ 整块地的

---

① 《芝加哥论坛报》，1890 年 8 月 24 日。
② 同上，1889 年 11 月 24 日。
③ 同上，1890 年 5 月 4 日。
④ 同上，1890 年 11 月 24 日。

第四章 1878~1898年第一座摩天大楼和第一届世博会时期的土地繁荣

持有者焦急地等待着1890年春天的来临,以看到充满激情的投机是否会大规模地重新复苏,或会导致他们的土地变成滞销品的、致命的萧条期是否已经开始。

投机整块地对于专业运营商来说是一场危险的游戏,这些运营商已经在两年前其他城市的繁荣期"遭罪不浅"。这种投机活动对业余者更是危险的。在1889年的早些时候,成千上万的劳动者和文书职员将他们的储蓄组成一个个辛迪加去购买郊区土地。"甚至女佣人、女裁缝和女文员也赶上了这一热潮,她们将储蓄聚集在一起,成为了郊区地块的联合业主。由于高额利润传奇故事的渲染,她们相信不可能付出太多。"①

上述这些人对土地价值的判断是错误的,他们是极易上当受骗的。"整块地的业余投资者对那些沼泽地和离铁路线1英里远的卷心菜地给出了数百万美元的报价。"② 他们很容易被误导从而确信:他们能很快地将土地重新出售给另一个投机者而获得极高的利润,或将土地细分出售而轻松获得利润。《芝加哥论坛报》的编辑对他们的经历做出了如下评价:"缺乏经验的买主花了很长一段时间才弄明白,房地产市场里所谓的公平就跟爱情和战争中的公平是一个道理。"③

由于土地投资成本过高,当整块地的业余投资者寻求卖给他们土地运营商的帮助时,他们发现这些狡猾的人现如今都转变了语气。那些运营商以前很乐观,并向他们担保这种地很容易出售从而获得利润。曾表达了这种意愿的、将数英亩地以较高价格转售的土地运营商突然对他们的土地变得非常悲观。④ 当业余辛迪加买者们随后试图将他们的土地细分出售时,他们突然发现"细块土地不是自行出售的",这类土地以零售价格出售,不仅需要极大的独创性,还需要铜管乐队、烟花汇演、大型广告、游览车以及各种有组织的销售活动。仅仅做些改良并以更低的价格吸引顾客购买零售土地是不够的:

一个小投资商在一个稳步发展的郊区拥有几百块地,他抱怨道:人们以15美元/临街英尺购买了麦斯·霍布拉和拜恩斯新的细分草原地,而且那

---

① 《芝加哥论坛报》,1889年4月21日。
② 同上,1889年11月17日。
③④ 同上,1889年10月6日。

片地还是没有经过任何改良的；而他的土地，周围都是房子，有下水道、草地和水管，只售 12 美元/临街英尺，人们却视而不见。该投资商不能理解这些行为，只能假设是那些人头脑发昏，相信卖地的人所说的一切，从而使那个大骗子达成了所有的交易。①

难怪业余投资者卖了很少的地出去，而与此相比，已成立很久的公司，如圣伊格罗斯（S. E. Gross），它细分了 16 个镇区的土地，吸引了广大的投资客户。它和其他的大型细分商如卡明斯（E. A. Cummings）打的广告经常占据了报纸的 1/2 或 1/4 版面。在 1889~1890 年的繁荣期里，它们还开通了免费游览车到它们的土地区域，为人们发放免费午餐、开免费音乐会、进行烟花汇演、举行自行车比赛，这些活动的次数总计达到了几千次。毫无疑问，没有这些宣传活动，这些土地细分商也将失败。以上讲述的既不是土地细分商唯一的办法，也不是首要手段：

成功的交易商想到了独特的策略。他们不仅仅只是做一个简单的细分、设立一个分支机构、在星期日的报纸上打个广告然后等着客户上门。他们确实设立了分支机构，也做了广告，但这只是工作的开始。他们雇用了一堆推销员在全市进行推销，每销售出去一块地分给他们 5~10 美元的佣金。这些推销员，其中很多是女人，她们殷勤地穿梭于商场和工厂，讲述有关土地方面的动人故事。有时她们伴称买主 6 个月前花了 100 美元买的一块地现在卖到了 200 美元。这些地块的推销者是这个领域最礼貌、最狡猾的人，与呆板的经纪人和五花八门的叫卖者相比有很大优势。她们随身没带任何可疑的东西，能轻松地进入一般的叫卖者不能进入的地方。通过她们，细分土地的销量排在了前列。②

以上所说的战术使得人们积聚起来的、用于投资小地块的储蓄大部分被大型、有经验的交易商获取了。然而，大型细分商还是憎恨那些整块地的业余辛迪加，不是因为他们在出售小块地时成功了，而是因为业余辛迪加中的成员如果没有加入辛迪加组织的话，他们会买自己的小块地。

这个投机链条的末端便是细分土地的买主。繁荣时期，与 1 英亩地的价格极高一样，他为一块 1/10 英亩地支付的价格通常高至 1 英亩地整块出售

---

① 《芝加哥论坛报》，1889 年 7 月 14 日。
② 同上，1889 年 8 月 25 日。

第四章 1878~1898年第一座摩天大楼和第一届世博会时期的土地繁荣

价格的3~10倍,除此以外,他通常还得支付大部分改良费用。"一块著名郊区的土地价值到了200美元/英亩,这块地的买主此外还花了更多的钱用于维修和改良。"①

在土地市场升值初期,即1889年前,相当一部分细分土地实际上是被用于住宅开发的。但在1889~1890年这段投机的岁月里,被购买的细分土地中只有不到10%是用做房地产开发的,买主的主要目标是将所购土地重新出售以获得利润。

1889~1890年细分地块的大量销售源于这样一个事实:繁荣时代和充分就业使成千上万的人积累了小额资本,这些人受繁荣期的心理效应影响和细分商极有说服力的鼓动,以较便利的分期付款方式购买了土地。在激情下买东西,也不需要必需的经验去估计郊区各个不同地段的差别,在这种情况下,他们接受了专业"暴发户"的建议,即无论在芝加哥哪个地方买块地都不会是个错误的决定。

所有芝加哥的地块都是可买的好东西,尽管某些地块仅仅略好于其他地方。这使得大部分人,包括商人、职员、女佣人、银行雇员及普通的工薪阶层,都对土地投资抱有乐观的想法。他们已听说了土地价值在上涨,见证了他们的同伴在过去一年左右的时间里买卖土地赚了很多钱,也确信如果他们买地的话肯定会赚钱。②

因此,潜在的土地买家准备好了购买朋友或任一交易者在恰当的时机诱使他参加游览会时所提供的任一土地。

一般的地块买主基本不需要咨询。他之所以买地是因为他朋友已经买了,或是因为交易商招待了他一顿野餐,并向他保证价格会在一周内上涨,或是因为他突然决定每周节省5美元。而且他经常听到,买了芝加哥的土地后,没人会犯投资方面的错误。③

结果是,他常常"为买到了10美元/临街英尺的地块而雀跃不已,因为时下的评论家预测,这一土地在未来10年内都不需要进行任何改良,目前的这个价钱也只是比那些由锄头创造的价值多一点"。④

---

① 《芝加哥论坛报》,1889年8月25日。
②④ 同上,1889年7月7日。
③ 同上,1889年6月30日。

在1889年还是有人预测到了土地市场可能的后果：

保守人士摇了摇他们的头，宣称这些致富方法随后将出现反转。将来人们要么发现他们的土地在下一个春天浸满了水，要么察觉到他们付出的价格太高而厌恶地拒绝再付分期款。被咬了一次，他们将来不仅会憎恨土地销售商，而且还会警告他们的朋友要当心郊区地块。①

这些小地块买主除了事后太迟发现其为地块支付了太多外，他们还发现面临一个特别的评估费用，该评估费用是300~400美元，每月按5~10美元征收。然后他们也许会发现，在他们最终付给土地细分商的余款后，他们却不能得到权属明确的、没有拖欠款的地块，因为土地细分商不能从售卖过程（其中的一揽子抵押贷款覆盖了整个细分过程）中退出。

位置大体上相同的地块根据买主的经验是否丰富以不同的价格在1889年出售了，就如之前和之后所发生的一样。绝不应下这样的论断：在1889年或1890年这个繁荣期里销售出去的所有或甚至大部分地块都以上述方式处置了，也不是所有的地块都是被细分商所售。一些毗邻市区的新细分地块最后被证实能赚大钱。然而，那种胡乱的、不加任何选择而购买地块的危险行为，在繁荣后期或在1894年后的那段时期便显露出来了。

随着土地市场的繁荣在1889年扩展到郊区地块，它也同样促进了中心区商业地产的繁荣。蜂拥而至的投资者争抢城市中心地段的地产，② 市中心的土地价格持续上涨，到9月底，据说市中心75%的地产已被市场消化掉了。③

买家远远多于卖家。那些试图以去年春天、去年夏天或上个月的市价去买块地的买主纯粹是在浪费时间。土地拥有者的价值概念很容易每星期就改变一次，他们总是希望土地价值不断上涨。如此多的经纪人拿着竞标书和租约合同去找土地拥有者，以至于让土地拥有者感觉飘飘然，对他们的土地在任何情况下都能卖出去特别有信心，而这在一年以前是绝不可能的。买主的热情使土地拥有者变得极其乐观，大块地的谈判结果总是以卖主要价作为成交价。④

---

① 《芝加哥论坛报》，1889年7月7日。
② 同上，1889年9月29日。
③ 同上，1889年9月22日。
④ 同上，1889年10月13日。

第四章 1878~1898年第一座摩天大楼和第一届世博会时期的土地繁荣

自从商业和办公楼租金不再上涨，似乎土地价值继续上涨显得毫无根据。"人们普遍承认，今年出售的房地产金额大大超出这些房地产的贴现净收入。"①

过去没有停下来进行思考论证的买主却获利了，而那些做了仔细计算的人却没有得到收益，因此，轻率、盲目的乐观似乎是更好的策略。"买家指望着芝加哥的未来。这是过去六年里既安全又值得做的事。"②

然而并非整个芝加哥范围内的土地价值都上涨了，就如在过去的繁荣期一样。"芝加哥房地产数量太大以至于不能被任何投机旋风所搅混。"③ 例如，市区老地段的住宅地产，是市场的滞销货。④ 西区不远处的区域，不仅没有出现繁荣期，而且霍尔斯特德大道至阿什兰大街、格兰德大街至麦迪逊大街区域的土地价值还低于20前的价格。北区和西北区的整块地价格小幅上涨，其当时的出售价格在几年后被视为超低价了。

将这些死气沉沉的地块忽略不计，1889年房地产总销售额——135 800 000美元⑤——突破了以前所有年份的记录；甚至这个数字也低估了事实，因为它没有包含大量的、以分期付款方式购买的细分地块金额。库克县细分地块的数量——39 997宗——也刷新了记录。待建的摩天大楼、高架铁路、环形线路、制造业城镇及博览会的深入人心都给人们带来了美好的希望。

1890年，繁荣期的顶点——在1890年这个繁荣期顶点，最狂热的土地投机者实现了愿望。国会于1890年2月25日正式宣布芝加哥获准举办世界博览会。靠近杰克逊公园区域土地的价值在那年的涨幅高达1 000%，公园南部部分浸水地块的售价也到了600~6 000美元/临街英尺不等，甚至到了15 000美元/临街英尺。⑥ 斯蒂克尼区域，第47街到第95街间的西大街至哈莱姆大道段的整块地投机活动使其土地价值增至上次高点（这个价值显然已膨胀了）的2~3倍。地块销售额突破了以前所有年份的记录。圣伊格罗斯公司的地块销售每周多达500块，它在芝加哥西部格罗斯戴尔（Grossdale）细分土地的销售活动中，需要27辆四轮马车搭载3 000位急着买地

---

①② 《芝加哥论坛报》，1889年8月18日。
③ 同上，1889年9月8日。
④ 同上，1889年9月29日。
⑤ 同上，1890年1月1日。
⑥ 同上，1890年5月25日。

的人。① 1890 年在芝加哥落户的工厂数量多达以往最高年份的 5 倍,实际已建成的和将要建成的工厂旁边的整块或零售地的售卖活动也处于狂热期。州街至沃巴什大道段"环线高架"铁路正处于修建阶段,这使第 22 街至第 63 街段的州街段临街地块价值在几个月内上涨了几倍。为世博会修建的酒店和公寓项目价值不仅仅传递到了靠近第 22 街的密歇根大道的地方,而是遍布了整个南区。"南区没有酒店计划,是一个严重被忽视的角落。"还在规划中的大楼的售价或租金一直呈跳跃式上升。州街上每小时有 7 500 人从麦迪逊大街穿梭至门罗大街,这一规模比以前任何时候都要高。沃巴什大道上的业主期待着南部高架铁路线的到来,然后在沃巴什大道和国会大街的十字路口处修建终点站。麦迪逊大街南向的密歇根大道的地段产生了对酒店的强劲需求,其价格上涨到了令人惊叹的地步。杰克逊大街和威尔斯街西南部的批发区建设得很快。在西区,投机商们购买了霍尔斯特德大道和杰克逊大街十字路口处西边的土地,期望着工业会向西扩展。在北区,湖滨公路及与其相连街区的影响力上升以及土地价值的上涨如今已成事实。

在这场对市区、郊区如此多地段大规模、匆忙而狂热的争夺中,西区近 7 000 套空置房屋却被人们轻易地忽略了。投机活动中最让人欢喜的场面就是,出售如此之快以至于在记录备案前签订了数次转让合同。买主如此匆忙地得到了一块地以至于他们忽视了所有权检查的许多手续。借助于这种狂热的兴奋,有许多人卑鄙地利用了一些欺诈的手段。利用公众的信念和信心,为了创造一种市场活跃和价格上升的印象,土地在许多情况下以虚构的假设为前提出售给了买主。阴谋频繁得逞,因为买主涌向了任一看来土地价值都会上涨的地方。一些不择手段的"场外"经纪人被芝加哥繁荣的市场吸引,竟然违背职业道德吃"差价"。市场上也出现了这种事情:某些地产凭借虚构的租约以异常高的价格出售了,通过这种虚构的租约,不负责任的卖方联盟者同意为该地产支付异常高的租金。

上述即是 1890 年的芝加哥房地产市场。好坏不分的因素无可救药地混杂在了一起,无论谁质疑使这么多人富裕起来的房地产买卖的任一过程,都会被视为芝加哥的叛徒。繁荣期在 6 月、7 月、8 月达到了最高点,此时

---

① 《芝加哥论坛报》,1890 年 6 月 15 日。

第四章　1878~1898 年第一座摩天大楼和第一届世博会时期的土地繁荣

周售地量和月售地量都突破了以前的记录。最终，在 9 月初，传出了有关华盛顿公园将用于世博会举办地点的传言，第 49 街至第 60 街间的农舍大道土地价值从 100 美元/临街英尺上升到了 200 美元、300 美元最后到了 500 美元/临街英尺。

事后这被证明是繁荣期的最后阶段。伦敦巴林兄弟在 9 月份的破产导致了严重的金融紧缩。银行业突然拒绝为购买房地产者贷款。"花言巧语的房地产经纪人在这种资金紧缩的市场下显得苍白无力。" 9 月份有如此评论。到 11 月份的时候产生了金融恐慌。华盛顿公园土地市场崩溃于 10 月份，正如一位统计家所说，当时仍相信房地产价值不会下降的人都寒心了。到 12 月时，从投机意义上看，房地产市场没有一点生机。"销售活动已经骤然停止，市场完全地悄无声息了。"①

到年底时，库克县的年度销售额达到了创纪录的水平，为 237 831 000 美元，② 其中细分了 40 000 块土地，③ 这些细分土地中有相当一部分是在前六个月卖出去的，而在这些交易中，单个公司如斯诺和迪金森就卖了价值达 7 500 000 美元细分土地，所有的经纪人都赚到了钱。有些人赚取财富的经历就如同传奇故事一般。尽管 9 月份就开始对交易进行审查，但仍有人确信市场会在 1891 年的春天复苏。如果商业条件没有得到改善，考虑到世博会的到来，不像其他的地方，芝加哥至少有希望成为例外情况。关于世博会将带来大量的资金这个观点在芝加哥流传之事，昌西·迪普（Chauncey Depew）谈到了大型商场。有上千英亩地的卖主非常担心他们是否能将其持有土地在下一付款日前出售出去。土地要价也没有下降，改善性地产持有者却对市场行情甚至更有信心。④

1889 年年初到 1891 年年初的土地收益远大于前六年，尤其是那些由于交通得到显著改善的中心区商业地产和高档住宅就更是如此了，但是，普通住宅的价值却因为郊区地块日益增加的竞争而下降了。表 7 表明了不同类型房地产价值变化的百分比，其中的数据是由弗兰克·R. 钱德勒提供的。⑤

---

① 《芝加哥论坛报》，1890 年 11 月 7 日。
② 同上，1891 年 1 月 1 日。
③ 同上，1890 年 9 月 21 日。
④ 同上，1890 年 9 月 14 日。
⑤ 《房地产和建筑期刊》，1891 年 4 月 4 日。

可以看出，廉价房屋比十年前还便宜。高端办公楼所占土地价值和最佳零售业务所占土地价值一样，这主要是高层建筑的原因。由于交通设施的改善和商业区的发展，4.5英里外的高档住宅地产如3英里外的地产一样抢手。

1891年停滞的出现——1891年房地产投机者发现，曾经预期价格会上涨的乐观心态不可能再恢复了。

没有任何交易能像房地产交易那样戛然而止。去年秋天的金融紧缩几乎完全终止了房地产投机。这场危机的影响快要消失了，但它却给整个国家带来了与一年前完全不一样的氛围。满怀希望的乐观派变成了保守派。当那场投机活动停止一段时间后，那些在地产上赚钱不多的业主因为寻找买家而精疲力竭了，要将一小块地成功推销出去是如此的漫长。这让投机者极其沮丧，他们的沮丧现状也警示了其他人。①

表7　　　　　1879~1891年芝加哥土地价值变化（按主要用途）

地产类别	美元/临街英尺				1879~1891年增长百分比（%）
	1891年1月1日	1889年1月1日	1883年1月1日	1879年1月1日	
市中心高端零售区	7 000~10 000	4 000	1 500	1 500	367
银行和办公室	7 000~10 000	3 000	2 000	1 100	536
批发	2 000~5 000	2 000	1 500	600	233
当地商业中心	600~1 000	600	400	300	100
南区的贵族居住区	800~1 000	800	600	250	220
南区3英里内的高档住宅区	250~400	200	150	95	163
南区3.5英里内的高档住宅区	250~400	175	125	70	257
南区4英里内的高档住宅区	250~400	150	100	75	233
南区4.5英里内的高档住宅区	125~300	125	80	60	108
西区的高档住宅区	450~600	250	200	100	350

① 《芝加哥论坛报》，1891年5月17日。

第四章 1878～1898年第一座摩天大楼和第一届世博会时期的土地繁荣

续表

地产类别	美元/临街英尺				1879～1891年增长百分比（%）
	1891年1月1日	1889年1月1日	1883年1月1日	1879年1月1日	
北区的贵族居住区	350～450	500	400	250	40
廉价房屋	7～20	25	20	10	下降
时尚郊区	75～100	85	60	40	90

注：库克县和杜佩奇县的农场价格分别为200～1 000美元/英亩和2 000美元/英亩。

大部分人都购买了房地产，可这些房地产现如今根本卖不出去，而且这些房地产还需要他们进一步支付贷款本金、利息、税赋和评估费用。社会上进一步购买房地产的资金也减少了，制造业就业人数和商业利润的下降进一步减少了购买房地产的资金。新工程的立项甚至许多工程的完工也使买主失去了购买房地产的兴趣。"规划中的交通线路，在1890年夏天引发了人们的热切追捧，但1891年在土地市场却没有激起一丝涟漪。"[①] 1890年的买主现如今所剩下的就只有抱怨。现如今，土地买主花费更多时间仔细调查交易中的各个环节，然后抱怨他们当时所受的蒙蔽。土地价值虽然名义上比以往任何时候都高，记录在案的销售总量也并不是远低于1890年的高峰水平，但是，这个现象是有欺骗性的。这是因为，在许多房地产转让中双方都未以现金交易的方式出售所持土地，而是以异常高的价格相互交换了。而且，据估计，1891年多达半数以上的备案交易只是在执行早些年已签订的合同而已。[②]

然而尚未有土地价值开始实质下降的迹象。整块地和细分地的买主仍在竭尽全力地缴纳他们的分期款。即使他们不能及时地支付这些贷款金额，他们会发现自己的放贷者是会宽容相待的，因为土地的上任所有者不想要回该地产。而且他们知道，根据赎回法，清除抵押人的权益和获得所有权需要18个月的时间。

一些投机性的泡沫已经破灭。斯蒂克尼地块已经臭名昭著了。[③] 数以英

---
① 《芝加哥论坛报》，1893年6月30日。
② 同上，1891年6月7日。
③ 同上，1891年8月23日。

亩计的整块地在市场上根本就卖不出去，一项有关整块地的调查得到了80个答复，结果发现整块地总共有2 500英亩，其中1/2位于新工业城镇，如哈维（Harvey）、哈蒙德（Hammond）、斯蒂克尼、芝加哥高地、南芝加哥及莱尔顿公园，① 细分地块的销售急剧下滑。截至1891年7月26日的那一周，圣伊格罗斯只卖出了129块地，而1890年同一时期却售出了529块地②。市场中有太多的经纪人试图达成交易，以至于佣金会被分成太多份而使经纪人都赚不到钱了。许多协商都失败了，因为交易中"某一方的某朋友"也正置身于房地产中，这位朋友成功地说服买方转而购买他自己的地块。③

尽管存在这些现象，许多交易仍在1891年达成了，但都是出于实际使用而非投机的目的。购买市区地块是为了兴建16层的大楼，购买南部地块是为了兴建公寓或酒店。

但是，库克县1891年细分地块的数量为111 000宗，远远超出了以往年份。④ 而只有少部分细分土地被销售出去了。新建筑价值，包括摩天大楼以及为举办世博会而修建的公寓和酒店，也达到了新高峰，从1889年的总共2 500万美元增至1890年的4 700万美元以上，再到1891年的5 400万美元。那些以高价购买地块的人被说服去建楼，从而能为其先前土地投资带来稍许的利润。其他人建设大楼是因为觉得在世博会期间这些大楼会产生极大的利润，这种想法显然是不切实际的。一个广告以确信的口气估计，在世博会的6个月里，有6间房的普通住宅能赚5 760美元。⑤

建筑活动在1892年再创新高，新建筑价值为6 346万美元。⑥ 在这种强劲需求下，工资、原材料价格上涨了20%~25%⑦，再加上世博会相关建设活动带来的部分需求，导致这一年修建大楼的成本异常高。

因此，1892年的房地产市场得以继续维持，一是因为创纪录的大楼兴

---

①② 《芝加哥论坛报》，1891年7月26日。
③ 同上，1891年7月19日。
④ 《房地产和建筑期刊》的编辑于1894年6月9日计算出的数据。另一权威机构给出了1891年的数据，即库克县为79 803宗，芝加哥大都市区为115 892宗。
⑤ 《芝加哥论坛报》，1891年4月11日。位于第41街和埃利斯（Ellis）大道上的E. A. 卡明斯（Cummings）房子所做的广告。
⑥ 《经济学家》年度评论（1891~1897年）。
⑦ 同上，1892年10月13日。

第四章 1878~1898年第一座摩天大楼和第一届世博会时期的土地繁荣

建活动;二是由于投机市区出租地;三是因为环线高架铁路的修建;四是由于西部都市高架铁路计划的影响。然而,总体上,即使有这些有利因素,曾处于1890年投机漩涡中的市区土地价值仍转向了完全停滞的状态。① 便宜地块市场的崩溃、有关铁路货场和制造工厂宏伟计划的失败几乎毁掉了整块地市场。② 细分地的数量从1891年的110 000宗下降到了1892年的65 000宗。在市区地段,办公用地的供应比需求增加得更快。抵押品拍卖,尽管不多,但数量上还是有所增加。

1893年,恐慌开始了——世博会开幕的1893年同样也是恐慌开始的年份。年初前景一片光明,但当世博会开幕后姗姗来迟的观众并没有住满当时为接待他们而修建的酒店时,且当他们未能响应邀请对房地产市场进行考察时,芝加哥的房地产市场一片萧瑟。顶峰价格仍维持着,没有任何突破,小幅度降价并没有吸引很多买主。③ 报价和要价之间存在着巨大的差距,土地所有者没有大幅降价的考虑,而买主却寻找着降价的机会。④ "整个城市实际上都在等待着成交,但是并没有出现便宜价。"⑤

1893年下半年的情况比上半年的情况要糟糕得多。当世博会的大批观众离开时,附近几乎空置的公寓和酒店迅速转到了接手者手中,随后租金急剧下降以便吸引租户,整个城市房屋过度建设的问题凸显了。失业开始增加,工厂的收入开始减少。世博会工程的终止、公司从大变小的精简,减少了对办公楼的需求,但此时办公楼的供应却因一些新摩天大楼的竣工而急剧地增加了。

然而,整幅画面中还是有亮点的。在靠近麦迪逊大街的州街上,商店的租金自1889年以来上涨了2倍,整个城市中心商业区地段的土地价值没有一点下降的倾向。第39街至第51街段的德雷克塞尔街上的土地价值开始下降了(人们降价卖房子以增加现金流从而渡过恐慌),但是,这种反应是暂时性的;沿着这些大街修建了很多好房子,在这些好房子的影响下,1895年的土地价值比1890年上升了25%~75%。北区和西北区几乎没有感受到

---

① 《芝加哥论坛报》,1892年9月25日。
② 同上,1892年9月25日。
③ 同上,1893年6月30日。
④ 同上,1893年7月9日。
⑤ 同上,1893年6月2日。

萧条,因为它们的繁荣期才刚刚开始。萧条主要影响了南区和西南区——那些在1890年投机最为疯狂的地方。1893年南区的恐慌标志着其成为了房地产市场崩溃的领头羊。

1894~1898年,房地产市场的状况越来越糟糕。当1894年南部大街的一个土地持有人以1890年价格的70%卖掉他的细分地块时,首例土地大幅降价出现了。① 1895年房地产价值没有明显变化,此时总的环境暂时有所恢复,但是,大部分备案转让据说是卖方自售或避免拍卖的交易。② 然而,1895年年末股票市场的恐慌发生了,这也进一步加重了1896年房地产市场的萧条,尤其对空置地块的影响更大。最后,已经不再有拉着潜在买家参观细分地块的活动了。③ "对空置地块的需求降到了这个城市历史上的最低点。郊区地产的九成交易商没有任何事可做,没有出现任何对空置地块需求的迹象。"④ 到这个时候,大部分以分期付款方式获得地块的买主失去了持有的地块,因为他们已没钱继续支付前期的分期付款了。"在有些地区,2/3甚至可能3/4的在繁荣期购买的地块被拍卖了,9/10的以分期付款方式购买的廉价地块因为负担不起税收和特别评估费用也被拍卖了。"⑤

1896年税收增长了33%~50%⑥,这个负担是极不合理的。人行道修建好了但没有人走,水管铺到了一英里只有一两户人家的地方。⑦ 卡柳梅特地区的湿地上立起了一千盏路灯。难怪如此大的重担压在了细分土地买主身上,细分土地数量从1891年的111 000宗下降到了1898年的3 500宗。

到1896年时,房地产市场是如此的不景气,以至于土地价值在许多能估价的情况下都难以估价了。"在没有足够多的房地产交易显示出需求时,市场仅仅是单纯的判断问题了。当市场变得如此萧条以至于大部分经纪人都说,他们甚至已经不能影响别人的选择了,市场当然是很安静了。"⑧ 曾经乐观的房地产经纪人的士气已经陷入低谷,他们现在的言论让投机客户都丧失信心了。"到目前为止,最困苦的就是经纪人的沮丧和让人失望的言

---

① 《房地产和建筑期刊》,1894年8月25日。
② 同上,1895年10月16日。
③ 同上,1896年6月6日。
④⑤ 同上,1896年10月21日。
⑥ 同上,1896年5月30日。
⑦⑧ 同上,1896年8月1日。

第四章 1878～1898年第一座摩天大楼和第一届世博会时期的土地繁荣

论。他们中的许多人都感到沮丧,一些人已经穷途末路了。"① 备案的销售数据并不能表明市场中还有任何实质性的交易,因为,"有人估计,这些报道的转让中至多有1/3的部分能称为因房地产需求所致,其余的2/3应归为互相交换以及债务清算等。"②

然而,萧条期中最困难的时期并不是在1896年,据说是在1897年,"房地产与其说是一项资产还不如说是一项债务",在这一年房地产价值下滑了25%。③ 芝加哥房地产管理局司法拍卖数量每年都在增加,直到1898年它达到了顶峰,如表8所示。④

表8 1892～1899年芝加哥司法拍卖的房地产价值   单位:美元

时间	拍卖房地产价值	时间	拍卖房地产价值
1892年(始于5月1日)	2 537 262	1896年	10 697 288
1893年	4 182 603	1897年	13 380 240
1894年	6 967 192	1898年	13 609 858
1895年	8 256 527	1899年	11 821 711

然而,正是在这段严重萧条期,市中心商业区和西区、北区的交通设施有了很大的改善,这对当地土地价值带来了立即以及永久性的影响。下面我们考察一下这些影响。

 F. 1894～1898年新交通线路

1894～1898年这段时期的显著特点是修建了许多新交通线,如北区和西区的高架铁路线和电车线。1893年年末开始在西区运营的湖街高架铁路,到1894年10月份时从市场大街延伸到了州街。都市高架铁路线在1895年迅速取得进展,加菲尔德公园支线正在完成从富兰克林街到西塞罗大街段的建设,洛根广场支线完成了至洛根广场的修建工程,洪保德公园支线修

---

① ② 《房地产和建筑期刊》,1896年5月16日。
③ 同上,1897年6月12日。
④ 《经济学家》年度评论(1900年)。

到了洛德尔大道（Lawndale Avenue），道格拉斯公园支线修到了第 18 街。①
1893 年西北高架铁路线的路线勘察到了威尔森大道，于 1896 年开始建设。②
1895 年和 1896 年，北区和西北区兴建了许多电车线路，尤其在贝尔蒙特街、欧文公园及劳伦斯大道，那些交通曾经很差的地方如今得到了最好的改善。将马车线转换为电车线的工作在这些年也迅速推进了，1897 年时南区只有 7.5 英里的马车线路，而电车线路长达 141.5 英里、缆车线路为 30 英里。1897 年时西区只有 6.5 英里的马车线，而电车线路长达 165.5 英里、缆车线路为 30 英里。③ 曾经在 1890 年繁荣期里做出的交通改良计划已经变成现实了。但是，新线路的建成并没有对 1894～1898 年间处于萧条市场中的土地价值产生实质性影响，它们仅是在 1890 年的规划之初对当时亢奋的土地市场起到了推波助澜的作用。但电力所引起的交通革新——不仅地面的，还有高架的——在接下来的十几年内对北区和西北区的土地价值上涨产生了显著的影响。

另外，在 1895 年竣工的 3 条高架铁路线（南区高架铁路线、都市高架铁路线、湖街高架铁路线）对市中心商业区的土地价值产生了强劲的影响。乘客搭载着高架铁路到市区购物，而这些乘客原本光顾位于西麦迪逊大街、第 22 街和密尔沃克基街上的商场。这些街区上的商店租金在 1895 年是低于 1889 年的，而州街上靠近麦迪逊大街的商业用地租金上涨了 2 倍。这些通往市区的每条交通线路的准确位置是土地所有者最关心的事情。当湖街高架铁路线最终扩展至州街时，人们发现每天有 3 万～4 万乘客从威尔斯街、克拉克大街及州街这些站口蜂拥而出，这极大地增加了那些正对着湖街的商场的生意，但是，他们并没有在湖街上的商场里停留，这些商场由于高架铁路线的噪声而没有得到任何的利润回报。④ 1897 年 10 月 12 日，高架铁路线环路正式形成。环路内的商业利润如此之大，以至于"LOOP"成了高价值区或芝加哥中心商业区的同义词，大家称为"卢普区"。而在黄金圈外

---

① J. V. 沙利文（芝加哥地面交通线路主席助手）于 1932 年对作者如是说。
② 调查了该路线的埃米尔道夫（Emil Rudolph）1933 年 8 月对作者说，他对路线的选择发挥了很大作用，因为他说服了劳伦巴克（Lauderback）不要将高架铁路线建在林肯公园，而是建在更远的缺乏交通设施的西部区域。
③ J. V. 沙利文于 1932 年对作者如是说。
④ 《房地产和建筑期刊》，1895 年 11 月 7 日。

的业主咒骂环路成为中国式的长城,坚称其阻止了中心商业区的自由扩张。同时,蓝岛大道上的一条电缆线通过范布伦大街上的隧道进入市区,这是1894年后推动中心商业区南端土地投机的一个重要因素。

新高架铁路线的建设和高架铁路环路的完工大幅增加了州街上零售商户的生意,这使得州街沿线的土地价值在这段极度萧条时期非但没有下滑反而还有小幅上涨。事实上,当州街和麦迪逊大街十字路口处的地块于1896年以50 000美元每年的价格出租后,一项新的土地价值纪录便诞生了。

尽管中心商业区的土地价值稳固地保持不变,但这里也受到了萧条的影响,正如南区郊区地段一样。先租下物业再出租出去的投机者到1897年时都破产了,因为他们的合同规定的每月所交租金要比当时商铺所收取的租金还要高。先前兴建高层写字楼的"潮流"到1894年时不可避免地导致了写字楼供给的过剩。相当一部分始建于繁荣时期的新摩天大楼直到1893年经济恐慌后才投入使用。租金大幅下滑,经纪人满大街寻找租户,那些交不起租金的租户也可以继续租用,但新楼里仍有相当多的楼层空置着。① 在这种情形下,许多大楼都没有产生足够多的利润以抵消运营成本、维修费用、土地租金。建更多摩天大楼的资本也没有了。② 人们的关注点更多地放在了如何科学地管理这些已建成的大楼,而不是急于建新的大楼。③

★ G. 1877~1898年芝加哥土地价值趋势综述

芝加哥现在211平方英里范围土地的总价值已经从1873年恐慌期之前的5.75亿美元峰值下滑到1877年的大约2.50亿美元,后来始于1879年的复苏使得土地总价值上升到了1882年年底的4.85亿美元。然后土地价值一直稳定到了1886年才开始缓慢上升,1888年年底土地总价值达到了约6.50亿美元。在1889年和1890年这两个异常繁荣的年份里,除了老城区里的居民带土地价值没有上涨、西北区土地价值的缓慢增长之外,南区和中心商

---

① 《芝加哥论坛报》,1894年2月4日。
② 同上,1894年4月15日。
③ 同上,1894年4月22日。

业区的土地价值涨幅如此之大以至于整个城市的土地价值不到两年就上涨了100%，这使得芝加哥211平方英里的土地总价值达到了15亿美元。1893年经济恐慌后，上述土地总价值在1898年时已经下降到了10亿美元。相比以前的萧条，应该说这只是下降了很小的比例，这是因为，在南区土地价值大幅下降的同时，北区和中心商业区的土地价值基本不变或略有增加。高档居民区开始向北迁移至湖滨公路。

中心商业区——由密歇根湖、芝加哥河干流、芝加哥河南支流及范布伦大街所形成区域的平均土地价值从1873年的1 000美元/临街英尺下滑为1877年的500美元/临街英尺，而后在1891~1892年间又上升为4 000美元/临街英尺。该区域7.2万临街英尺土地总价值为2.88亿美元。市区土地价值从1877~1892年有了显著的增长（增长了700%）。其中最主要的原因就是摩天大楼的兴建，因为它能更密集地利用土地；由缆车线和高架铁路线组成的高架环路带来了日益兴隆的商业机会，这就增加了这些地段的租金，尤其是靠近麦迪逊大街的州街的租金上涨幅度极大。

然而，中心商业区土地价值的上涨是不均匀的，随着买主时而涌向这个地段，时而涌向另一个地段，土地价值的上升也相应地跌宕起伏，变化不一。靠近杰克逊大街和拉萨尔大街十字路口处的交易所地段，在1881~1885年出现了土地繁荣，而在1889~1891年却停滞不前了；但是，位置偏僻、长期不受重视的迪尔伯恩大街却在1889年取得了最显著的发展，成为市区最重要的办公区。1890年之前，买主的兴趣大部分在麦迪逊大街至范布伦大街、州街至威尔斯街这个区域，这里街道的临街土地价值到1892年时达到了每英尺7 000美元；但是，来自北区和西区缆车圈、华盛顿大道和兰道夫街沿街的摩天大楼使得人们的兴趣又转向了中心商业区的北边。

州街和麦迪逊街上已达峰值的土地价值再创新高，比市区任何地段、以前任何时刻的价格都要高。其增长主要是由于商店租金上涨了2倍。另外，给医生和牙医使用的、位处零售商店上方的办公楼需求也是一个重要因素。零售贸易聚集在单条街上的一个有限区域内（主要是由于新缆车线和高架铁路线的汇合造成的），这引起了靠近麦迪逊街的州街处的土地价值从1877年的略微高于1 000美元/临街英尺上涨到了1896年的11 500美元/临街英尺；当州街和麦迪逊大街十字路口处地块在1896年一年产生的租金相

第四章 1878~1898年第一座摩天大楼和第一届世博会时期的土地繁荣

当于1877年它的售价时,每临街英尺的价格从1 000美元上涨到了18 000美元。

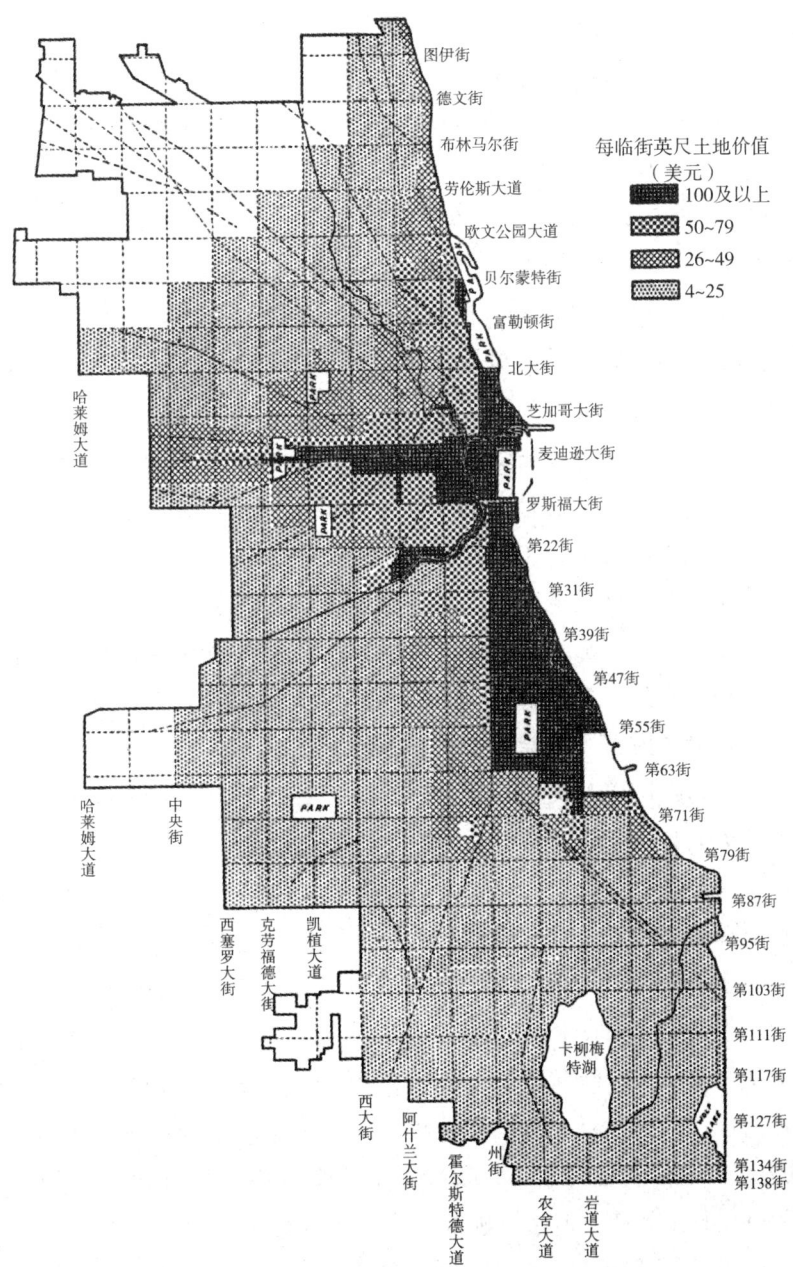

图26 1892年芝加哥土地价值（美元/临街英尺）

同时，门罗大街以南密歇根大道的土地价值在1879年下降到了200美元/临街英尺。而位于国会大街上的礼堂酒店的竣工，以及其他占据了从门罗大街至国会大街段一半地面的旅馆建设，导致了国会大街的土地价值到1892年时提高到了每临街英尺3 000~5 000美元不等。沃巴什大道已经变成了音乐器材的交易市场，南区高架铁路线的竣工让它也获利了，因此，从门罗大街至杰克逊大街段的每临街英尺的土地价值从1879年的400美元上升到了1892年的6 000美元。

1877~1895年的高档住宅区——中等住宅在老城区需求量总是很少，在1890年时仅在西区就有7 000套是空置的，这是因为中产阶级离开市区搬进了郊区以及那些配有天然气、热水、门卫服务的公寓在中产阶级中逐渐受欢迎的缘故，除了中产阶级住宅用地，穷人住宅用地价格也在这个时期保持静止或下降。

从另一个角度来讲，老城区或郊区的高档住宅用地发展迅速，尤其在某些新位置的地段情况更甚。高档住宅区的土地价值并不依赖其收益，因为公寓建造成本花费了25 000~200 000美元不等，这些投资仅靠租金收入是弥补不了的；高档住宅区的价值依赖于芝加哥富裕人数、当时上流社会的社会习俗——富人都要有精致的房子、社会精英想在某些街区聚集的愿望，这些街区到处行驶着高档马车，街区沿线排列着外表恢宏巨大、装饰奢华以显示屋主财富和社会地位的像宫殿般的房子。这种作为时尚消费商品的土地价值会随着时尚的冲动和多变而迅速改变。在此情况下，不仅土地会因此失去价值，而且那些豪华的宫殿般的房子也会被抛弃。

第18街至第22街间的草原大道段街区在70年代曾是芝加哥社交活动的中心。即使这种类型的土地价值也下降到了1879年的每临街英尺250美元之低，但是，在1882年年初迅速回升到了每临街英尺700美元。之后那里的增速很慢，尽管在1889年曾出现了有人对第20街和草原大道十字路口处的地块报出了每临街英尺1 000美元的价格，这是当时芝加哥居住用地报价的最高价。湖滨公路是由波特·帕尔默开垦了一个青蛙池而成的，他花了15万美元建了一栋房子，为领导人中的前"400"位服务，从而一举成名，靠近伯顿地块的价值已经从1882年的160美元/临街英尺提高到了1892年的800美元/临街英尺。草原大道上的老居民区因为被原先位于第22街和

第四章 1878~1898年第一座摩天大楼和第一届世博会时期的土地繁荣

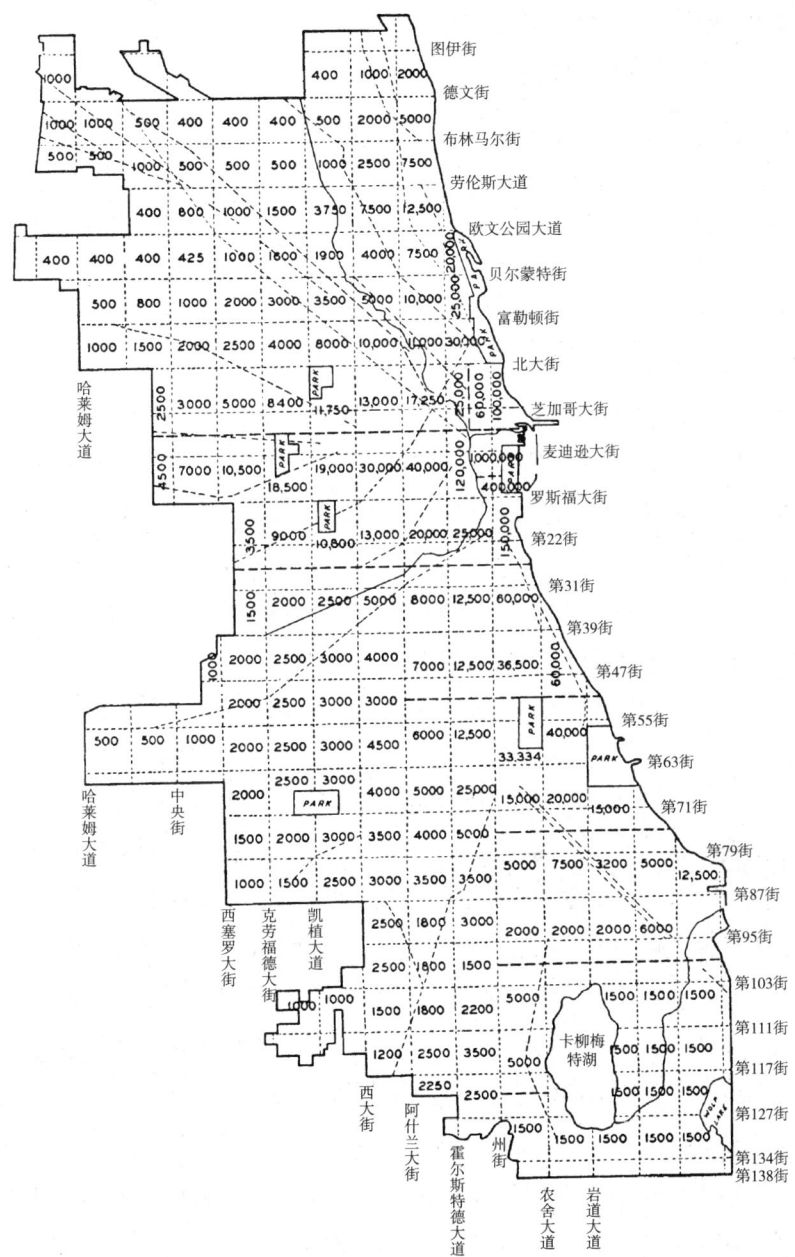

图27 1892年芝加哥每平方英里及960英亩
整块地土地价值（美元/英亩）

州街上的红灯区所占领，于是迅速失去了声誉，原先北区的新"黄金海岸"发展迅速，最后成为上流社会的社交中心。

密歇根大道成了高档马车的大道，与此同时，第 26 街南边的土地价值到 1881 年有了显著的增长，这种增长缓慢地持续到了 1888 年，此时第 29 街和密歇根大道十字路口处的土地以 700 美元/临街英尺的价格出售了。远至第 26 街的密歇根大道沿线的土地有了新的价值，因为其作为世博会的酒店用地。因此，靠近第 18 街的密歇根大道的土地价值从 1879 年的每临街英尺 225 美元增长到了 1891 年的 1 500 美元。

然而，在 1885~1890 年这段时期里，高档住宅最快速的增长发生在第 39 街南边的区域。第 39 街至第 51 街间的德雷克塞尔街在 1885~1895 年修建了许多好房子，第 47 街至第 51 街间的德雷克塞尔街土地价格在那段时期从 100 美元/临街英尺增加到了 600 美元/临街英尺。高档的肯伍德和海德公园也迅速扩张，导致了伍德劳恩、埃利斯和第 39 街至第 51 街间的格林伍德段土地价值从 80 年代早期的 25~50 美元/临街英尺上涨到了 1891 年的 200 美元/临街英尺，而金巴克（Kimbark）街、布莱克斯通（Blackstone）街和湖园大道同区域的土地价值则涨至 300 美元/临街英尺。南边更远处，在哈珀（Harper）、布莱克斯通以及第 51 街至第 63 街间的多切斯特（Dorchester）大道上，为世博会准备的公寓建筑迅速增加了，人口也在增长，并在 1882~1892 年导致了土地价值从 20~50 美元/临街英尺增加到了 200~350 美元/临街英尺。南区高架铁路线建设极大地刺激了在第 39 街至第 63 街的草原大道、卡柳梅特大道、印第安纳大道和沃巴什大道的土地价值，这些土地从 1879 年的 10~20 美元/临街英尺增加到了 1891 年的 125~150 美元/临街英尺。英格伍德在耶鲁、哈佛和罗姆大道上同样有高档住宅区，这些地段的土地价值在 1880~1890 年从 25 美元/临街英尺增加到了 150 美元/临街英尺。

在西区，从阿什兰大街至加菲尔德街公园间的华盛顿大道成了一条林荫大道，这使临街土地价值在 80 年代晚期上涨了 1 倍，到 1892 年时该区域的地块以 250~300 美元/临街英尺的价格出售了。

外围商业中心——1880~1890 年间，新交通线使附近区域的土地价值相对较高。第 31 街和印第安纳大道十字路口处的地块在 1892 年以 2 000 美元/临街英尺的价格出租了，这是当时外围商业中心地段的最高价。第 39 街

第四章 1878~1898年第一座摩天大楼和第一届世博会时期的土地繁荣

和农舍大道的十字路口处是农舍大道马车线、第39街马车线、海德公园预建线路的终点站，变成了最重要的社区购物中心，这个购物中心可为一大片区域服务。该十字路口处的土地价值从1881年的220美元/临街英尺上涨到了1889年的1 500美元/临街英尺。州街和农舍大道缆车线，在1889年修到了第39街，到1887年时扩展到了第63街，这都极大地提高了沿线街道土地的价值。第51街至第63街间的州街段每临街英尺的土地价值在1879~1892年间从15美元上涨到了160美元，农舍大道相同街区的平均土地价值在相同时期从10美元/临街英尺上涨到了250美元/临街英尺。

当缆车线在1887年完成了农舍大道至第63街段的建设，且一条马车线在1888年铺设到了第63街南边时，该路段上原先苦苦经营的商店生意终于变得极好。世博会即将在杰克逊公园举办以及南区高架铁路线至第63街在1893年竣工，这些因素更促进了土地价值的上涨。第63街这一地段的土地价值从1883年的20~30美元/临街英尺增加到了1891年的250~300美元/临街英尺。同时，第63街和农舍大道十字路口处的土地卖到了400美元/临街英尺。

在英格伍德，商业中心已经从第59街至第63街间的温特沃斯街迁移到了温特沃斯街以西的第63街，这个社区在1880~1890年间的发展如此之快，以至于第63街沿线位置最好地方的土地价值到1891年时超过了400美元/临街英尺。在南芝加哥，第92街和商业大道在1890年已经成为附近主要的商业中心，第92街上靠近商业大道的十字路口处的土地价值在1891年上涨到了600美元/临街英尺。[①] 第53街和湖园大道十字路口处土地价值在1891年达到了1 000美元/临街英尺。当靠近华盛顿公园的农舍大道尽享繁华时，农舍大道和第51街十字路口处的土地在1879年售价是60美元/临街英尺，而到1890年售价为750美元/临街英尺。

在西区，克劳福德大街以西的麦迪逊大街，因麦迪逊大街上前往中心商业区的缆车线（竣工于1890年）而受益，新西塞罗和普罗威索电车线在1891年沿麦迪逊大街建到了哈尔蒙大道。在北区，北大街和加利福尼亚大街十字路口处到1895年时发展成了一个商业中心。密尔沃基街、克拉克大街和蓝岛大道上的缆车线也为这些大街增加了商业机会。

---

① 《经济学家》，1891年5月16日。

这个时期，尽管外围商业中心在发展，但它们仍离中心商业区有一段距离。由于交通设施的快速发展，导致部分购物者摒弃了位于第39街北边的农舍大道、麦迪逊大街、密尔沃基街、蓝岛和克拉克大街这些老地段上的商场，而直接来到了市中心商业区州街上的百货公司，这些商场既便利、里面的东西又能侃价，对消费者有很大的吸引力。于是，离居民区较远的外围商业中心的发展所带来的投机可行性在当时并没有引起很多人的注意，尽管那些十字路口处的地块在几十年后的价值几乎如市区的一样高，但在1890年繁荣期时售价却很低。

1879～1892年整块地价值的上涨——10年来南部很多整块地的价值的涨幅都达到1 000%，这种程度的上涨是1888～1890年房地产市场最显著的特征。某些具有代表性地块的销售最能说明这种上涨过程。例如，第48街某处的地块在1891年以4 000美元/英亩的价格出售了，到1892年时价格上涨到32 500美元/英亩。位于第63街和农舍大道十字路口处的地块，1883年以2 000美元/英亩的价格出售，到1893年时上升到了20 000美元/英亩。杰克逊公园南部地块的价格在1879～1893年从1 000美元/英亩提高到了15 000美元/英亩。第87街和岩岛大道十字路口处的地块在1881年只值500美元/英亩，到1891年售价达到了5 600美元/英亩。英格伍德区域的第74街至第75街、州街至斯泰特（Stewart）街段的地块，在1886年售价为1 000美元/英亩，到1891年时上涨到了15 880美元/英亩。第60街和州街十字路口处地块的价格则从1883年的1 000美元/英亩提高到了1891年的24 000美元/英亩。第55街和阿什兰大街十字路口处的地块在1880～1891年从500美元/英亩上升到了4 500美元/英亩。在第87街和阿什兰大街附近，有一块地在1880年售价为90美元/英亩，到1890年时其售价为1 800美元/英亩。斯蒂克尼出现的整块地投机活动，导致了1888～1890年第71街和西欧大道的土地价值从600美元/英亩上升到了3 000美元/英亩，在1888～1891年导致了第63街和克劳福德大街附近的土地价值从600美元/英亩上升到了2 500美元/英亩。芝加哥整个南区和西南区在这10年间都出现了土地价值飞速上涨的现象。

尽管不如南区那么夸张，西区市区范围内的整块地价值的上升也是值得一提的。麦迪逊大街和橡树公园大道十字路口处的土地价值从1881年的

400 美元/英亩提高到了 1890 年的 3 000 美元/英亩，第 20 街和西塞罗大街处的土地价值在同时期也从 800 美元/英亩上升到了 3 000 美元/英亩。

在北区靠近密歇根湖的劳伦斯大道和罗杰斯（Rogers）公园的土地价值在这 10 年里也上涨到了 5 000~7 000 美元/英亩。但是，1890 年大部分西北区土地价值的增长是缓慢的。从北大街到富勒顿街段的克劳福德大街沿线的地块在 1882~1890 年从 800 美元/英亩上涨到了 3 000 美元/英亩，但是市区内西北部的大部分土地在 1895 年时售价仍只是 500 美元/英亩。没有什么地方的土地价值增长幅度能比得上南区很多地方在 10 年间出现的 1 000%~2 000% 的涨幅。

在 1890 年或稍后不久，整个芝加哥地区土地价值的上涨以不同的方式终结了。事实上，靠近西区的一些地段在这时还出现了土地价值的下滑，老城区大部分廉价居民区的土地价值即便有增加也只是上升了一点点。即使在市区，湖街上的土地价值也只是稍微上涨。西麦迪逊大街、克拉克大街、霍尔斯特德大道、蓝岛大道、密尔沃基街、第 22 街和第 31 街以北的农舍大道，这些靠近二级商业街的地段，由于受到市区商铺竞争的负面影响，其土地价值保持不变或只有很少增长。西北部离市区 6~8 英里土地的价值受繁荣期的影响不大。尽管这些地方死气沉沉，但是，芝加哥还是有很多的房地产投机吸引了大量资金，创造了狂热的、弥漫整个社会的房地产投机活动。南区和中心商业区的地价在 10 年内上涨了 700%~1 000%，这是整个城市总地价上涨的主要因素。

外围区域人口的迅速增加——1880~1890 年这 10 年间，离 1888 年旧市区范围较远区域的土地价值有了快速增加，同时，那些并入芝加哥的新区域在同一时期人口也有了极大增长。例如，湖边小镇上的人口从 1880 年的 18 380 人增加到了 1890 年的 100 223 人，增长了 550%；湖景镇的人口从 6 505 人增加到了 52 273 人，增长了 800%；海德公园的人口在相同的 10 年间从 15 716 人增加到了 133 496 人，增长了 850%；而老市区范围的人口从 503 145 人增加到了 792 377 人，10 年间增长了 57%；并入芝加哥区域的人口从 40 601 人上升到了 308 123 人，上涨了 650%。[①] 城市边缘地带人口如

---

① 《经济学家》，1890 年 7 月 19 日；《美国统计》（1890 年）。

此迅速的增长,先是造成了土地价值的稳步上升,到 1889 年和 1890 年时则发展成为疯狂的投机。

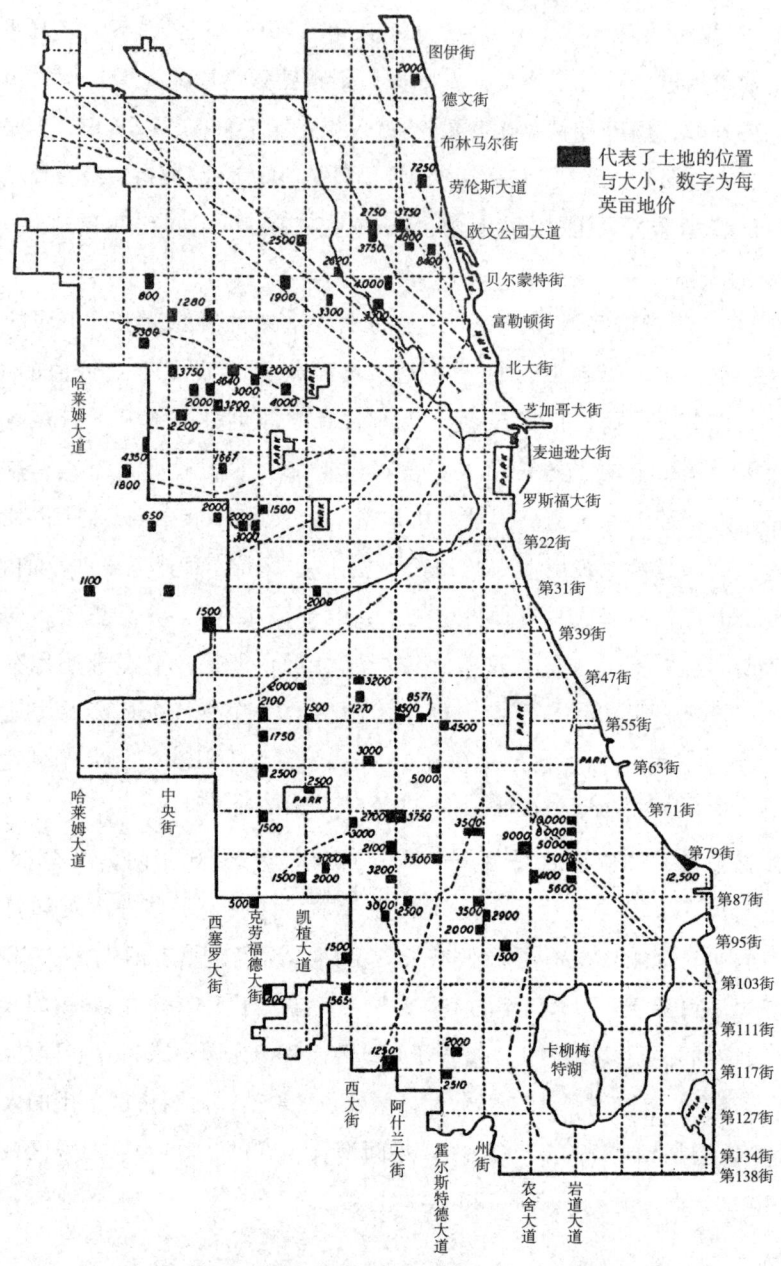

图 28　1890~1892 年芝加哥的土地价值（美元/英亩）

第五章

1898～1933 年世界大战后新时代的土地繁荣

A. 芝加哥 1830～1890 年以及 1890～1933 年的发展原因总览

芝加哥在 1830 年还仅是一个位于迪尔伯恩要塞附近沼泽地带、仅由 12 座小木屋组成的村落,仅仅过了 63 年,在 1893 年便已成为一个拥有 100 多万人口的大都市,并于 1893 年举办了世博会。在 1833 年以前,芝加哥只是一个军火和皮货交易点,它的腹地几乎还没有人定居。随着大量人口向西北部迁移,伊利诺伊州人口从 1830 年的 157 445 人增加到了 1850 年的 851 470 人。在同一时期,整个美国北部各州①的人口从 1 610 473 人增加到了 5 403 595 人,芝加哥这个新生的城市成为了零售交易中心(这些交易主要通过大篷车,局限在 200 英里范围)。1841～1848 年间芝加哥的贸易得到快速发展,通过密歇根湖上的货船进口密歇根州的白松木材,然后出口由马车从泥土路拉来的谷物。1848 年运河的竣工为粮食和木材的运输提供了便利。同时,1852 年从美国东部过来的铁路及其向西延伸至密西西比河及更远,更

---

① 俄亥俄州、印第安纳州、伊利诺伊州、密歇根州、威斯康星州、明尼苏达州、爱荷华州、密苏里州、北达科他、南达科他州、内布拉斯加州和堪萨斯州是北部中心群中的州。前 5 个州列在东北中心群,最后 7 个分在西北中心群之列。

是极大地扩展了芝加哥的贸易。美国东北各州的人口从 1850 年的 4 523 260 人增加到 1870 年的 9 124 517 人，美国西北各州的人口同时期从 880 335 人增加到 3 856 594 人。从芝加哥而来的铁路渗入这些地区，芝加哥的批发贸易也得到了极大的发展。芝加哥铁路网的扩张说明了这样一个事实，即芝加哥是美国东部和西部之间的主要交通枢纽。因为它位于密歇根湖南端，与纽约市和莫霍克关口（Mohawk Pass）直接连成一条线，而且还是唯一一条穿越阿巴拉契亚山脉的线路。美国中西部的开拓让人们发现，中西部是世界上最好的农耕峡谷之一，这里土壤肥沃、雨量充足，能最大限度保证农业的丰收。芝加哥方圆 600 英里便是这样一个区域。美国大部分肥沃的农田都位于此地，而这个地带的南边和东边的土地更贫瘠，西边的雨量远远不足。①

1870～1890 年芝加哥铁路里程数持续增加，美国东北部各州的人口从 9 124 517 人增加到了 13 478 305 人，西北部各州的人口从 3 856 594 人上升到了 8 932 112 人。坐落在无与伦比的、物产丰饶的农业资源中心的芝加哥能生产农作物（如小麦和玉米），饲养大量的猪牛牲畜，成为木材和农产品的交易中心，现在又增加了制造业及其他工业，这又使其能够为周围广阔的平原提供工业产品。除了上述优势，从煤和铁的角度来看，芝加哥占据的位置也是极其重要的，因为煤和铁都是现代工业的基础原料。密歇根湖南端的芝加哥靠近伊利诺伊州的产煤区。在明尼苏达州的梅瑟比山脉，铁矿石的储存量达数百英尺厚，从地面就能使用蒸汽挖掘机进行挖掘，可生产全美国 65% 的铁，是美国铁矿床最丰富充足的地区。长期以来，炼 1 吨铁需要 2 吨多的煤，所以铁矿石往往被运到产煤的地方去炼铁。北美五大湖提供了快速便捷的水路运输，所以专门运输满载的矿石船，每吨英里的成本在世界上是最低的，而芝加哥是明尼苏达州的铁及伊利诺伊州的煤天然的交汇点。明尼苏达铁矿在 1884 年开始开采，这极大地促进了芝加哥贸易和制造业更进一步的发展。

然而，芝加哥并没有在 1890 年停止发展，因为在 1890～1930 年这段时期其人口数增加了 2 倍。尽管促使城市早期发展的力量已经开始减弱，这是

---

① 见改良作物地地图及所有农作物价值（《美国统计》（1910 年、1920 年））。也可参考保罗·古德（J. Paul Goode）的《芝加哥地理背景》（1926 年）讨论的所有这些因素。

第五章 1898~1933年世界大战后新时代的土地繁荣

因为密歇根白松树林过度采伐，木材贸易量下降，谷物也转而运输到北部湖或南部海湾的港口，主要的谷物运输也下滑了，但是，一些旧的因素仍然发挥着作用，新生因素的出现更是增强了原来力量的作用。

1885~1916年美国生铁产量增加了8倍，煤炭产量增加了12倍，美国这个新生国家成为世界上最大的工业国，芝加哥获得了更大的收益。人口继续向西迁移，芝加哥的钢铁工业继续发展壮大。

即使有这些基础工业的显著扩张还是不足以支撑芝加哥后40年里土地价值和人口向上发展的趋势。人口流动性也极大地提高了。在此期间，银行业通过一系列的创新和金融工具的运用，实力也显著增强了。蒸汽动力应用到了湖泊和河流上的船只，工业的发展使得全美国甚至欧洲的人都涌入了芝加哥。蒸汽动力应用到工厂的机器上，使得这一庞大人口得以维系生存。蒸汽动力之后又增加了电力和汽车动力。芝加哥变成了巨大的能源中心或发电中心，电从这里通过高压电线输送到了几百个社区。随着电话的广泛普及，芝加哥成为国家电话网的重要组成部分以及电话通信设备的主要生产中心。随着邮购公司的出现，芝加哥迅速成为一个集散中心并占据了主导地位。1890年时汽车工业还微不足道，1929年在占据举足轻重的位置时，芝加哥失去了重要的制造业中心的地位，但是库克县境内的26万家私人汽车修理厂、数以千计的加油站、公共停车场及汽车销售店涌现在市区内时，说明汽车在改变城市面貌方面发挥了重要作用。1910年后，芝加哥市区内的大街小巷以及城市周围都修建了数百英里长的混凝土公路，许多主要街道被加宽了，芝加哥河及其南北支流上架起了很多新桥梁，这些同样也是无所不在的汽车带来的结果。收音机从诞生到几乎每户1台，使得芝加哥的无线电制造业迅速发展。飞机的出现对城市郊区产生了巨大着陆场的需求，也为人们出行提供了最快的速度。

随着交通和通信日益便捷，人口大量地从市中心迁往大片空置的草原地带。在这些草原地带，人们可以建造拥有一切现代设施的新房。结果，人们对管道用品和浴室设备的需求出现了极大增长，同样对与新环境配套的新家具也有了极大需求。制造工厂和零售商铺一直为满足这种需求而忙碌着。

所有的这一切仍不足以跟上人口数量持续增长的速度，且这一切也不足以维持芝加哥土地价值上升的趋势。芝加哥银行和金融业实力的增强同样也值得称道。银行首先是在美国中西部建立起来的,这些银行拥有了7 000家分支机构。除此以外,芝加哥外围区域的银行有了显著增加,这不仅吸引了当地存款,而且银行又运用这些存款帮助当地企业进行再投资。最终,美国在1914~1931年间产生了数倍增长的债务,在这些债务中,长期债务从380亿美元增加到了1 340亿美元。

如表9所示,芝加哥在过去几十年里人口的增长并不是仅靠日益增加的制造业提供的就业机会支撑,其他各式各样的服务业提供的就业机会也支撑着城市的人口。推销员、教师、美容院技师以及文书职员等职业数量的增加成为新时代的突出特点。在新时代里,人们通过投机致富,打广告创造利润,外表英俊、穿着讲究、不计一切代价维持年轻,通过接受正规教育获得大学学历爬升至社会更高阶层。制造业雇佣人数在1910~1930年间增加了33%,而在同一时期其他所有行业的雇佣人数增加了90%。

表9*　　　1910~1930年芝加哥人口职业分布（10岁以上人口）

职业	就业人数（人）			指数（令1910年数据为100）		
	1910年	1920年	1930年	1910年	1920年	1930年
制造及机械	421 740	489 001	563 750	100	166	133
交通业	98 649	110 521	143 553	100	112	145
贸易	163 124	206 975	264 817	100	125	163
公共服务	15 960	23 110	28 329	100	145	177
专业人士	51 899	71 191	115 970	100	137	223
家政个人服务业	119 374	116 102	191 570	100	98	165
办公室职员	120 247	210 537	255 495	100	175	213
合计	996 589	1 231 434	1 658 858	100	124	166

*"伊利诺伊的职业统计数字",美国第15次普查（1930年）,图Ⅲ,6页。

B. 1898~1918年

1900年的芝加哥——1900年的芝加哥呈现出了一幅与1873年和1933年的市容市貌形成鲜明对比的画面。在中心商业区,高架铁路圈刚刚修建起来。1871年10月9日的那场大火后，在原来只有5~6层大楼的地方，芝加哥修建起了首批摩天大楼——20栋12~19层不等的大楼，堪称90年代的奇迹。银行和剧院通常都集中在中心商业区，因而芝加哥高架铁路所形成的环形区域也即"卢普区（LOOP）"成为了城市的零售中心和金融中心，同时也是人们重要的娱乐区域。正是由于这个原因，中心商业区地段的土地价值甚至比1873年繁荣时的价格还要高。

无论南区、西区还是北区，从卢普区向外延伸3英里的带状土地在1873年是一个新生的蓬勃发展的区域，1900年发生了一种奇怪的社会及经济力量的聚集，但到1933年时又变成了一片荒废地带。城里相当一部分工厂仍分布在芝加哥河及其南、北支流。西区第20街至第22街、霍尔斯特德大道至阿什兰大街这方圆1平方英里内靠近工厂的地方聚集了73 400人。源源不断地来到市里老居住区的意大利人、波兰人以及俄罗斯人对这种便宜地产的需求持续增长。相对更旧的爱尔兰和德国风格的房子被卖给了新移民，得来的收益又用来买了新高架铁路线或电车线沿途的房子。工业也开始向老居民区扩展，因此，这些地产的所有者认为，从这种用途来看老居民区也有比较好的前景。从第26街至第39街、州街至拉萨尔大街段的这一狭窄的带状范围内的其他种族人群，为了获得该范围内的小房子支付了很高的租金。同样的，被隔离在南克拉克大街的中国人和被西部犹太区这无形的墙包围着的犹太人，也为那些破旧不堪的房子支付了很高的租金。广为开放的"红灯区"——在第18街到第22街间的州街和迪尔伯恩大街段，有260处专供卖淫活动的房屋，也因其不道德使用而给屋主带来了丰厚的回报。商业街沿线和靠近高档住宅区的地方因修建公寓楼而使这些地段的土地有了更密集的使用，这也使得这些地段的土地价值有了一定程度的上涨。靠近北区和南区的、曾经的高档住宅现如今成了旅馆，这些地方土地的升值机会还未到来。

红灯区的邻近地带、其他种族人群区域以及超前发展的工厂和仓库、草原大道上的高档住宅区已经开始衰落。类似地，阿什兰大街、西区的杰克逊大街及北区的迪尔伯恩大街和拉萨尔大街的影响力也日益衰弱，逐渐失去社会地位。

其他种族人群的进入、工厂和仓库的兴建、红灯区的进入推动了老移民和更高收入阶层的人向新地区迁移。建于 1900 年的新区域主要位于新高架铁路线沿线，如西北高架铁路线威尔森大道上的终点站旁、第 63 街和农舍大道的十字路口、都市高架铁路线西塞罗大街至克劳福德大街段、麦迪逊大街至哈里森段街沿线。这是一个公寓楼迅速得到人们偏爱的年代，这种建筑物一排排树立。在这一世纪初，其他一些区域也得到了快速的发展，包括肯伍德区、英格伍德区以及正被德国人开拓的洪堡公园东部地区。

在这些新居住区的不远处零星地分布着定居点，这些定居点从小村到城镇（人口 5 万左右）大小不等。其中最大的卫星城是南芝加哥，随着卡柳梅特河的运输量超过芝加哥河，南芝加哥变成了一个大型钢铁中心。其他工业镇有赫格韦斯克、普尔曼、肯辛顿等，但是，这些城镇与城区中间隔着草原带。在城市北区和西区城市边界的不远处，芝加哥的白领阶层在那里定居着。这些芝加哥外围定居点的居民"被一段铁轨和难看的建筑物包围着"，"被大量高耸的烟囱和熔炉释放出来的烟尘熏得暗无天日"。[①]

如图 29 所示，在芝加哥的主要居住区和零星散布的定居点外，北区和南区的有大面积的空置地。西北区，即西大街的西边和北大街的北边，除了西大街至凯植大道、贝尔蒙特街至北大街段的 2 平方英里内的地方被使用外，其他基本上都空置着。上述区域，除去已使用的 2 平方英里外，总共有 32 平方英里，在 1900 年总人口只有 39 131 人。上述区域的人口从 1880 年的 3 000 人增加到了 1890 年的 10 734 人，再到 1900 年的 39 131 人，但是仅有不到 1/4 的区域上有建筑物，1/3 的区域是从来没有被细分过的农场。只有不到 6% 的街道有 2~3 英里的马车线或铺设了路面。人口都集中在许多小中心地带，如波曼威利（Bowmanville），这里有个腌制食品厂；克拉金（Cragin），一个小制造中心；邓宁（Dunning），县级疗养院；何蒙莎（Hermosa）；汉森公园；西北铁路的埃文代尔（Avondale）站、欧文公园、蒙特克莱尔（Montclaire）、杰弗逊公园和诺伍德公园（Norwood Park）。[②]

于是 1900 年的芝加哥呈现出强烈对比的景象：广阔的平原和高密度的、拥挤的、阴暗的、通风差的房子，这些房子没有花园，没有遮荫树，周围

---

① 《1902 年南方公园委员会有关小公园的报告》（未发表）。
② 《芝加哥论坛报》，1900 年 8 月 24 日。

杂草丛生;① 离富翁宅邸几个街区便是"红灯区";16层的办公大楼旁边又是3层高的被荒废了的小楼;有的大型居民区没有一个酒吧,而几个街区外的地段上却有几百个。芝加哥有6 373个酒吧,它们占据了31英里长的临街地段,据估计,每年消耗的153 477 900加仑酒精饮料都足以淹没共济会寺。②

1898~1918年这20年间,芝加哥的发展相当显著。芝加哥人口在1900~1920年间增加了100万人,增长了60%。银行结算总额从1898年的55.17亿美元增加到了1915年的161.99亿美元,增长了194%。③

芝加哥制造业产值在1896~1915年间增长了300%左右,从1898年的4.83亿美元增加到了1915年的17.24亿美元,上涨幅度为375%。乘坐高架铁路线的人数从1898年的55 204 936人上升到了1918年的197 440 107人,涨幅为258%。新兴工业的发展更是惊人:芝加哥的汽车制造量从1908年的5 000辆上升到1920年的865 000辆,增长了17倍;芝加哥装配的电话数量从1895年的11 860部上升到1920年的575 840部——几乎增长了50倍;④ 芝加哥的发电量在1895年到1920年间上升到了134倍,从13 720 000千瓦时增至1 831 628 000千瓦时⑤。1915年美国的批发价格指数比1900年增长了20%。

尽管芝加哥在20世纪最初的20年里取得了极大的发展,但是,这期间没有出现土地价值普遍快速上涨的繁荣。1900~1916年新建筑价值增长了4倍多,⑥ 同一时期房地产转让数量和细分地块数量也增加了很多倍。在这16年间,芝加哥土地价值虽然翻倍了,但一直是平稳增长的。房地产市场中没有狂乱的激情,也没有广泛的公众参与。"卢普区(LOOP)"、北区和西北区、新近延伸的高架铁路线沿线及外向扩展的工业和商业中心,这些地方的土地价值都在稳定地上升。1890年泡沫崩溃的痛苦记忆使得人们很难有再次盲目投机的倾向。当圣路易斯、纽约、西雅图及加拿大西北部的城

---

① 《南方公园委员会的报告》。
② 《芝加哥论坛报》,1900年9月8日。
③ 《芝加哥论坛报》,年度评论。
④ 伊利诺伊贝尔电话公司的统计员给作者的信。
⑤ 《联邦爱迪生公司芝加哥年鉴(1931年)》,31页。
⑥ 新建筑物价值在1900年为2 000万美元,在1916年为11 200万美元。

市在1904~1915年经历着房地产繁荣时,芝加哥的土地市场仍然保持着沉寂。

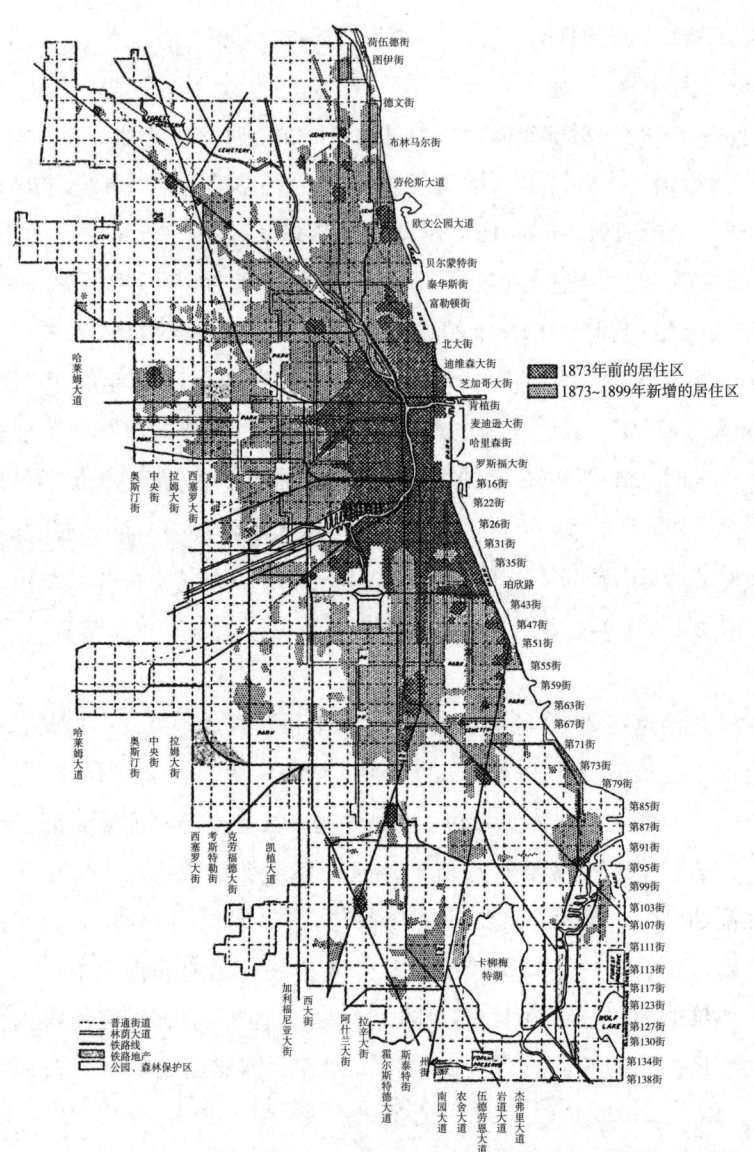

图29　1899年居住区的扩张

第五章 1898~1933年世界大战后新时代的土地繁荣

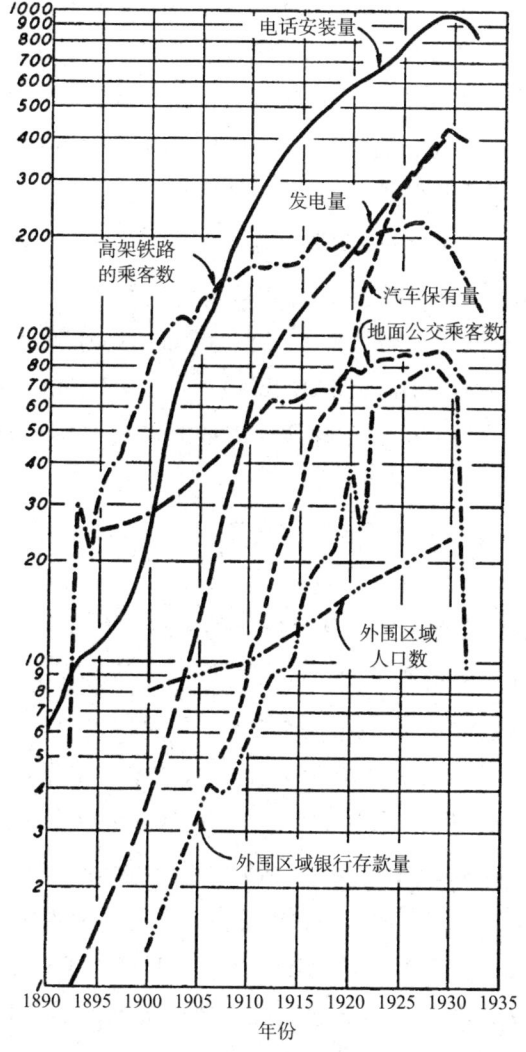

图 30　1890~1932 年芝加哥的发展

芝加哥从 20 世纪初到第一次世界大战结束这段时期的土地价值变化，不像之前和之后那样富有戏剧性。"一战"前芝加哥城市发展的特点和土地市场的性质不值得仔细研究。

现在分析芝加哥房地产市场在1898年后那段时期的主要特点。

芝加哥房地产市场开始复苏——1898年，芝加哥房地产市场正处于最低潮。抵押物的拍卖达到了高峰。租金、细分地块数量及房地产转让的数量创了1882年以来的新低。中心商业区的办公楼、中间带的老房子及世博会周围的公寓大多供过于求。空置意味着收益受到损失，但那些有人住的楼的租金不仅低，而且很多情况下都没有按时缴付。房东不仅背负了一身烂账，而且还被迫应租户需求进行大规模改良。许多公寓楼和市区的摩天大楼都到了新的接收者手里。至于许多地方的空置地块，基本上没有任何需求。土地细分活动在1899年下滑到了只有1891年顶峰时的4%。

即便是在这段萧条期的最低点，还是有些积极因素的。中心商业区的抵押贷款利率降到了4%甚至3.5%，仅此原因便使得土地价值上涨了25%，尽管它的影响没有立即体现出来。而且，即使在1898年，公寓楼还是沿南部高架铁路线而建，独栋住宅沿西北高架铁路线而建，后者线路当时还处在铺设中。

1899年，商业环境有了普遍的改善。工资提高了5%～10%。① 1899年春天，闲置公寓的数量不到1898年春天的1/4。② 办公楼租金虽然较低，③ 但是租金下滑的趋势停滞了，越来越多的租户按时缴纳租金了。④ 资本家开始购买那些拍卖中的地产了。⑤

新交通系统——使得房地产活动得以恢复的最关键因素便是交通的改善。1890~1900年，芝加哥城市的交通系统发生了革命性的变化。南区、西区架起了高架铁路线，最后北区也建设了高架铁路线，到1900年时这些线路最终在中心商业区连成一圈，即后来众所周知的"卢普区"。更重要的是，高架铁路线上的火车和地面线上的火车，其动力由蒸汽换成了电力。地面上的马车也基本都换成了电车。1895~1897年西北区新铺了许多电车线路。除此以外，马车线（交通系统中速度最慢的部分）在当时被迅速地换成电车线。最终，缆车线也全都运用了电力。

---

① 《芝加哥论坛报》，1899年3月4日。
② 同上，1899年3月12日。
③ 同上，1899年1月29日。
④ 同上，1899年12月31日。
⑤ 同上，1899年3月5日。

第五章 1898～1933年世界大战后新时代的土地繁荣

交通系统对不同区域的影响——1893年前,南区拥有当时最好的交通设施,其中4条铁路提供了很好的郊区服务。北区和西区不仅铁路和缆车线相对较少,而且芝加哥河上的吊桥频繁地时开时关阻碍了这两个区的通行。

20世纪初,随着高架铁路线的快速建设,芝加哥发展最迅速的部分便是北区和西北区。南区遭受了世博会繁荣过后的创伤——建筑逐渐荒废,衰落元素蔓延。然而,南区大型工厂的发展还是支撑着一大群人。

3个区的高架铁路线延伸到了未开发区域。而且在1900年后,南区、西区和北区这些新建设的高架铁路线沿线,一排排的公寓楼被建了起来。工厂开始从河边迁移,工业厂房填满了靠近"卢普区"的地段。高档住宅区沿着密歇根湖湖岸扩展。同时,中心商业区正在吸引城市3个区的人流,成为专门的零售中心。

下面我们主要分析"卢普区"在这一时期土地价值的变化。

中心商业区、写字楼——随着新写字楼供应的中断,1900年大量空置的办公楼到1902年时几乎都被市场消化了。1902年租金上涨了15%。[①] 有关建设18栋新楼、总投资超过1 000万美元[②]的计划致使市议会将限高从130英尺改为260英尺。[③] 到1903年时,办公室租金再次上涨了15%,而且,像玛侬(Monon)和卡克斯顿(Caxton)这样的大楼首次全部租出去了。[④] 市区办公物业因而再次成为有利可图的投资。

"卢普区"的零售业——西北高架铁路线至威尔斯街的工程完工于1900年,乘坐这些高架铁路的人数日益增长,极大地增加了"卢普区"内购物人群的数量。对拥有200万人流量的"主街"——州街地段的需求比以往任何时候都大。华盛顿大道至范布伦大街之间的州街上的土地价值到1904年时上升到了"几年前是想不到的,即使是在世博会前的繁荣期也不可能出现"的水平,[⑤] 到1906年时《经济学家》宣称,"世界上没有任何东西能比州街上的临街地段更值钱。"[⑥] 大量销售都是以更高的价格达成的,资本化

[①] 《经济学家》,1902年5月15日。
[②] 同上,1902年1月25日。
[③] 同上,1902年1月1日。
[④] 同上,1903年2月7日。
[⑤] 同上,1904年12月31日。
[⑥] 同上,1906年3月24日。

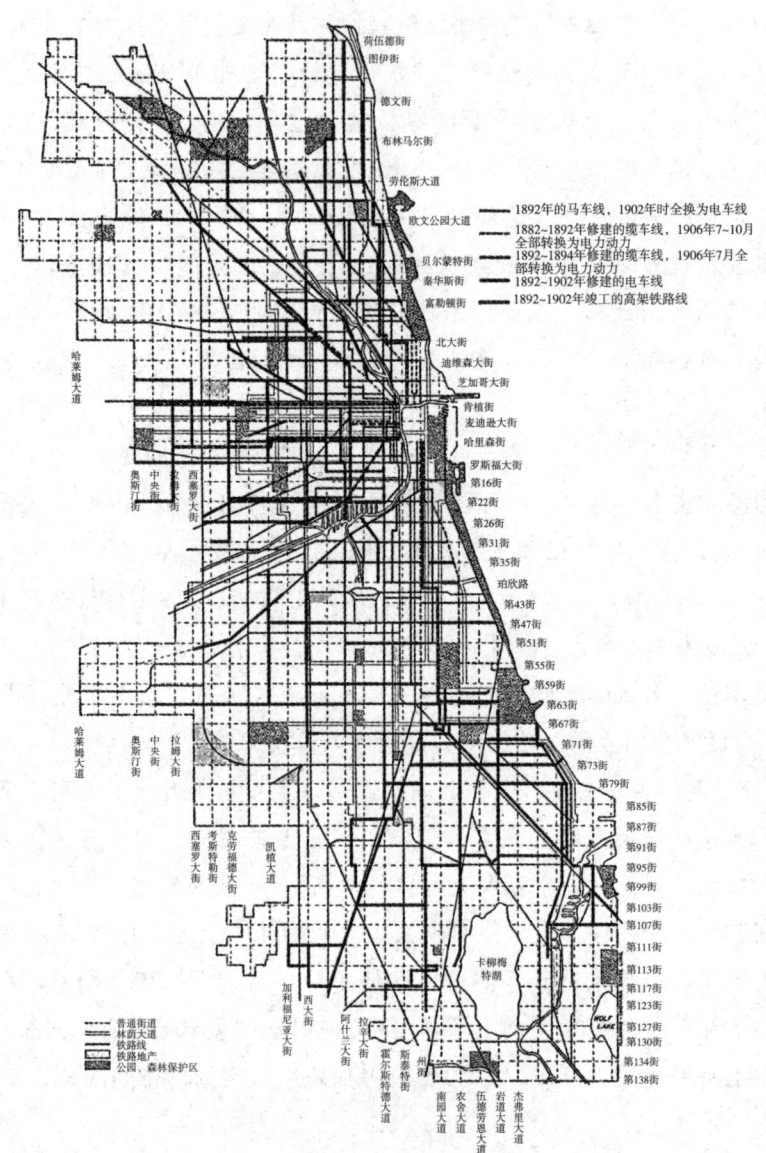

图31 1902年高架铁路线和地面公交线路

率从5%降到了4%,这使得商业租金向上增长成为可能,而商业租金上涨使州街段土地价值是1890年的2~3倍。1903年,州街和亚当斯大街十字路口处西南的一地块以 20 731 美元/临街英尺的价格出租了。① 1905 年,华盛顿大道至麦迪逊大街间的州街临街土地以 22 500 美元/临街英尺的价格出租了,② 有人对杰克逊大街以南州街上的一块地给出了 15 300 美元/临街英尺的租金,但是遭到拒绝。③ 1906 年,州街与昆西大街十字路口处以每临街英尺 26 114 美元的价格变现,麦迪逊大街北部的州街上一块地以 24 419 美元/临街英尺的价格出售了。④ 而在 10 年前,10 000 美元/临街英尺便被视为最高价格了。

零售业在扩张着,直到 1907 年其占据了整个"卢普区"的所有地面楼层。⑤ 不能支付州街地段租金的那些公司搬到了沃巴什大道或迪尔伯恩大街、克拉克大街、威尔斯街或东西方向的大道。因为从批发业转为零售业的缘故,沃巴什大道上的地块达到了有史以来的最高价格。发展成旅馆中心的密歇根大道同样发生了显著的改变。1902 年,杰克逊大街以南的密歇根大道上的一地块以 5 707 美元/临街英尺的价格出租了。⑥

市区批发业——门罗大街以南、威尔斯街以西的批发公司已经在 1897 年恢复了正常经营。到 1902 年时,显著的商业活动导致了租金的上涨。10 栋新楼(总建筑面积合计 1 063 000 平方英尺)在 1903～1904 年间建了起来,致使 1904 年造成了暂时性的供给过量,超额供给了 100 多万平方英尺,但是,到 1905 年时该过量供应都被市场消化了。⑦

市区概况——如上所言,几乎整个市区的地产所有者都由于日益增加的零售业、批发业及办公空间需求的扩大而获利了。除此以外,低廉的融资成本使拉萨尔大街兴建了大量新的银行大楼。买主搜寻着那些破旧、仅产生低投资回报的老房子,希望能对其进行现代化的改良,再佐以先进管理,便能在这些低成本上产生 8%～12% 的年回报率。⑧ 前 10 年的租约以高价出售了。中心商业区的地产集聚到少数人手里,并且在越来越多的情况

---

① 《经济学家》,1903 年 5 月 23 日。
② 同上,1905 年 10 月 7 日。
③ 同上,1905 年 9 月 30 日。
④ 同上,1906 年 3 月 10 日。
⑤ 同上,1907 年 8 月 24 日。
⑥ 同上,1902 年 10 月 22 日。
⑦ 同上,1904 年 10 月 19 日;1905 年 9 月 2 日。
⑧ 同上,1903 年 6 月 27 日。

下都签了长期租约。

利润不断增长的批发业——"卢普区"内零售业的扩张及由此造成的高土地价值使以前坐落在沃巴什大道、威尔斯街及毗邻"卢普区"的其他街道的货栈和批发性商业都迁移到了"卢普区"附近的老住宅区。在南区靠近第16街处的克拉克大街①、靠近第16街处的印第安纳大道②及靠近第23街处的沃巴什大道③在1893年开始发展成为批发中心。在北区，伊利诺伊大街上的一地块被出售用于批发贸易。④ 1903年，在第20街、密歇根大道、第16街、印第安纳大道这一区域新开张了一个家具中心。

其他大型邮购和批发公司从靠近"卢普区"的老位置向北和向西迁移了。1904年，西尔斯公司、罗巴克公司搬离了运河街和华盛顿大道十字路口处的办公楼，迁往靠近第12街处的凯植大街上的一栋高楼。⑤ 1906年，蒙哥马利公司、斯普拉格华纳公司和爱德华海尼斯木材公司搬到了芝加哥大街。⑥

新制造中心——靠近"卢普区"的老制造中心在这段时期继续发展着。新的制鞋厂坐落在格兰德大街至芝加哥大街段、威尔斯街至芝加哥河北支流区域，而水果和蔬菜冷冻厂在伊利诺伊街和密歇根大道的十字路口处扩张着。在西区，机械厂在从华盛顿大道至兰道夫街间的运河街和克林顿街区域扩张着。在亚当斯大街南面，高级制造工厂向罗斯福大街发展。

然而，制造业最重要的发展发生在离"卢普区"较远的区域。西部电力公司在1903年从克林顿街和国会大街十字路口处迁移至西南6英里的第22街和西塞罗大街处。⑦ 普尔曼逐渐发展成一个制造中心。玉米产品公司于1906年在萨米特为其新工厂买了140英亩的土地。⑧ 铁路站点建成了，随后其附近开始建设工厂。木材场区域建了两个新工厂。⑨

但是，制造业最显著的发展发生在卡柳梅特地区。卡柳梅特河上的运

---

① 《经济学家》，1903年9月19日。
② 同上，1903年10月10日。
③ 同上，1906年3月10日。
④ 同上，1907年10月19日。
⑤ 同上，1904年12月24日。
⑥ 同上，1906年3月24日。
⑦ 同上，1903年10月24日。
⑧ 同上，1906年11月1日。
⑨ 同上，1904年11月17日。

输量在1889年只有芝加哥河的1/10，而在芝加哥河的运输量下滑时，卡柳梅特河上的运输量保持了稳定上升的趋势。到1906年，这两条河流上的运输量持平了。1916年，卡柳梅特河的运输量是芝加哥河上的5倍之多。① 钢铁工业是导致这一发展的首要原因，谷物和木材的发展也对此产生了重要影响。1907年，南芝加哥有60条用来运输谷物的高架铁路线。②

铁路和制造业地产价值——离中心商业区较远的工业用地土地价值较低，这是外围制造业发展更快的重要原因之一。在南区，毗邻"卢普区"的土地售价不低于20美元/平方英尺。在西区，西北部铁路以10美元/平方英尺的价格购买了在麦迪逊大街和克林顿街十字路口处的仓库场地。离市中心稍远的第16街和印第安纳大道十字路口处、第22街和迪尔伯恩大街十字路口处以及芝加哥大街和芝加哥河北支流处的土地价值只有2美元/平方英尺。在西区，芝加哥河流沿线的土地价值在1905~1908年间从麦迪逊大街上的10美元/平方英尺到哈里森街上的5美元/平方英尺，到第22街上的1.25美元/平方英尺，再到克劳福德大街上的5美分/平方英尺不等。伊利诺伊街上的土地价值在1907年低至60美分/平方英尺，在中心制造业地段的土地价值为25~60美分/平方英尺。奥汀顿（Arthington）凯植大道的土地价值在1904年为30美分/平方英尺，第22街和西塞罗大街十字路口处的土地价值在1906年为5美分/平方英尺。

高档住宅——从迪维森大街至北大街段的湖滨公路土地价值为1 000~1 500美元/临街英尺不等，该地段在1900年后成为了时尚中心。兴建高档住宅的活动在1900~1908年这段时期基本上停止了，因为人们能以低于原价的价格购买密歇根大道和草原大道上的旧住宅。约翰·盖茨（John W. Gates）的位于密歇根大道2944号的大楼包括土地成本为30万美元，平均每临街英尺为1 000美元，然而在1908年却仅售65 500美元。③ 随着高质量房屋逐渐被公寓所取代，价值达4万~6万美元的房屋用于出租时租金每月只有200美元。肯伍德当时是南部人们首选的住宅区域，而第45街至第51街之间的伍德劳恩、埃利斯和格林伍德等处的土地只卖到了200美元/临

---

① 《芝加哥论坛报》，1916年11月30日。
② 《经济学家》，1907年2月9日。
③ 同上，1908年5月23日。

街英尺。

公寓——此时有股兴建公寓的热潮。即便是在1897年和1898年这段极其萧条的岁月，开发商在南区高架铁路线沿线修建了一栋栋公寓楼。到1901年秋天时，建于世博会繁荣期的过剩公寓大部分住满了人。① 1902年，公寓租金上升了10%。② 1903年，主要经纪机构持有的9 200套公寓和住房中只有131套还未被出租。③ 公寓包括从西区简朴的两单元公寓到波特·帕尔默建于湖滨公路的豪华公寓（每月租金1 000美元）④。较好的公寓月租金为100~300美元，这类公寓主要位于德雷克塞尔街、靠近加菲尔德大道的密歇根大道段、靠近第54街的康奈尔大道段以及海德公园大道。

老居民区——尽管租户比1897年时更准时缴纳租金，但旧房子的租金在1908年却比1897年的更低，当然更远低于1892年的高峰水平，如表10所示。⑤

表10　1892年、1897年和1908年芝加哥部分老房子的月租金　　单位：美元

区域	1892年	1897年	1908年
靠近第33街的南方公园段	75	40	35
靠近第43街的弗农段		70	45*
沃巴什大道-第20街		50	40
北克拉克街348号		60	50
榆树-迪尔伯恩大街		83.33	60*

* 代表有供热系统的房子。

移民的增加及黑人区的发展导致这些老片区有稍许扩张。贫民区往西蔓延，到1903年时一个新黑人区开始成型，它位于哈里森街、第14街、拉辛大街和罗比街形成的区域。⑥ 有色人种带已经挤破了边界线——即在1900年前规定的第22街、第39街、州街和联邦大街形成的区域，黑人在该地区支付的租金要比州街东部更好的房子的租金还高出8%。到1908年时，黑

---

① 《经济学家》，1901年9月7日。
② 同上，1903年1月3日。
③ 同上，1903年10月10日。
④ 同上，1902年2月1日。
⑤ 同上，1908年4月11日。
⑥ 同上，1903年5月17日。

第五章　1898～1933年世界大战后新时代的土地繁荣

人已经稳固地占据了第26街至第39街间的沃巴什大道段，拥有了弗农和卡柳梅特大道上相同界限内的许多房子，32个其他种族人群都居住在第29街到第33街间的格罗夫兰德大道。一个白人业主组织达成了不向有色人种租售房屋的协议。我们可以从如下描述中看出首个有色人种家庭出现在某一社区所带来的影响："首个搬进这个社区的有色人种会被迫支付更高的租金。但是，一旦他被别人发现，整个地段的租金便会下滑，因为附近的人对有色人种的进入感到缺乏安全感。"①

新居民区——1907年，南区高架铁路线支线修到了英格伍德，西北高架铁路线支线修到了罗文斯伍德（Ravenswood）。1908年，西北高架铁路线从威尔森大道延伸到了埃文斯顿。这些延伸线的终点站所在区域有了快速的发展。到1908年时，威尔森大道站附近有了10万人。第63街和霍尔斯特德大道十字路口附近处由于高架铁路线的缘故迅速发展成为重要的外围商业中心。大都市高架铁路线的道格拉斯公园支线正沿着第22街延伸，供西部电厂的员工上下班乘坐。

1900～1908年整个芝加哥的土地市场——前述表明，在某些特定地方，如中心商业区、卡柳梅特及新高架铁路线延伸线沿线等，土地价值在1900～1908年间持续地创造新纪录。但土地价值并没有普遍性地上涨。事实上，尽管整体条件得到改善，但许多地区的土地价值在这一时期还是下降了。并不是房地产情形变得更差，而是房东发现有几种类型的房地产市场行情没有改善，至少是不情愿地接受比1900年的要价更低的价格。例如分散在整个芝加哥地区的67宗地产，1900年乔治·奥科特的估价比1898年和1899年威廉·庞德估的要少20%。

在这段时间，好几次人们都认为局势即将逆转。因此，在1902年3月《经济学家》的编辑这样说道：

现在人人皆知的事实最后得到证实，即市场已经开始更活跃了。再也不能说市区是唯一进行大型商业活动的地方了。所有的地点都可以兴建大型商业中心，尤其是北部湖岸地区、西区、西南方的空置地、卡柳梅特和其他区域。

---

① 《经济学家》，1908年8月8日。

萧条已经持续足够长的时间了，经纪业非常努力地和客户保持友好关系，业主也使出浑身解数，而这种衰退开始于1893年，持续到1900年年末。我们并没有全部经历萧条市场所有的现象，因为在市场转好的情况下总是有人会比较倒霉，甚至破产。①

除了希望空置地的需求会马上复苏外，两年多后，即在1904年年末悲观主义者有如下评论：

月复一月，年复一年，他们（外围空置产持有者）一直满怀希望地期盼着刺激土地细分活动的投机热潮能再度出现。人们完全丧失了对投资外围地产的兴趣。人们除了自建需求外，对这类地产几乎没有什么需求。②

产生悲观看法的理由在于空置地块不再以可观的数量销售出去，这类地块的持续供给、持续刺激这类交易的广告都不复存在。时下，芝加哥有限范围内空置的细分土地多得能容纳目前芝加哥居民数的2倍人口。③

1905年，人们对州街上的土地需求再次热切。然而，杰克逊公园南部的40英亩土地的售价在1893年为10 000美元/英亩，而目前仅为3 125美元/英亩。这时，人们对空置地块的需求非常微弱。

1907年恐慌后期，凯福特（W. D. Kerfort）再次说道：

自从1893年恐慌期以来，房地产开始下滑……房地产下滑趋势取决于接下来几个月内的金融和商业条件，但是，我不寄希望会发生实质性的改变。事实真相就是，现在的房地产处在一个相当差的阶段。④

但是，芝加哥房地产状况并没有因1907年的恐慌而变得更差，因为大部分地区都长年处于萧条期，如下所述：

除了北部湖岸地区和中心商业区的地产外，其他任何地方的房地产价格都比15年前的还低，而人口却增加了100多万。在这各式各样的投机中，对小投资者来说，这是最好的时机。如果他想买数英亩地，可以买那些离市中心不远、价钱只有15年前1/4~1/3的地。对于购买单块地和房屋的活动而言，这也是个再好不过的时期了。几乎所有一英亩地和半英亩地售价约为多年前一块25×125英尺地块的价格（注：一英亩地大约有10块这样

---

① 《经济学家》，1902年3月1日。
② 同上，1904年11月26日。
③ 《经济学家》，1904年12月17日：亚伦·麦凯（Aaron McKay）的信。
④ 《经济学家》，1907年11月14日。

第五章 1898～1933年世界大战后新时代的土地繁荣

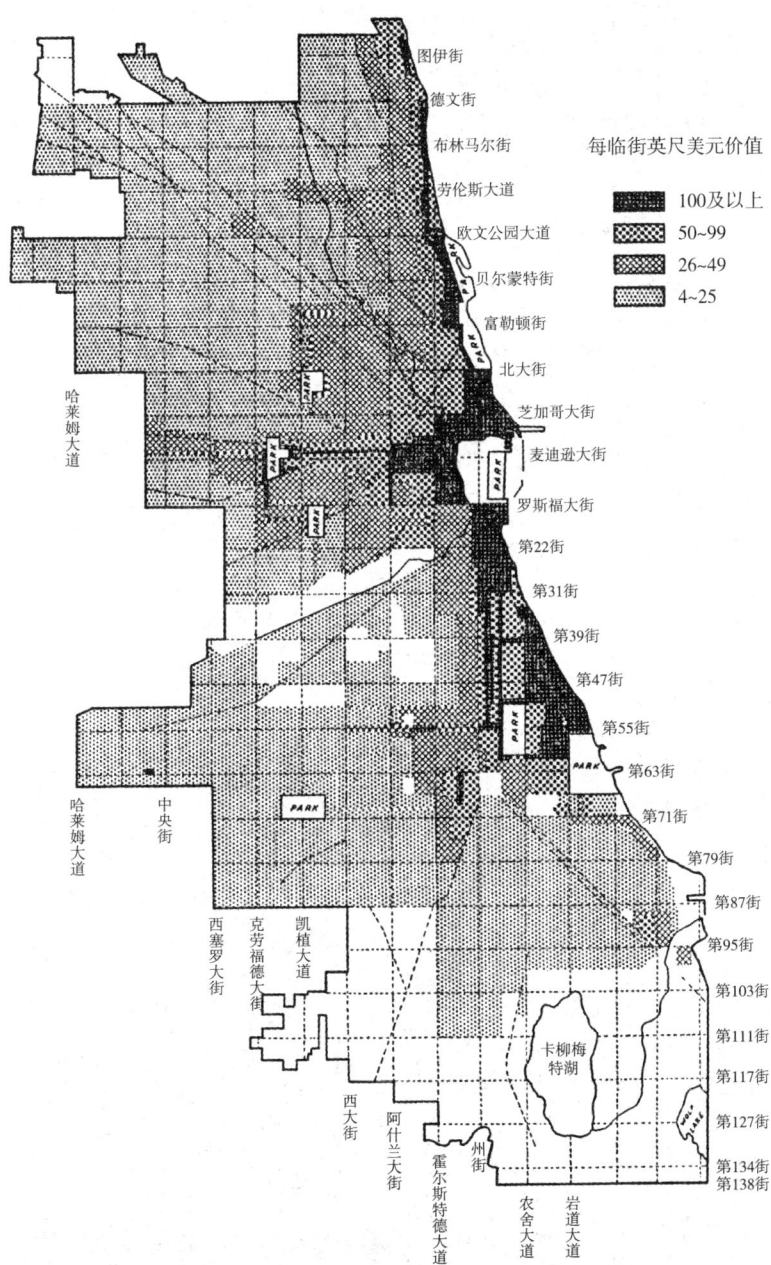

图32 1910年芝加哥住宅区土地价值

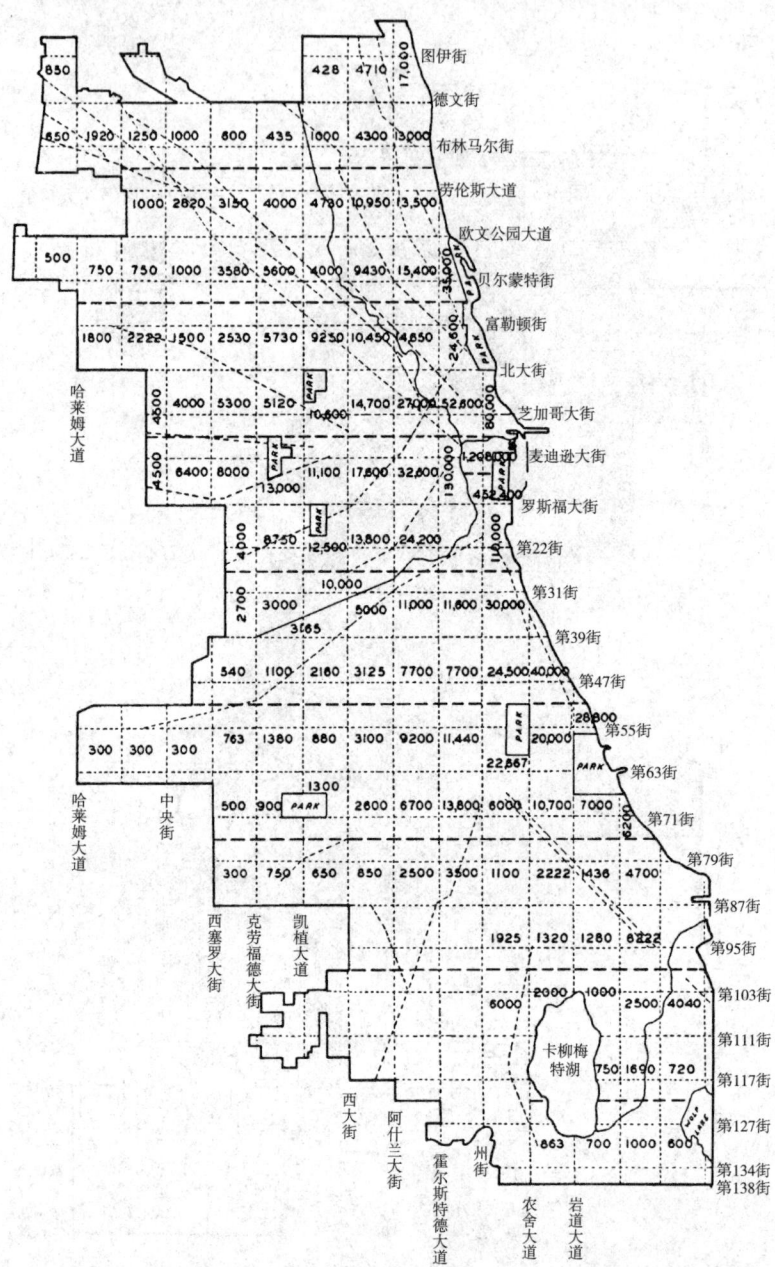

图33　1910年芝加哥960英亩整块地土地价值（美元/英亩）

的地块），且这些地都整修过了，周围也有更便利的交通设施。至于更老地段的住宅，许多房子都打折扣了，售价只比土地价值稍高一点，且这些房

第五章 1898~1933年世界大战后新时代的土地繁荣

子还可以以很优惠的条件获得。应该想到，上述情形是由货币市场紧缩造成的。① 这种情形已经持续了数年。只有在现在，似乎才是买些地产的时机。

在这一时期，土地细分商只能通过在空置地块上修建房屋或公寓来顺带将地块和其上建筑都销售出去。尽管房地产市场自1890年高峰期以来已经过去了17个年头，但是，在1907年还没有出现普遍繁荣的景象。要么就是1890年的过度繁荣造成了这样一个非比寻常的长期后果，要么就是土地价值跟不上芝加哥发展的步伐。图32和图33显示了芝加哥的土地价值。

1908~1918年

1908~1918年这段时期，美国产品产量增加了50%，芝加哥制造业产值、批发贸易额以及银行结算额也增长了1倍，如表11所示。

表11　　　1908~1918年芝加哥银行结算额、制造业产值、
批发销售和生产贸易的年度数据　　　单位：百万美元

年份	银行结算额*	制造业产值@	批发贸易额、产品贸易额#	批发销售价格指数¥	美国生产指数&
1908	11 845	1 598	1 685	92	94
1909	13 939	1 783	1 893	99	106
1910	13 930	1 867	2 046	103	110
1911	13 926	1 213	2 027	95	105
1912	15 381	1 978	2 296	101	122
1913	16 073	1 999	2 334	102	120
1914	15 693	1 660	2 122	100	119
1915	16 199	1 724	2 283	101	130
1916	20 542	2 112	2 841	125	139
1917	24 975	2 483	3 200	155	143
1918	25 930	3 944	3 338	183	142

*《经济学家》，年度评论。
@《芝加哥论坛报》，年度评论。
#同上。
¥ 为G. F. 沃伦（G. F. Warren）教授和F. A. 皮尔逊（F. A. Pearson）批发销售指数，来自克利夫兰信托公司——"1831~1931年间的商业活动及四种系列价格。"从1910年到1914年5年间（包括前后两年）的均值视为100。
& 沃伦·M. 皮尔逊的《商业周期预测》（1931年），137~147页。1905年的生产总值视为100。

---

① 《经济学家》，1907年11月16日。

同时,芝加哥房地产活动(见表12)的相关数据表明了1916年转让数量到达顶峰,1914年细分地块数量到达顶峰。然而,相比于1890年,其中只有少数到达了最高点。

表12　　1908～1918年芝加哥房地产转让、新建筑情况、细分地块和长期租约

年份	转让数量*	许可建筑数量*	新建筑临街长度*	新建筑成本*(美元)	库克县细分地块数量	长期租约(百万美元)
1908	30 327	10 771	291 655	66 204 080	5 560	7.4
1909	34 074	11 241	310 351	90 509 580	7 061	16.6
1910	31 847	11 409	327 350	96 932 700	11 870	9.8
1911	39 629	11 203	305 326	105 489 600	9 844	31.0
1912	48 529	11 153	320 357	88 190 800	10 235	15.0
1913	57 489	10 867	320 889	89 150 200	19 173	13.7
1914	59 660	9 163	290 494	82 947 200	20 231	8.6
1915	56 882	10 340	318 011	97 301 480	12 705	3.2
1916	60 520	10 277	327 496	112 835 150	12 937	9.1
1917	54 677	4 938	161 698	64 244 150	6 962	5.9
1918	46 883	2 529	85 630	34 791 850	2 939	3.4

*《芝加哥日报》年鉴。

1909年,芝加哥土地价值整体上是低于1890年的(1890年时芝加哥只有1909年的一半大)。据威廉·E.哈蒙称,其他人口只有芝加哥一半的城市,其土地价值也与芝加哥差不多。如邦尼(W. L. Bonney)所说:

在现有条件下,所有商品的市场价格(包括房地产价格)随着一系列外在因素而变化。这看起来不符合逻辑,但这是任何投资品价格形成的必经途径。安静、稳定、像淑女一样的市场变化在商业系统中是不常见的。这个事实给投机者带来了机会,给投资者带来了运气。在房地产市场中,衰退会持续多年,再次上涨往往持续4年或5年。芝加哥最近一次的衰退是从1893年开始,一直持续到现在,芝加哥土地价值跟克里夫兰、巴尔的摩、匹兹堡或底特律这样的城市一样低了。①

---

① 《经济学家》,1909年8月28日。

第五章 1898~1933年世界大战后新时代的土地繁荣

威廉·哈蒙这样评价了当前的房地产形势：

与土地价格不同，土地价值几乎完全随着人口增长而上升，这是因为，土地价值是由整修后的房租带来的经济效益所决定的，而房产价格不一定等于其内在价值，更大程度上是由市场行情所决定。因此，价格和价值事实上不是必然地相等。1889年时所有人都认为房地产价格绝不会停止增长，而现在人们坚信房地产价格绝不会停止下降，事实的真相是价格实际上开始往上回升，虽然在过去一个月我们在这里所购买到的房地产与20年前有同样的交通设施和城市改良的房地产相比，价格是后者的一半。从经济含义上来讲，如今不动产价值远远高于现行市场价格。适用于一个地区的条件并不适用于另一个地区。在某个城市土地价格是在投机基础上形成的，而将它放到了另外一个城市里来看价格可能远远低于其内在价值。芝加哥现在已经完全从90年代早期的疯狂投机中恢复过来了。购买活动会自动地发生，这将把房地产活动带到一个新时期。

当然，也还是有一些亮点的。随着布莱克斯通酒店、麦考密克大楼、国民天然气大厦（the People's Gas Building）及哈维斯特大厦（Harvester Building）的竣工，密歇根大道在1909年的夏天和秋天呈现出了新面貌。[①] 南向的密歇根大道上，汽车中心发展很快。西北高架铁路的威尔森大道至埃文斯顿段沿线的土地价值在5年内（结束于1909年）上涨了1倍。[②] 外围地区的商业中心，如第63街和霍尔斯特德大道十字路口处的土地价值达到了一个前所未有的顶峰。办公楼里拥挤得快突破极限了。西区靠近麦迪逊大街和霍尔斯特德大道十字路口处的土地价值已经上升到了其历史上的最高点。肯伍德在4年内建成了25栋房子。卡柳梅特地区的工业继续扩张。这就是1909年所呈现的景象。

中心商业区——1910年，"卢普区"内的零售物业没有太多的增长，人们认为房屋租赁的要价过高。[③] 而商店和办公楼的租金仍继续上涨。

---

① 《经济学家》，1909年11月27日。
② 同上，1909年3月13日。
③ 同上，1910年7月2日。

表13*　　1908~1915年芝加哥每年新建的办公楼数量及成本

年份	数量（栋）	成本（美元）
1910	45	16 461 500
1911	48	23 101 000
1912	49	4 571 000
1913	76	2 706 400
1914	72	2 520 400
1915	45	4 200 000

*摘自《经济学家》1916年6月3日。

在1910年和1911年，"卢普区"内兴起了一股兴建写字楼的浪潮，甚至超过了上轮兴建摩天大楼热潮的1890~1892年。1909~1914年（首尾两年包括在内），价值超过9 400万美元的物业都签了长期租约，其中相当一部分是写字楼。①

1911年人们急着建设写字楼，部分原因是由于1月份通过了一项有关在9月1日以后将楼高限制在200英尺以下的法案。② 这股兴建写字楼的热潮产生了过度供给，使得1913年春天时市场上出现了许多空置的办公室。③

有些街区（迄今已不再属于主要零售区）的土地价值达到了峰值，而这个峰值远远超过1890年的价格。例如，密歇根大道位于国会大街处的礼堂酒店所属地块在1916年以每临街英尺15 000美元的价格出租了，而1886年的租金为1 150美元。④ 位于麦迪逊大街以南沃巴什大道上的一地块在1899年以5 000美元/临街英尺出售，到1912年其价格到了11 000美元/临街英尺。⑤ 商业南向扩张的趋势在1911年非常明显，以至于范布伦大街以南的州街临街地块售价为7 300美元/临街英尺。⑥ 州街和麦迪逊大街十字路口处土地价值在1912年为300美元/平方英尺，超过了1890年的3倍。⑦

南水大街仍然是一个拥有154家公司的拥挤地段，需要800辆马车进行

---

① 《经济学家》，1916年6月3日。
② 同上，1911年1月7日。
③ 同上，1913年4月19日。
④ 同上，1916年8月19日。
⑤ 同上，1912年3月16日。
⑥ 同上，1911年10月14日。
⑦ 同上，1912年4月6日。

第五章 1898～1933年世界大战后新时代的土地繁荣

搬运工作,但是出现了几个有关将这个市场移至他地的计划。[①] 相关人员在1915年和1916年讨论了有关将它移至广阔的罗斯福大街、新博物馆区或密歇根大道桥梁旁的计划,但是在即将付诸实施前第一次世界大战开始了。

高架铁路线于1911年连接在一起,并与地面线路一起搭载了大量的人群前往州街上的商场。据估计,1911年每天有135万名乘客通过各种地面交通线路和高架铁路线进出"卢普区",其中有100万名乘客使用各种地面交通线路。[②]

外围商业中心——此时外围交通换乘中心或公共交通线路交叉点开始变得引人注目。比"卢普区"南向发展更具意义的是,公共交通线路交叉点或靠近高架铁路站的地方兴建了新的商业中心。促使"卢普区"以外的区域兴起了许多小商业中心,这有以下几个因素:第一,连锁商场在靠近消费者居住的地方新增零售分店。40家外围商店的总租金与州街上一个商场的一样多。1910年,哥伦比亚饮料公司在25个这样的公共交通线路交叉点租用了商铺。大西洋和太平洋茶叶公司、美国香烟商场及其他组织也开始在每个商业区设立分店。第二,"卢普区"外剧场的建设。起初,各小商业中心里的电影院与"卢普区"里的电影院相比条件差很多,随后也放映跟市区一样的影片,这使得人们在社区附近就可以享受到较好的娱乐设施。第三,社区银行的发展。在世博会以前,"卢普区"外只有一家位于木材场的银行,但是时下许多银行在新社区中心有营业网点了。第四,工厂和批发机构从市区迁至离市区较远的地方,导致新社区的形成。即使这些工厂或车间没有迁移,那些高级员工也会寻求摆脱充满噪音和臭味的工业区,以及那些被干粗活的新移民及其他种族人群占据了的老社区。第五,交通设施的发展。随着人口往外迁移到了离铁路和高架铁路线较远的地方,人们出行更多的是依靠地面上的马车和电车。当这些马车和电车足够多,能承载人们进出外围区域的工厂和社区中心时,前往"卢普区"的交通工具的生意相对来说清淡了。因此,由于人口迁移出市区,社区中心此时也有了自己的商店、银行和电影院。在接下来的10年间,这一人口迁移潮达到高峰。

这些社区商业中心的发展可以从一些街道十字路口处土地价值的上涨

---

① 《经济学家》,1915年2月27日。
② 同上,1911年1月7日。

中反映出来。第 63 街和农舍大道十字路口处的土地，在世博会繁荣期达到顶点时价值未超过 400 美元/临街英尺，而在 1906 年时售价为 640 美元/临街英尺，在 1909 年时租赁价格为 1 400 美元/临街英尺，在 1912 年时租赁价格为 3 398 美元/临街英尺。① 第 63 街和霍尔斯特德大道十字路口处的土地，在 1913 年时租赁价格为 2 873 美元/临街英尺，② 而 1910 年还仅为 1 754 美元/临街英尺。③ 劳伦斯大道和金博尔大道十字路口处的土地价值在 1909～1912 年间从 52 美元/临街英尺涨到了 300 美元/临街英尺，到 1918 年时其售价到了 606 美元/临街英尺。④ 沿着密尔沃基街的三个街道交界处的土地价值上涨更多，例如密尔沃基街、西大街、阿米蒂奇大街交界处的地块在 1910 年时租金为 9 美元/平方英尺。居民区之外的（如果在两条实际上已经存在或预计要建的电车线之间）公共交通线路交叉点的土地获得了很好地升值。第 63 街和西大街十字路口处的土地在 1911 年时售价为 282 美元/临街英尺。⑤ 第 63 街和凯植大道十字路口处的土地在 1913 年时售价为 400 美元/临街英尺。⑥ 与此同时，德文街和西大街十字路口处的土地价值为 177 美元/临街英尺，贝尔蒙特街和西塞罗大街十字路口处的土地价值为 50 美元/临街英尺，这两处价格都超过了上次高点。⑦ 麦迪逊大街和克劳福德大街十字路口处的土地在 1913 年时租金为 972 美元/临街英尺。⑧ 劳伦斯大道和凯植大道十字路口处的土地价值从 1911 年的 53 美元/临街英尺上涨到了 1915 年的 433 美元/临街英尺。⑨⑩ 第 79 街和霍尔斯特德大道十字路口处的土地价值从 1911 年的 530 美元/临街英尺上涨到了 1912 年的 924 美元/临街英尺。街道十字路口处土地的投机热情在 1913 年开始消退，直到 1919 年这股热潮又再次普遍复苏。

新社区的发展——城市各个区域都在兴建新社区。第 79 街和拉辛大街

---

① 《经济学家》，1909 年 4 月 3 日；1912 年 12 月 31 日。
② 同上，1913 年 4 月 19 日。
③ 同上，1910 年 7 月 9 日。
④ 同上，1912 年 4 月 6 日；1918 年 4 月 20 日。
⑤ 同上，1911 年 10 月 14 日。
⑥ 同上，1913 年 10 月 11 日。
⑦ 同上，1913 年 10 月 8 日。
⑧ 同上，1913 年 9 月 20 日。
⑨ 同上，1915 年 1 月 2 日。
⑩ 同上，1915 年 4 月 17 日。

交界处在 1906~1910 年兴建了 150 栋新房。① 第 79 街和农舍大道交界处在 1911~1915 年修建了 150 栋新房。② 1915 年，杰克逊公园以南、岩岛大道以东的区域慢慢演变成了一个新城市。③ 1914 年阿彻大道和凯植大道交界处附近兴建了一个起重机厂，④ 该地段的土地价值在 1913~1915 年这两年间翻了两番。⑤ 泰华斯街至贝尔蒙特街间的湖滨公路段在 1915 年时成为一个新的住宅区。⑥ 整个北区和西北区正迅速发展着。1906~1916 年间，外围地区发展相对较快，这可由越来越多的电话数说明。1906~1916 年间，"卢普区"内的电话数量从 33 000 部增加到 83 000 部，外围地区的电话数量从 50 240 部增加到 274 147 部。欧文公园、罗杰斯公园及艾及沃特（Edgewater）区域的电话增长率分别为 907%、346% 和 343%，外围地区发展迅速。⑦ 1910~1916 年，当州街和麦迪逊大街十字路口处 4 英里以内区域的人口数几乎保持静止不动的状态时（略少于 1 000 000 人），而 4~7 英里处的人口从 460 000 人上升到了 1 076 000 人。在同一时期，7~10 英里远郊地带的人口从 180 000 人增加到了 332 000 人。⑧

整块地购买和土地细分活动——在这一时期的开始阶段，尽管人口在 1890~1910 年间增加了 1 倍，但是土地细分活动并没有从上一轮周期的余波中恢复过来。1910 年，在南区，整块地销售价格远低于 1890 年的水平。下表显示了南区部分区域在 1890 年和 1910 年的土地价值。

单位：美元/英亩

	1910 年	1890 年
德文街 - 西大街	800	1 000
第 63 街 - 西塞罗大街	600	2 000
第 69 街 - 拉辛大街	900	3 500
贝尔蒙特街 - 拉勒米街	550	750
第 47 街 - 克劳福德大街	350	2 000

---

① 《经济学家》，1910 年 10 月 19 日。
② 同上，1915 年 4 月 3 日。
③ 同上，1915 年（年度评论）。
④ 同上，1914 年 10 月 28 日。
⑤ 同上，1915 年 3 月 27 日。
⑥ 同上，1915 年 2 月 6 日。
⑦ 同上，1916 年 4 月 6 日。
⑧ 芝加哥地铁委员会报告（1916 年），73 页。

销售的增加标志着投机活动的复苏，这确实是真理。北区整块土地价值开始上升。到1913年时，德文街和凯植大道十字路口处的土地价值为3 125美元/英亩，三年内上涨了300%。① 泰华斯街以南的埃尔斯顿大街地块在1897年售价为5 000美元/英亩，但在1912年时其价格升至21 000美元/英亩。② 土地细分活动增加了。第63街和西大街十字路口处的细分地正处于出售阶段，在1912年短时间内卖出了价值达300 000美元的土地。③ 1914年杰克逊公园南部、第79街和农舍大道十字路口处、阿彻大道和凯植大道十字路口处以及西北区地块正处于销售阶段。1914年秋天，第79街和农舍大道十字路口处新细分了所谓的"查塔姆"地块，合计有1 146块地，其中的894块在5周内售出，总价为994 000美元。④ 土地细分活动在1914年之后减少了，但是弗雷德里克·H. 巴特利特在1917年卖出了2 994块中的2 694块地（位于"大芝加哥"第130街和伊利诺伊中心铁路旁），据他说年度总销售额达6 000 000美元以上。⑤ 威廉·布里特根（William Britigan）在1917年共销售了总额为4 187 621美元的2 629块地，但为了实现这些销售，53名员工打了169 456个电话，使用汽车出行了5 000次，打了1 399 835条广告。⑥ 汽车、电话及铺天盖地的广告现如今成为训练有素的销售者强有力的卖地工具。只有很少的大公司成功地诱使人们产生对购买地块的兴趣，但世界大战的爆发阻止了他们的努力。在1918年前，细分块地和整块地投机活动只是较温和地得以复苏，整体来说与1890年的市场没有可比性。然而，1900年以来北区的土地价值一直在缓慢而持续地上涨，尤其是街道十字路口处的价值有了惊人的上涨。

高档住宅区——高档住宅区在1915年一直向北延伸到了泰华斯街和贝尔蒙特街间的湖滨公路。靠近迪维森大街的湖滨公路附近的土地价值达到了2 000美元/临街英尺以上，与此同时，草原大道上的旧住宅售价仍

---

① 《经济学家》，1910年1月22日。
② 同上，1910年5月14日。
③ 同上，1912年6月22日。
④ 同上，1914年9月19日。
⑤ 同上，1918年2月2日。
⑥ 同上，1918年1月5日。

为原价很小的一部分。第 18 街和草原大道十字路口处的一栋房子成本为 200 000 美元，卖出价仅为 25 000 美元。第 23 街和卡柳梅特大道十字路口处的房屋成本为 150 000 美元（在 1870 年时能称为最好的房子），卖出价为 36 000 美元。这就是 1909 年的情形。[①] 西区阿什兰大街上的老房子遭遇到了同样的命运。当仆人问题变得严重时，这些宽敞房屋因为太大不好维修保养，而且住在公寓（而并非模仿封建贵族住在城堡）成了一种生活时尚。

旧居民区——靠近"卢普区"的旧房子用做出租或被拆除，是为修建仓库腾地方。位于第 22 街和州街的老"红灯"区在 1912 年时被清除了，于是先前因不道德使用的高租金也相应地消失了。而仓库的扩张立即给予了它一种极有前景的、与原先用途一样高的商业价值。

制造业和仓库地区——这一时期工业区一直在发展着，其土地价值也一直在上升。"中心工业区"土地在 1900 年买价为 90 万美元，到 1915 年时价值达 1 500 万美元。[②] 起重机厂在 1912 年从罗斯福大街和运河街十字路口处迁至靠近第 39 街的凯植大道上，[③] 随之它给 5 700 人带来了就业机会，使草原区域形成了一个新的定居区。肯伍德制造区建立在第 47 街和凯植大道的十字路口处区域。随着 1916 年卡柳梅特河成为进入芝加哥的主要水上支流，卡柳梅特地区和南芝加哥的工业发展得以继续。钢、铁、化学品、水泥、瓷砖、铁路设备、乐器、玉米产品、酒精、油及食物产品都在这里生产。

公寓——公寓是 1915 年新建建筑的主要类型，如表 14 所示。由于大面积地修建公寓，据报道在 1912 年有 30 000 套房屋和公寓是空置的，[④] 在 1913 年时公寓租金下滑。然而，随着带有客厅的公寓成为时尚，公寓建设在 1915 年再创新高。一个房间的公寓于 1916 年在威尔森大道上首次亮相。[⑤]

---

① 《经济学家》，1909 年 10 月 20 日。
② 同上，1915 年 4 月 24 日。
③ 同上，1912 年 10 月 23 日。
④ 同上，1913 年 9 月 13 日。
⑤ 同上，1916 年 4 月 1 日。

表 14*　　　　　1910～1915 年芝加哥新建公寓与新建
独户住宅的数量及成本的比较

年份	公寓			独栋住宅	
	数量（栋）	成本（美元）	占总建设比例（％）	成本（美元）	占总建设比例（％）
1910	4 362	34 372 500	34.3	8 397 300	8.5
1911	4 599	36 401 000	34.8	8 535 500	8.0
1912	4 767	43 619 000	49.0	8 198 000	9.3
1913	5 034	39 565 800	44.0	9 159 500	10.2
1914	4 729	40 632 000	48.8	10 862 500	12.0
1915	4 470	59 567 750	61.2	10 500 000	10.8

*《经济学家》, 1916 年 6 月 3 日。

1908～1918 年间芝加哥房地产市场回顾——1910 年, 尽管"卢普区"的土地价值破了历史纪录, 但在靠近第 22 街的密歇根大道、北部湖岸地区、几个公共交通线路交叉点等的外围整块土地价值比它们 20 年前的都要低。人们仍可以以低廉的价格买到大量因破产和拍卖售出的地产。写字楼的高额租金刺激了"卢普区"在 1910 年和 1911 年大搞建设。1910～1916 年间新建了很多公寓, 但在 1916 年市面上存在许多空置公寓。1911～1917 年土地细分活动复苏到中等程度。杰克逊公园南部的土地在 1915 年后价值开始上升。1910～1918 年芝加哥平均土地价值上升了 50%,① 但是没出现以往繁荣的现象。1916 年后租金仍然保持不变, 但运营成本却上升了。第一次世界大战的爆发使房屋建造活动降到了低潮。

C. 1919～1933 年

1919～1926 年间影响美国城市土地价值的因素综述——前面每章有关此项的研究都呈现了一幅有关土地价值极其旺盛和迅速上升的画面, 随后土地价值经历了令人痛苦的下跌, 这使芝加哥大部分居民绝望。人们首次

---

① 摘自《美国科学院纪事》(1930 年 3 月)上的赫伯特·辛普森的《公共改革给土地价值造成的影响》, 128 页。

第五章　1898~1933年世界大战后新时代的土地繁荣

看到它失去流动性，失去了在以往持续的土地流转中所获取的价值。由于芝加哥持续快速地发展，房地产市场在每次萧条后都复苏了，且其土地价值总体来说在每次繁荣后都上升到了更高的高峰，致使后代人忽视了其父辈和祖父辈在低潮期的挣扎。在最近的这段时期，即自从第一次世界大战结束以来，导致芝加哥土地价值上升和下降的因素仍然是让人难以忘怀的。如此大的变化在这么短时间内发生似乎是不可能的，人们如果不是亲身经历，根本不会相信。

美国刚刚经历了一段从很多方面都类似于内战后"淘金年代"的时期。同样有众多居民追求暴富，也出现了像克鲁格和印萨尔那样操纵金融市场的人。人们被越来越高的摩天大楼和新式舒适的生活方式弄得眼花缭乱。似乎一个新的时代来临了，美国从此永远不再贫穷。然而，整个房地产市场随后却轻易地崩溃了，就如同一张卡片一样。现在我们回首来看，那就是一个泡沫或海市蜃楼。

土地或建筑物的价值表面上看似乎依赖于实体建筑，但事实上依赖于未来长时期租金超过运营成本的能力。然而，当某一综合效应在短时间内增加了房东的净收入时，人们似乎经常会马上给出结论——这个盈利局面肯定会在今后几年一直持续下去。土地价值的资本化不仅仅是以新的利率为基础，而且甚至还是在假设房东的利润会持续增加的基础上进行的。长期租约就在这一新价值基础上达成了。税收被征收了，银行贷款也发放了，长期租约也签订了。这样整个社会的经济和金融层面都卷入了土地新增价值部分。出现这种情形，不仅仅是因为总租金和运营成本之间差距的增加，也因为资金寻找投资的压力。

现在来描述一下自第一次世界大战开始美国土地价值变化的情况。1922年，土地连同其上的建筑物占国民财富总额的1/2以上。① 因此，如此重要类别财产的波动不可能不影响到整体金融和产业结构。

美国的城市土地市场在第一次世界大战期间普遍不景气。1914年的萧条使芝加哥房地产的温和复苏放慢了脚步，并缩短了加拿大西北部城市和纽约市的土地繁荣期。战乱使世界远离了住房需求而转向了为战场上的军

---

① 《美国财富、负债和税收统计》，1922年。

队生产弹药和食品。美国农产品价格在 1914~1918 年间增加了 1 倍以上，而美国的平均住房租金仅增长了 9%。结果是，美国的农用地价值在 1900~1910 年间增加了 1 倍，这是由于农产品价格上升所导致的。1910~1920 年间其价值再次增加了 1 倍。到 1920 年时，美国农用地总价值达到了 550 亿美元。① 在美国玉米种植地爱荷华州，农地市场的价格在 1920 年时达到了 500 美元/英亩。

随后，美国城市和农村土地价值发生了颠倒。我们通过以下数据加以说明，1920 年美国共计 3 万多个城市的土地总价值刚刚超过 250 亿美元，或者说是农地价值的 1/2；到 1926 年时，农用地总价值从 550 亿美元降到了 370 亿美元，而美国城市土地的价值从 250 亿美元上涨到了 500 亿美元以上。这些城市的面积只占到了美国所有土地的 5‰。然而，在 1926 年时，尽管农地面积为城市土地面积的 200 倍之多，但城市土地价值比美国所有农地的价值高出了 33%。② 之所以出现这个巨大的转变，是由于两方面力量的作用：其一是农用地的价值下降；其二便是城市土地价值的上升。

美国农产品和农用地价格的下降是一战后对美国食品需求急剧消失的结果。需求的急剧消失是几方面因素共同作用的结果。一战时，澳大利亚和阿根廷的小麦，由于缺乏船只而不能运往欧洲。世界大战结束后，这些地方的小麦再次被运到欧洲市场；欧洲大陆国家，其退伍军人都回到了农场，不再需要大规模进口农产品了。在战争结束之际，大量的商品都积压

---

① 《美国统计》（1910 年、1920 年）。

② 城市有限范围内的有着 3 万人口的城市土地价值及整个美国的土地价值是由笔者分别按两种方法估算出来的。第一种方法基于人均土地价值。赞格勒（Zangerle）发现 1921 年 9 个城市的人均土地价值均值为 756 美元（约翰·赞格勒的《房地产估计原理》（克利夫兰，1924 年），229 页）。这几个城市分别为纽约、波士顿、匹兹堡、克利夫兰、圣弗朗西斯科、辛辛那提、巴尔的摩、密尔沃基及底特律。1920 年美国城市人口超过 3 万的所有城市人口为 36 705 911 人。将这 9 个城市的人均土地价值均值应用到整个城市人口将得出总城市土地价值为 27 750 000 000 美元。人均土地价值在大城市比小城市要高，将这些大城市的人均值应用到小城市中会导致结果偏高。然而，赞格勒将一些很大的城市排除在这 9 个城市之外了，如芝加哥、费城、洛杉矶、圣路易斯、新奥尔良、明尼阿波利斯、圣保罗、堪萨斯城、亚特兰大、华盛顿（哥伦比亚特区）、西雅图、波特兰（俄勒冈州）、哥伦布、托莱多、路易斯维尔、纽瓦克、泽西岛、印第安纳波利斯、亚克朗市、丹佛、伯明翰市等。这 21 个特别提到的城市在 1920 年人口大约为 10 800 000 人。换句话说，与赞格勒选取的 9 个城市总人口是一样的。

为检验这种方法的准确性可应用另一种方法来判别。美国联邦贸易委员会在 1922 年对国民财富的估计值并没有针对城市土地给出一个单独的值，但是他们确实算出了除建筑物总价值 122 000 000 000 美元外的土地总值。通过排除法，可估计城市土地价值。从总值中减去下列项目就可计算出城市土地价值（只是 1920 年的值）：（接下页注）

第五章 1898~1933年世界大战后新时代的土地繁荣

在仓库里，到1920年时商品价格突然急剧下滑了。农业萧条开始于1921年，随着农用地价值下滑，农村地区的许多银行都关门了。

另外，500万士兵回到了国内，大型城市中心的就业机会增加了，这些使得美国城市人口在1920~1930年间增加了将近900万。在残酷的战争过后，压抑许久的奢侈品的需求带动了制造业和批发贸易的复苏。房地产经纪、美容等第三产业的需求也有了极大的增长。对这些需求最大的地方就是大型城市。由于战争时期建材价格特别高，导致在1917年和1918年时几

（接上页注）

		来源
改造农田（1922年）	40 000 000 000 美元	1920年《美国统计》
公共事业用地	6 000 000 000 美元	联邦贸易委员会*
城市街道	9 000 000 000 美元	联邦贸易委员会*
森林占地总共493 000 000英亩，20美元/英亩	10 000 000 000 美元	笔者估计
其他土地总共400 000 000英亩，10美元/英亩	4 000 000 000 美元	笔者估计
	69 000 000 000 美元	

* 1922年的联邦贸易委员会数据。

从总值122 000 000 000 美元中减去69 000 000 000 美元得到53 000 000 000 美元，这就是美国所有村庄、城市、小镇的土地价值。如果将这个价值的一半赋值给超过3万人口城镇土地，再扣除任何可能遗漏的土地财富值，将得出人口在3万以上的城市土地值，即26 000 000 000 美元。这扣除的数值可能极高，但是这里估计的城市土地价值要么视为极其错误，要么是低估了，而绝不是高估。

计算1921年城市土地价值方法有很多。使用另一种方法，笔者发现1926年芝加哥的土地销售额为人均1 500美元。纽约城市1926年的评估值就为8 000 000 000 美元，人均1 250美元，这可能还低于销售额。人们认为，1927年美国人口在3万以上的所有城市土地为人均1 200美元，这个值是较保守的。1929年7月1日这些城市的人口为44 318 000人。1929年这些城市人口为42 000 000人，在这个基础上得出的城市土地价值略微超过50 000 000 000 美元。

上述计算远远超过了印噶尔（W. R. Ingalls）在他的《美国人民的财富和收入》所估计的1920年美国城市土地价值（他认为只有13 800 000 000 美元）。这个估计值没有包括城市空置土地，但是即使包括在内，似乎还是远低于上述计算结果。其计算基础似乎错了，因为该作者首先通过一种很粗糙的计算方法计算出了城市建筑物价值为65 100 000 000 美元，然后再假定这些建筑物下土地的价值为建筑物（只是建筑物，不包括土地）的1/5，从而得出了结果。建筑物与土地价值比率为5∶1，土地常常以惯常比例来计算，这的确是事实，但是商店和大城市的商业中心的土地通常会高于建筑物价值。老旧荒废的建筑物占据的大量土地价值也比其上的建筑物要高。在库克县1928年的土地和建筑物评估中，土地和建筑物评估值相等。诚然，土地数值中包含了许多空置土地，但这种空置土地上的平均水平远远低于其上有建筑物的土地价值。

印噶尔估计值太低也可由联邦贸易委员会和《美国财富、负债和税收统计》来加以证明。在扣除众所周知的土地（如以农场为代表形式）的价值后，仍然有大量的难以计算的土地，只能假设其大部分为城市土地。而且，赞格勒计算的1921年9个城市土地价值是以人口为11 300 000人为基础，结果为8 550 869 757美元。如果印噶尔估计是正确的，那么在9城市中只剩下了5 300 000 000美元再加上空置土地价值的总和能代表美国所有其他城镇的城市土地价值了，但不可能有这么低。

乎没有建设住宅,于是随着士兵从战场回到城市以及从农村到城市移民潮的到来,造成了严重的住房短缺。由于人口的压力,美国大部分城市的租金在 1919~1924 年增加了 1 倍。同时,美国的平均建筑成本也下降了近一半,大楼的运营成本虽有所上涨但只是轻微的。因此,最终的结果是:第一,现存大楼房东的净利润极大地提高了;第二,由于租金上升和修建新大楼的成本下降,到 1912 年时,修建新楼变得非常有利可图。由于新建筑物吸纳了原先的空置土地以及现存大楼的土地所有者获得了较高的净投资回报,使得美国城市土地价值在 1919~1926 年间上涨了 1 倍。房地产债券也广泛发行,1929 年的发行额达到了 100 亿美元。这就是美国在这次房地产繁荣期间的总体情况。

1921~1929 年间芝加哥贸易和生产的增长——在这 8 年间,批发价格相对稳定地上涨,制造业产值和银行结算额增加了 50%。① 1921~1926 年间,地面铁路和高架铁路总里程增加了 25%,而新安装电话数量和批发贸易总额增长了 50%。② 广播业、电影业以及汽车贸易部门有了相当可观的收入。1920~1930 年间,芝加哥的汽车保有量增长了 400%。③ 同期发电量增加了 133%。④

1919~1926 年间房地产的增长——在这一时期的后几年,比制造业、银行业、运输业、批发业增长率更高的是人口、建筑、土地细分和土地价值的增长率。1918~1926 年间,人口增长了 35%,土地价值增加了 150%,新建筑价值(允许开工的)上涨了 1 000%,芝加哥大都市区的细分地块数量增加了 3 000% 以上。⑤

人口增长——人口的增长非常显著。用小学入学率估计,芝加哥人口

---

① 《美国统计》的"芝加哥制造业";芝加哥银行结算数据来自芝加哥清算所协会。
② 高架铁路数据取自芝加哥捷运公司接受者的一封信;地面线交通数据来自芝加哥地面公共交通线路主席在 1932 年(截至 1 月 31 日)所做的第 18 次年度报告;安装的电话数量来自伊利诺伊贝尔电话公司的统计员的一封信(信件日期为 1932 年 7 月 23 日);1918 年的批发贸易价值摘自《芝加哥论坛报》商业年度评论,为 3 338 175 100 美元,1926 年的数据摘自《普查分布》(Census of Distribution)为 4 484 761 000 美元(Mr. Scott of Carson, Pirie & Scott)。
③ 数据由芝加哥市政授权部提供。
④ 《年刊》(芝加哥:联邦爱迪生公司,1931 年)。
⑤ 土地价值的上升是笔者统计的。

在 1916~1917 年一直保持不变。① 然后，人口潮，包括从南方涌入的黑人、退伍的士兵及从小城市或农村来的白人工人，涌入了芝加哥，加上出生人数大于死亡人数，使得芝加哥的总人口在 1917~1927 年间总共增加了 91 万人。另外有 15 万人离开了州街和麦迪逊大街十字路口处 4 英里范围内的旧住宅区。换句话说，总共有 106 万人定居在外围空间带（该范围超过了 1880 年的定居区界限）。这一区域的人口在 1917~1927 年间从 1 552 500 人增至 2 670 000 人，而市中心的人口在同时期从 848 000 人下滑到了 700 000 人。"卢普区"外及靠近北区的老地区这些年几乎没有新建筑，但是，外围空间带 1919~1929 年的临街新建筑物有 730 英里长，大约有 25 平方英里的面积。

建设热潮——人口的大规模迁移导致了建设热潮，它始于 1919 年，一直持续到 1928 年，之后便急转直下。之所以出现这种狂热的建设行为，是因为 1919~1924 年芝加哥公寓租金增加了 1 倍，办公室租金上涨了 80%，② 零售商店租金上涨了 100%~1 000%，同时运营成本仅上升了 10%。③ 如图 34 和图 35 所示，1919 年开始接近的总收入和运营成本曲线迅速分离。随着租金的迅速上涨，几乎没有公寓空置，运营成本也几乎保持不变，芝加哥公寓的所有者在 1920~1929 年间简直像拥有了一座富矿一般。芝加哥任一地段的两单元老建筑在 1918 年售价为 6 000 美元，到 1926 年随时都可以卖到 12 000~15 000 美元。芝加哥建筑成本指数从 1920 年的 258 降到了 1922 年的 210。④ 新建筑的售价几乎总是能高出土地和建筑成本许多。小木屋建筑成本为 5 000 美元，可卖到 7 500 美元。一栋多单元的大楼利润达到了 25 000~50 000 美元。既然全部建设资金都能通过借贷获得，出现这种类似"淘金潮"的建设潮便不足为奇了。

---

① 此处运用的方法跟恩尼·阳（Earle Young）在《美国社会杂志》（1933 年 2 月刊）所描述的是一样的。每年 6 月新入学的小学生人数是从教育局的记录中搜集到的。根据《美国统计》（1910 年、1920 年、1930 年）及小学生入学人数的有关数据，总人口与入学学生之间的比率分别为 7.84∶1、7.708∶1 和 7.638∶1。中间年份的比率由插值直线法得出，且由此得出的比率乘以每年 6 月份的小学入学人数而得出总人口。因为这三个普查期的比率没有任何重大变化，人们认为，这种方法将给这一时期人口估算带来相当可靠的结果。上述结果看起来与通常观察数据是相吻合的。

② 厄尔舒尔茨的《未来是什么》，发表在《全国建筑业主和经理协会公报》，521 页。

③ 商场租金的上涨数据来自麦克（McKey）& 伯格（Poague）为靠近农舍大道的第 63 街商场租金所做的记录。

④ 赫拉波德指数，令 1888 年数据为 100。

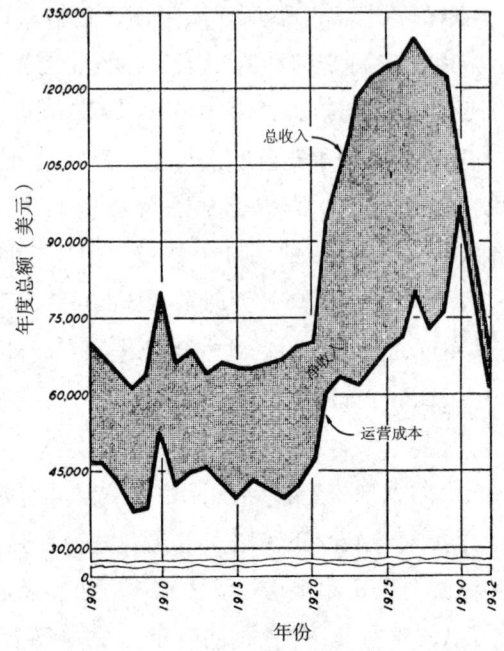

图34 1907~1931年芝加哥公寓的总收入及运营成本

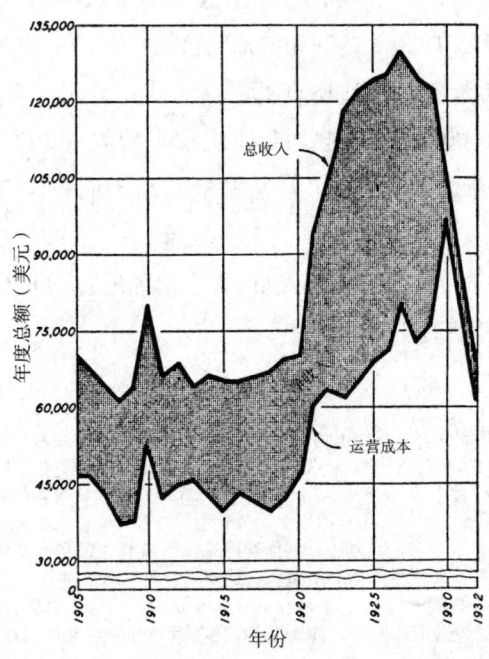

图35 1905~1932年芝加哥办公楼的总收入和运营成本

第一次世界大战后城市劳动力的购买力（可由高额的公寓租金、商店租金来反映）使得新建筑迅速吸纳空置地及现存建筑的高收入成为可能，而这导致空置土地出现了繁荣现象。这种繁荣在1925年及1926年早些时候上升到了最火热的阶段。

芝加哥的土地价值变化：分区域和物业类型

上述便是芝加哥1919～1926年影响土地价值变化的一些主要因素。现在有必要从区域及物业类型角度描述其变化。接下来的讨论首先关注的是土地价值自身的变化，分为以下地区：（1）芝加哥中心商业区；（2）北区；（3）1880年前的老定居区；（4）外围商业中心；（5）沿湖新高层公寓楼；（6）三层公寓楼占据的地区；（7）小木屋和小房子地区；（8）外围工业房地产；（9）细分土地和外围按英亩出售的整块地。

1. 中心商业区——在1924～1929年的建设潮期间，芝加哥中心商业区不仅在垂直方向上也在水平方向上得以扩张。楼层限高的法令在1923年得以放宽。新建了20栋35～46层的尖塔形建筑。尽管从地面看这些塔形建筑很雄伟，但是，在1933年，这些楼的占地面积只占到了"卢普区"总地面面积的2%。

与此同时，芝加哥中心商业区的楼层从264英尺到560英尺不等，"卢普区"以外的地方也开始有高楼兴建。芝加哥河南岸沿线的废弃房屋已被拆除，这条新的瓦克大街为新建摩天大楼群腾出了空地。芝加哥河南支流的沿岸在1930年兴建了国民剧院大厦。哈里森街以南的密歇根大道上在1928年兴建了斯蒂文森酒店，该酒店拥有3 000间客房，是当时世界上最大的酒店。在芝加哥北边，建立了一个庞大的商品超市，1930年获得了"迄今为止人类建设的最大建筑"的美称。在东边，在靠近迪尔伯恩要塞遗址的地方，几栋塔形写字楼及计划兴建的一个大型建筑（会横跨伊利诺伊中央铁路轨道，并立起一栋40层的高楼）出于安全考虑而未能兴建。因此，在所谓的"新时代"（结束于1929年10月24日）的乐观日子里，芝加哥"卢普区"不断在垂直方向上发展并向外扩张，设想者的空中城堡和建筑师的梦想变成了现实。

2. 北区——芝加哥中心商业区在历次繁荣期都是向南扩展的，这原先主要是受南边的公园、卡柳梅特、密歇根大道等因素的影响。然而这一次中心商业区却向北扩展，这是因为时尚中心转移到了北区的湖岸地区。然而这种扩展起初是缓慢的。北区的湖岸地区在 1900 年时就崭露头角了。密歇根大桥在 1920 年 5 月 14 日开通时，"卢普区"才向北部推进。新双层密歇根大道成了芝加哥最繁忙的汽车公路。当废弃房屋最后的残根断垣横亘在废弃的街道上时，最新、最好的摩天大楼则沿着新大道成群地兴建。当腐朽地段近乎神奇地转变成中心商业区时，其土地价值的上升是非常惊人的，在两年内从 2 美元/平方英尺上涨到 25 美元/平方英尺是很正常的。

3. 高层公寓楼——1922～1929 年这段时期，7～22 层不等的高层公寓楼相继在北区的湖岸地区、南区的第 50 街至第 56 街段及第 67 街至第 69 街段建成。原本住在草原大道或湖滨公路上的富裕家庭搬进了高级公寓。中产阶级从旧的大公寓搬进了小一点的、带厨房的公寓。商店和办公室的女性雇员人数有了极大的增加，这缩短了她们花在家里的时间，同时也促进了她们将休闲时间用在驾车、看电影、打高尔夫上。面积小、结构紧凑、能提供所有服务的寓所取代了 19 世纪的旧宽敞房屋（这类房屋需要一群仆人去打理，同时还需要一位女主人来监管仆人的活动）。其他促使寓所面积减小的有利因素包括出生率的下降、家庭平均规模的缩小以及无子女夫妇和单身男女的增加等。大型公寓大楼同样也在提供餐厅、客厅、游泳池等方面占有优势，这些大楼也为居民间的社交提供了便利。因此，住在湖岸沿线的高楼里比住在有着宽敞空间的旧房屋更方便、更时尚，这种潮流发展到了一个极端，即到 1929 年时这些公寓大楼里一个房间的租金和普通 6～7 间出租屋的总租金一样多。

高层公寓大楼在短时间内能有大量租金收入，且修建这些大楼的贷款也很容易获得，这使得 1922～1929 年间修建了大量的公寓大楼。这些 6～20 层的公寓大楼往往修建在以前只有 3 层高建筑的社区里，导致这些社区附近的土地价值在"更高、更好使用"的基础上重新评估。

4. 2～3 层公寓楼区域——市内旧居住区及铁路沿线的草原地带在此期间建起了上千栋 2～3 层高的公寓。这些楼大小不一，从"两单元"到一条走廊有 42 间或更多的房间不等。这种建筑的显著特点就是：没有电梯、砖

第五章 1898~1933年世界大战后新时代的土地繁荣

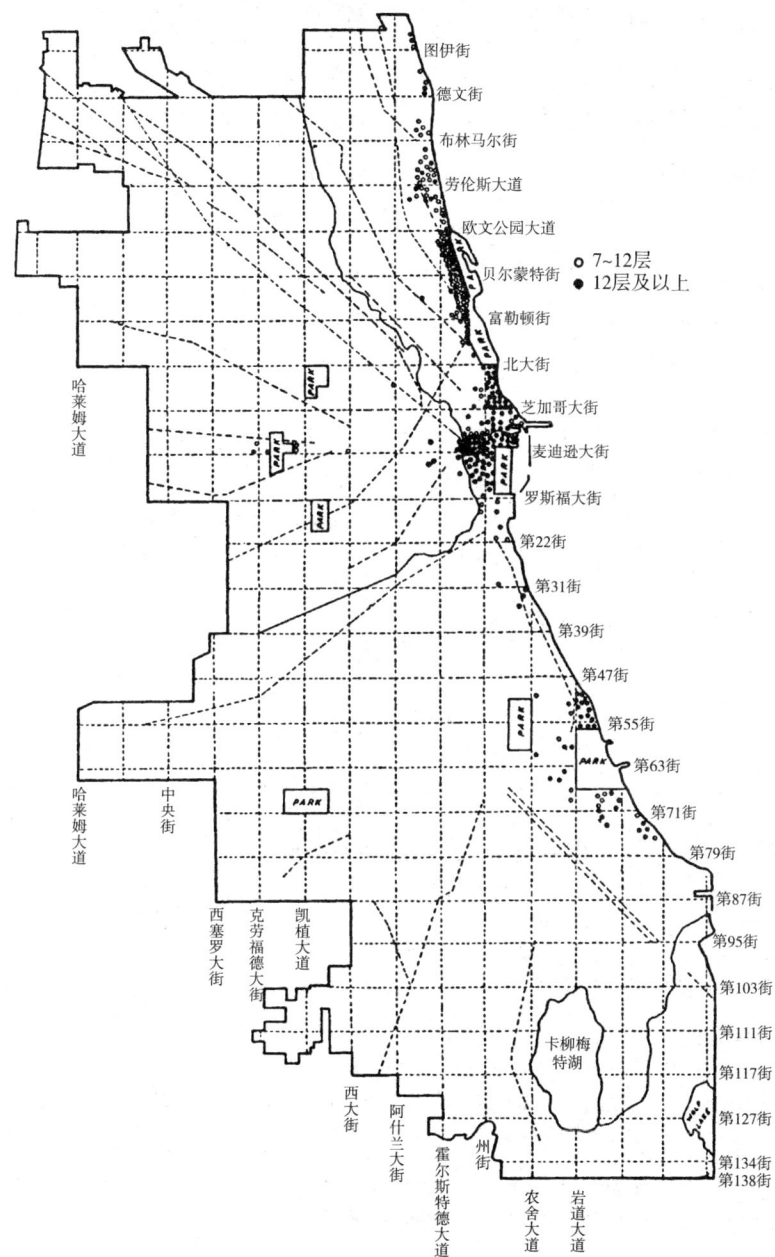

图36　1933年芝加哥7层以上建筑的分布情况

瓦结构、没有消防设备。

土地的集约使用使得1921~1926年间外围住宅区土地价值迅速上涨。

空旷的草原带,如德文街和西大街十字路口区域、温莎公园高尔夫球场、查塔姆地、阿瓦隆高地、劳伦斯大道和金博尔大道十字路口区域、北大街和奥斯汀街十字路口区域,在短短几年内遍布了一排排新建筑物。表 15 表明了 1910~1928 年间一些新公寓区土地价值的上涨。[①]

5. 平房区——第一次世界大战结束后,在库克县公寓区之外的便宜土地上建起了 10 万栋平房。平房区的土地价值没有公寓地段那么高,但是新区域土地价格还是有很大涨幅的,如表 16。

表 15　　　　1910~1928 年芝加哥公寓区的土地价值　　　　单位:美元

区域边界	每临街英尺价值				
	1910 年	1915 年	1920 年	1925 年	1928 年
荷伍德街、德文大街、密歇根湖、阿什兰大街	47.20	97.00	141.00	377.00	466.25
德文大街、福斯特大街、西大街、凯植大道	5.00	14.00	21.12	70.50	118.00
福斯特大街、欧文公园大道、凯植大道、克劳福德大街	14.95	21.28	30.80	107.35	151.95
凯植大道、罗斯福大街、西塞罗大街、中心商业区	23.25	37.35	43.40	143.05	243.65
第 75 街、第 87 街、州街、农舍大道	6.25	15.45	19.60	50.30	116.55
第 75 街、第 87 街、布兰登大街、叶兹大道	16.35	18.00	30.30	73.45	153.00

表 16　　　　1910~1928 年芝加哥平房区的土地价值　　　　单位:美元

区域边界	每临街英尺价值				
	1910 年	1915 年	1920 年	1925 年	1928 年
泰华斯街、北大街、克劳福德大街、西塞罗大街	11.65	20.80	25.60	51.90	71.30
罗斯福大街、第 26 街、中心商业区、里基兰德大街	7.75	12.50	20.00	51.75	75.90
第 51 街、第 63 街、西大街、凯植大道	3.35	17.40	24.15	44.80	73.45
第 87 街、第 99 街、霍尔斯特德大道、阿什兰大街	8.65	12.90	13.00	27.20	66.28

资料来源:乔治·奥科特,《芝加哥土地价值蓝本》。

6. 老住宅区——芝加哥中心商业区外面是老住宅区,这里的人口在下降,而犯罪率却在上升。这个所谓的"毁灭区"事实上已经有 30 年或 40

[①] 摘自乔治·奥科特,《芝加哥土地价值蓝本》。

年没新建住宅了,其土地价值在结束于1926年的繁荣期间稍微上升了一点,如表17所示。

表 17 1890~1931年芝加哥居民区和中等房屋所在的老住宅区的土地价值(美元/临街英尺)

位置-街区	1890年*	1910年#	1915年#	1929年#	1931年&
南区:					
布罗德街-阿彻大道	65	15	15	20	20
布法罗街-第88街	40	40	40	55	25
卡彭特街-第56街	26	40	35	60	35
绿湾街-第91街	40	20	25	25	12
贾斯汀街-第49街	48	20	22	32	20
兰利街-第47街	85	70	50	55	40
宝琳娜街-第35街	62	25	30	45	25
希尔兹街-第32街	44	50	35	60	25
第35街-奥本街	40	25	50	40	20
第36街-盖奇街	26	25	25	50	20
第36街-加利福尼亚大道	56	12	18	20	25
第37街-阿彻大道	68	48	45	75	60
第37街-帕内尔街	54	20	30	32	20
第23街-温特沃斯街	56	45	70	75	40
第27街-拉萨尔大街	67	40	40	40	25
第29街-斯图尔特街	48	35	30	40	35
弗农街-第37街	40	60	45	50	25
华莱士街-第30街	48	40	30	50	40
华莱士街-第29街	52	40	30	50	40
伍德街-第51街	23	20	28	45	25
平均	49.4	34.5	34.6	45.40	28.85
北区:					
黑鹰街-拉若比街	93	60	55	80	35
比斯尔街-克勒街	44	40	45	50	40
查塔姆街-霍比街	30	45	40	70	20
常绿街-密尔沃基街	35	60	60	80	65
前街-桑格蒙街	60	50	65	70	40
霍尔特街-布兰奇街	56	40	40	40	40
霍尼街-托马斯街	50	40	40	75	70
休伦街-宝琳娜街	60	40	45	55	35
休伦街-霍尼街	41	40	40	50	35
格兰德街-罗比街	76	60	60	60	40
爱荷华街-罗克韦尔街	30	35	40	70	60

续表

位置－街区	1890 年*	1910 年#	1915 年#	1929 年#	1931 年&
莱恩戴街－罗比街	30	35	30	40	30
利尔街－佩里街	56	25	30	50	40
诺贝尔街－俄亥俄街	62	60	70	65	50
俄亥俄街－罗比街	46	36	40	45	35
俄亥俄街－联盟街	80	100	125	125	80
罗比街格－兰德大街	60	40	45	45	40
西格蒙街－奥斯汀街	65	80	125	100	60
谢菲尔德街－克勒街	50	40	50	70	70
史密斯街与黑鹰街的交叉处	60	55	66	100	100
瓦许藤诺街与爱荷华街的交叉处	27	38	38	70	82
柳树街－柏林街（Burling）	77	50	80	90	50
伍德南街－托马斯街	48	40	45	60	45
艾特伍德街－拉辛大街	55	55	55	100	55
平均	52.70	48.50	55.40	70	50.20
西区：					
伍德街－第15街	50	30	35	40	35
联盟街－第15街	50	40	50	80	35
西大街－第18街	70	30	35	40	50
菲斯克街－第16街	92	40	50	65	40
佛洛诺街－弗朗西斯科街	40	32	40	65	45
第14街与林肯街的交叉处	27	33	38	60	44
拉弗林街－波尔克街	83	60	70	70	60
莱维特街－第19街	51	40	40	45	45
五月－第18街	44	60	60	60	45
西大街－第19街	44	40	40	45	40
纳特街－第16街	70	35	45	70	40
帕克街－西大街	60	35	30	70	35
加利福尼亚大街－第16街	48	30	45	50	45
伍德街－第16街	66	30	25	40	40
罗比街－第13街	64	40	40	45	30
宝琳娜街－第13街	60	40	50	45	30
斯罗普街－第19街	83	60	60	65	40
特洛伊街－第25街	48	25	40	55	30
奥尔巴尼街－第20街	27	20	35	50	35
林肯街－第20街	48	50	50	40	40
五月街－第20街	63	60	60	60	40
宝琳娜街－第21街	64	45	40	50	75
五月街－第21街	60	40	40	70	75
瓦许藤诺街－第14街	30	30	35	45	35
瓦许藤诺街－富尔顿街	33	30	35	65	30

第五章 1898~1933年世界大战后新时代的土地繁荣

续表

位置-街区	1890年*	1910年#	1915年#	1929年#	1931年&
斯普林街-卡纳普特街	51	40	60	70	25
平均	55	40	44.40	56.50	41.50

*1890年数据来源于M.L.普特尼所制成的销售列表,摘自《芝加哥土地价值和历史记录》(1890年)。

#1910年、1915年和1929年的数据来自乔治·奥科特,《芝加哥土地价值蓝本》(1910年、1915年、1929年)。

&1931年数字来源于库克县1931年的土地评估价值。

7. 工业区——第一次世界大战之后一段时间的显著特征是,工厂和工业区继续从离"卢普区"较近的地方迁移到较远的、沿铁路线分布的新工业区。那里土地成本更低、赋税更低、运输更方便、工业布局更科学、产业联系更紧密,这些都促进了外围工业区土地价值的上涨。结果,新工业区的土地价值比靠近"卢普区"的老地段上升得更快。这可从表18中看出来。

表18　　1910~1929年芝加哥工业区土地价值　　单位:美元/平方英尺

区域界限	1910年	1915年	1918年	1921年	1925年	1929年
			新工业区			
富勒顿街、克劳福德大街	0.03	0.10	0.30	0.65	0.85	1.25
第65街、第71街、西塞罗大街、哈莱姆大街	600*	800*	1 000*	1 000	1 500*	3 500*
第39街、阿什兰德大街	0.25	0.60	1.25	1.25	1.35	3.00
第47街、阿什兰大街	0.03	0.10	1.12	1.00	1.00	1.00
西塞罗大街、迪维森大街	0.15	0.30	0.40	0.40	0.65	0.80
第47街、西大街	0.05	0.25	0.40	1.10	1.00	1.00
			旧工业区			
杰克逊大街、门罗大街、霍尔斯特德大道、摩根街	250#	440#	425#	425#	430#	500#
卡柳梅特河、第99街、第106街	—	0.30	—	0.25	0.25	0.30
芝加哥河北支流、凯植大道	4.33	5.33	5.67	6.00	6.67	7.00
靠近摩根街的芝加哥河南支流	0.90	1.00	1.00	1.10	1.20	1.20
州街、第16街	10.00	8.00	8.00	5.00	6.00	6.00
芝加哥河南支流、罗斯福大街、第16街	5.00	5.00	5.00	5.00	5.00	5.00

*每一英亩,#临街每一英尺,其他为每平方英尺。

8. 外围商业中心——正如表 20 所示，外围商业区处的平均价值在 1910～1915 年间增加了 1 倍，随后，由于建材价格的上涨以及第一次世界大战的影响，外围商业区的价值在 1915～1921 年间保持不变。外围区域人口在 1921～1927 年间有了快速增长，这使土地价值上涨的趋势得以恢复，这一趋势直至重要的十字路口处的土地在 1928 年平均销售价格涨到了 1921 年的 3 倍才暂告一段落。这些新区域的人口增加了 100 万，雇员工资也很高，因而使当地商店的销售量增加了，而且其他一些因素也促使"卢普区"的购物活动向这些社区中心转移。外围区域银行的迅速发展为当地建设项目进行融资。新豪华电影院提供了与"卢普区"一样的放映效果。沃尔格林药店、伍尔沃斯或克雷斯吉商店以及戈德布莱特或威博尔特百货商店提供了多种可供选择的商品。因此，当这些新地区的居民越来越觉得在市区很难停车时，他们开始就近进行消费和娱乐。

结果，某些主要外围中心的商店租金在 1915～1928 年间上涨了 1 000%。街道或主要干道附近的土地增值收益超过了任何其他类型的地产。两条主干道的十字路口处的土地价值更是达到了峰值，因为这些地点往往是药店、雪茄店和银行的最佳选址，因而租金都很高。对于连锁百货店而言，因为选择一个好地段能显著增加商品的销售，因而这些百货店互相竞价使得租金上涨到了其他承租人难以承受的水平。互为对手的众多银行、药店、雪茄商店对十字路口处土地的报价也同样激烈。甚至还出现了一些机构怀着将竞争对手从这些地段挤走的目的而恶意竞标的现象。在 1929 年前的那段繁荣期里，许多职员自己创业，有的也的确赚了不少。所有这些因素都使得商业区域扩张了、商店租金上涨了。

北区的劳伦斯大道及南区的第 79 街是人口增长最快的区域。如图 37 和图 38 所示，这些街道所有地段的土地价值的上升幅度可能比芝加哥其他任何街道都要高。许多外围区域的土地价值在 1921～1926 年间的繁荣期也上升到了 1 000 美元/临街英尺的级别。表 19 给出了部分案例。表 20 给出了公共交通线路交汇点处的 1 700 个外围商业地段的平均价值，显示了其1910～1929 年的上升轨迹。在 1910 年，只有 52 个地段价值达每临街英尺 1 000 美元或以上。但是，到 1929 年时，每临街英尺 1 000 美元地段的数量又增至 816 处。

第五章 1898~1933年世界大战后新时代的土地繁荣

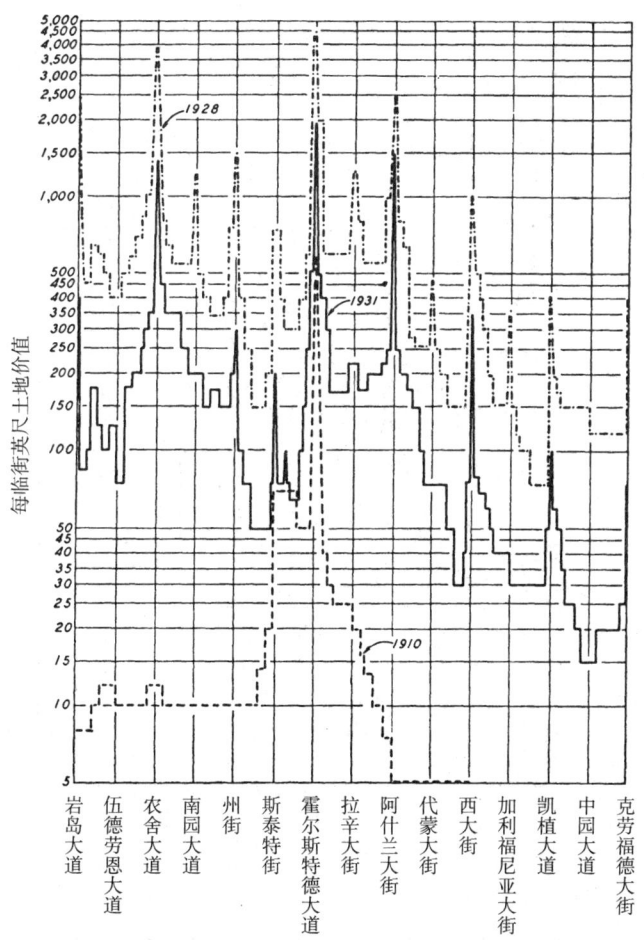

图37 1910年、1928年、1931年从岩岛大道到克劳福德
大街段第79街沿线的土地价值

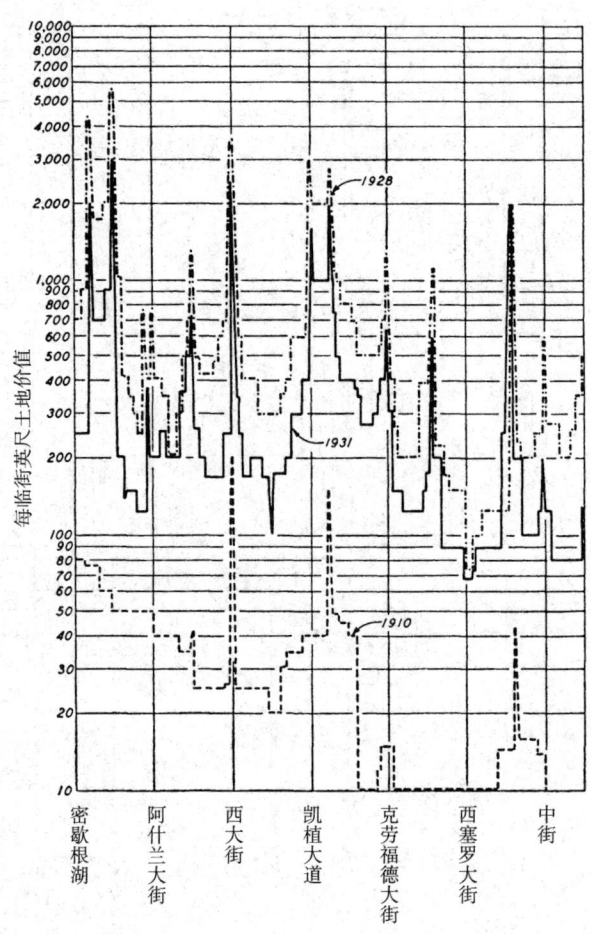

图 38　1910 年、1928 年、1931 年劳伦斯大道土地价值

表 19 *   **1910～1929 年芝加哥主要外围十字路口处的土地价值**

单位：美元/临街英尺

位置	1910 年	1915 年	1918 年	1921 年	1925 年	1929 年
南区：						
第 53 街－湖园大道	250	750	750	1 000	1 500	2 750
第 63 街－霍尔斯特德大道	1 500	5 000	5 000	4 000	9 000	10 000
第 63 街－农舍大道	750	1 750	1 750	2 000	5 000	7 000
第 63 街－阿什兰大街	750	1 500	1 500	1 350	2 000	3 000
第 63 街－西大街	100	750	900	800	1 750	2 500
第 63 街－凯植大道	75	400	700	600	1 500	2 000
第 71 街－杰弗里大道	100	100	500	400	1 300	2 250
第 67 街－岩岛大道	100	750	1 000	900	3 000	4 000
第 92 街－商业街	450	1 500	1 500	1 500	2 500	4 000
第 111 街－密歇根大道	—	700	700	800	2 000	4 000
第 79 街－农舍大道	20	300	300	200	1 500	3 750
第 79 街－霍尔斯特德大道	600	1 000	1 000	1 000	2 500	4 500
第 79 街－阿什兰大街	10	400	500	400	1 250	2 500
第 47 街－阿什兰大街	800	1 500	1 750	1 750	3 000	4 000
西区：						
麦迪逊大街－凯植大道	500	2 000	1 500	1 750	2 500	3 500
麦迪逊大街－克劳福德大街	500	1 000	1 100	1 250	2 250	7 000
麦迪逊大街－西塞罗大街	250	1 200	1 000	800	2 000	2 500
罗斯福大街－霍尔斯特德大道	2 000	2 500	2 500	2 500	3 000	5 000
罗斯福大街－凯植大道	500	1 500	1 500	17 500	2 500	4 000
罗斯福大街－克劳福德大街	600	1 000	1 000	1 000	1 500	2 500
麦迪逊大街－阿什兰大街	700	1 000	1 000	800	1 500	2 500
马里昂－橡树公园	175	175	175	200	1 000	2 250
北区：						
芝加哥大街－阿什兰大街	100	750	1 000	1 000	1 750	3 000
密尔沃基街－迪维森大街	1 200	3 500	3 000	4 000	5 000	5 000
北大街－加利福尼亚大街	150	1 500	1 250	1 000	2 000	2 500
北大街－密尔沃基街	500	1 500	1 500	1 750	2 000	2 000
密尔沃基街－西大街	200	1 250	1 250	1 250	2 000	2 250

续表

位置	1910 年	1915 年	1918 年	1921 年	1925 年	1929 年
洛根广场	150	600	600	750	800	1 750
北大街－克劳福德大街	60	1 250	1 000	1 000	2 000	3 000
格兰德大街－哈莱姆大道	—	150	200	200	600	1 250
百老汇街－克拉克大街	500	500	800	900	2 000	3 000
林肯街－贝尔蒙特街	750	2 000	2 000	2 250	4 000	6 000
密尔沃基街－西塞罗大街	250	1 000	1 000	1 100	17 500	3 750
劳伦斯大道－百老汇街	100	1 250	1 750	2 000	4 000	5 500
百老汇街－威尔森大街	300	2 000	2 250	2 750	6 000	5 500
威尔森大道－谢尔丹大街	150	1 500	1 750	2 500	6 000	5 500
劳伦斯大道－谢尔丹大街	125	375	675	1 000	2 500	4 250
劳伦斯大道－西大街	200	800	800	900	1 700	3 500
劳伦斯大道－凯植大道	50	500	750	1 000	2 000	3 000
劳伦斯大道－金博尔大道	150	700	700	700	1 500	2 750
劳伦斯大道－密尔沃基街	60	500	500	450	1 200	2 000
德文街－谢尔丹街	200	750	750	600	2 000	3 000
德文街－维斯通街	—	100	150	250	1 000	2 000
荷伍德街－宝琳娜街	40	90	250	225	1 000	2 500

*乔治·奥科特，《芝加哥土地价值蓝本》（1910 年、1915 年、1918 年、1920 年、1925 年及 1919 年）。

表 20 *　　芝加哥 1910～1929 年间 425 处公交线路交叉点处的平均土地价值

年份	每临街英尺（美元）	指数（令 1910 年数据为 100）
1910	222	100
1915	444	200
1920	444	200
1925	880	400
1929	1 292	582

*乔治·奥科特，《芝加哥土地价值蓝本》（1910 年、1915 年、1920 年、1925 年、1929 年）。

第五章 1898~1933年世界大战后新时代的土地繁荣

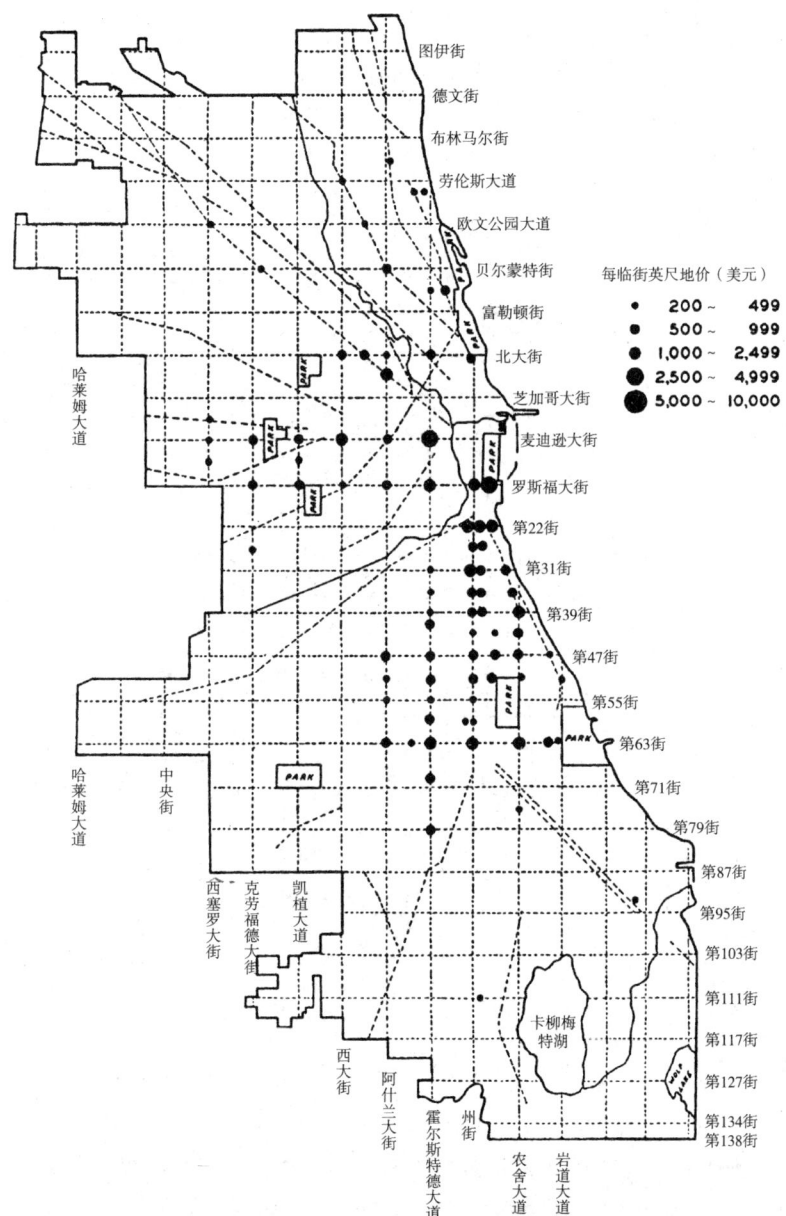

图39 1910年"卢普区"外围主要商业中心的土地价值

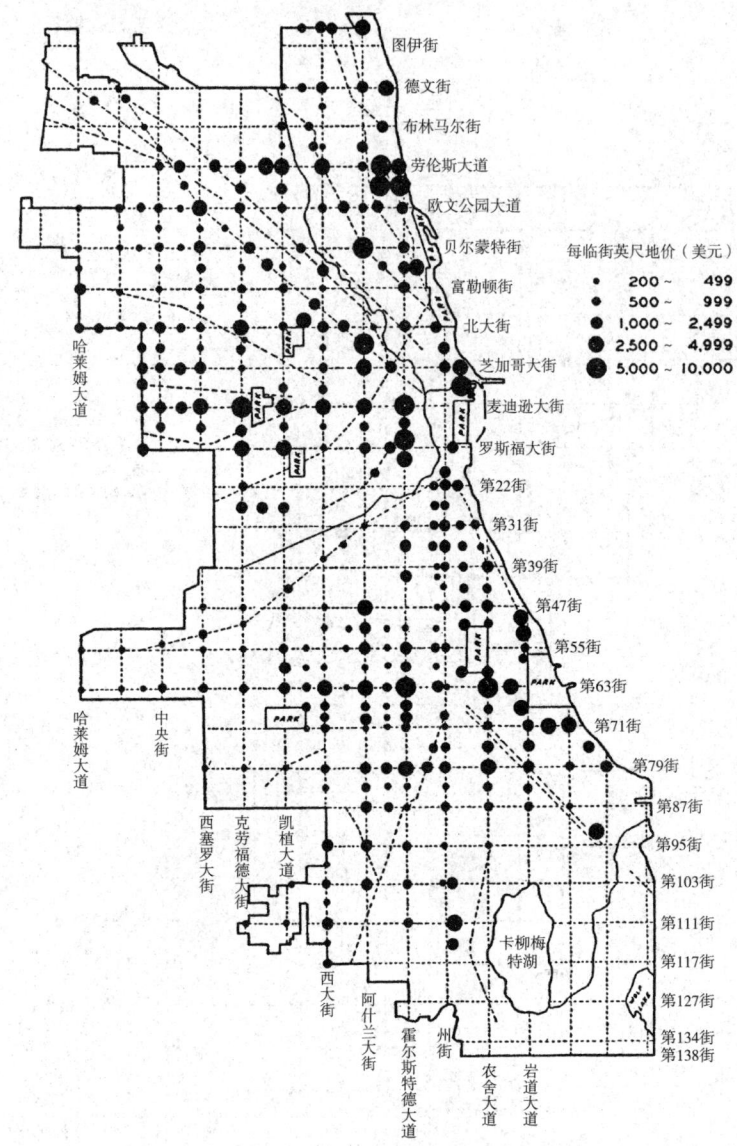

图40 1928年"卢普区"外围主要商业中心的土地价值

9. 细分土地和数以英亩计的整块地交易——在1925年以前的历次繁荣期,芝加哥市区范围内的大部分土地都如图41所示的被细分了。同样,在这次的繁荣期里,几乎所有现存的非工业土地都被细分成小地块。较远处的西北和西南区域和卡柳梅特地区的土地都被细分了,并出售给小地块买

第五章 1898~1933年世界大战后新时代的土地繁荣

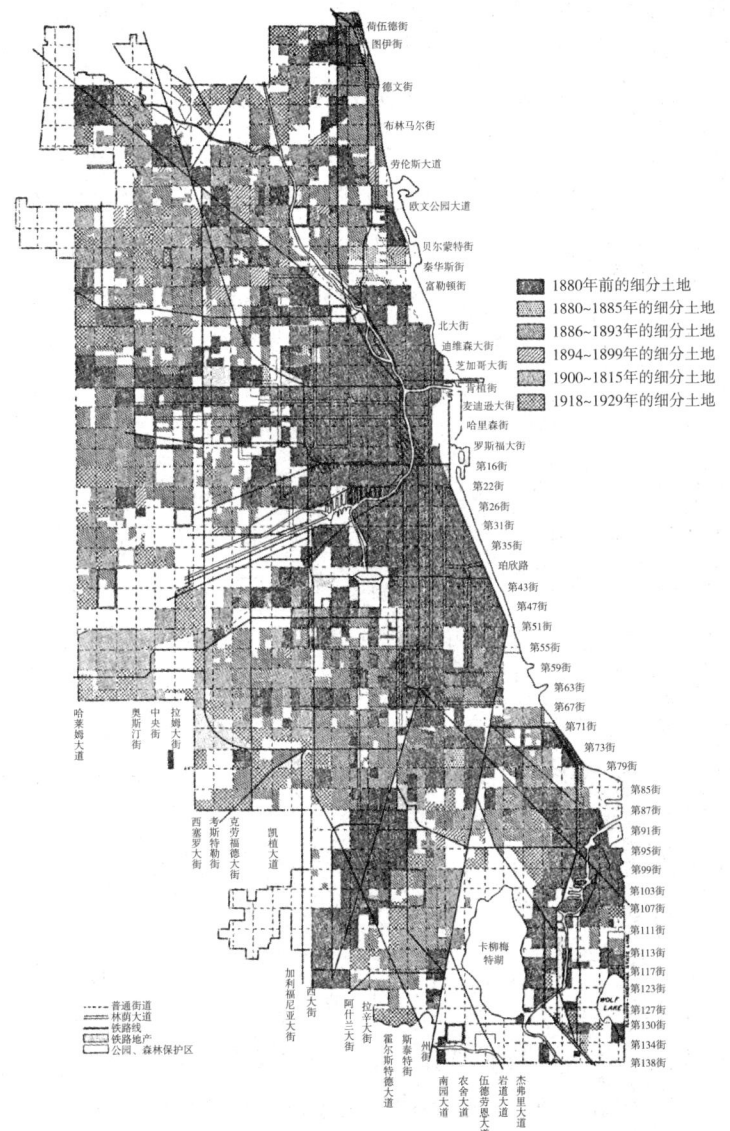

图41 1880~1992年芝加哥的土地细分

家。这股房地产热潮并不是只局限在市区范围内，而是远远超过了芝加哥。1925年，当有关方面宣布地铁系统将延伸至奈尔斯中心（Niles Center）和斯科基（Skokie）峡谷时，数以英亩计的整块地价值在一夜之间从500美元/英亩上涨到3 000美元/英亩。沿着北部湖岸地区一直到40英里之外的沃基根甚至到威斯康星州的一片 3 英里宽的带状土地都被细分掉了。北部湖岸地区自 1900 年以来一直持续发展，这一地区成为土地细分商最有利可图的地方。其他地区也不容忽视。芝加哥西北铁路穿过阿灵顿高地至巴林通也带来了沿线土地的新细分。地铁线延伸至威彻斯特以及西部郊区化的发展导致了沿罗斯福大街和沿地铁线远至威顿土地的新细分。南面，伊利诺伊中区铁路至马特森段的电气化使艾芬豪、弗洛斯莫尔（Flossmoor）及南至第 200 街的区域得到了发展。东南方向，一条进入密歇根城和南本德的新地铁线为靠近密歇根城湖沿岸的几千英亩土地区域的发展铺平了道路。西南方向，新高速公路进入远至第 127 街和哈莱姆大道交界处附近的大片新区域。

因此，1925 年和 1926 年市场上土地供应迅速超过了任何可能的需求，但是，土地供应商运用了一系列的营销战术，仅在 1925 年就实现了 1 亿多美元的销售额。电话推销员几乎打遍了城市电话簿里所有的人。雇佣的销售员设法在熟人圈中推销土地。免费接送和免费午餐诱惑着人们对物业发展前景的想象——安全投资保证加极大的投机利润——导致许多中产阶级用他们的毕生积蓄进行投资。这些细分地块的购买价格（订金为购买价格的 20%~33% 不等）是当时繁荣期整块土地的 3~10 倍，但这些购买者并没有什么时间来进行分析。

细分商的地块销售确实给按英亩出售的整块地市场增添了投机氛围。离芝加哥大约 40 英里远的郊区都感受到了这股投机热潮。

在这些细分土地中，"十字路口处的商业用地"售价很高。而且，很高比例的细分土地都被规划用来作为商业用地或作为公寓或作为高档住宅用地。显而易见，这些用途的土地使用能带来更高的盈利。

1921~1929 年间芝加哥房地产市场的整体形势

将芝加哥房地产市场作为一个整体来看，刚刚描述的这些众多因素相互影响。不同类型地产、市区和郊区不同地段由于买家的青睐而竞争激烈，有些地区处于冬眠状态，而另一些地区则尽享繁华。

这轮房地产的繁荣开始于老公寓大楼的价值上涨，这主要是由于租金提高造成的，1919~1926 年间，老公寓大楼价值增加了 1 倍以上。两单元大楼在 1919 年售价为 7 000 美元，而到 1926 年时售价为 15 000 美元，这是

第五章 1898~1933年世界大战后新时代的土地繁荣

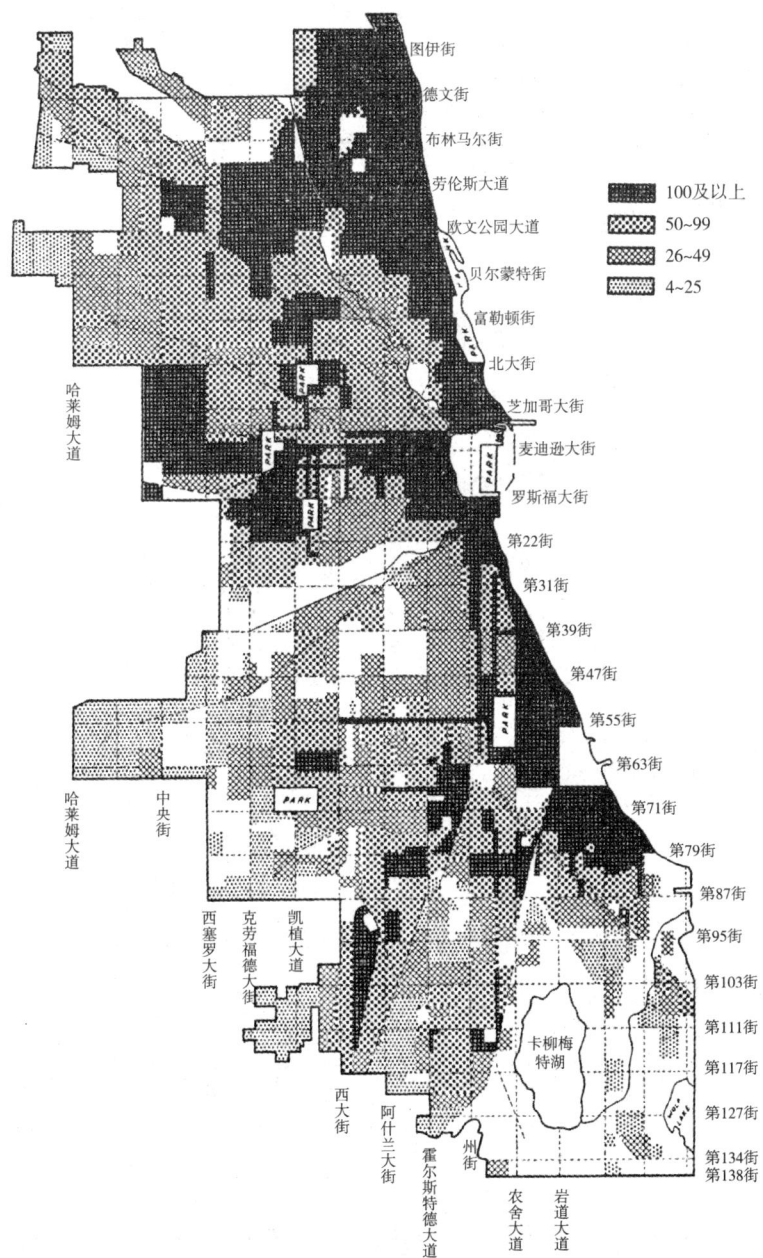

图 42　1926年芝加哥住宅用地的价值（美元/临街英尺）

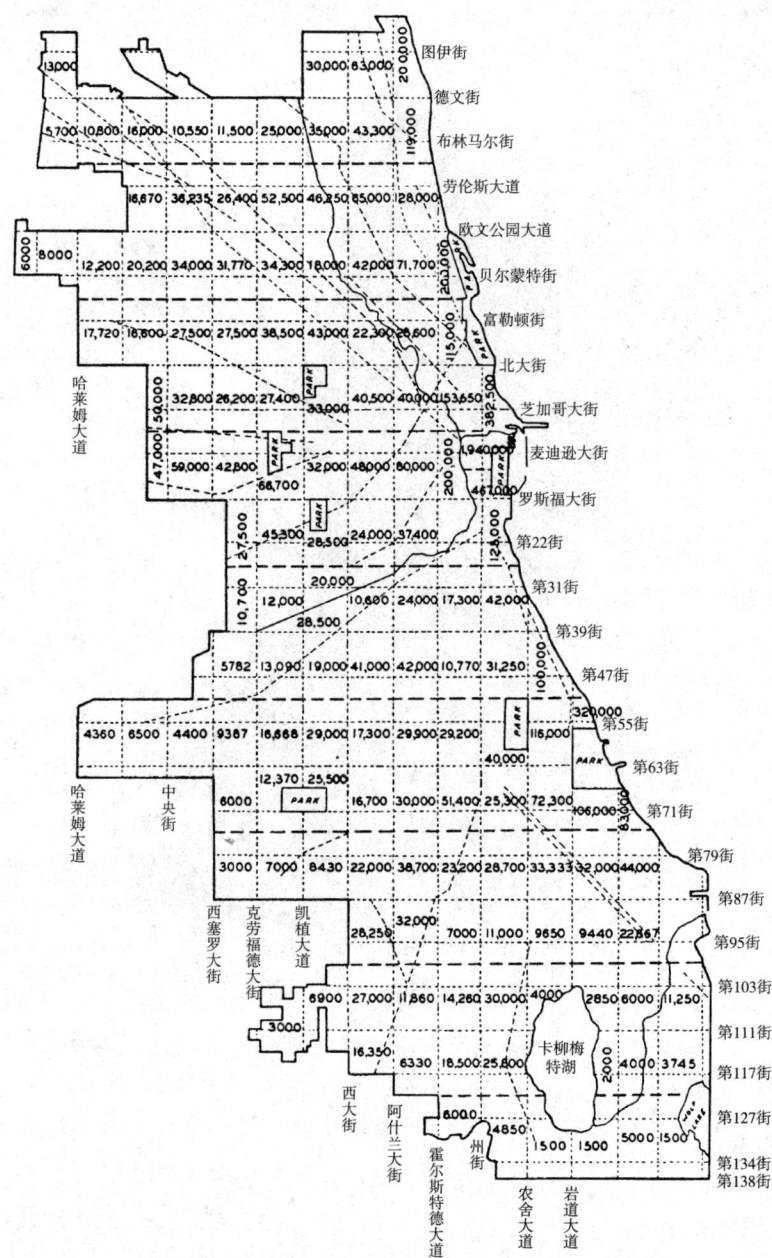

图43 1926年芝加哥960英亩整块地土地价值（美元/英亩）

第五章 1898~1933年世界大战后新时代的土地繁荣

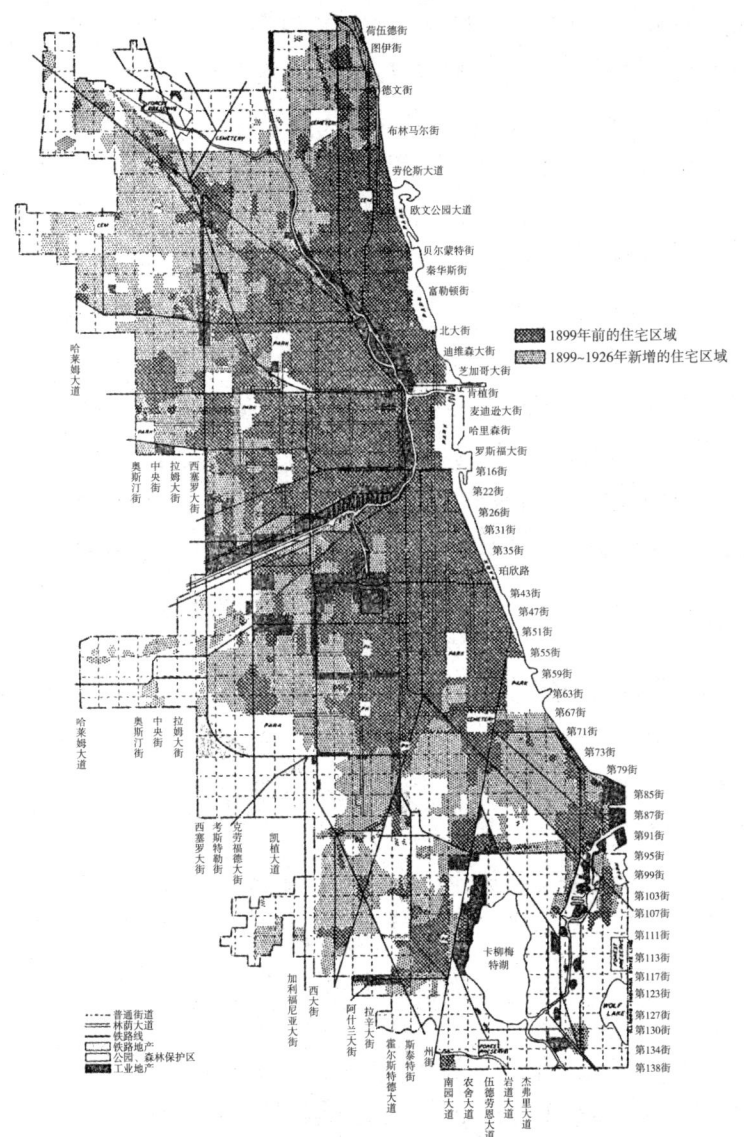

图44 1926年芝加哥住宅区的扩展

房地产价值普遍上升的一个案例。① 随后房地产的上涨从老公寓大楼扩展到了商店,这些建筑在1921~1925年间使投机商赚了很多钱。规划用来修建

---

① 据芝加哥房地产经纪人的销售报告。

商业和公寓的地块开始迅速增加。到 1925 年春天,一个土地大规模细分、数以英亩计的整块地买卖热潮正在进行着,而且房地产活动在所有阶段都是最活跃的——建设、细分、数以英亩计的整块地交易、商业出租——所有地段从"卢普区"到 45 英里外的郊区都很活跃。1926 年秋,佛罗里达州房地产市场的崩溃对抑制空置土地的过度细分和投机起到了一定的作用。然而,大型写字楼和公寓楼的修建在 1927 年和 1928 年如火如荼地进行,连锁商店的竞争致使已形成的商业中心的土地价值上涨,如第 63 街和霍尔斯特德大道十字路口处、麦迪逊大街和克劳福德大街十字路口处等。可是,市场普遍越来越沉闷,虽然要价没有下降,但是成交越来越难以达成。在 1928 年及 1929 年早些时候,土地买主开始违约。最后仍享受繁荣的商业地段为埃文斯顿的戴维斯-奥陵顿(该地区繁荣现象一直持续到 1929 年的秋天),以及橡树公园的马里昂地段(这里甚至一直持续到 1930 年)。然而,1929 年 10 月 24 日股票市场的崩溃终结了所谓的"新纪元",把一切繁荣和投机都带走了。

芝加哥房地产市场高峰期的土地价值——芝加哥市区范围内的土地售价从 1921 年的 20 亿美元增至 1928 年的 50 亿美元。① 市区内土地价值的增长从区域和地产类型来看绝对不是均衡的,如表 21 所示。

表 21　　1910 年和 1928 年芝加哥主要地区及不同用途土地的价值

	土地价值（百万美元）		人口（千）	
	1910 年	1928 年	1910 年	1930 年
地区：				
卢普区	$600	$1 000	—	—
贝尔蒙特街以南、凯植大道以东、珀欣路以北所形成的区域（扣除卢普区）	400	1 000	731	720
贝尔蒙特街以北、凯植大道以西、珀欣路以南的区域但仍在芝加哥 1933 年城市界限内的区域	500	3 000	967	2 656

---

① 以乔治·奥科特所著书中的土地价值为基础计算而得。这个计算结果的正确性可由另一种方法来评估。1928 年的芝加哥土地评估值为 3 710 000 000 美元。根据赫伯特·辛普森(Herbert Simpson)在其《税收和税收改革》(Tax Racket and Tax Reform)所做的估计及笔者的估计,这个评估值大约是全部土地价值的 75%,从而 1928 年的总土地价值为 50 亿美元。

第五章　1898～1933年世界大战后新时代的土地繁荣

续表

	土地价值（百万美元）		人口（千）	
	1910年	1928年	1910年	1930年
用途：			增加百分比（%）	
居住	500	2 267	353	
工业	200	400	100	
外围区商业	200	1 333	566	
中心商业	600	1 000	67	
	外围地区15个地段的平均价值			
居住区	37	316	760	
外围区商业区	29	390	1 247	

如图45所示，土地价值的增长在两个半圆形地带是最为明显的，即北区和南区。如图44所示，这些地区在1899～1926年间被大规模开发用于居住，这些地区的土地价值也出现了最大的增长。交通设施延伸至这些地区也促使了土地价值的上涨，如图46所示。

1929～1933年

萧条的来临——芝加哥房地产市场早在1927年就开始萧条了。转让量、新开工量、细分地块数量的减少都显示了1925年及1926年的那种狂热投机在逐渐平息，而丧失抵押品赎回权房地产拍卖的少量上升则显示了金融风暴来临前的阴霾。投机放缓的根本原因是芝加哥地区在1927年[①]后人口增长率一直处于下降趋势，而与此同时住房供应量却在大量增加。结果，公寓租金停止增长，而运营成本开始缓慢上升。开发商对空地的需求开始减少，细分地块的买主已经察觉到他们很少能转售持有的土地来获利。

当土地市场失去活力时，土地价值在1927年和1928年却没有暴跌。事实上，地产的要价开始缓慢上升。但现金交易却越来越少，市场上土地价值上升的幻想是由不同类型地产之间的非现金交易所维持的，成交价格是交易双方垫高的。[②] 地产持有者的借款高达地产峰值的80%。房地产"黄

[①] 见笔者在以学校升学率基础上得出的计算值。
[②] 这一时期比较通用的规则可以由一位女士坚持她的狗值1万美元的故事来说明。一天，她得意洋洋地对一位朋友宣称她将她的狗卖了1万美元。这位朋友怀疑地问道："你收到现金了吗？"。"不，没有收现金，"这位女士回答，"但是我从他那得到了两只每只值5 000美元的猫。"

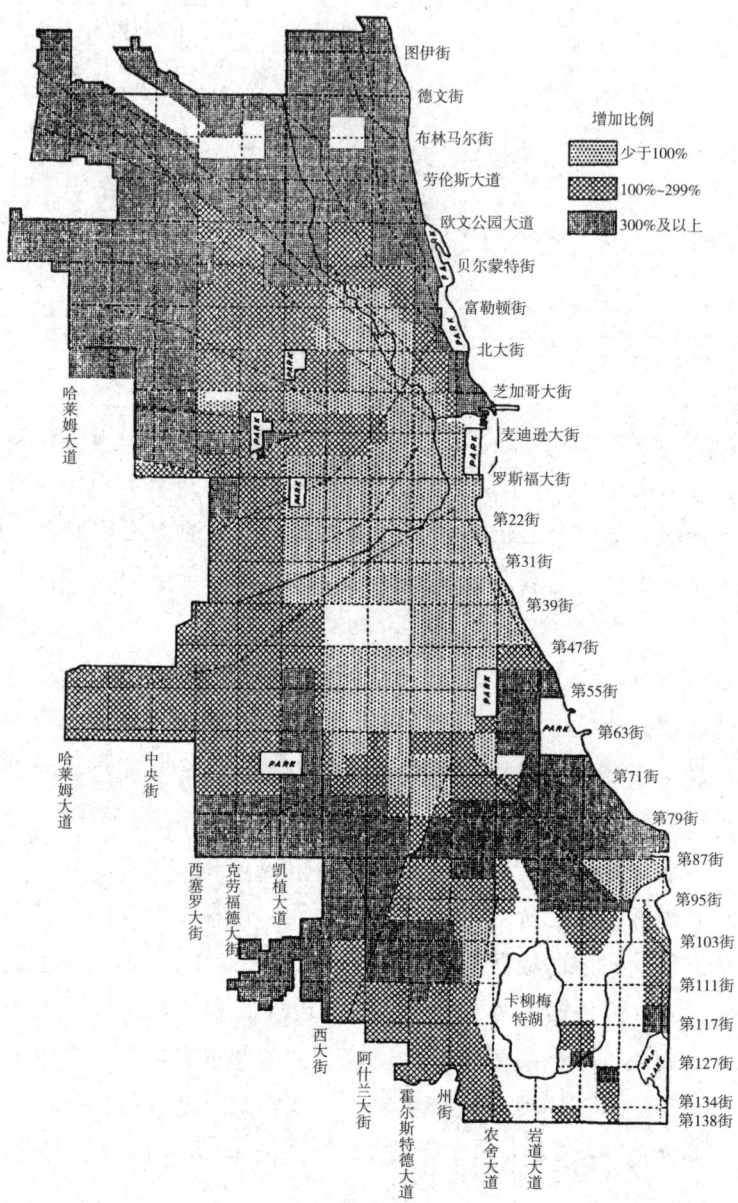

图45　1918～1928年芝加哥各区域土地价值的上涨

第五章 1898～1933年世界大战后新时代的土地繁荣

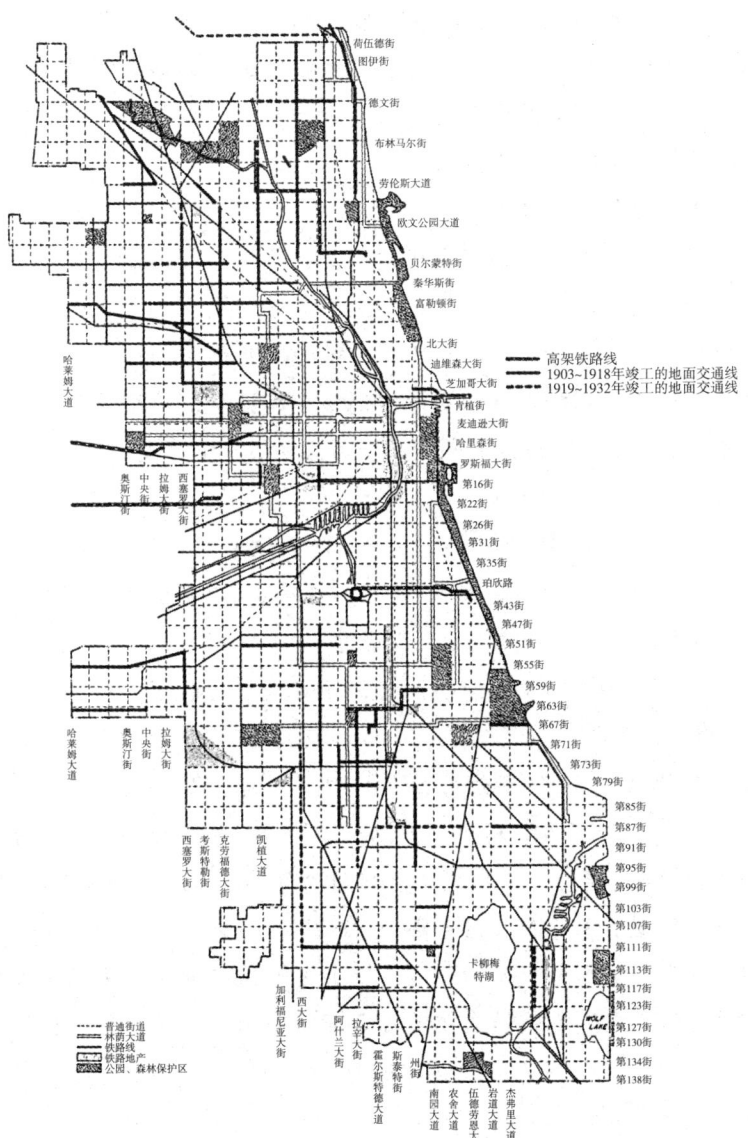

图46 1903～1932年芝加哥地面交通线及高架铁路的扩展

金"债券仍然形势大好。"卢普区"的办公楼和大型公寓酒店可以以极少的自有资本融到资金来进行修建。在许多情况下,购买者能通过发行债券来建一栋12层的楼,并获得利润。不少运营商在"卢普区"楼还未建之前就能签订好未来的租金合约,然后再以这些租约的租金收入为基础来发行债券,用发行债券所募集的资金建造摩天大楼,这就是他们所谓的"不必作出任何实质性投资"的投资。

股票市场的繁荣及崩溃——1927~1929年,尽管有这么多的因素支撑着房地产价值,投机大众却摈弃房地产而进入股市。购买土地不再快速产生现金利润,房地产不再吸引大群的买家,这些买家却正在被证券所带来的暴富所吸引。结果,许多房地产开发商和投机者对1929年10月24日股市的崩盘或多或少有些幸灾乐祸。他们认为,公众应该吸取教训不能随便进行股票投机,应该立即返回到购买土地这种最安全的投资上来。

然而,人们迅速察觉到,金融崩溃不会仅仅局限在股票市场,股价的大幅调整不可能不影响到整个美国的经济活动。房地产活动在1929年和1930年继续下滑。库克县的地块转让数量从1927年的102 239宗下降到1930年的67 770宗。[①] 芝加哥新建筑价值从1928年的3.16亿美元急剧地下滑到1930年的7 961万美元,土地细分活动完全停止了。库克县房地产拍卖数量从1928年的3 148宗上升到1930年的5 818宗,[②] 新发放的房地产抵押贷款从1928年的10亿多美元下降到1930年的4.25亿美元。[③]

然而,到1930年时,租金、工资及雇员数只是缓慢地下降。大部分房地产拥有者依然坚守着,希望能重新回到1926年那段欣欣向荣的岁月。

1931年房地产价值的大幅下降——1928年的泡沫于1931年崩溃了。芝加哥房地产市场受到了一系列冲击,业主极不情愿地承认市场正发生着急剧的下跌。就业和工资总额都在大幅下降。美国制造业支付的工资总额从1929年的115亿美元下降到1931年的70亿美元,就业和工资的急剧减少带来了公寓租金的下跌。

如表22和表23所示,芝加哥制造业就业人数和工资总额是从1929年

---

① 《库克县契据记录》的报告。
② 芝加哥产权信托公司的统计结果。
③ 《经济学家》的年度评论。

第五章 1898~1933年世界大战后新时代的土地繁荣

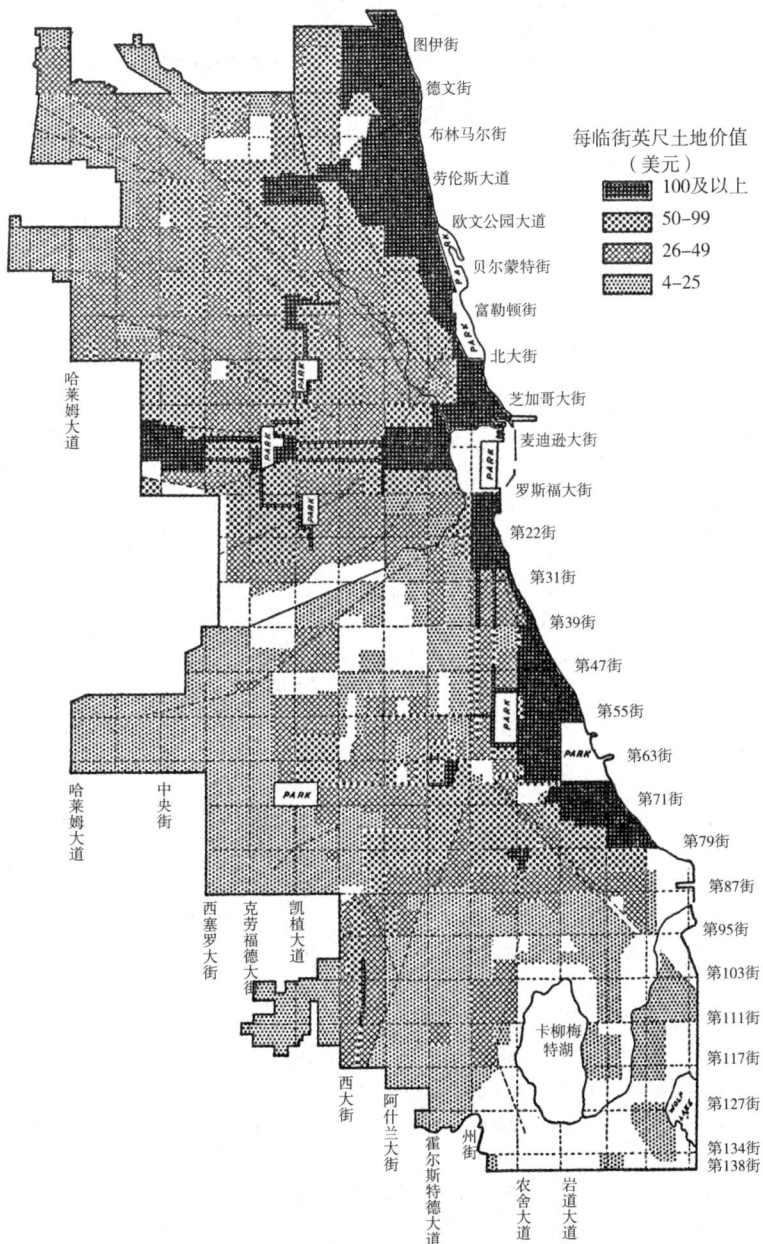

图47 1931年芝加哥住宅用地的价值

11月开始下降的,一直持续到1933年3月。①

1931年6月,外围地区银行开始倒闭,这些地区的房地产失去了流动性。有30家银行,包括贝恩连锁银行,都停止营业了。与此同时,地方总税收从1915年的6 500万美元增至1930年的2.90亿美元。大多数城市截止到1931年的8年内征收的地方税收比1923年前所有年份的都要多,仅1930年征的税就超过了1830~1893年间的总和。大部分地方税的负担都压在了

表22*　　　1929年10月到1933年5月芝加哥制造业工资总额下降情况(令1925~1927年数据为100)

时间	指数	时间	指数
1929.10	103.9	1931.10	46.8
1929.11	99.4	1931.11	42.4
1929.12	94.5	1931.12	44.3
1930.1	89.5	1932.1	42.8
1930.2	92.3	1932.2	41.6
1930.3	88.4	1932.3	39.8
1930.4	87.4	1932.4	36.9
1930.5	84.9	1932.5	34.9
1930.6	80.7	1932.6	33.5
1930.7	73.2	1932.7	28.9
1930.8	71.9	1932.8	31.0
1930.9	70.1	1932.9	31.8
1930.10	67.7	1932.10	32.1
1930.11	62.8	1932.11	29.7
1930.12	62.2	1932.12	29.1
1931.1	59.6	1933.1	28.4
1931.2	61.6	1933.2	28.6
1931.3	61.7	1933.3	25.7
1931.4	60.0	1933.4	26.4
1931.5	58.2	1933.5	29.3
1931.6	55.5	1933.6	32.2
1931.7	53.6	1933.7	35.2
1931.8	52.9	1933.8	39.5
1931.9	49.4	1933.9	39.9

---

① 从整体上来看,从1929年至1933年的前4个月里美国制造业的雇佣人数比整个产业的平均值下降程度稍微高些,制造业的下降比例为42.8%,而所有产业的平均值为40.7%。[《国家经济研究局通报》的"萧条期间的就业"(1933年6月30日)]。

第五章 1898~1933 年世界大战后新时代的土地繁荣

表 23*　　1929~1933 年芝加哥制造业就业和工资总额的下降

（每年 4 月份的数据；月平均，令 1925~1927 年数据为 100）

年份	就业	工资总额
1927	100.9	99.0
1928	93.3	88.9
1929	97.8	100.5
1930	90.9	86.0
1931	74.3	59.8
1932	56.5	35.9
1933	49.3	26.4

*伊利诺伊州劳动局公布的《劳动报告》，XIII，第 7 期（1933 年 1 月份），143 页，1933 年 5 月 18 号公布。

房地产行业。这使得房地产形势更加恶化，丧失抵押赎回权的房屋更是迅速地增加，数量从 1930 年的 5 818 宗上升到 1931 年的 10 075 宗，涉及的抵押贷款总额从 244 246 577 美元增加到了 457 268 689 美元。① 空置和拖欠量也同样在迅速增加，如图 48 所示。

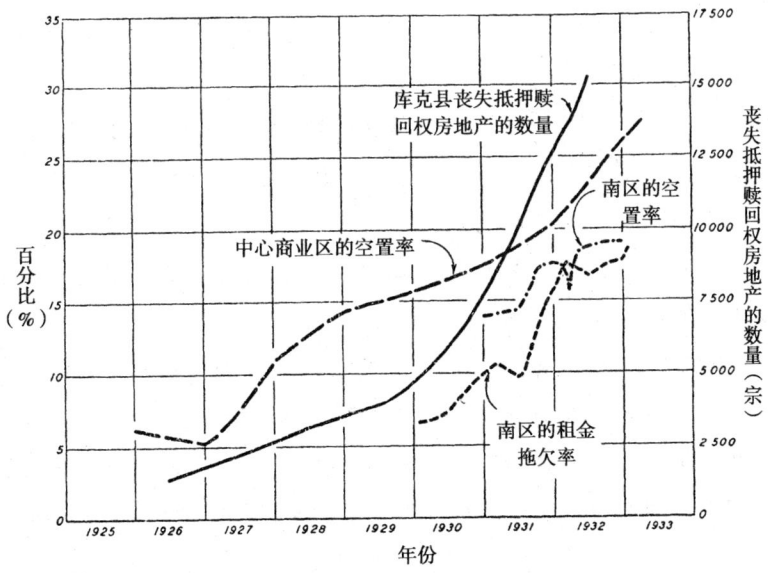

图 48　1926~1933 年芝加哥房地产市场情况

---

① 由泰森与琳昆兰（Quinlan & Tyson）公司（一个权威的房地产公司）统计的。

萧条给1932年芝加哥房地产市场带来的打击甚至比1931年还要严重。工资和就业继续下滑，17万户家庭靠救济支撑，连政府雇员的工资都不能正常发放了，这更减少了公众的购买力。到1932年12月时，芝加哥制造业的工资总额已经下滑到只有1929年11月的29%了。商店和公寓租金全年都在下降。据估计，有40 000户家庭"同居一室"或共同使用公寓，成千上万的人离开了芝加哥。芝加哥的总人口当然不再增加，甚至还有所下降。随着所有类型地产的总租金比运营成本下降得更快，房东的净收入几乎降至零，尤其是那些带厨房且需要很高维护费用的公寓。与此同时，外围地区银行倒闭带来的冲击一直持续到1933年3月，此时芝加哥总共有163家银行关闭了，它们的位置如图49所示。这给外围地区房地产行业带来的影响尤其令人沮丧，外围地区土地收益是最大的，这意味着迄今为止以郊区房地产为抵押发放贷款的银行全关门了。在那些所有银行都倒闭的社区，公众信心的丧失、土地价值的下滑尤其严重。同时，丧失抵押赎回权的房地产数量在1932年达到顶峰，从1931年的10 075宗上升到了1932年的15 201宗，涉及的抵押贷款总额从1931年的457 268 689美元增加到了1932年的574 589 646美元。① 1932年年底丧失抵押赎回权房地产涉及的抵押贷款总额更是达到了20亿美元。

1933年3月，银行开始允许贷款人延期偿付贷款，芝加哥房地产市场达到了最低谷。那时的公寓平均租金自1928年开始下跌以来整整下滑了50%。② 商店租金下跌40%~90%不等，具体下跌幅度由其位置决定。有几年出现了少量现金销售，之后，大量的不涉及现金交易的互换开始了。一份有关127笔销售记录的研究表明，土地价值在1928~1933年间下跌了50%。③ 空置地块没有任何需求，甚至是成熟地区的空地都无人问津。大型公寓楼能以比最初抵押金额的1/2还少的价钱买到，但实际上还是没有买主。破产的可能性及未缴的税收困扰着买主。靠发行债券来借钱根本不可能了。那些贷到款的，贷款金额有时甚至没超过这一地产在1928年贷款额

---

① 抵押拍卖数量由芝加哥产权信托公司统计得出，相应的房地产抵押贷款总额由泰森与琳昆兰公司统计得出。

② 这是基于芝加哥各个部分的主要经纪人在一篇向县级估价员（J. L. Jacobs）所做的报告（未发表）中的平均减少量的基础上得出来的。

③ 为县级估价员（J. L. Jacobs）所做的一项研究。

第五章 1898~1933年世界大战后新时代的土地繁荣

的10%。

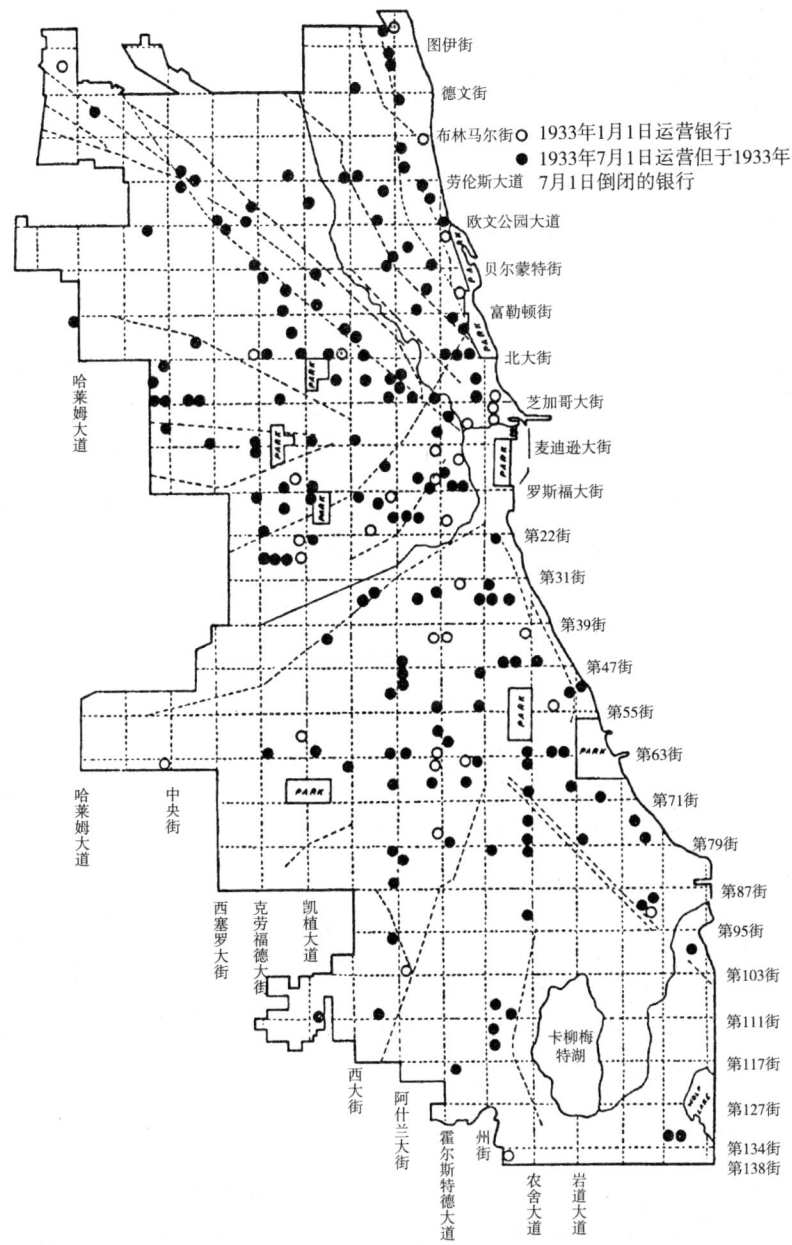

图49 1929~1933年芝加哥"卢普区"外围银行倒闭的情况

1933年3月房地产市场底部概况

1933年3月，在银行开始允许贷款人延期偿付贷款后，商业环境开始改善了，芝加哥房地产萧条期最困难的阶段结束了。相应地，1933年年初，芝加哥土地价值达到了这轮调整的最低点。

芝加哥1931年全部土地评估价值为25亿美元。而芝加哥土地价值在1928年为50亿美元，下跌幅度为50%。据估计，从1932年年初到1933年春，上述土地价值进一步下跌了20%，因此，1933年春的芝加哥土地价值应为20亿美元。

土地价值的下跌幅度并非一致。商业地产和高级公寓的价值下跌幅度最大，因为之前它们的增长幅度也是最大的，廉价住宅土地价值的缩水幅度算是最小的了。人们认识到，在不久的将来，被划为商业和高层公寓楼用途的土地要远远超过可能的需求。1931年评估到的最大价值下跌（与1928年的评估价值相比）发生在这些类别的土地上，人们相信这代表了真实的市场形势。表24列出了不同类型土地价值的下跌幅度。①

商业地产价值下跌幅度在不同地区之间差异很大。外围中心能盈利的商业区正在缩减，中心位置的商业地产比外围中心的商业地产更好地维持了利润。例如，第63街和霍尔斯特德大道十字路口处的租金在1928~1933年间下滑了40%，霍尔斯特德大道有些地方的租金下降幅度为80%~90%。② 第91街至第92街段的商业街，一连串的连锁商店保持着人流量，维持着其利润，而此街的对面及第92街的租金却暴跌。"卢普区"房产价格同样从边缘到中心都出现了下跌。斯蒂文斯旅馆位置太偏南而不能盈利，国民剧院又远在西部。人们认为，瓦克大街的发展不够成熟，而北密歇根大道又太过繁荣。因此，"卢普区"外围土地价值下降了40%~50%，而中心地段也下滑了25%~30%。

---

① 从赫伯特·D.辛普森的《芝加哥税收和税收改革》中所做的研究及笔者所做的127份评估中得出。

② 以笔者对当地租金所做的调查为基础。

第五章 1898～1933年世界大战后新时代的土地繁荣

表24*　　1928年与1931年芝加哥土地价值的比较

1928年评估的价值区间	地块数量	1931年与1928年的比值（%）	下跌幅度（%）
居住用地			
4～25美元/临街英尺	23	85	15
25.01～50美元/临街英尺	32	82	18
50.01～100美元/临街英尺	40	75	25
100.01～500美元/临街英尺	31	62	38
500美元及以上	4	59	41
所有居住用地平均值		74.7	25.3
商业用地			
50美元/临街英尺以下	6	58	42
50.01～100美元/临街英尺	22	63	37
100.01～200美元/临街英尺	22	63.5	36.5
200.01～500美元/临街英尺	61	60	40
500.01～1 200美元/临街英尺	12	55	45
"卢普区"——零售区	1	70	30
"卢普区"——批发区	1	60	40
"卢普区"外所有商业用地平均值		60.6	39.4
包括"卢普区"在内的商业用地平均值		63	37
所有类型土地的平均值		69	31

* 这是J.L.雅各布斯在1928年和1931年对整个市区的临街价值比较基础上的研究成果，未发表。典型"地块"为一个1英里宽、1.5英里长的区域，包括了960英亩的街道和小路。有些地块比这个更小。这些地块与乔治·奥科特的《芝加哥土地价值蓝本》的完全一致。

外围的商业中心在某些情况下不仅仅受萧条环境的影响，与其有竞争关系的商业中心的发展也对它造成了影响。"卢普区"百货公司在橡树公园及埃文斯顿设立了分支机构，这对这些地区的商业中心造成了冲击。郊区的新次级"卢普区"把芝加哥外围地带的商业吸引过去了。支持当地商人的银行倒闭，公共购买力由于大量失业而大为削弱，这些因素结合在一起，致使商业地产的租金下降。在主要商业街道上能看见大量空置的商铺，租金拖欠现象比比皆是。在许多情况下，只要租户付了租金，无论多少房东都很满意，因为人们都认为与其让商铺空着还不如将其以一名义价格出租出去。

这种萧条情形绝不仅局限于商业地产。房东背负着沉重的抵押贷款。成千上万的小房主在用其一生积蓄购买了一套住房后所剩无几。到1933年3月时，萧条情况已经使得多数木屋的总价值下降到远低于当初的抵押贷款金额了。大型物业的价值下降得甚至更厉害。相关的房地产债券大多只有面值的 1/3～1/2。

1933年3月银行开始允许贷款人延期偿付贷款后，美国的小麦、玉米及证券价格迅速上升，商业环境有了显著改善。而到1933年夏天，通货膨胀对房地产价值有微弱的支撑，市区内许多地段的公寓空置率稍有下降，这通常是复苏的第一步。

1933年：转折点——1933年可能不仅标志着房地产周期的一个转折点，它也可能是美国从一个世纪之久、奉行自由市场经济政策转到有计划经济体制的过渡年份。从当时媒体的角度来看，不管将来事态发展的轨迹如何，芝加哥从 1830～1933 年这段时期的土地价值史必定被视为一个适用于美国情况的、放之四海皆准的案例。芝加哥在一个世纪里就变成了一个面积是巴黎市的6倍、矗立起的高塔和尖塔建筑几乎高达埃菲尔铁塔的大都市。这里混合了种族和人口流动，但是鲜与世界历史上的其他城市相似。然而，其发展却伴随了巨大的社会成本。芝加哥房地产的建设、土地的细分和土地的繁荣伴随着不可避免的抵押拍卖、破产、银行倒闭，这不仅殃及了投机者，也危及到整个社会的储蓄流失。成本低廉的建筑、规划差劲的大楼、匆忙建起来的住宅和工厂、带有人行道的细分地块杂草丛生，这些都是肆无忌惮的自由市场经济的产物。大型公共工程确实存在，也制定了一些有关城市改良的计划，这些计划确实取得过辉煌成就。但这并不是芝加哥独有的发展历程，它也是美国在过往世纪快速发展的一个典型案例之一。

第二部分

1830~1933年芝加哥城市发展与土地价值增长关系的分析

第六章

芝加哥的发展及其土地价值增长的关系

在本书的第一部分中,我们以历史为背景,叙述了在五个主要时期中影响芝加哥土地价值的因素。在这一部分中,我们将回顾这些因素在这100年里的影响力,并通过统计数据来进行总体分析。

 A. 芝加哥的土地需求

1. 人口聚集——在任何一个城市,建筑规模增长主要和必备的条件是该城市内部或者附近人口数量的增加。一个城市人口的增长和土地价值的增长存在着直接关系,所以芝加哥人口的增长在本研究中非常重要。

不论古今,任何百万以上人口的大都市都无法与19世纪芝加哥的发展比肩[1]。1830~1933年,芝加哥发展最具代表性的这100年中,城市人口数量从50人增长到3 376 438人,它在一个世纪的人口增长相当于巴黎20个世纪的人口增长。1840~1890年,芝加哥的发展速度超过了世界上其他任何城市。1840年时,芝加哥还只是一个默默无闻、无足轻重的小城镇,而到了1880年芝加哥在美国中西部地区独占鳌头,如表25所示。到1890年芝加哥一跃成为美国第二大城市。1930年,全球只有伦敦、纽约和柏林这些历史悠久的城市才容纳了比芝加哥更多的人口。自1900年以来,芝加哥

---

[1] 莫里斯·阿尔布瓦克斯,《芝加哥年度历史经济发展》(1932年1月31日),10~11页。

人口的相对增长实际上并没有比美国其他城市的更快，反而还落后于底特律和洛杉矶[①]。但是，在 20 世纪初芝加哥一些郊区的发展还是可以与这两个快速发展的城市相媲美的[②]。

表 25　　　　　　1840～1930 年芝加哥和美国中西部
　　　　　　　地区其他主要城市人口　　　　　　单位：人

年份	芝加哥	河岸城市				湖岸城市	
		新奥尔良	圣路易斯	辛辛那提	匹兹堡	克利夫兰	底特律
1840	4 479	102 193	16 469	46 338	31 201	6 071	9 102
1850	29 963	116 375	77 860	115 435	67 863	17 034	21 019
1860	109 206	168 675	160 780	161 044	77 923	43 417	45 619
1870	298 977	191 418	310 864	216 239	139 256	92 829	79 577
1880	503 298	216 090	350 518	255 139	235 071	160 146	16 340
1890	1 098 570	242 039	451 770	296 908	343 904	261 353	205 876
1900	1 698 575	287 104	575 238	325 902	451 512	381 768	85 704
1910	2 185 283	339 075	687 029	363 591	533 905	560 663	465 706
1920	2 701 705	387 219	772 898	401 247	588 343	769 841	993 678
1930	3 376 438	458 762	821 960	451 160	669 817	900 429	1 568 662

a) 芝加哥和美国其他城市发展的比较——首先，芝加哥的人口增长要与美国中西部地区的其他主要城市进行比较，这些城市包括圣路易斯、辛辛那提和新奥尔良，它们都主要是依托密西西比河及其支流流域的经济增长而发展起来的。表 25 表明了芝加哥主要交通方式从水运改为铁路之后它是如何迅速超越其他竞争城市的。

表 25 还表明，与河岸城市相比，湖岸城市如底特律和克利夫兰发展更为迅速。通过比较芝加哥与大西洋海岸和太平洋海岸城市的人口增长可以发现（如表 26 和表 27 所示）：在美国人口西移过程中，较东部城市而言，芝加哥的发展更为迅速。但是，同样从表 26 和表 27 可知，从 1900 年开始，芝加哥人口增长率远远低于太平洋海岸的洛杉矶和美国五大湖地区的底特律。

---

① 见表 28。
② 见表 29。

表 26　　　　　　　1840~1930年芝加哥和沿海城市人口　　　　　单位：人

年份	芝加哥	大西洋海岸				太平洋海岸		
		纽约*	费城	波士顿	巴尔的摩	旧金山	洛杉矶	西雅图
1840	4 479	391 114	—	93 383	102 313	—	—	—
1850	29 963	696 115	—	136 881	169 054	—	1 610	—
1860	109 206	1 174 799	565 529	177 840	212 418	56 802	4 385	—
1870	298 977	1 478 103	674 022	250 526	267 354	149 473	5 728	1 107
1880	503 298	1 911 698	847 170	362 839	332 313	233 959	11 183	3 533
1890	1 098 570	2 507 414	1 406 964	448 477	434 439	298 997	50 395	42 837
1900	1 698 575	3 473 202	1 239 697	560 892	508 957	342 782	102 479	80 671
1910	2 185 283	4 766 883	1 549 008	670 585	558 485	416 912	319 198	237 194
1920	2 701 705	5 620 048	1 823 779	748 060	733 826	506 676	576 673	315 312
1930	3 376 438	6 930 446	1 950 961	781 188	804 878	634 394	1 238 048	365 583

* 1930年纽约整个城市范围人口。

表 27　　　1850~1930年美国11个主要城市的人口相对增长（令1850年数据为100）

年份	芝加哥*	纽约+	底特律	洛杉矶	克利夫兰	圣路易斯	巴尔的摩	波士顿	匹兹堡	辛辛那提	新奥尔良
1850	100	100	100	100	100	100	100	100	100	100	100
1860	356	169	214	270	254	206	126	130	115	140	145
1870	936	216	390	358	546	400	158	180	205	191	165
1880	1 680	276	554	700	941	449	199	266	345	222	186
1890	3 370	360	980	3 130	1 537	579	257	327	506	259	209
1900	5 158	492	1 360	6 362	2 246	737	300	410	664	282	247
1910	6 640	671	2 217	20 000	3 300	881	330	490	789	316	293
1920	8 188	800	4 540	35 818	4 700	990	433	546	716	350	333
1930	10 231	993	7 470	76 900	5 300	1 054	476	570	985	392	370

* 1933年芝加哥整个城市范围人口。
+ 1930年纽约整个城市范围人口。

芝加哥的发展并没有以牺牲其他对手城市为代价；相反，纽约和芝加哥之间的水运及铁路联系更是使得纽约在与波士顿和费城的较量中崛起的主要因素。

b）人口从何而来——这些人从何而来？他们是如何来到芝加哥这个一个世纪之前还是荒无人烟的沼泽地带的？人口的自然增长显然无法解释早期人口的飞速增长。

一份芝加哥人口来源构成的分析报告显示，芝加哥迅猛增长的人口主要来自于三个方面：欧洲移民、美国其他地区移民以及芝加哥人口出生率高于死亡率。

表28　　　　　1900~1930年美国13个主要城市的人口相对增长（令1900年数据为100）

年份	芝加哥	纽约	费城	底特律	洛杉矶	克利夫兰	圣路易斯	巴尔的摩	波士顿	匹兹堡	旧金山	辛辛那提	新奥尔良
1900	100	100	100	100	100	100	100	100	100	100	100	100	100
1910	129	139	120	163	311	147	119	110	119	118	122	111	118
1920	159	164	140	349	562	210	133	144	133	130	148	123	135
1930	198	203	151	550	1 208	233	143	158	139	148	185	139	160

表29　　　　　1900~1930年芝加哥郊区人口　　　　　单位：人

城市或城镇	1900年	1910年	1920年	1930年
西塞罗	16 310	14 557	44 995	66 602
埃尔斯顿	19 259	24 978	37 234	63 338
高地公园	2 806	4 209	6 167	12 203
拉格兰奇	3 969	5 282	6 525	10 102
伍德	4 532	8 033	12 072	25 829
里基公园	1 340	2 009	3 383	10 417
威尔梅特	2 300	4 943	7 814	15 233
温尼特卡	1 833	3 168	6 694	12 166
加里	—	16 802	55 378	100 426
东芝加哥	3 411	19 098	35 967	54 784
郊区*	242 652	393 214	630 594	1 065 310
相对数：1900年为100				
西塞罗	100	89	276	408
埃文斯顿	100	130	193	329
高地公园	100	150	22	435
拉格兰奇	100	133	164	255
伍德	100	177	266	560
里基公园	100	150	252	777
威尔梅特	100	215	340	662
温尼特卡	100	173	365	664
东芝加哥	100	560	1 054	1 606
郊区*	100	162	260	439

*包括库克县、伊利诺伊州的杜佩奇县以及印第安纳州的湖县。

第六章 芝加哥的发展及其土地价值增长的关系

快速发展的交通设施、大规模的人口迁移，使得短期内大量的人口定居在这个草原地区。18世纪30和40年代，第一批迁移人口通过密歇根湖湖上汽船和草原篷车来到这里，之后随着水运和新建成的铁路带来了50、60和70年代川流不息的爱尔兰和德国移民浪潮，水运和铁路也打开了始于80年代南欧移民潮的"水闸"。

第一次世界大战以及随后通过的美国限制性的移民法案导致欧洲移民人口中成年男子的比重下降。南部农村黑人移民、墨西哥移民以及美国其他地区的白人迁移到芝加哥，美国移民法案对芝加哥人口增长的负面影响得以扭转。因此，因移民而来的常住人口的增长是城市人口增长的主要动力。就城市人口的自然增长而言，1898~1931年出生率从27‰下降到17‰，死亡率从15‰下降到11‰。表30和表31列出了芝加哥人口增长的构成。

c) 人口为何而来——以上便是芝加哥人口的来源，那么人们为何非要来到这个特殊的地方呢？主要原因就是他们为了获得就业机会，这些就业机会来自贸易业、制造业、银行、运输以及专业的个人服务业等。芝加哥起初是湖泊、河流、运河和货运马车运输的交汇地，而后成为湖泊和铁路运输的交汇地——这些得天独厚的地理优势使其成为这一流域主要的运输和制造业中心。该流域具有世界上最丰富的农业和矿产资源。显然，在芝加哥得到的收入比其他优势较低的地方要高。企业在这个地方选址，可以得到低运费优势，将产品以低于竞争对手的价格进行出售。包装厂、农具厂、锅炉厂、钢铁厂、发电站、大型邮购商行、服装店、批发商行、银行机构以及交汇贯通的铁路线——这些因素都使得大批人口迁移到芝加哥。此外，当地的零售商店、剧院、建筑业、学校和政府代理机构提供了满足当地居民需求的服务。庞大的人口数量是衡量芝加哥经济优势以及芝加哥腹地——密西西比河流域经济资源的一个重要标准。

表30*　　　　　　　　1830~1930年芝加哥人口增长来源　　　　　　　单位：人

时段（10年）	总人口增长	国外移民人口增长	有色人种增长	美国其他地区白人移民人口增长	人口的自然增长
1830~1840年	4 429	+	+	—	400
1840~1850年	25 484	+	+	—	2 000
1850~1860年	79 243	+	+	—	10 000

续表

时段（10年）	总人口增长	国外移民人口增长	有色人种增长	美国其他地区白人移民人口增长	人口的自然增长
1860～1870年	188 717	90 133	—	63 000	30 000
1870～1880年	205 108	60 302	—	95 000	50 000
1880～1890年	496 665	244 769	7 791	144 106	100 000
1890～1900年	588 725	137 584	15 879	265 262	170 000
1900～1910年	468 708	194 105	13 953	48 650	212 000
1910～1920年	525 422	24 165	65 000	236 357	200 000
1920～1930年	674 733	36 575	146 000	259 158	233 000

* 总人口增长、国外移民人口增长和有色人种增长数据来源于美国人口普查数据。人口自然增长的计算以1900年开始的实际出生和死亡人数统计为基础，更早时期的数据以1867年以来公布的死亡率和出生率为基础。美国其他地区白人移民人口增长的计算是从总人口增长中减掉其他人口增长。

+ 在1860年之前，国外移民人口增长没有准确的数据可用，有色人种增长在这个时期可忽略不计。

表31　　　　　　　　1860～1930年芝加哥人口增长的构成　　　　　　单位：%

时段（10年）	总人口增长	国外移民人口增长	有色人种增长	美国其他地区白人移民人口增长	人口的自然增长
1860～1870年	100	47.8	—	33.4	15.9
1870～1880年	100	29.4	—	46.3	24.4
1880～1890年	100	49.3	1.6	29.0	20.1
1890～1900年	100	23.4	2.7	45.0	28.9
1900～1910年	100	41.4	3.0	10.4	24.2
1910～1920年	100	4.6	12.4	45.0	38.0
1920～1930年	100	5.4	21.7	38.4	34.5

2. 建筑数量的增长——城市发展的规模主要体现在建筑物数量的增长以及随着人口数量增长开始遍布草原的交通路线、下水道、人行道等公共设施的发展。当然，这些建筑物数量的增长，主要是因为居民对住房和商店的需求，因为房屋租金都高到能够涵盖运营成本、税金、折旧费以及建造费用的利息了。实际上，优势地段带来的租金收入不仅足以分期偿还改良的成本，而且它们给土地所有者较大的剩余收入——这构成了土地价值的基础。芝加哥征用空地用于建造建筑，使得许多一直未使用的小块草原土地的所有者能够获得一定的地租。居民区持续增长的前景赋予了周边空

地新的价值。因此,新建筑的增长率,以及芝加哥的房屋、商店、工厂和学校必需的空地数额,成为空地总需求量的基石。因此,伴随着芝加哥人口数量的增长,建筑数量也相应增长。

芝加哥,这个在1831年仅有12个木屋的小村庄到1928年已经发展成为拥有40万栋建筑的大都市,如表32所示①。

不考虑车库,1933年芝加哥的建筑,既有400平方英尺的小屋,也有将近400万平方英尺或50英亩面积大的建筑。这些房子在高度上也有差别:有带走廊的平房,也有矗立在中心商业区高达612英尺的商业大楼②。它们在建筑的材料和类型上也不相同:既有带壁炉供热的住房,也有钢筋混凝土结构的、带电梯的公寓。从建筑年限来看:既有1871年芝加哥大火之前的建筑,也有刚建一年的新建筑。基于税收评估目的,这些建筑物主要划分为48个大类、288个小类③。

表32　　　　　　　　1825~1928年芝加哥建筑物数量与
人口数量比较

年份	建筑数量(栋)	人口(人)	每千人拥有的建筑物数量(栋)
1825	14	—	—
1831	12	100	120
1832	30	200	150
1833	180	350	—
1836	450	3 820	118
1837	516	4 170	124

---

① 上文所引用的1825年、1831~1838年、1868年、1890年数据见普特尼;上文所引用的1842年、1851年和1853年数据见顾德斯比德与赫利,第一部分,223页;上文所引用的1848年和1857年数据见钱伯林,69页。约翰·雅各布(《库克县委员会议记录》,1928年4月,1379~1380页)给出了1928年库克县所有建筑评估的结果。除了棚屋和车库,包括在芝加哥范围内所有镇区总数为360 250的建筑数量,以及芝加哥范围内部分镇区总数为44 329的建筑数量。

② 芝加哥最高建筑的高度(按从人行道至最高点的高度差计算)如下(英尺):

贸易委员会大厦	612	奥美公司	519	家具商场	474
芝加哥教堂	569	卡比德公司	500	梅迪纳运动俱乐部	471
匹兹菲尔德	557	拉沙尔克公司	491	棕榈公司	468
夭克	555	伊利诺伊州银行	479	施托伊本	465
拉萨尔	530	班克斯	476	论坛报	462
莫里森酒店	526	斯特劳斯公司	475	罗诺克塔	452
普尔石油	523	威洛比	448		

③《评估人员指南》,伊利诺伊州库克县,1930年。

续表

年份	建筑数量（栋）	人口（人）	每千人拥有的建筑物数量（栋）
1842	1 361	6 000	227
1848	3 742	20 023	187
1851	5 798	34 000	170
1853	9 212	59 130	156
1857	19 008	93 000	204
1868	39 366	252 054	142
1869	43 920	272 043	161
1870	52 610	298 977	176
1871	61 000	325 000	186
1890	127 871	1 098 570	116
1928	400 000	3 402 296	118

a）建筑物空间体积的增长——暂不考虑建筑物的数量，仅考虑建筑物的体积，在库克县，包括墙壁和屋顶围起的空间体积从1830年的20万立方英尺增加到1930年的约220亿立方英尺[①]。从1830年开始，在芝加哥共修建的50万栋建筑中，几乎有40万栋建筑现在仍然高耸着[②]。在库克县近年来的新建建筑中，平房面积估计在16亿平方英尺左右，这相当于57平方英里的面积。假如算上路面的话，平房建筑面积将达到83平方英里的水平。如果将每一建筑后面空置的、约相同占地面积的土地算上，那么平房建筑面积可达166平方英里。与此同时，上述建筑完全可以容纳一座占地面积1.5平方英里的40层建筑或者占地面积3平方英里的20层建筑。这个例子说明了库克县被现有建筑替代的大概数值。

b）决定建筑空间规模的因素——仅靠城市居民总数和建筑物空间还不能充分确定建筑物的总用地面积。人们对城市土地的需求有许多种，如街道、公园、住宅区、工厂、商店、教堂、学校、政府大楼、墓地以及可通行的铁路等。决定建筑空间规模的因素有很多。当城市单身男子人口比重较大，那么安置人口的楼层空间就比较小，他们有时睡在商店后院，或者

[①] 通过估价部门估计的平均体积和每一个时期的建筑数量计算而得。
[②] 这个数据是通过将自1872年以来颁发的建筑许可证的总数加入1870年已建成的建筑数量获得。

第六章　芝加哥的发展及其土地价值增长的关系

14个人一个房间，这是1836年芝加哥的通常情景。对住宅空间的需求在萧条时期缩减，通常是两个家庭住在一个公寓里，共用饭厅和厨房。在繁荣时期家庭搬到独立公寓后，这个数量便得以扩大。相比住在用折叠床和煤气灶、一个房间当三个房间用的单间公寓里，人们住在拥有高大天花板的大房间里需要的住房空间更多。无子女的夫妇对居住空间的要求比有孩子的家庭小，而所有小孩都睡在一个房间相对于随着习惯的改变每个小孩都拥有一个独立房间的住所要小。商店和工厂所要求的空间数量也随着商业集中程度不同而不同，集中度越高所需的空间就越小。由于政府功能的综合化，政府大楼空间的需求量也有所增加。如果火葬普及，那么对墓地的需求也几乎可以完全终止，但是，伴随着城市总人口的扩大以及老龄人口的增加，墓地空间的需求仍然呈上升趋势。公园的需求在不同的城市也不一样。同时，铁路土地数量的需求则主要取决于铁路在该城市的重要性。在城市社区中，街道和小巷所需的面积远远小于那些街道宽敞或者在城市中心有行车专用道路所需的面积，也小于那些街区短、十字路口频繁城市所需的面积。

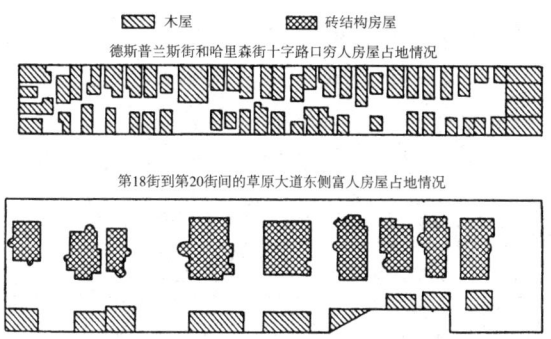

图50　1886年芝加哥富人和穷人房屋占地面积情况

生活在一个既定封闭建筑空间内的人会因为风俗习惯和居民生活标准的差异而呈现多样性。既定数量建筑物的占地面积以及连接这些建筑物所需的土地面积也相当不一样。芝加哥"花园城市"这个名称的由来便是因为，在19世纪四五十年代芝加哥几乎每一个家庭的房屋附近都有一块50~125英尺的花园。而1858年，在芝加哥中心商业区附近，地块的前后则建起了大量的房屋。80年代，即便是在城市，一个百万富翁的住宅所占的空间相当于10~20个穷人的小屋所占的空间。但是，在今天，小屋和平房几乎不会占据超过1/3的地面，而高大的建筑则占建筑空间的75%~90%。小商店通常不仅占据临街的建筑，还拥有后面的庭院。但除了洗衣店、餐馆、连锁百货商店、银行和剧院之外，人们通常都不再负责庭院部分建筑的保养。在芝加哥的"卢普区"，12~16层高、带有2~3层地下室的大型百货商店往往覆盖了整个街区，甚至囊括了小巷。

高层带厨房的公寓出现之后，土地集中使用的所有因素结合在了一起，地面面积得到了充分地利用，建筑高度达到22层。这样使得原本只能用于建造1户家庭居住小屋的土地现在能容纳100户家庭居住。

土地利用强度不仅针对单块土地，还包括了街区和居民点。同时，土地利用强度在不同的时期也有所不同。1928年时整个芝加哥城市范围内还存在30%的空置土地。

c) **建筑物按用途进行分类**——表33反映了1850~1911年芝加哥用于多种目的的土地使用面积的百分比。表34则表明了1923年芝加哥的土地利用情况。

d) **芝加哥地区建筑物平均高度**——1928年库克县的建筑物按其高度水平进行了划分[①]，如表36所示。库克县建筑物所占土地面积为18 400英亩，占库克县土地总面积的3%。

表33*　　　　　　　1850年、1870年、1890年和1911年
芝加哥的土地利用情况

利用分类	1911年		1890年		1870年		1850年	
	英亩	百分比（%）	英亩	百分比（%）	英亩	百分比（%）	英亩	百分比（%）
总面积	124 448	100.0	115 520	100.0	22 436 +	100.0	8 966	100.0
水域面积	4 215	3.4	3 290	2.9	385	1.7	170	1.9

---

①　按以下方法进行计算：评估人员指南中48个建筑类别，其中每一个分类的建筑数量是通过约翰·雅各布已经提及的一层、二层和三层建筑的实际计算来确定；每一个分类的平均面积是通过计算估价部门所记录的每一个分类的建筑数量来确定；每一分类的总面积是其平均面积与建筑数量之积。

第六章 芝加哥的发展及其土地价值增长的关系

续表

利用分类	1911 年 英亩	1911 年 百分比（%）	1890 年 英亩	1890 年 百分比（%）	1870 年 英亩	1870 年 百分比（%）	1850 年 英亩	1850 年 百分比（%）
陆地面积	120 233	96.6	112 230	97.1	22 078	98.3	8 796	98.1
空置土地	37 334	30.0	64 142	55.5	9 409	42.6	6 338	70.7
已利用土地	82 899	70.0	48 088	44.5	12 669	57.4	2 458	29.3
公共利用	30 968	37.4	23 531	48.9	5 835	46.1	1 682	68.4
街道和小巷	26 368	31.8	20 721	43.0	4 725	37.3	1 630	66.3
娱乐性用地	4 500	5.4	2 735	5.7	1 096	8.7	50	2.1
其他公共用途++	100	0.2	75	0.2	14	—	2	—
私人利用	51 931	62.6	24 557	51.1	6 834	53.9	776	31.6
住宅	30 138	36.4	11 008	22.9	3 481	27.5	465	18.9
制造业	9 672	11.7	6 146	12.8	1 330	10.5	135	5.5
铁路	6 904	8.4	4 501	9.4	1 373	10.8	50	2.1
商业 &	3 252	3.9	1 722	3.6	525	4.1	33	1.3
教育和宗教#	850	1.0	375	0.8	125	1.0	28	1.1
墓地	5	1.2	805	1.3	—	—	65	2.7

* 依据统计局和芝加哥市政参考图书馆的统计数据；
+ 1870 年报告的面积是 22 823 英亩，但是这里所给出的面积是 22 463 英亩；
++ 不包括用于公共教育或者企业商业行为的土地利用；
& 包括小部分数量的公共利用部分的土地；
# 包括公共教育方面的土地利用等。

表 34 * **1923 年芝加哥的土地利用**

	英亩	占土地总面积的百分比（%）
土地总面积	120 000	100.0
空置土地	30 000	25.0
已利用土地	90 000	75.0
利用：		
街道	30 000	25.0
住宅	30 000 +	25.0
制造业	16 640	13.8
商业	5 568	4.6
其他	7 792	6.5

*《芝加哥城市规划委员会报告》（1923 年）
+ 1923 年用于居住的土地面积数据为 30 000 英亩，与表 33 中 1911 年的数据 30 138 不一致，这是因为 1911~1933 年间存在大量用于居住使用的空置土地，两个表在计算方式上不同，所以 1911 年的数据较高。

表 35*   1928年库克县主要类型建筑物的数量   单位：栋

建筑物类型	数量
住宅类：	
独栋住宅	240 540
双户住宅	145 171
多户住宅	40 249
商店或办公配套住宅	41 517
旅馆	513
俱乐部和旅馆	129
总计	468 119
商业建筑类：	
商店	8 963
写字楼	808
剧院	345
公共车库	3 359
服务站	1 608
医院	72
其他	1 920
合计	17 075
工农业建筑类：	
工厂和阁楼建筑	7 130
仓库	286
农村建筑	1 280
合计	8 969
总计	493 890
私人车库	260 567
棚屋、谷仓和栅栏	126 768
其他	53 170
合计	440 505
总计	934 395

* 约翰·雅各布，《库克县委员会议记录》，1931年4月28日，1380页。

表36　　　　　　　1928年库克县不同高度建筑面积情况

高度	平方英尺	占地面积（英亩）	百分率（%）
一层	800 000 000	18 400	50
二层	480 000 000	11 000	30
三层	180 000 000	4 000	11
四层及更高	140 000 000	3 400	9
合计	1 600 000 000	36 800	100

图51显示了芝加哥建筑的高度分布。其中大多数高层建筑位于临湖区域。离湖边越远，建筑物高度就越低。

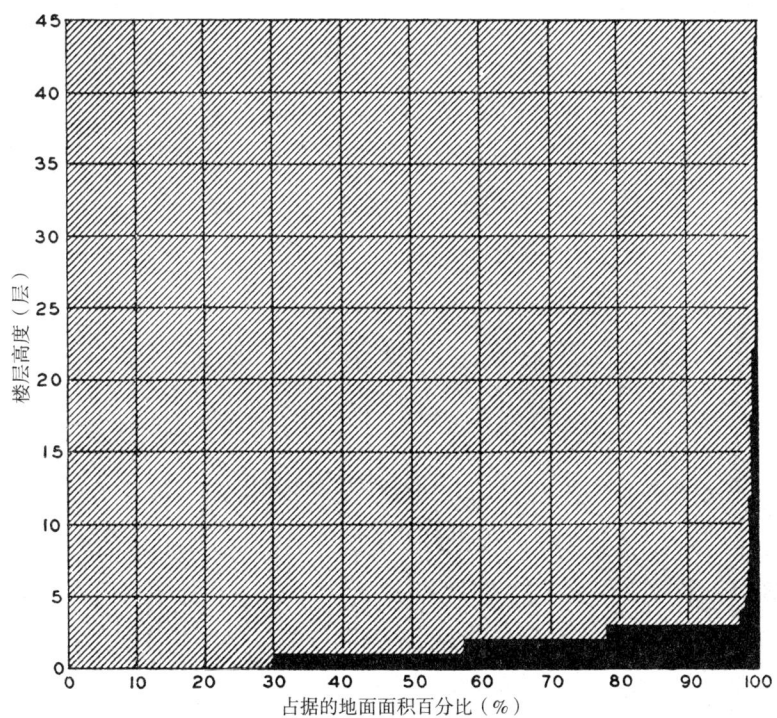

图51　1933年芝加哥不同楼层高度的分布情况

e) 芝加哥土地利用强度——就住宅用地的利用强度而言，芝加哥与欧洲和美国一些相对较小的城市相比处于中等地位。一方面，它没有柏林、巴黎和纽约那样密集的公寓住宅，使得城市中较为贫穷的家庭拥挤在一个有限的空间内；另一方面，就人口而言，芝加哥人口的分布并不像美国其他较小的城市那样可以使大多数人口居住在独栋住宅里。与芝加哥19.4%的人口相比①，美国中小城市有78.6%②的人口居住在独栋住宅。在这些中小城市中，仅有7.6%的人口居住在多户住宅，而芝加哥却为48.4%③。1923年芝加哥的住宅用地平均人口密度为100人/英亩④，美国其他中小城市住宅用地平均人口密度在1930年为34.4人/英亩。

然而，与规模相似的都市相比，芝加哥地区人口密度还是很低的。芝加哥总的人口密度为28人/英亩。巴黎面积仅为芝加哥的15%，人口密度是芝加哥的6倍左右。1928年的芝加哥，不仅存在30%的空置土地，而且相当大部分的土地被公园、墓地、铁路、校舍和机场所占用，用于住宅建设的土地仅占小部分。

一个城市的整体范围应该扩大到包括广阔的空置土地，甚至是农地。芝加哥的发展并不是在一个紧凑的空间之中进行的，因为新的交通运输线路使得城市扩展到了旧市区之外。由于贪婪的土地所有者经常将邻近地区的土地价值提高到一个高价位，开发商宁可跨过几条街区到另一个区域去开发。

B. 芝加哥的土地供给

1. 芝加哥的土地供给——由于芝加哥城市人口以及被其占用的建筑空间不断增长，客观上便对土地有着更多的需求。那么，芝加哥实际上有多少土地可以被利用以满足新增建筑呢？当然，美国土地面积基本上是由自然决定的。1930年，美国所有超过3万人口的城市，共容纳了4 500万人

---

① 芝加哥商业协会，《商业研究局调查研究》（1931年1月1日）。这个数据包括居住在单户住宅的615 000人，居住在商店后面的单户住宅的37 500人和居住在商店上面单户住宅6 500人。

② 同上，28页、66页。

③ 芝加哥商业协会，同上。包括500 000人居住在三户住宅，单元公寓建筑的居住人口比三户住宅多800 000人。居住在商店上面的公寓住宅人数为325 000人，同时有36 000人居住在商店后面的公寓住宅中。

④ 以芝加哥《城市规划报告》为依据，按1923年以居住为目的的土地使用量30 000英亩和作者估计的1923年芝加哥人口为3 000 000人两个数据进行估算。

口,其整个土地面积仅占美国总土地面积的 0.2%。城市土地供给的客观制约并不是来自于美国总的土地面积,而是来自于人们在某一特定工作地点能利用的土地数量。事实上,在过去的一个世纪中,随着高速公共交通设施从城市中心向外延伸,还有向上延伸的钢结构摩天大楼,芝加哥城市土地面积和建筑物空间的供应大大增加了。

a) 由于高速的交通设施导致的横向扩张——1833 年,芝加哥可使用的建筑面积为高度 50 英尺以内的空间。外围的延伸始于木板路和铁路线,马车以每小时 6 英里的行驶速度替代了原先每小时 3 英里的步行速度,这使居住地区的活动半径扩大了 1 倍。在 80 年代,时速 12 英里的有轨缆车使交通干线周边的活动半径又扩大了 1 倍。郊区蒸汽铁路和高架铁路线,这些时速在 25～30 英里的交通工具使沿线居住地区的活动半径再次翻倍。

在高速公路上时速约为 60 英里的汽车的普遍使用,使人们能够在一个小时内回到家中,而这个距离是 1836 年从工厂到居住地距离的 20 倍。尽管位置和飞机场的费用大大限制了飞机作为一种郊区运输方式,但是,飞机使从家到办公室的可能范围延伸至 150 英里或者 200 英里。

如果人们居住范围是一个完整的圆,那么,居住地区半径增加 1 倍,地区面积增加不是 2 倍,而是 4 倍。因为圆的面积是半径的平方乘以一个固定系数 π,这个土地面积的增长率适用于半圆和一个完整的圆周。因此,交通运输速度的加快使得城市外围边缘的地区变宽。另外,新增土地并没有因为新交通路线所带来的土地面积而翻倍增加,因为新增土地供给被局限于新交通线路的沿线地带,这些放射状的线路中间的土地难以使用。芝加哥可利用土地的供给受到东部密歇根湖的限制,使其难以形成以城市中心为圆心的一个完整的圆,从而导致了这个城市向西部和南部扩张得更快。

b) 向天空扩展——除了向外围扩张外,芝加哥建筑也同样向天空发展。1833～1933 年,当城市地面面积扩大 20 倍时,建筑物所占地面以上的空间也增长了 10 倍。从 9 层、12 层、16 层、22 层连续增加到 44 层的电梯和钢结构摩天大楼,分别利用了地面以上 100 英尺、150 英尺、250 英尺和超过500英尺的空间高度①。

如果所有建筑都修建到当前的区划法许可范围内的高度,那么,可以估计,整个美国的人口都能在芝加哥城市范围内居住了②。然而,这样的一种土地利用强度,要求所有土地上都修建钢结构的摩天大楼,且只以居住为目的。

✦ C. 芝加哥土地价值差异的原因

1. 土地价值轮廓图——在前文,我们只是简略地探讨了影响芝加哥土地需求的因素,并没有考虑城市内不同用地类型和不同土地使用强度所导致的土地价值的差异。如果将芝加哥土地价值用一张地形图来表示的话,用海拔高度代表土地价值高度,那么我们将看到一幅波澜壮阔的地形图。中间的"卢普区"将会是喜马拉雅山山峰,但是,除了一条向北沿湖的高脊线,其他各方向将会是一个相当深的峡谷地带。但随着离中心再远些,海拔开始提高。南部和北部沿湖,将会是一条高脊线,高度向西呈斜坡急剧下降。离开市中心5英里或6英里的地方,将会有一个数英里宽的高地,沿湖的方向向上倾斜,高地上面是一条条间隔1英里的高脊线,在每个(高脊线)交叉点处形成高耸的小山峰,达到顶点。如果地形图中的1英尺高度表示土地价值的1美元/临街英尺,那么,芝加哥地区211平方英里区域海拔高度的变化将比世界上任何其他地方的自然海拔高度的变化都要大,这可能相当于海拔从5英尺到5万英尺的变化。在1英里之内,海拔可能会从5万英尺下降到50英尺③,在一个短的街区内能从海拔4 000英尺下降到25英尺④。如何解释土地价值这些急剧的变化?为什么从一条街到另一条街,在某些情况下土地价值会急剧地上升或下降,而在其他地区却有大片

---

① 1923年城市区划法,允许塔式建筑高于22层,没有绝对的高度限制。一块足以建造150层塔楼的土地是可能的,但是迄今为止在"卢普区"建筑高度限制在45~46层高(芝加哥分区条例,第21章)。
② 这个估计来自于芝加哥区域规划协会一项未公布的研究。
③ 从州街和麦迪逊大街十字路口处至芝加哥大街附近的汤逊街。
④ 从第47街和阿什兰大街十字路口处至第46街和拉弗林街的十字路口处。

第六章 芝加哥的发展及其土地价值增长的关系

等值的平原呢?

城市土地价值格局尤为重要,特别像芝加哥这样在土地价值方面存在着巨大差异的城市。本书将通过土地价值地图和大量的图表对城市土地价值格局进行阐述。在解释一个城市土地价值结构和导致价值差异的原因之前,有必要回顾一下城市发展的历史,追溯城市每一区域开始发展的方式,说明不同土地使用类型的发展方向,这也是本书第一部分的主要目的。现在有必要将这些讨论结合在一起,通过一系列的图表和数据去解释过去的一个世纪中在城市的不同区域间影响土地价值差异的主要因素的变化。

当芝加哥还是一个未被开发的沼泽地带时,谁能知道哪个地方在未来的某个时候每天都会有成百上千的人经过,而哪个地方会成为贫民窟的中心呢?在曾经放牧的草地上,一栋40层高的建筑将拔地而起;在曾经是野猪拱土觅食的地方,一栋巨大的银行大楼将被修建。在离这些地方不远处,有着肥沃土壤、翠绿草坪的土地上却仅是一些小茅屋,其土地价值还不够街道改造的成本。然而,离城市中心较远、在城市建立之后数十年人们还在猎鹬和珩鸟的土地,这里的土地价值却超过了城市中心。是什么原因使得因密集利用而有着较高价值的土地和因稀疏使用而有着较低价值的土地之间界限分明呢?什么样的土地被用于高档居住用途或者是高层公寓建筑?城市的哪个角落将成为偏僻的二级商业中心?城市的哪一个区域又会成为工厂?那些事先能选择到这些地点的人将会获得一笔丰厚的财富。其他地区,包括由贫民和中产阶级占据的地方,低档偏僻的商业场所和贫瘠的工业用地——给第一次开发这些土地的人带来利润,一旦这些地区被用于开发住宅而得以发展,并且有大量低购买力水平的承租人,那么这些地区的土地价值要想进一步上涨几乎是不可能的。城市边缘地带空置农地所有者拥有更好的机会去获取"不劳而获的收入"。

探索城市不同区域间土地价值差异的原因,应主要考虑以下这些因素:芝加哥的地形;土地不同用途的影响;住宅的选址以及其他种族人群的扩张;高层建筑的出现等。

2. 土地价值变化的地理因素——芝加哥地形的三大因素影响了这里的土地价值格局:位于东部的密歇根湖;芝加哥河及其南、北支流——与湖泊一起形成了一个"Y"型;位于湖西面广袤无垠的平原。

a) **湖泊的影响**——芝加哥位于密歇根湖南端的西侧。湖泊阻碍了城市向东发展,使得芝加哥只能向北面、南面以及西面发展。此外,湖泊还阻碍了高速公路和铁路从东部进入城市,迫使它们从南部绕过湖岸拐弯进入芝加哥。最后,湖泊带来了日后所熟知的芝加哥"前院",并且临湖的土地作为住宅用地获得了最高价值。在还没有铁路的年代,密歇根湖是到达这个城市的主要通道。

b) **河流的影响**——芝加哥河及其南、北支流将芝加哥分成三个主要区域——北区、南区和西区,这样就因河流的分隔导致每个区域都有些独立发展。起初作为湖泊、河流、运河以及铁路运输的集散地,芝加哥河将城市商业和工业结合在一起。芝加哥河两岸有大量的升降机、工厂、仓库以及货场;从水上商业的角度看,河岸边的工厂在城市的哪个区都无关紧要。早期过河的困难首先是因为桥梁的缺乏,然后是因为吊桥频繁地开放和关闭,这些都是造成原先人流、物流在城市三个区自由流通的最大障碍。从1859 年的第一条马车路线到 1881 年的缆车线路再到 1820~1900 年的高架铁路线,城市的三个区域几乎都有独立的交通线路通向市中心。因此,三个区域有不同的发展速度以及不同的土地价值历史。

c) **芝加哥平原**——芝加哥平原为芝加哥西区、南区和北区的发展提供了广阔的空间,这里没有断崖,没有陡峭的山峰,也没有阻碍新建筑在草原上分布的峡谷。然而,芝加哥这三个区域可利用的土地面积却各不相同。在芝加哥南区,芝加哥河南支流刚开始离东面的密歇根湖有 2 英里的距离,接下来南支流略偏向东南方向,在第 18 街处才转向西南。在第 18 街处,芝加哥河南支流离密歇根湖只有 1 英里的距离。因此,随着芝加哥河南支流转向西南,南区的版图才慢慢扩大。在北区,由于芝加哥受芝加哥河北支流的影响,北区的面积被限制在离湖岸 2~3 英里范围内的一个狭长地带,距离州街和麦迪逊大街十字路口 2 英里的范围内用于居住用途的土地仅仅约为 2 平方英里。然而,在西区,地形向南北两侧扩宽,在距离城市中心 2 英里的范围内,超过 5 平方英里的土地被占用。因此,当马车运输限制了城市发展的半径时,西区为人口的快速扩张提供了空间。

d) **城市的三个区**——芝加哥的三个区在不同时期以不同的速度发展。事实上,南区的优势在于,一开始就成为了中心商业区,初始的小路、后来铁路和高速公路都通过这个区进入芝加哥。在19世纪40年代和50年代的北区，在靠近密歇根大道的芝加哥大街的南侧区域，建有一些当时最好的住宅。但是，在内战期间，南区的高档住宅用地发展相当迅速。在西区，早期开发的土地作为工业和制造业用地，工厂的工人们居住在工作地点附近。在1873年之前，西区人口增长一直超过其他两个区；从1871年的大火到1893年的世博会，南区土地价值的增长已经超过其他两个区，但是，在1893年的经济恐慌之后便开始走下坡路。其后不久，北区和北部湖岸地区引起了社会精英们的关注。1900~1929年，北区和西北地区的土地价值增长得最快。尽管工业扩张仍然是土地需求重要的一部分，但是，自1873年后，西区的阿什兰街以东、芝加哥大街以南的区域作为居民区在逐步衰落，尽管此时西区的工业扩张仍在吸纳这一区域的空地。

3. 土地不同使用类型的影响

a) 高档住宅区——随着大型建筑和高楼大厦的出现，高档住宅区开始发展起来。这些住宅区一般位于与直达中心商业区最好的交通路线相毗连的大街上，附近有店铺和商场。因此，如图52所示，19世纪40年代和50年代，在北区，最好的居住区在安大略街附近的卡斯大街和拉什大街上；在西区，则位于霍尔斯特德大道以东的华盛顿大道；在南区，此类住宅区最开始是位于华盛顿大道，而后在沃巴什和密歇根大道上（即现在"卢普区"范围内）。1860~1873年，随着三个区域第一条马车线路的通行和南区第一条郊区铁路的运营，北区的高档住宅区开始伸向迪尔伯恩大街和拉萨尔大街，并且沿着这些街道，从芝加哥大街向林肯公园扩张；西区的高档住宅区朝西沿华盛顿大道向位于阿什兰大街上的联合公园发展，并且还沿着门罗大街、亚当斯街和杰克逊大街向阿什兰大街继续深入，阿什兰大街定位为高档街区，在阿什兰大街上，第一批住宅也是在这个时候建成的；在南区，高档住宅区开始从华盛顿大道沿沃巴什和密歇根大道段向南继续发展，同时在第18街上向东转向印第安纳大道、草原大道和卡柳梅特大道，并且沿着这些大道一直向南至第26街。因此，自1873年，三条主要的高档住宅区地带（4~6个街区宽）已经发展得如同半个车轮的辐条状。在这些大道上，距离上述街道几英里远的空置地块已经获得预期成为高档住宅区的价值。在距离高档住宅区几英里远有大型公园。在郊区的高档居住区中，

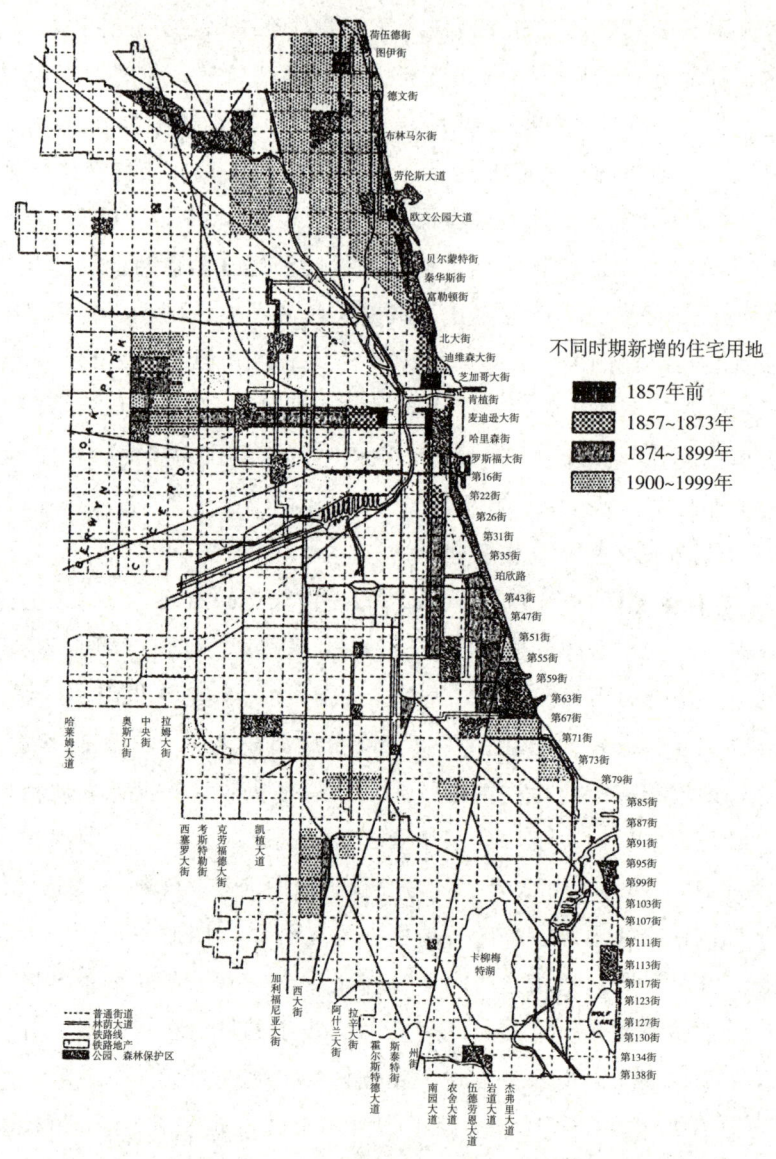

图52　1833~1933年芝加哥新增住宅用地的分布

处于领先地位的有南区的肯伍德和北区的派恩格罗夫。随着城市商业的发展,以及公园、林荫大道和之前提及的高档郊区的吸引力,在北区、南区和西区的"大道"上,一排排优质的住房建立起来了。在城市的每个区中,高档住宅区和与之邻接的贫民区之间界限分明。在北区这条分界线是威尔斯街，在南区分界线是州街，而在西区是北边的湖街、南边的哈里森街。

80年代，第18街和第20街之间的草原大道是芝加哥最贵族化的住宅区域，在这个时期，密歇根大道作为木材场大亨的居住地快速发展；在西区，从麦迪逊大街到哈里森街的阿什兰大街以及阿什兰大街东侧的杰克逊大街全都处于全盛发展时期；湖岸大街——后来被称为"波特·帕尔默的青蛙池塘"——在这个时候才刚刚开始发展。

（1）草原大道的衰落——在第一届世博会之后，南区草原大道的重要性地位开始迅速降低。在北区，高档住宅区从迪尔伯恩大街和拉萨尔大街转移到了湖滨公路，北边的"黄金海岸"开始成为权贵聚集区；在西区，阿什兰大道经历了其发展的顶峰，在加菲尔德公园附近的华盛顿大道上，较高档住宅开始出现；在南区，那些没有迁移到北区的权贵阶层迁到更外围的德雷克塞尔街以及肯伍德地区。于是，南区的高档住宅区出现了向东发展的情况，公寓开始不断涌现，这些建筑使得土地集约利用的程度加大。但是，由于已经预计了高档住宅区的延伸，这种情况没能导致土地价值上升到已预期的价值之上。这些不同地区土地价值的变化如图53所示。

（2）沿湖地区的增长最为显著——最后，在20世纪特别是第一次世界大战之后，密歇根湖湖岸的土地价值远比那些远离湖泊的土地增长得快。最初，由于暴风雨会使湖水喷溅到街区，并且沿湖边存在未开发的沙质荒地，污水也直接排入密歇根湖，因此，湖边的土地通常被认为是没有吸引力的；19世纪40年代和50年代，当密歇根大道（现在"卢普区"内）充斥高档住宅时，城市宁愿向西面的沃巴什大道发展也不愿意去东面的沿湖地区面对密歇根湖的暴风雨；当这一地区沿直线朝南进一步扩张时，它的发展越来越偏离湖泊。在北区，芝加哥大街南侧湖岸土地一开始是被称为"沙滩"式的无序人口占据，而后变成了斯特里特船长和大名鼎鼎的名人居住区；沿湖的北区高档住宅在19世纪60年代才逐渐发展起来。在谢里丹路和北区高架铁路线沿线的建筑已经在很多方面导致北区的高档住宅开始沿湖发展。在南区，不同肤色的人口涌入旧的高档住宅区，使得高档住宅区开始向东面的湖边发展。同样，在南区，沿湖的杰克逊公园的优势，加上在伊利诺伊州中部被认为是整个城市最好的郊区交通运输的优势，也给沿湖的土地带来了更高的价值。然而不可忽视的重要因素就是污水不再排向

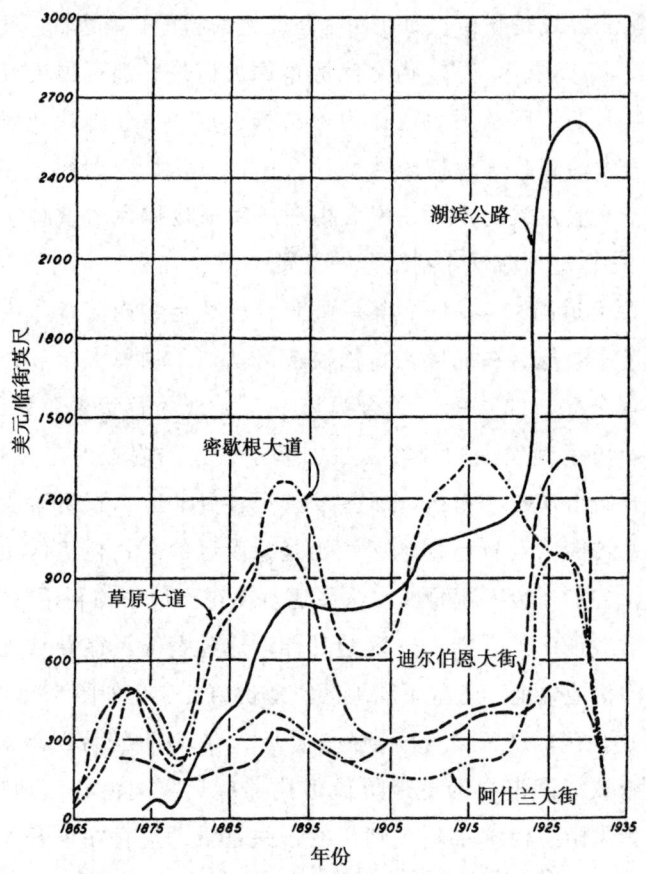

图 53 1865~1933 年高档居民区土地价值的变化

湖泊。此外，湖滨浴场的发展和允许汽车沿湖高速行驶也是重要的因素。沿湖的汽车交通达到了它的最大流量，由于拥有了最大的交通优势，汽车普及引发和影响了沿湖作为居住用地的高价值。最后，来看看 1922~1929 年这个时期，在北区，从芝加哥大街到荷伍德街等的沿湖地区以及在南区从第 51 街到第 75 街的沿湖地区，高层公寓住宅已经修建起来，这样的土地集约利用使获得高土地价值成为可能，如图 36 所示。事实上，芝加哥所有的高层公寓建筑都沿湖岸建造，那些本不该沿密歇根大道和农舍大道沿线修建的建筑在 1890~1892 年的繁荣期被建造起来。因此，如图 55 和图 56 所示，从密歇根湖向西的土地价值表明，土地价值朝湖泊方向呈直线上升。尤其是 1910~1928 年，在湖泊附近的土地和远离湖泊的土地，两者之间的

第六章 芝加哥的发展及其土地价值增长的关系

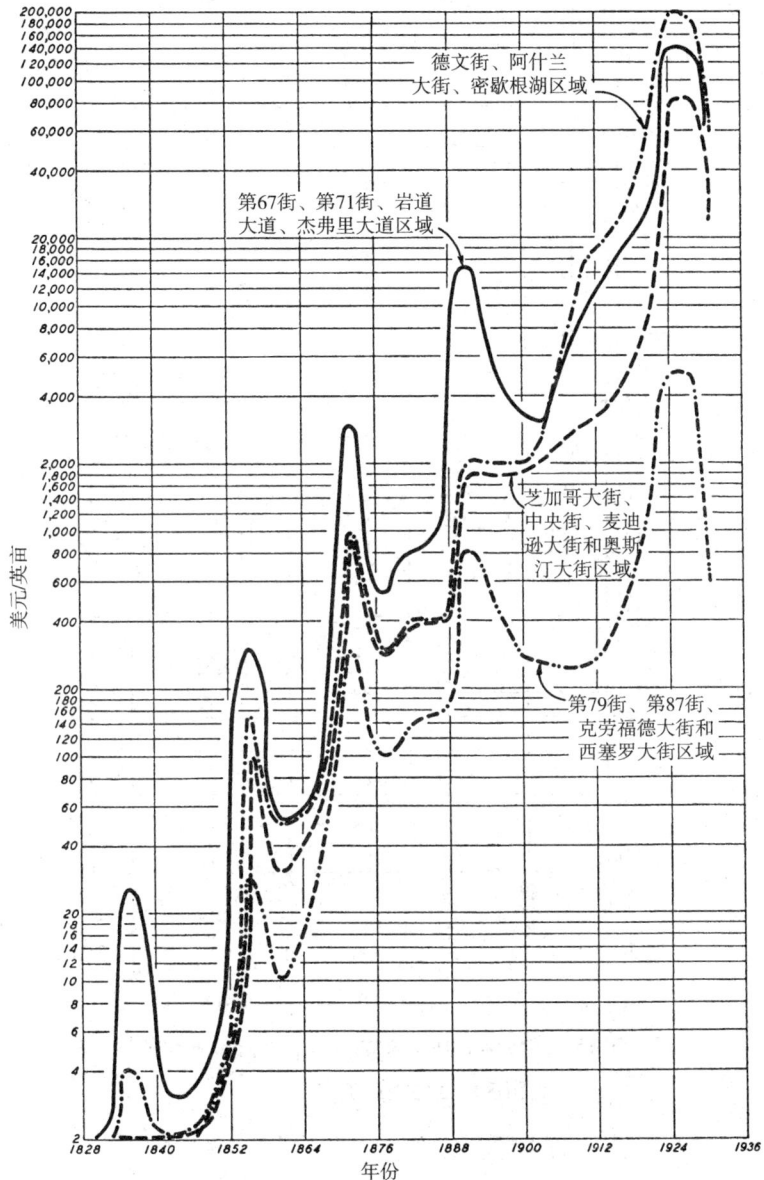

图54 1828~1933年芝加哥外围高价值土地情况

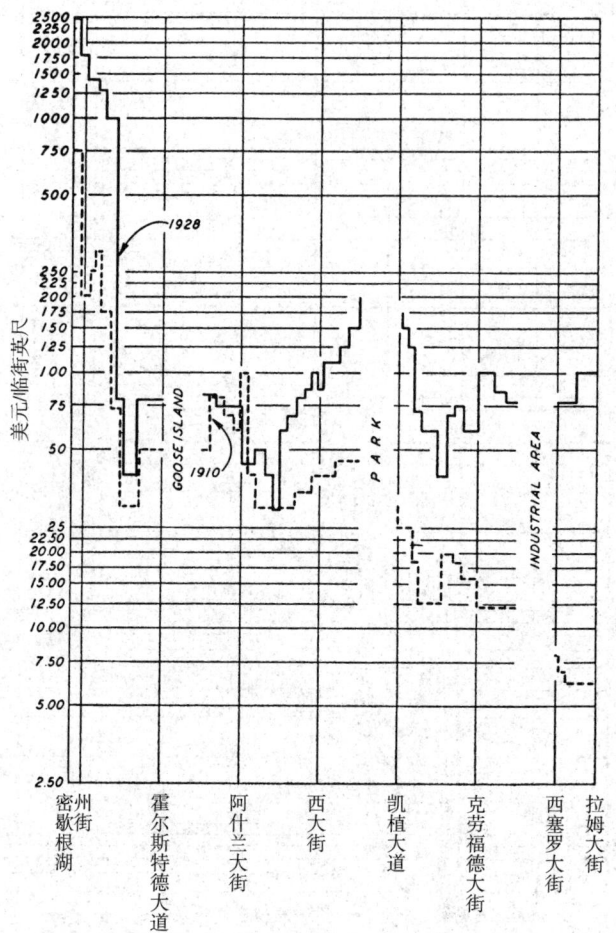

图 55　1910 年、1928 年芝加哥北大街和迪维森大街区域住宅土地价值

第六章 芝加哥的发展及其土地价值增长的关系

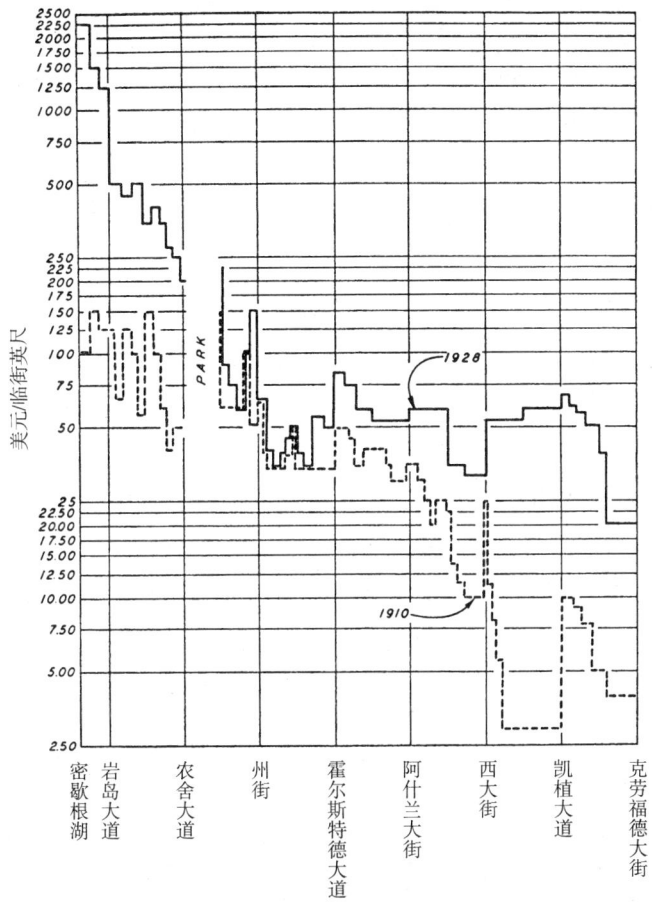

图56 1910~1928年芝加哥第55街和第56街区域住宅土地价值

价值差异非常大[①]。主要原因是高层公寓导致土地的集约利用提高了土地价值。这些公寓的租金水平也相应地不断提高：在1933年，位于北部湖岸地区的"黄金海岸"上的公寓的租金，一个房间为50美元/月，而远离湖泊的公寓的租金低至一个房间5美元/月。

如图52所示，1933年芝加哥的高档住宅区包括了一条沿北岸连续延伸的超过城市界限的土地带，这条土地带呈扇形状，并且在劳伦斯大道附近向西延伸；另一条高档住宅区沿湖边从第51街向南至第79街（后者再往南

---

① 基于乔治·奥尔科特所著的《芝加哥土地价值蓝皮书》（1910~1928年）。

就是南芝加哥的工厂区了），然后沿第 79 街向西至阿什兰大道；在西区，高档住宅区以麦迪逊大街作为中心线，覆盖了西塞罗大道西侧的地区。在南区，岩岛铁路沿线同样也坐落着高档住宅区。由此发现，高档住宅区不仅仅地处湖泊、公园和最好的交通运输干线附近，往往还是那些未遭受陈旧的、已过时的改良方式或者是可能带来不良后果的人群损坏的未开发草原土地。

随着更快交通方式的出现，如跨越整个城市的火车、高架铁路线，或者是电气化铁路，客观上允许了高档住宅区远离城市中心。在一段时间里，南区密歇根大道的地块用于汽车展厅获得的价值要超过它们之前用于高档住宅用途获得的价值。芝加哥"卢普区"向北扩张导致了北区附近旧的私人公寓的投机，使得私人公寓的价值超过先前的高点；同时，工厂从芝加哥河沿岸向西发展，使得那里旧的高档住宅区的价值开始复苏。但是，从图 53 中可知，这些曾经的高档住宅区出现衰落，当这些地区的大厦建筑变得过时时，没有必要采用一种新的使用方式使其恢复之前的价值。

b）廉价居民区——在芝加哥，非技术性或半技术性的工人阶层占用的居住用地要比富裕的中产阶层多，因为社会中相对贫穷的群体为数较多。而且，在芝加哥，他们倾向于居住在小屋或者双单元公寓，而不是住在廉价公寓里。在 19 世纪 80 年代、90 年代，富人们住在能够容纳 10～20 户穷人的大宅子里；现在的情况恰恰相反，富人们住在高层的公寓里，穷人们倾向于住在拥有院子的小房子里。然而，1929 年之前，美国社会所有阶层的财富和收入增长得相当快，以至于最便宜的住宅用地，或者说那些低于 50 美元/临街英尺的住宅地块，所占比例最大，但总价值却远远小于高档的住宅和商业地区土地总价值。

类似于高档住宅区，这些贫穷区也有自己的起点和发展路径，劳动者阶层居住地在芝加哥河的高档住宅区以及工厂地带之间的各个区域增长。他们占据的地方靠近噪音以及工厂垃圾，不直接邻近水源和快速交通线路，这样的区域缺少街道改良以及地面交通。居住在这种小区的人们的经济状况、文化程度以及追求都相对较低，因为更进步的人会倾向于尽快搬到更好的小区。这些地区的楼房很少更新，因为当一个住宅小区的廉价特性一旦被确立，那么开发商宁愿将他们的资源投资于还没有获得不利特征的区域。因此，就像芝加哥计划委员会所做的调查指出的那样：1933年，在这些所谓的衰落地区中，几乎所有的楼房都有40年以上的历史。

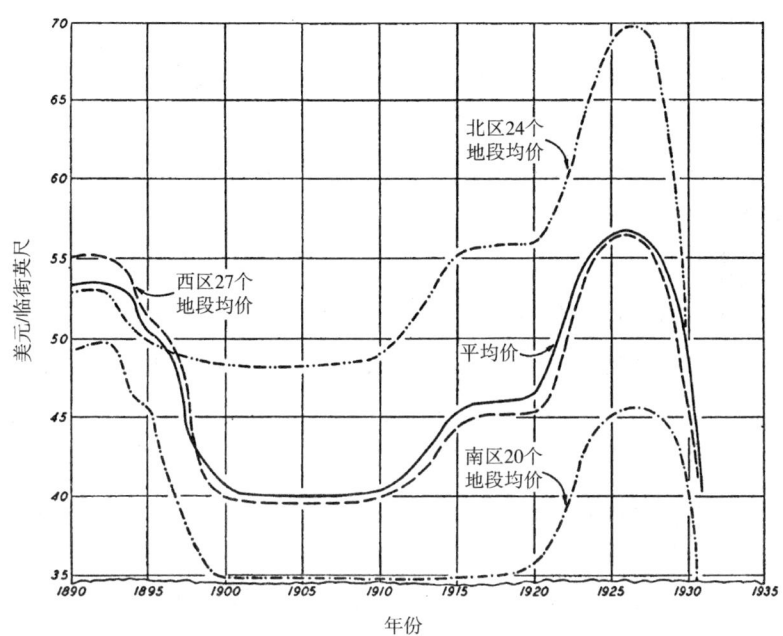

注：三区各地段都位于州街和麦迪逊大街十字路口处4英里范围内。

图57　1890~1931年芝加哥廉价居民区土地价值波动情况

廉价住宅区的扩张方式及其土地利用方式，和高档住宅区的发展模式有着相似的经历。在北区，早期棚户片区在沿河工业区附近的威尔斯街西面发展起来；西区工厂工人的住房都沿着霍尔斯特德大道附近的湖街大量分布。沿河的工厂和木场使得工人定居点在西区附近、沿罗斯福大街和蓝岛大道分布；南区，1848年修建运河后，爱尔兰工人定居在布列治港；市区威尔斯街以西、麦迪逊大街以南的区域在19世纪50年代、60年代是一个犯罪频发区。在被1871年的大火扫平后，又重新在州街以西和哈里森街以南的位置规划了新的酒吧街，这里同样也成为了犯罪频发区。同一区域的部分有色人种在1874年一场大火后搬到第22街以南的迪尔伯恩大街和联邦大街。从那时起一直到1915年，有色人种地带扩张到了第39街附近，但是主要限制在州街到岩岛大道区域。

因此，这些相对廉价住宅区的变化与市区甚至高档住宅区的发展进程相一致。1871年大火之后，这里又有了新的发展，那便是劳工阶层开始在绕着城市定居点刚好超出大火边界的一带建造木房，那里是他们唯一能够负担得起的房子。

其他种族人群的扩张——1900~1929年，其他种族人群开始陆续进入那些旧的廉价住宅区。1900年，在现在"卢普区"附近的区域，从波兰、俄罗斯、意大利和捷克斯洛伐克来的新移民已经开始替代原先的由爱尔兰和德国等地移民构成的移民群。这些移民在中心商业区附近形成了紧凑的聚居群。这些种族的扩张现在开始有了明确的方向。犹太人从他们的聚居区域——霍尔斯德特大道向西迁移至道格拉斯公园甚至更远的地方；罗斯福大街以北、霍尔斯德特大道以东区域的意大利人向西迁移至西塞罗大街甚至更远的地方；在芝加哥河北支流东侧格兰德大街附近，另一个意大利人聚居区沿格兰德大街进一步向西发展；在北区的波兰人从他们最初的聚居区域——芝加哥大街和密尔沃基街十字路口附近——沿密尔沃基街迁移至欧文公园大道；在南区的波兰人从木材场向西南扩张他们的居住范围。最初居住在第18街和蓝岛大道十字路口附近的捷克斯洛伐克人沿蓝岛大道迁移至第22街，并从那里向西一直到西塞罗大街和伯温大道。同时，始于第一次世界大战期间，一股从南边涌入的有色人种打破了其他种族被限制于州街以西的限制，并且他们占据了东至农舍大道、南至第67街的区域。另一部分有色人种沿湖街渗至西大街。如图58所示。

事实上，其他种族人群的迁移对芝加哥土地价值的重要性在于，与较高阶层群体相比，因为较低的经济地位和生活标准，他们支付的租金也较低，并且对房地产的损耗要相对较严重。由于承租人的不稳定、高的累积损失以及人们对于这些下层人的嫌恶，这些被其他种族人群占据地区的土地价值很低是不可避免的。如果一个有色种族家庭进入白人居住区，将会导致大批白人离去，这种嫌恶便会反映在土地价值上[①]。但随着其他种族人群的不断上升以及他们开始适应美国的生活，这些种族隔阂开始逐步消失。以下所给出的分类仅适用于已提到的、居住在低于大多数美国人生活标准

---

① 外国观察者对于这种现象感到十分奇怪。

第六章 芝加哥的发展及其土地价值增长的关系

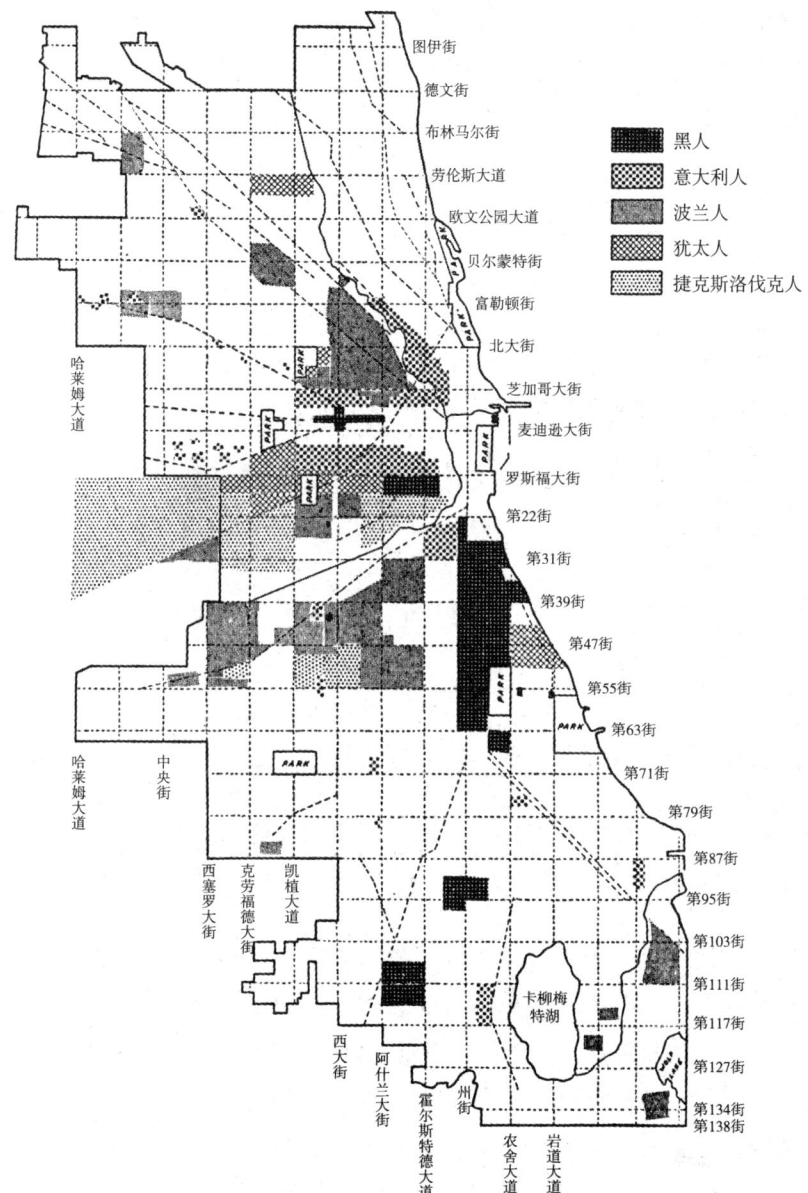

图58　1933年芝加哥被其他种族人群占据的区域

的聚居区域内的其他种族人群。以下所给出的等级划分从固有的种族特征观点来看或许是不科学的,它记录了反映在土地价值中的偏见,反映了不同种族人群对土地价值的影响①。列表中越靠前的对土地价值的正面影响越大,排在越后面的负面影响越大。

1. 英国人、德国人、苏格兰人、爱尔兰人
2. 北意大利人
3. 吉普赛人、捷克斯洛伐克人
4. 波兰人
5. 立陶宛人
6. 希腊人
7. 低等的犹太人
8. 南意大利人
9. 黑人
10. 墨西哥人

在缺乏不同种族人群在租金方面准确信息的情况下,表37表明了本地等级最高的白人和等级最低的黑人的平均租金情况。

表37*　　　　1932年芝加哥不同租金水平下主要种族租赁
住房分布情况　　　　　　　　　单位:%

租金	本地白人	外裔白人	黑人
30美元以下	15.7	32.7	36.2
30～49美元	24.3	26.8	29.3
50～74美元	37.6	27.3	25.5
75～99美元	13.2	8.0	6.1
100美元以上(包括100美元)	7.2	3.7	0.8
其他	2.0	1.5	2.1
合计	100.0	100.0	100.0

* 商务部,人口统计署发布,1932年9月7日。

在被其他种族人群所占据的区域里,影响土地价值走低不能单独地归因于种族的因素,因为这些群体所迁移的旧区早已出现衰退的情况。但毋庸置疑的是,在州街以东,有色人种的存在是导致该地区土地价值偏低的一个确切原因。根据税收评估,1931年第39街至第51街被白人占据的农舍大道东侧的土地价值是农舍大道西侧有色人种地区的3倍。随着农舍大道东侧土地得到更好地改善,其距离湖泊也更近,于是土地价值就会越高,但是同样也受到临近的有色人种区域的影响,所以土地价值差异很大一部分是由于承租人的种族差异造成的。而在很多情况下,种族因素与其他的

---

① 这个列表主要由西区的房地产经纪人约翰·史密斯提供。

第六章 芝加哥的发展及其土地价值增长的关系

不具吸引力的因素相互融合,例如临近工厂、落后的交通运输、陈旧过时的建筑、落后的街区改良、犯罪频发等,这使得种族因素对土地价值造成的影响难以单独衡量。

在促进土地价值增长方面,其他种族人群的扩张对城市外围地区的影响要大于对市区的影响,因为这部分群体的扩张促使那些地道的美国居民去寻找新的邻里关系,并且使得这群美国人从他们的旧住所迁移到其他地方。随着欧洲新移民的停止,以及在附近地区工业扩张的完成,现在几乎不存在任何土地需求。位于中心商业区和新发展的城市外围区域之间的环形地带的这些衰落地区,情况更为严重。如图57和图59所示,从1890年开始,这些旧区土地价值增长相当缓慢。

除了"卢普区"附近旧的廉价居住区之外,在城市边缘有大量已开发土地用于小屋和平房的建设。随着土地价值的不断上涨,平房和小屋住宅区域被迫向更加偏远的地带发展。南区的西大街西面和第87街南面、北区的克劳福德大街西边都有大片的独立平房区,它们主要是中产阶层家庭的小屋。1918~1928年,尽管缺乏集约利用,未开发的天然土地价值增长幅度仍然巨大。

c) **工业区**——如图60所示,在湖泊和河流商业极为重要的时期,芝加哥工业区沿芝加哥河南、北支流分别向南北方向延伸。随着铁路运输和专业生产区域的出现,工厂开始从芝加哥河流区域迁移至临近铁路的地点。临近铁路线的巨大优势之一便是在装运货物方面的快捷和经济性。随着运货卡车的出现以及"卢普区"外货物仓库的建立,市中心便没有必要建立马车货站了。通过搬出原来的区域,工厂老板能够获得更低廉的土地,然后在低廉的土地上建造一层楼的厂房,这样生产时可以连续作业,随之获得经济效益。城市范围之外的场所,税收也更低廉。位于工业区的工业在与之关系密切的其他工业附近,这带来了两大好处——灵活的土地布局和不跨街区的工厂扩张。工厂搬离城市中心带来的后果就是,在芝加哥河及其支流附近工业用地价值在几十年中一直保持稳定。

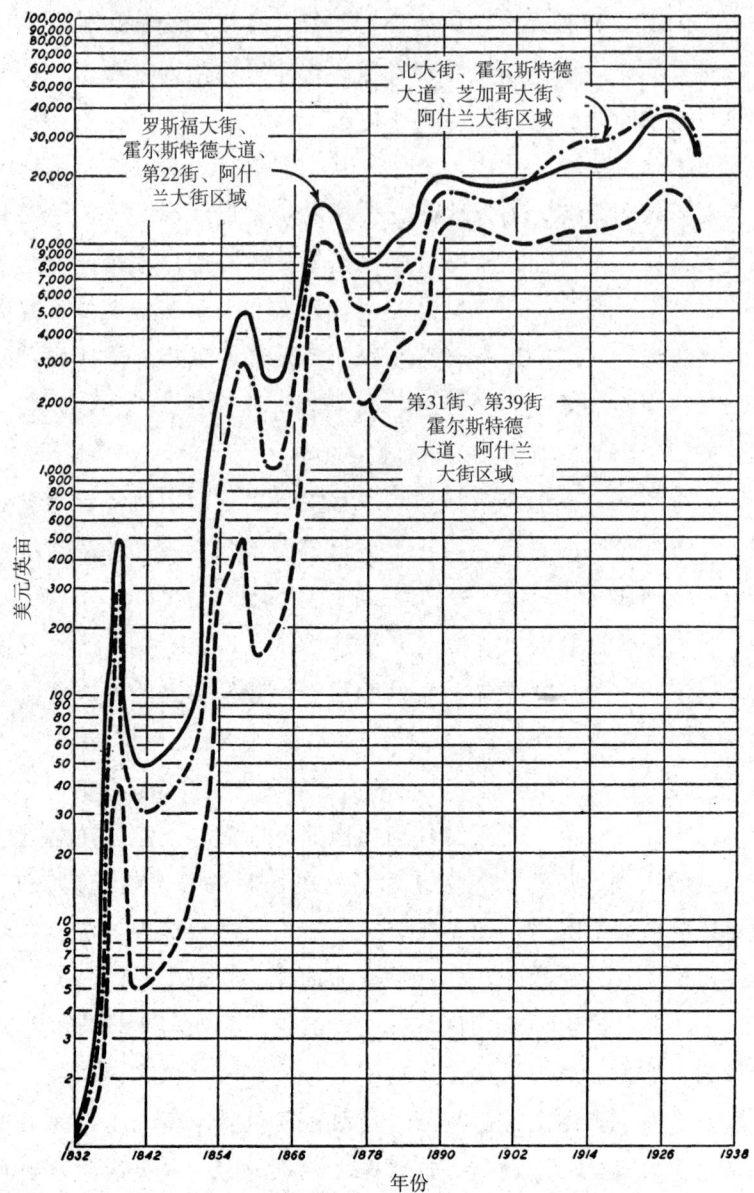

图 59　1832～1933 年芝加哥老住宅土地价值情况

第六章 芝加哥的发展及其土地价值增长的关系

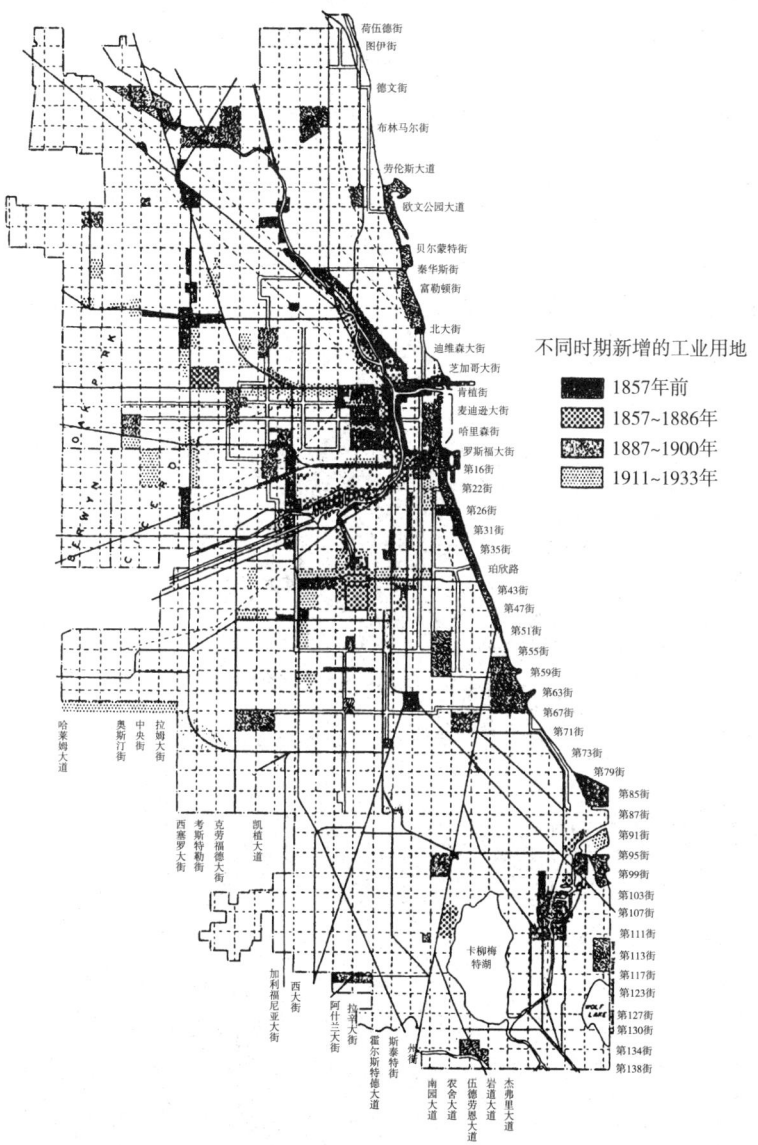

图60 1833～1933年芝加哥新增工业用地的分布

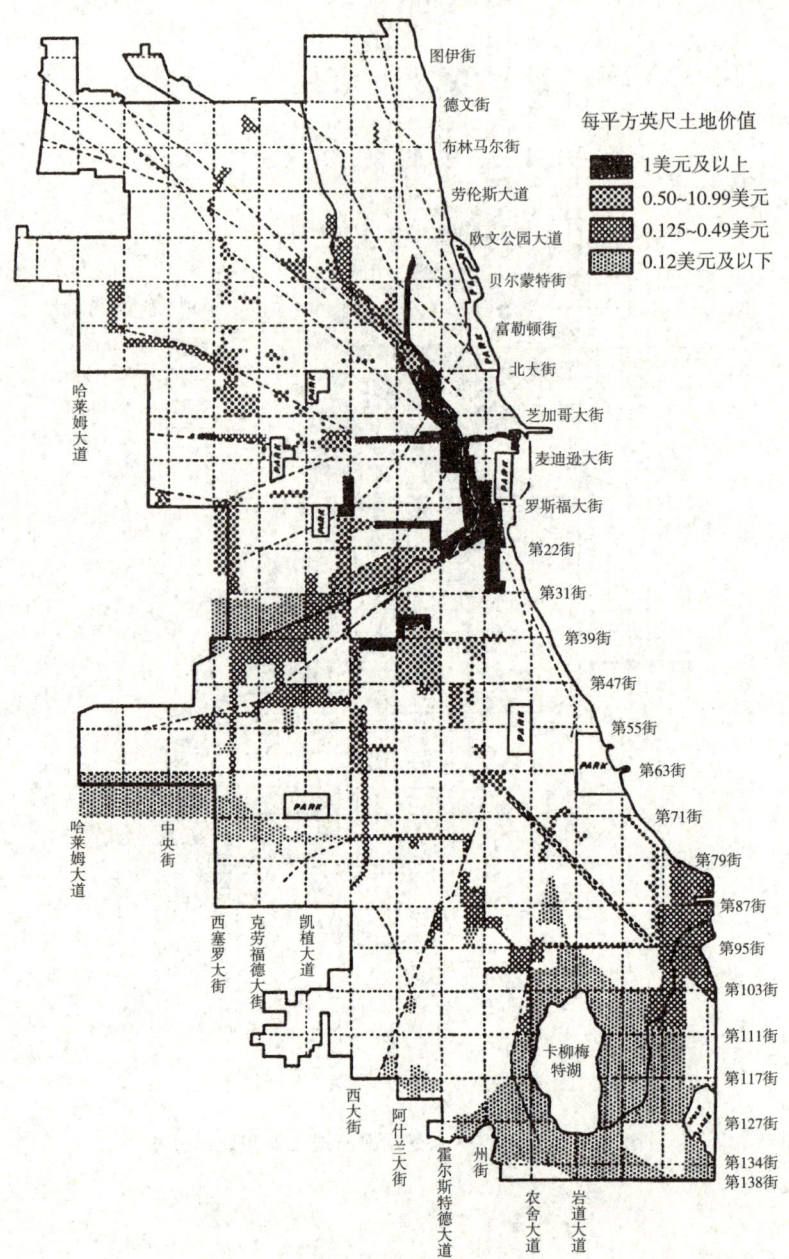

图61 1931年芝加哥工业土地价值

d）外围商业中心——一名法国观察家认为，芝加哥城市的布局结构就像僵硬的棋盘，各条线路纵横交错地排列。这主要是因为，还在芝加哥是一个小镇的时候，测绘人员依据商业点的位置，每隔1英里便画出一条区划线。这些区划线后来自然地成为了街道。最先经过改造的街道陆续成为马车线、缆车线的主干道，为了给最多数量的人口提供服务，小旅馆、铁匠铺、杂货店和其他的店铺往往沿街而设；1873年，芝加哥河南支流至拉辛大街段的麦迪逊大街、芝加哥河至林肯公园段的克拉克大街、州街和在第22街附近的农舍大道——这些街道都成为了主要的商业街。那些横穿邻近贫困地区的其他街道，如霍尔斯特德大道、蓝岛大道、密尔沃基街、北威尔斯街和阿彻大道，都是二级商业街，其被称为"贫民区的交易场所"。

随着主要马车线路交汇点的形成，即使是在1873年，某些外围区域的土地价值峰值也已经超过了中心商业区，特别是在麦迪逊大街和霍尔斯特德大道十字路口处——土地价值仅略低于州街和麦迪逊大街土地价值。[①] 这些作为区划线的街道向商业大道发展的趋势早已被注意到，1884年《芝加哥论坛报》的编辑发表了有关房地产的观点，概述了这样一种早已被认识到的发展。

这些区划线所形成的街道的重要性比测量人员之前设想的大得多。在所有的情况下（几乎没有例外），这些连续横贯的大道都通过商业中心的位置，这些街区向东西方向延伸，如南区的麦迪逊大街、第12街、第16街、第22街、第35街和第39街，北区的芝加哥大街、迪维森大街、北大街、中央街、富勒顿街，这些街道上有满足附近居民的商店和市场。南北向延伸的街道也是如此，如霍尔斯特德大道、拉辛大街、西大街等。斜穿城市的街道，如林肯大街、克莱伯恩街、密尔沃基街、蓝岛大道、阿彻大道和农舍大道，也已经成为商业街。

在80年代，沿着这些区划线所形成的街道，在公共交通的交叉点上，商场继续在发展。至1893年，第39街和农舍大道十字路口处、第31街和印第安纳大道十字路口处，土地价值已经上升到了1 000～1 500美元/临街

[①] 1873年在麦迪逊大街和霍尔斯特德大道十字路口处的土地价值已经达到了1 500美元/临街英尺，在州街和麦迪逊大街十字路口处的土地价值为2 500美元/临街英尺。

英尺。在南区，同一时间，第43街、第47街和第63街也被预期到会有商业发展①；高架铁路线的修建给二级商业中心带来了重创——因为高架铁路将人们带到"卢普区"中越来越高的百货公司；在1910年，如图62、图63、图64和图65所示，土地价值从中心商业区沿麦迪逊大街、州街、克拉克大街和密歇根大道开始急剧下降。如图39所示，1910年，远离市中心的商业区域的数量根据后来的发展情况看是相对较小的；而后的1910~1915

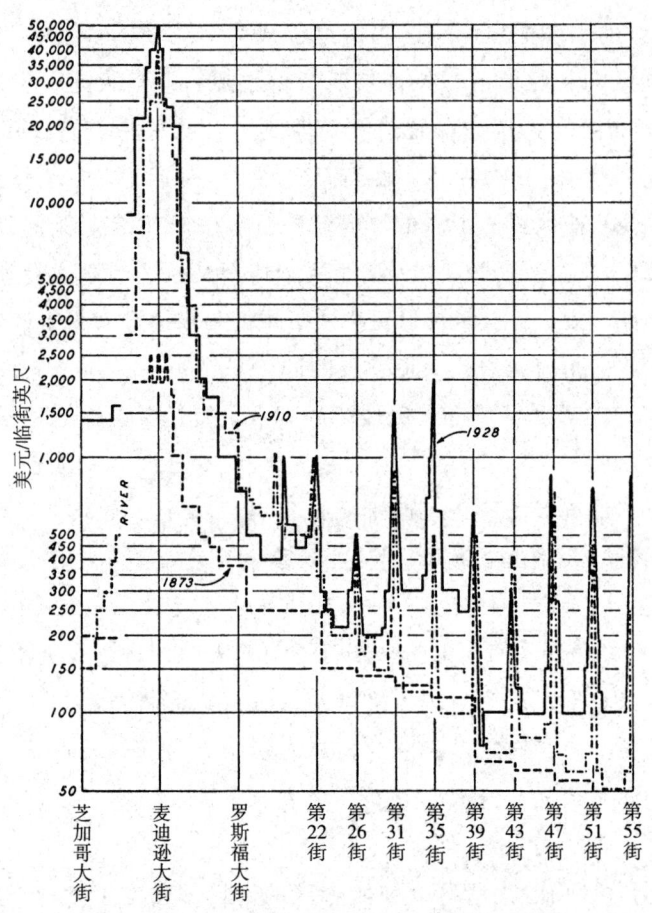

图62　1873年、1910年、1928年从芝加哥大街到第55街的州街段土地价值情况

---

① 1933年，作为耶基斯工程部分牵引线项目的一名主管，阿朗佐·希尔对作者的叙述。

第六章　芝加哥的发展及其土地价值增长的关系

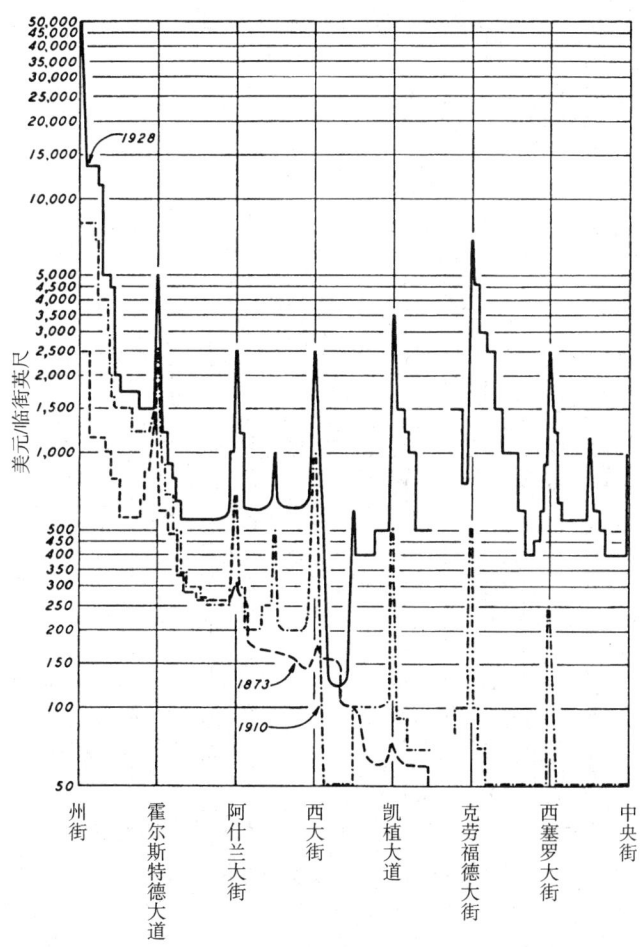

图63　1873年、1910年、1928年从州街到中央街的麦迪逊大街段土地价值情况

年，以及1921~1928年，远离市中心的商业区域的数量显著上升；一直到1928年，如图40所示，"卢普区"外围价值较高的十字路口处区域数量大幅增加；第一次世界大战以后的繁荣时期，随着人口的大量增加，大量土地——500万临街英尺——被用于商业用途。1928年芝加哥商业用地总价值超过了任何一种其他用途土地的总价值。

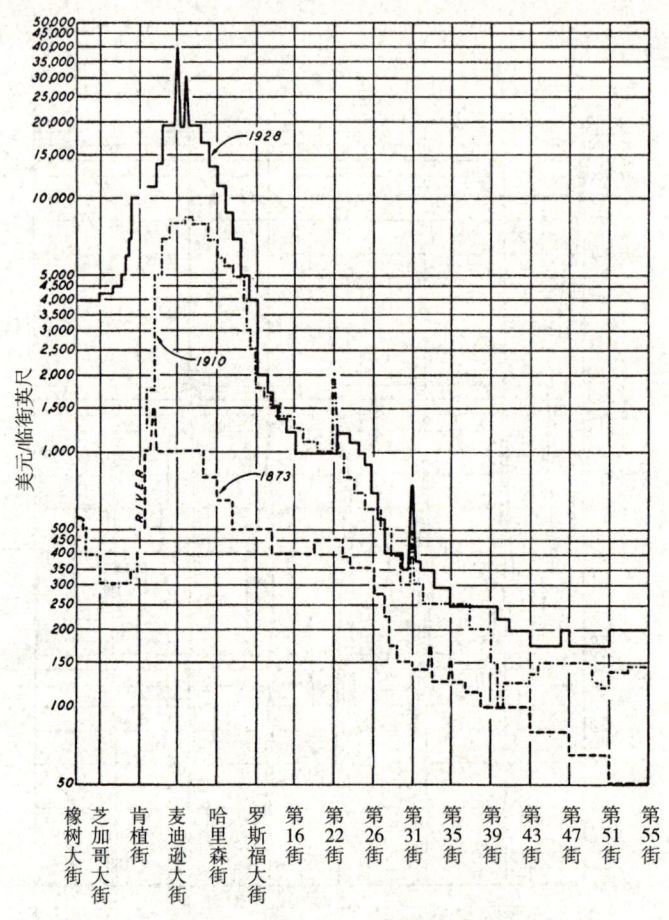

图64　1873年、1910年、1928年从芝加哥大街到
第55街的密歇根大道段土地价值情况

　　图67、图68和图69表明了远离市中心的主要街道上商业用地价值的格局。落在完整的区划线或者半区划线上的每一条街道几乎都是商业街。商业发展区域的沿街线路是可以提前知道的。事实上，投机商的乐观动机使得每一条商业街道都会被占用。我们将会发现土地价值在区划线交叉点上或交通换乘点上是如何有规律地达到峰值的。这样一种土地价值峰值在一定程度上是通过药店、银行和连锁商店的竞争来维持的。不管是实际的商业活动还是通行的交通规模，任何两条区划线所形成的街道交叉处的土地都以很高的价格出售。

(1) 商铺租金和交通量——在 1932 年经济萧条期间，人们发现，即使在同一地段，行人交通流量和潜在购买力方面也存在很大的差异。例如，在公共交通换乘处的街的两边人流和潜在购买力的差异就很大，另外一个较短的距离内交通流量也会迅速下降。实际的租金等级与变化无常的交通流量密切对应，如图 66 所示。因此，未来土地价值主要取决于对有效购买力的研究，这一有效购买力是由经过该地段的交通流量来决定的。

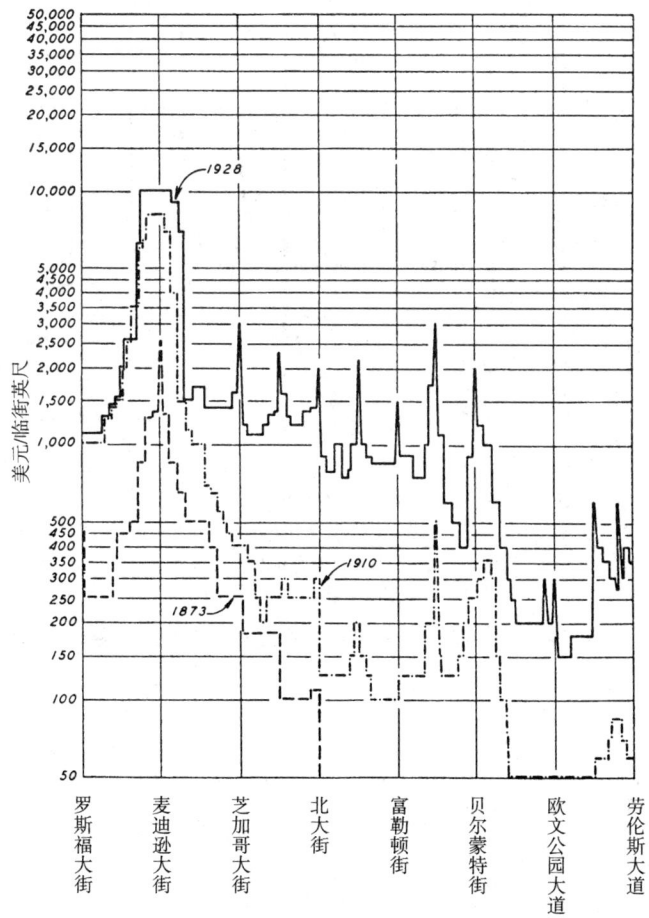

图 65　1873 年、1910 年、1928 年从罗斯福大街到劳伦斯大道的克拉克大街段土地价值情况

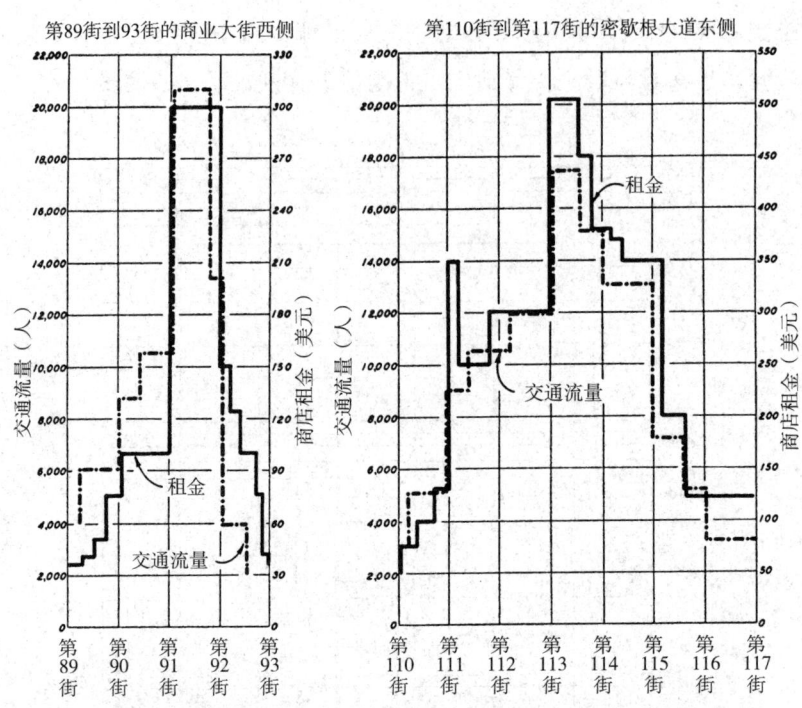

注：(1) 交通流量指的是 1932 年 6 月某一工作日早 9 点到晚 9 点的人流量；
(2) 租金指的是 1932 年 6 月 25×60 英尺大小商店的月租金。

图 66　1932 年 6 月芝加哥商店租金与交通流量

第六章 芝加哥的发展及其土地价值增长的关系

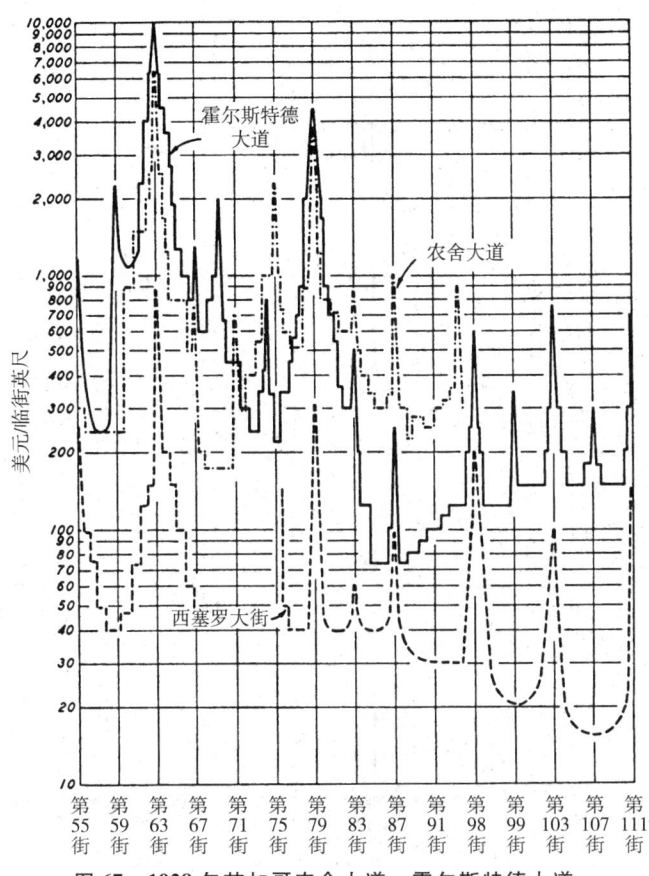

图67 1928年芝加哥农舍大道、霍尔斯特德大道、西塞罗大街土地价值

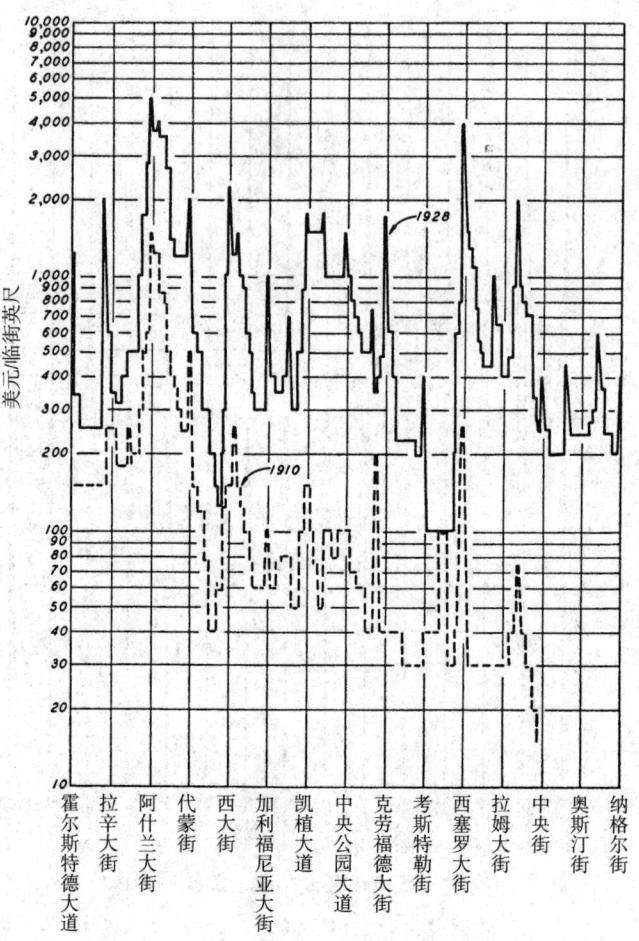

图 68　1910 年、1928 年密尔沃基街土地价值

第六章 芝加哥的发展及其土地价值增长的关系

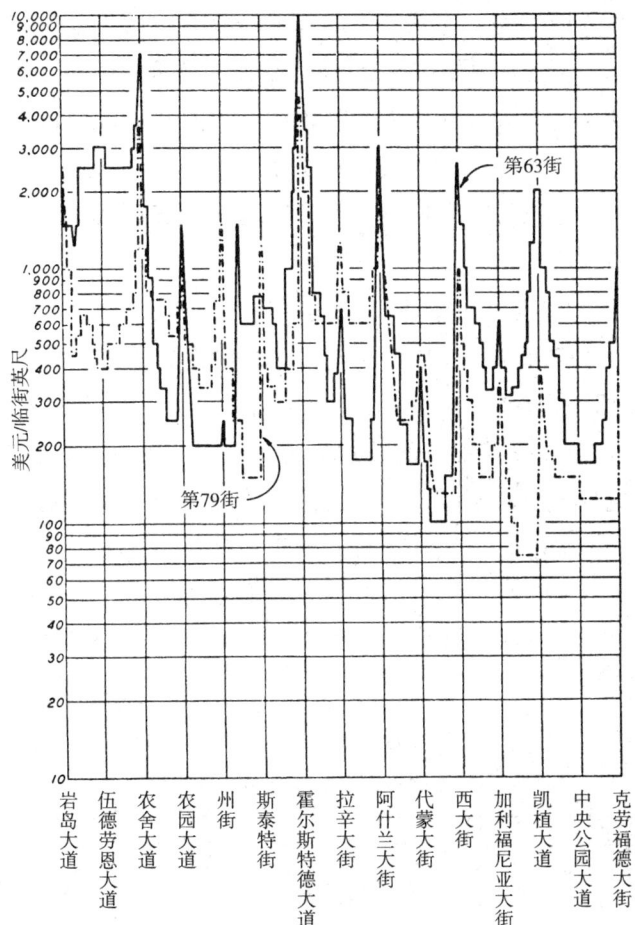

图 69 1928 年芝加哥第 63 街到第 79 街区域土地价值

e）芝加哥中心商业区——虽然芝加哥大量人口搬离中心商业区，这个地区距离衰落为期不远，但是，芝加哥中心商业区的土地价值仍然维持了平稳增长的态势。芝加哥的交通运输系统通过马车、缆车、蒸汽铁路、高架铁路线、地面电车线、电气化铁路和汽车等方式使得城市三个区的居民便捷地进出中心商业区，客运线环绕了整个城市。直到近几十年来，人们从城市的一个地方到另一个地方都需要穿越中心商业区，即便是在今天这也是最便捷的方法。

表38、表39表明"卢普区"的建筑在商业扩张压力下如何持续地达到更高的空间。1893年7～12层的空间被建筑物占据的比例约为10%，最高的建筑为16层楼；1923年，新的城市区划法令允许塔式建筑容纳多达44层的楼层数量，7～12层的空间被建筑物占据的比例为37%，而13～16层的空间被建筑物占据的比例为17%，17～22层的空间被建筑物占据的比例为6%；1923～1930年，一批20栋新的塔式建筑在芝加哥出现，这些建筑形成了一条新的天际线。如图70所示，这些高楼占中心商业区所有建筑空间体积的2%。

表38　　　　　1836～1933年中心商业区不同高度建筑物体积占空间的比例　　　　　单位：%

建筑楼层高度	1836年	1856年	1873年	1893年	1923年	1933年
水平地面～6层	0.2	30.0	40.0	61.0	85.0	82.4
7～12层	0.0	0.0	1.0	10.3	37.2	50.1
13～16层	0.0	0.0	0.0	3.3	17.0	36.7
17～22层	0.0	0.0	0.0	0.2	6.3	17.4
23～44层	0.0	0.0	0.0	0.0	0.0	1.07

第六章 芝加哥的发展及其土地价值增长的关系

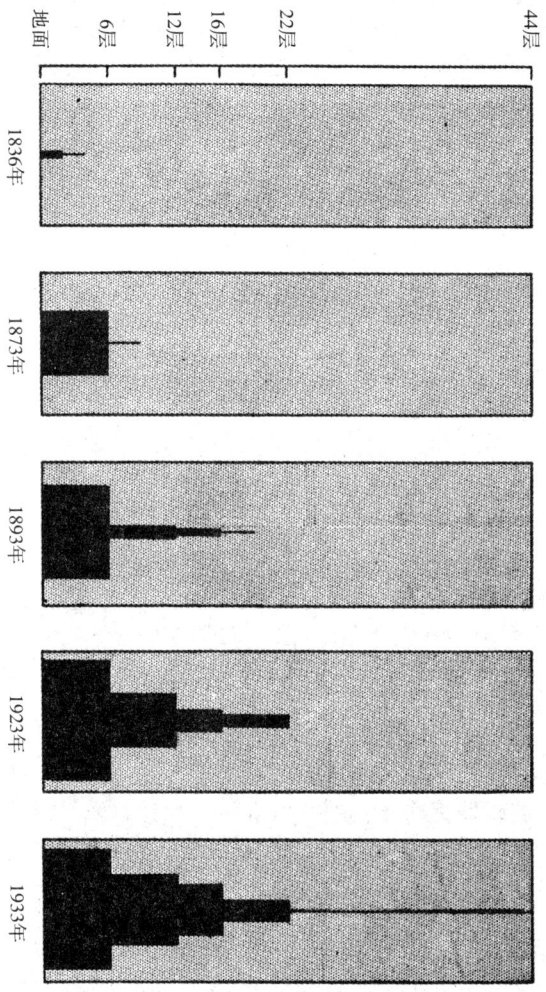

图 70　1836 年、1873 年、1893 年、1923 年、1933 年
　　　芝加哥中心商业区建筑所占据的空间体积

表 39　　　　1873 年、1893 年、1923 年及 1933 年芝加哥
中心商业区地面以上空间体积　　　　　单位：立方英尺

建筑楼层高度	地面以上总的空间体积	建筑所占空间体积量			
		1873 年	1893 年	1923 年	1933 年
地下室	—	—	—	—	101 000 000
前 6 层 (0～72 英尺)	416 520 000	150 000 000	290 000 000	350 000 000	343 000 000
7～12 层 (73～144 英尺)	416 520 000	500 000	43 000 000	155 000 000	209 000 000
13～16 层 (145～192 英尺)	277 680 000	—	10 000 000	48 250 000	102 000 000
17～22 层 (193～264 英尺)	416 520 000		800 000	27 500 000	72 500 000
23～44 层 (265～628 英尺)	1 522 220 000				16 200 000
以上合计	3 042 440 000	150 500 000	343 800 000	580 750 000	742 700 000

在南区、西区和北区，高架铁路线的建成使得"卢普区"的垂直伸展成为可能和必要，高架铁路线的建成使各区的人们进入"卢普区"快捷便利。地铁以更长的线路促进了这样的发展。"卢普区"的土地价值是横亘其上的交通系统发展不可避免的结果，交通系统的发展强化了"卢普区"土地的天然优势。

1900 年以来北区湖岸地区发展迅速，1910 年后汽车数量增长巨大，同时，随着密歇根大道桥通车，这几个方面联合发挥作用，从 1920 年开始打破了中心商业区的界限。新的双层密歇根大道提供了车流横过芝加哥河到达北区湖岸地区的一条通道。原来位于南密歇根大道的时尚车辆贸易现在开始从南向北发展。

1923～1929 年繁荣期的最后几年内，中心商业区也向四周扩张。摩天大楼在密歇根大道北侧、沿芝加哥河南岸的新瓦克大街、范布伦大街南侧的南密歇根大道以及芝加哥河南支流沿岸的麦迪逊大街地区的高架铁路线外环建立。那时，建筑物的扩张是土地繁荣期不计后果的债券融资的结果，

第六章　芝加哥的发展及其土地价值增长的关系

是不能持续的。

随着环形高架铁路线的建成，芝加哥用于零售用途的土地开始扩张。1910年，批发交易市场开始从沃巴什大道和密歇根大道迁移。1922年，南水大街市场的消失以及新瓦克大街的建立，使得批发贸易市场从中心商业区北端迁出。批发交易市场现在主要局限在威尔斯街至芝加哥河范围（从麦迪逊大街至哈里森街），自1930年，该区域的批发交易一直受到芝加哥河北岸芝加哥商品交易市场的竞争威胁。沿拉萨尔大街的金融中心呈垂直方向而非水平方向扩张，满足了需求的增长。而在拉萨尔大街及其附近的杰克逊大街的沿街建筑延伸至整个街区，延续了重要的金融街道对于邻近街区的影响。

芝加哥中心商业区一个世纪的持续发展要求在相同位置上出现满足不同需求和更高使用强度的建筑群。自1830年始，至少有6座不同的建筑坐落在华盛顿大道和拉萨尔大街十字路口的东南角，每一座建筑都被期望可以使用很多年。在拉萨尔大街，建筑更新相当频繁，预计使用寿命达100年的13层摩天大楼被拆除，从而为22~44层的塔式建筑提供空间。而如表40所示，"卢普区"大量建筑都是1871年大火之后所修建的。表40显示了按时间分组的建筑空间（包括地下室）[①]。

百货公司分布在10年来一直都较为稳定；电影院的分布也在一个合理的范围内；在"卢普区"大量的银行并购导致大面积的楼层闲置，而这些楼层难以转变为其他的用途；在世界博览会开幕之前，这里还有一些旅店。

表40　　　　　　　　芝加哥中心商业区的建筑体积　　　　　　单位：立方英尺

依据建成时间分类	建筑数量（栋）	占总建筑数量的百分比（%）	体积	占总体积的百分比（%）	1928年平均折旧率（%）
1871~1887年	230	37.91	97 109 713	11.47	63.0
1888~1900年	168	27.69	160 657 824	19.01	47.5
1901~1920年	125	20.60	353 544 243	41.80	23.0
1921~1933年	84	13.80	234 458 055	27.72	9.0
合计	607	100.0	845 759 835	100.0	22.0

---

① 数据来源于伊利诺伊州库克县评估人员房地产记录卡。

表41　　　　　　　　芝加哥中心商业区的主要使用类型　　　　　单位：立方英尺

建筑类型	体积
百货公司	105 000 000
旅店	65 000 000
电影院	15 000 000
写字楼	350 000 000

事实上，在过去的一个世纪里，芝加哥的中心商业区一直都位于以州街和麦迪逊大街十字路口为中心的几平方英里区域。1882年之后，中心商业区由于土地的集约利用引致了土地价值的巨大增长。如表42所示，1933年时芝加哥中心商业区的土地面积约占整个市区的1/100，但近一个世纪以来其土地价值占整个城市土地价值的比率并不是一成不变的，大约在1/8~2/5的范围波动。1836年时中心商业区囊括了芝加哥大部分的居民住宅区；1856年中心商业区因用做零售和批发业务，土地价值急剧上涨；1873年后，马车线、蒸汽铁路和公园的建成促进了人口向城郊迁移，使得该地区的重要性开始下降。在那个时期，草原大道上高档住宅区的土地价值几乎相当于市中心最好的零售购物街土地价值的1/2；随后，高架铁路线、摩天大楼和州街上百货公司的出现引发了一场向心运动。1873~1910年，中心商业区的土地价值占整个城市土地总价值的比例从12.5%上升至40%；然而，自1921年，城市发展的离心力又使得商业中心开始远离市中心，人口也向外围区域迁移。1910~1928年"卢普区"的土地价值仅上涨了67%，同期，芝加哥总的土地价值却上涨了233%。"卢普区"土地价值占芝加哥总的土地价值的比例从1910年的40%下降至1928年的20%。

表42　　　　　　1836~1926年中心商业区占整个芝加哥
土地价值的比例

年份	"卢普区"土地价值（百万美元）	占整个城市土地价值的比例（%）
1836	2	20.0
1856	35	28.0
1873	72	12.5

续表

年份	"卢普区"土地价值（百万美元）	占整个城市土地价值的比例（%）
1892	350	23.3
1910	600	40.0
1926	1 000	20.0

考虑到"卢普区"的土地价值占整个城市土地价值很高的比重，以及在"卢普区"不同区域之间土地价值巨大的差异性，因而很有必要展示该区域不同街区的土地价值在重要的峰值和谷值年份的情况，如图71、图72、图73、图74和图75所示。

图71和图72中展示了中心商业区部分地块的总售价或者评估价。图73、图74和图75中展示了经计算的沿街土地价格。一直到1873年早期，当土地以整块开始出售以及十字路口和街道中间地块间的差异还不大时，中心商业区的土地价值问题还相对简单。然而，从1890年开始，由于将整块地分割成为更小的地块或者是几个地块结合成较大的不规则形状的土地、十字路口处影响的重要性增强以及其他更深层次的因素，导致了"卢普区"土地价值计算变得相当复杂。从1910年起，由乔治·奥尔科特和估税员以街区中间位置100英尺深的沿街土地作为价值评估的依据，这种方法成为了"卢普区"土地价值比较的一个常见标准。奥尔科特在1910年、1921年、1928年以及估税员在1931年以此作为价值评估标准的情况在图75中呈现。

中心商业区的原始地块为160~190英尺深不等。很显然，延伸至街区中间深度的沿街土地测量的价值评估是不能和日后以100英尺深的沿街土地的评估值相比较的。自从现代深度规则不能正确地应用于早期情况来将早期土地价值缩小至100英尺深，近期"卢普区"的土地价值评估一直准备以一个延伸至街区中间的沿街土地测量值为基础，或者是以包括十字路口在内的整个街区的沿街土地平均测量值为基础。早期的土地价值地图在相同的原则基础上进行计算，因此，从严格意义上来说，图73、图74中的8块土地价值地图是可以进行比较的。

依据估税员1931年应用的规则，深度从100英尺增长至180英尺使得沿街土地测量价值增加了43.2%，十字路口额外增加了高达60%的沿街土

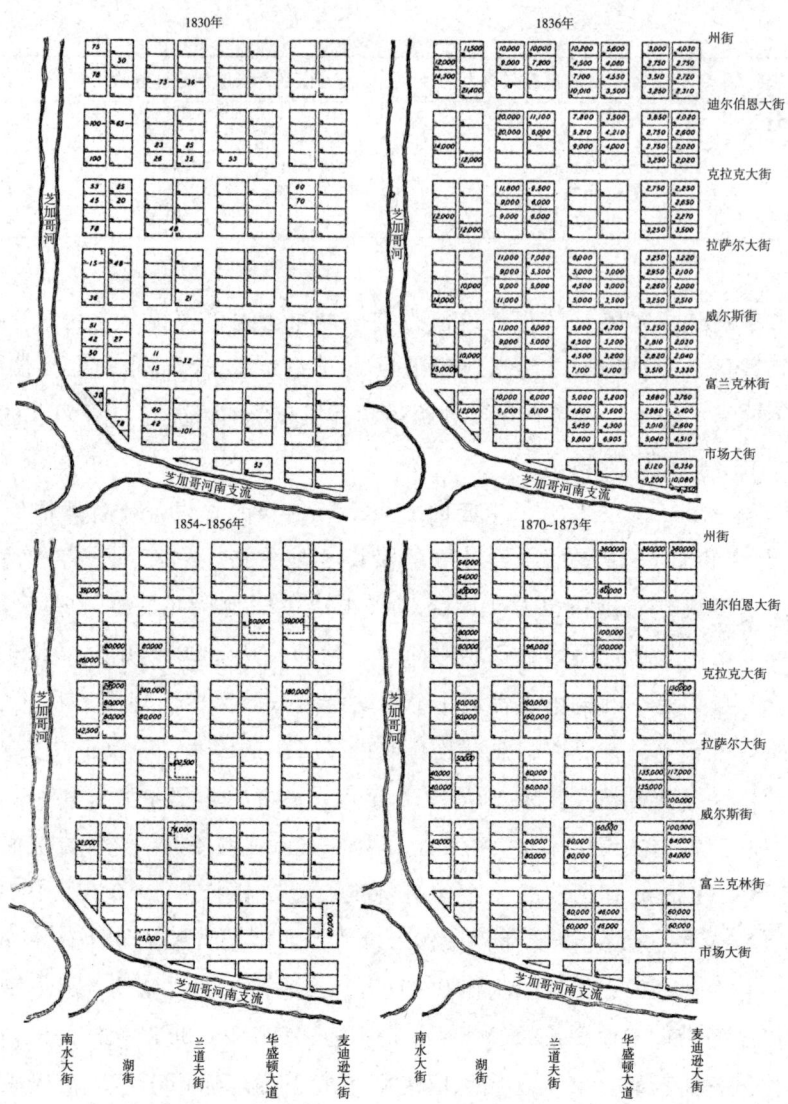

图71　1830年、1836年、1854~1856年、1870~1873年
芝加哥中心商业区主要地块总价值

第六章 芝加哥的发展及其土地价值增长的关系

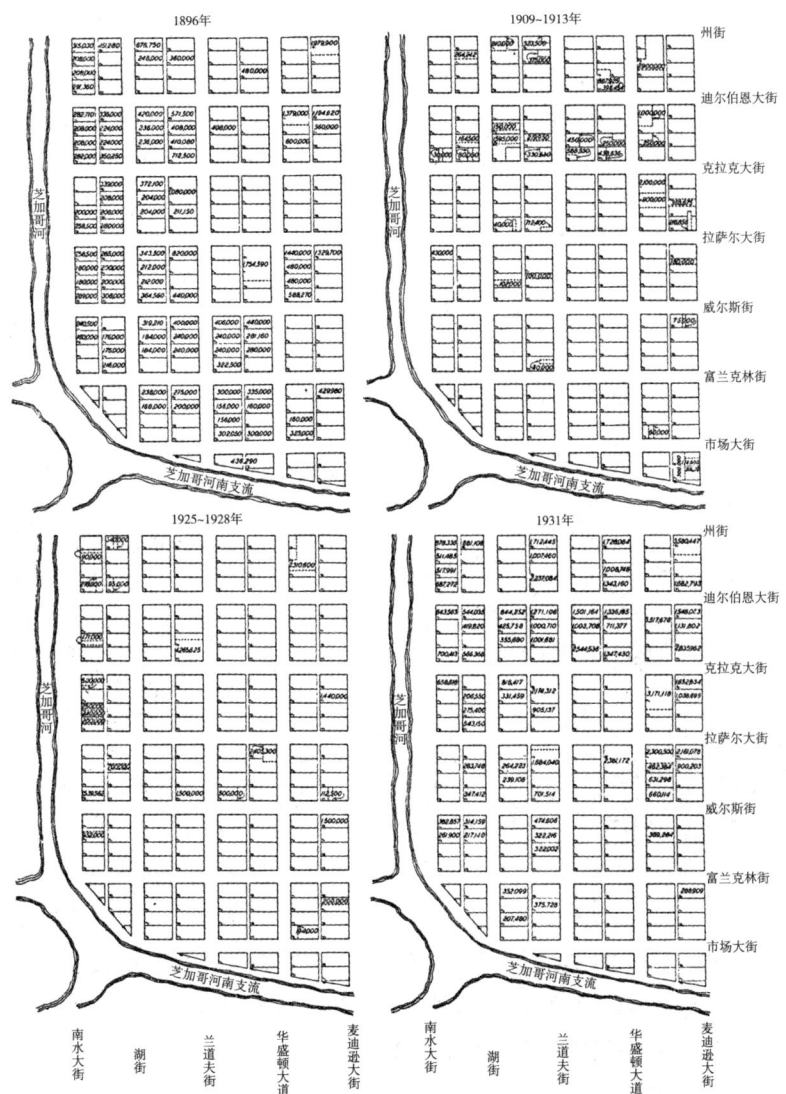

图72　1896年、1909～1913年、1925～1928年、1931年芝加哥中心商业区主要地块总价值

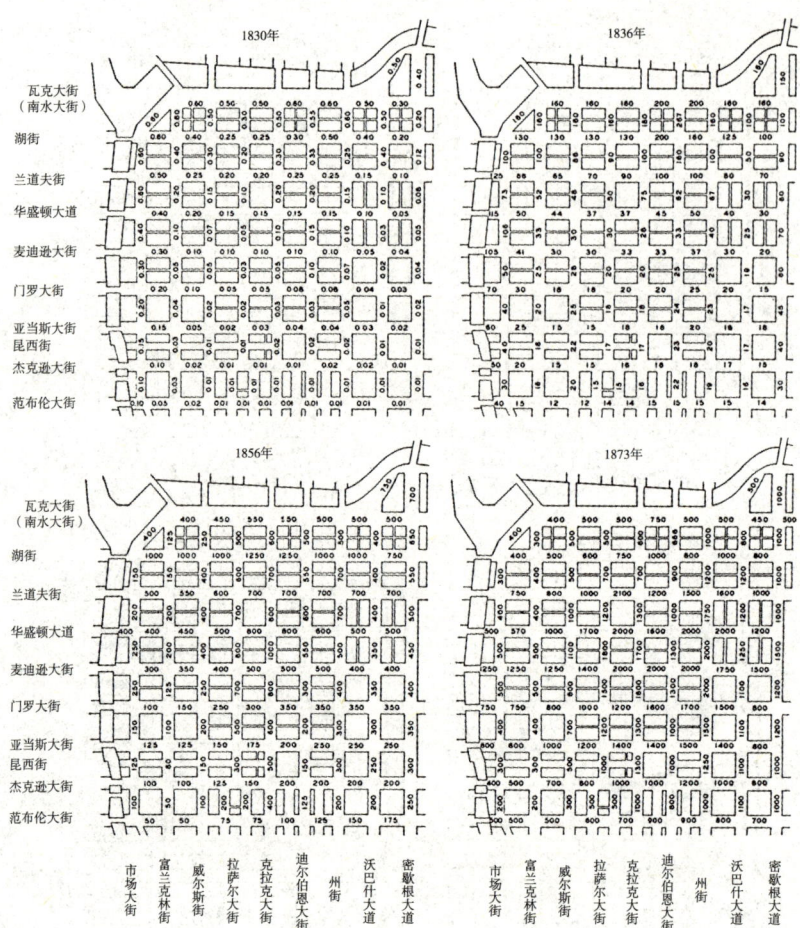

图73　1830年、1836年、1856年、1873年芝加哥中心商业区每一街区（半个街区深、含十字路口）土地平均价值（美元/临街英尺）

第六章 芝加哥的发展及其土地价值增长的关系

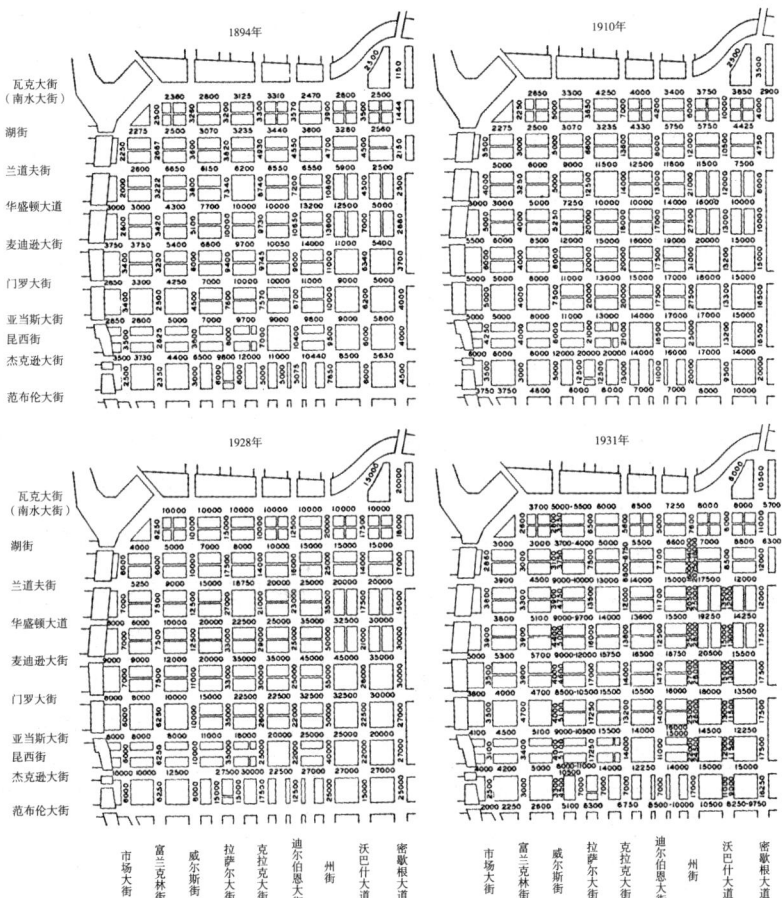

图 74 1894 年、1910 年、1928 年、1931 年芝加哥中心商业区每一街区（半个街区深、含十字路口）土地平均价值（美元/临街英尺）

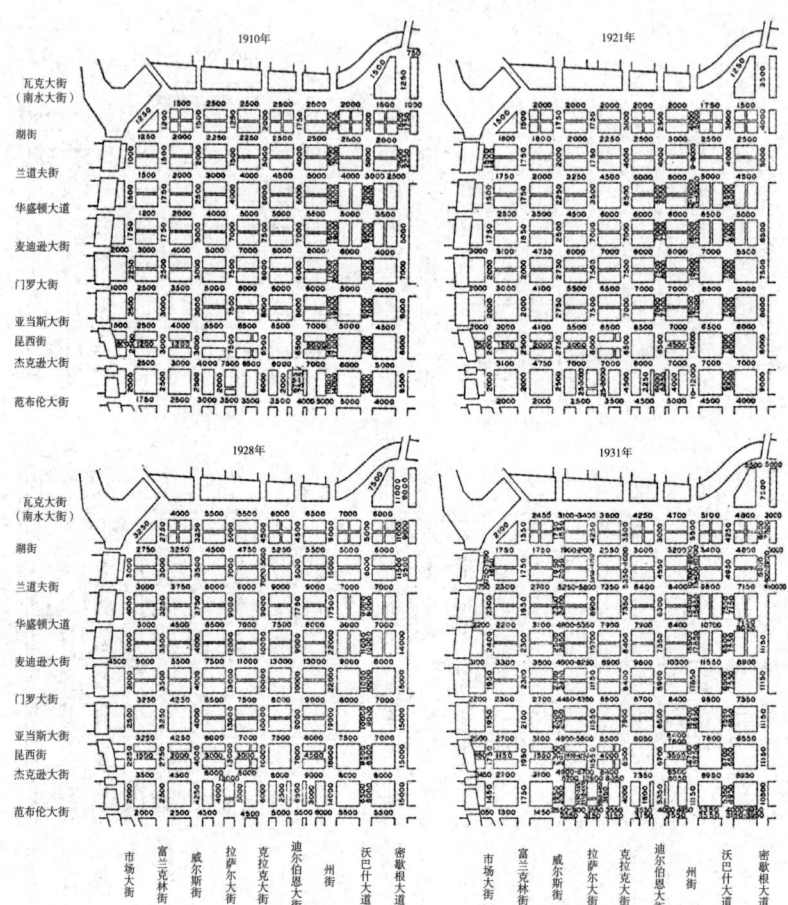

图75 1910年、1921年、1928年、1931年芝加哥中心商业区每一街区中间地块（100英尺深、不包括十字路口）土地价值（美元/临街英尺）

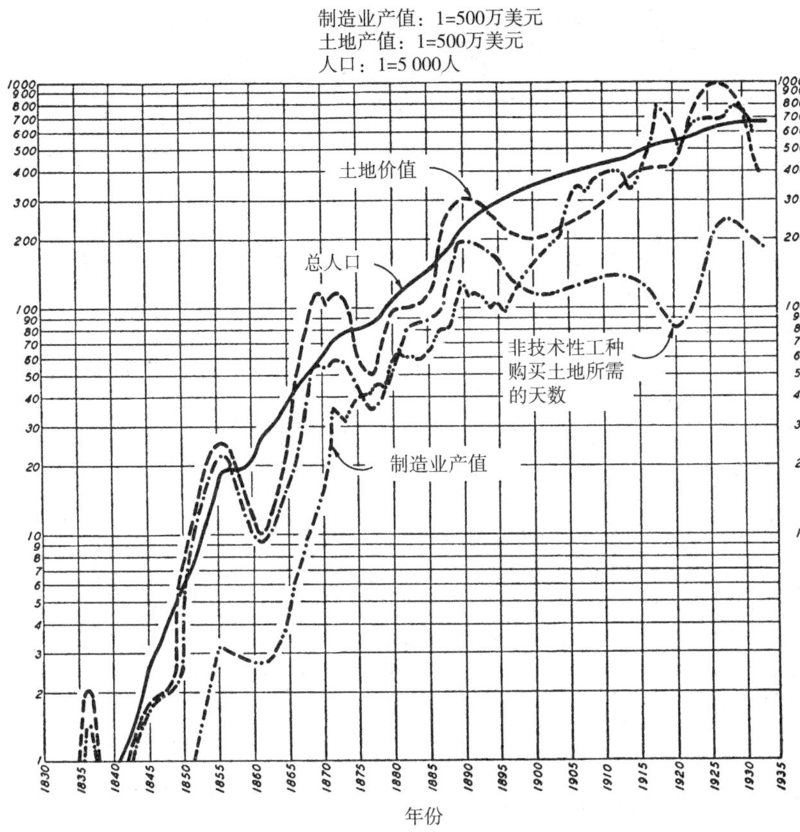
制造业产值：1=500万美元
土地产值：1=500万美元
人口：1=5 000人
土地价值
总人口
非技术性工种购买土地所需的天数
制造业产值
年份

图 76 1835～1933 年芝加哥土地总价值、总人口、制造业产值

地测量价值，这样的一种计算方法大量地增加了以 100 英尺深为基础的沿街土地测量价值。作者在本书中运用这种记录土地价值的方法，这种方法只是一种保守的估计。一些极高的租金在计算如图 74 所示的沿街土地测量价值时被忽略，但是，作者认为减少“卢普区”的租金水平或者是忽视在中心商业区的投机销售是不合适的，特别是在其他地方的价值评估考虑这些情况的时候。

在图 71 和图 72 中给出了整个地块的实际销售值和税收评估价格，因此，读者可以自行比较在一个世纪期间“卢普区”每部分土地价值增加的情况。

表 43 中给出了 1830～1931 年在繁荣时期和萧条时期中心商业区的南北方向街道上每平方英尺（沿街土地）的土地价值。

表 43 　　1830～1931 年芝加哥中心商业区南北方向街道每临街英尺土地

（包含十字路口和街道中间地块）价值　　　　　单位：美元

年份 街区	1830	1836	1841	1856	1861	1873	1877	1894	1910	1928	1931
州街，5 856 英尺											
南水大街 - 湖街	0.60	160	12	500	200	1 000	500	3 900	6 000	20 000	7 600
湖街 - 兰道夫街	0.25	100	12	550	250	1 200	800	4 700	12 000	25 000	18 350
兰道夫街 - 华盛顿大道	0.15	67	0	400	200	1 750	1 200	10 800	21 000	35 000	25 000
华盛顿大道 - 麦迪逊大街	0.10	40	7	300	200	2 000	1 000	13 600	27 500	50 000	28 000
麦迪逊大街 - 门罗大街	0.07	25	6	300	200	1 750	1 000	11 000	31 000	55 000	28 000
门罗大街 - 亚当斯大街	0.05	23	5	250	150	1 500	800	10 000	27 300	50 000	26 000
亚当斯大街 - 杰克逊大街	0.02	20	4	150	100	1 250	600	9 500	25 000	40 000	24 500
杰克逊大街 - 范布伦大街	0.01	19	3	100	100	500	500	7 850	20 000	25 000	17 000
密歇根大道，4 472 英尺											
瓦克大街 - 南水大街	0.50	150	5	700	350	1 000	400	1 150	3 500	20 000	10 500
南水大街 - 湖街	0.20	100	2	650	300	1 000	300	1 444	4 000	18 000	11 000
湖街 - 兰道夫街	0.12	90	2	550	250	1 000	300	2 150	4 750	17 500	12 000
兰道夫街 - 华盛顿大道	0.08	80	2	500	200	1 000	300	2 500	6 000	15 000	12 000
华盛顿大道 - 麦迪逊大街	0.05	70	2	450	175	1 500	300	2 880	10 000	30 000	17 500
麦迪逊大街 - 门罗大街	0.04	60	2	400	150	1 200	400	3 700	15 000	30 000	17 500
门罗大街 - 亚当斯大街	0.02	45	2	350	125	1 200	300	4 000	16 500	27 000	17 500
亚当斯大街 - 杰克逊大街	0.01	40	2	300	100	1 000	250	4 000	16 500	27 000	17 500
杰克逊大街 - 范布伦大街	0.01	30	2	250	100	500	250	4 500	20 000	25 000	16 250

第六章 芝加哥的发展及其土地价值增长的关系

续表

年份 街区	1830	1836	1841	1856	1861	1873	1877	1894	1910	1928	1931
沃巴什大道，5 834 英尺											
南水大街- 湖街	0.50	100	3	400	200	800	400	3 500	10 000	17 500	8 000
湖街- 兰道夫街	0.04	50	2	400	200	1 200	500	4 500	10 500	14 000	8 500
兰道夫街- 华盛顿大道	0.10	30	2	400	200	1 200	500	4 500	12 000	17 500	13 500
华盛顿大道- 麦迪逊大街	0.03	25	2	350	175	1 250	500	7 000	13 000	21 000	15 000
麦迪逊大街- 门罗大街	0.02	19	2	350	175	1 100	400	6 340	13 200	28 000	15 000
门罗大街- 亚当斯大街	0.01	17	2	300	150	1 100	400	6 200	13 300	22 500	13 000
亚当斯大街- 杰克逊大街	0.01	17	2	250	125	1 100	500	6 000	13 200	22 000	12 000
杰克逊大街- 范布伦大街	0.01	16	3	200	100	1 100	400	6 000	9 500	15 000	11 000
迪尔伯恩大街，6 531 英尺											
南水大街- 湖街	0.55	267	50	500	200	666	350	3 570	4 200	12 500	5 000
湖街- 兰道夫街	0.33	160	25	550	275	900	450	4 550	8 000	16 000	7 700
兰道夫街- 华盛顿大道	0.20	62	7	600	300	1 000	500	7 200	13 000	23 000	11 700
华盛顿大道- 麦迪逊大街	0.15	33	3	550	275	1 300	650	10 650	17 000	25 000	12 500
麦迪逊大街- 门罗大街	0.10	25	2	300	150	1 300	650	9 000	17 500	25 000	14 750
门罗大街- 亚当斯大街	0.03	24	2	150	100	1 000	500	8 700	17 500	22 000	14 000
亚当斯大街- 杰克逊大街	0.02	23	2	100	50	1 000	500	10 440	16 500	22 000	11 000
杰克逊大街- 范布伦大街	0.01	22	1	100	30	800	400	5 075	11 000	12 500	7 000

续表

年份 街区	1830	1836	1841	1856	1861	1873	1877	1894	1910	1928	1931
克拉克大街，5 898 英尺											
南水大街－湖街	0.50	180	50	600	300	600	300	3 300	7 000	10 000	5 600
湖街－兰道夫街	0.30	100	40	700	350	700	350	4 930	13 500	14 000	7 800
兰道夫街－华盛顿大道	0.20	75	10	800	400	1 300	650	8 740	14 000	21 000	12 000
华盛顿大道－麦迪逊大街	0.10	28	3	10 000	300	1 700	750	9 730	18 000	29 000	13 800
麦迪逊大街－门罗大街	0.05	20	2	800	200	1 600	800	9 745	20 000	30 000	14 000
门罗大街－亚当斯大街	0.03	18	2	600	100	1 300	600	9 570	20 000	26 000	13 200
亚当斯大街－杰克逊大街	0.02	17	2	500	100	1 300	600	7 000	21 000	25 000	14 000
杰克逊大街－范布伦大街	0.01	16	1	10 000	10	10 000	500	5 000	13 000	17 500	7 000
拉萨尔大街，6 466 英尺											
南水大街－湖街	0.30	160	30	500	250	500	300	3 200	3 650	15 000	6 500
湖街－兰道夫街	0.20	90	20	600	300	700	350	3 820	6 600	17 500	7 500
兰道夫街－华盛顿大道	0.10	50	5	700	350	1 200	400	7 340	12 500	27 000	13 500
华盛顿大道－麦迪逊大街	0.05	30	2	800	400	1 800	500	10 000	20 000	33 000	16 000
麦迪逊大街－门罗大街	0.03	20	2	700	350	1 500	400	9 400	20 000	33 000	17 000
门罗大街－亚当斯大街	0.02	18	2	500	250	1 200	300	7 600	20 000	35 000	17 250
亚当斯大街－杰克逊大街	0.01	17	1	300	150	1 000	200	8 000	11 000	35 000	17 250
杰克逊大街－范布伦大街	0.01	16	1	200	100	500	150	6 000	12 500	15 000	7 000
希尔曼大道	0.01	15	1	200	100	500	100	6 000	12 500	15 000	7 000

第六章　芝加哥的发展及其土地价值增长的关系

续表

年份 街区	1830	1836	1841	1856	1861	1873	1877	1894	1910	1928	1931
威尔斯街，5 722英尺											
南水大街-湖街	0.50	160	20	250	150	500	250	3 260	5 000	10 000	3 250
湖街-兰道夫街	0.30	86	10	400	200	500	250	3 600	5 000	10 000	3 750
兰道夫街-华盛顿大道	0.15	48	3	400	225	1 000	500	3 800	5 000	12 500	4 750
华盛顿大道-麦迪逊大街	0.07	30	2	400	225	1 100	550	5 100	5 250	12 500	5 000
麦迪逊大街-门罗大街	0.05	28	1	250	175	800	400	6 000	6 000	11 000	4 600
门罗大街-亚当斯大街	0.02	25	1	200	100	700	350	4 500	7 500	10 000	5 100
亚当斯大街-杰克逊大街	0.01	22	1	150	75	500	250	3 800	6 000	10 000	5 100
杰克逊大街-范布伦大街	0.01	20	1	100	50	300	150	3 000	5 000	8 000	4 500
富兰克林街，5 721英尺											
南水大街-湖街	0.60	160	15	125	50	300	200	2 500	2 250	6 250	2 600
湖街-兰道夫街	0.40	100	8	150	75	400	250	2 667	3 000	6 000	3 000
兰道夫街-华盛顿大道	0.20	52	3	200	90	400	300	3 222	3 250	7 500	3 300
华盛顿大道-麦迪逊大街	0.10	33	2	200	90	500	350	3 420	4 000	7 500	3 900
麦迪逊大街-门罗大街	0.05	25	1	125	60	500	350	3 230	4 000	7 500	3 900
门罗大街-亚当斯大街	0.04	20	1	100	50	400	275	2 500	4 000	6 250	4 700
亚当斯大街-杰克逊大街	0.03	18	1	810	40	300	200	2 625	4 000	6 250	3 400
杰克逊大街-范布伦大街	0.03	16	1	50	25	200	100	2 350	3 000	6 250	3 000

续表

年份 街区	1830	1836	1841	1856	1861	1873	1877	1894	1910	1928	1931
市场大街，5 241 英尺											
湖街- 兰道夫街	0.60	100	20	100	75	300	200	2 250	3 500	6 000	2 800
兰道夫街- 华盛顿大道	0.50	73	10	200	100	400	250	2 000	4 000	7 000	3 800
华盛顿大道- 麦迪逊大街	0.40	106	7	250	125	500	300	2 600	5 000	7 000	3 900
麦迪逊大街- 门罗大街	0.30	50	5	250	125	500	350	3 400	6 000	7 000	3 500
门罗大街- 亚当斯大街	0.20	40	5	150	75	400	275	3 400	5 000	7 000	3 500
亚当斯大街- 杰克逊大街	0.15	40	4	125	60	300	200	3 500	4 250	6 000	3 100
杰克逊大街- 范布伦大街	0.10	35	4	100	50	200	100	2 500	3 500	6 000	2 500

f) 概要：芝加哥不同使用类型土地的价值——表44和表45总结了1910~1933年芝加哥主要用途土地总土地价值的变动情况①。

表44　1910~1933年芝加哥主要用途的土地价值　　单位：百万美元

年份	远离中心 的商业区	卢普区	工业区	住宅区	合计
1910	200	600	200	500	1 500
1928	1 333	1 000	400	2 267	5 000
1933	300	500	200	1 000	2 000

表45　芝加哥主要用途的土地价值指数（令1910年数据为100）

年份	远离中心 的商业区	卢普区	工业区	住宅区	合计
1910	100	100	100	100	100
1928	667	167	215	453	353
1933	150	83	100	200	143

---

① 作者依据乔治·奥科特1910年、1929年和1933年的数据进行计算的结果。

D. 芝加哥土地价值的长期趋势

目前,我们已经从美元当前价格的角度讨论了芝加哥土地价值,但是没有对价格、工资和利率水平的变化对土地价值水平进行调整。为了衡量在价格、工资和利率水平保持稳定情况下土地价值可能产生的增长,需要用这几项分别对芝加哥土地价值曲线进行修正。

1. 根据批发价、工资以及利率水平的变化对土地价值数据的修正——以批发价(包括原材料和农产品)为基础对土地价值进行修正是否真实地衡量了房地产的实际价格水平,这是值得商榷的。城市里商品以及服务的价格比农产品价格的增长更快。因此,以非技术性工种的当前工资水平为基础的指数对芝加哥土地价值进行修正是较好的方法。图76显示了不同时期非技术性工种购买芝加哥土地所需要的工作天数。这样的修正方法大大减少了城市土地总价值的名义水平。事实上,即使包括土地价值上涨最快的区域和房地产市场衰落的区域,1892~1926年,工人为购买芝加哥土地所需要的工作天数只是略微有所增加。

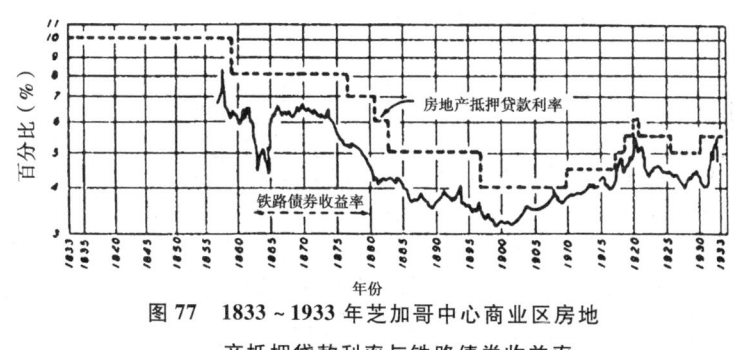

图77　1833~1933年芝加哥中心商业区房地产抵押贷款利率与铁路债券收益率

a)利率的改变——另外一个最重要的因素便是长期利率的变化。如图77所示,芝加哥房地产抵押贷款利率在一个世纪内变动很大。中心商业区房地产抵押贷款利率在1856年是10%,1873年是8%,1881年下降到5%,1897年又进一步下降到4%。1873~1897年,即便收入不变,由于利率是以前的1/2，中心商业区土地价值也显著上涨了。因此，似乎可以构造一条假设1873年按8%的复利水平持续发展的土地价值曲线，用以显示单独考虑随着利率改变土地价值会有怎样地变动。

b）对街道整修费用的扣除——芝加哥土地总价值必须扣除街道路面、下水道、人行道和其他整修的费用，100年来此类花费的总数约为6亿美元。我们需要每年从土地总价值中扣除相应的此类费用。

芝加哥土地价值经由这些因素修正后，我们发现土地价值竟是如此的低迷以至于还跟不上人口的增长。

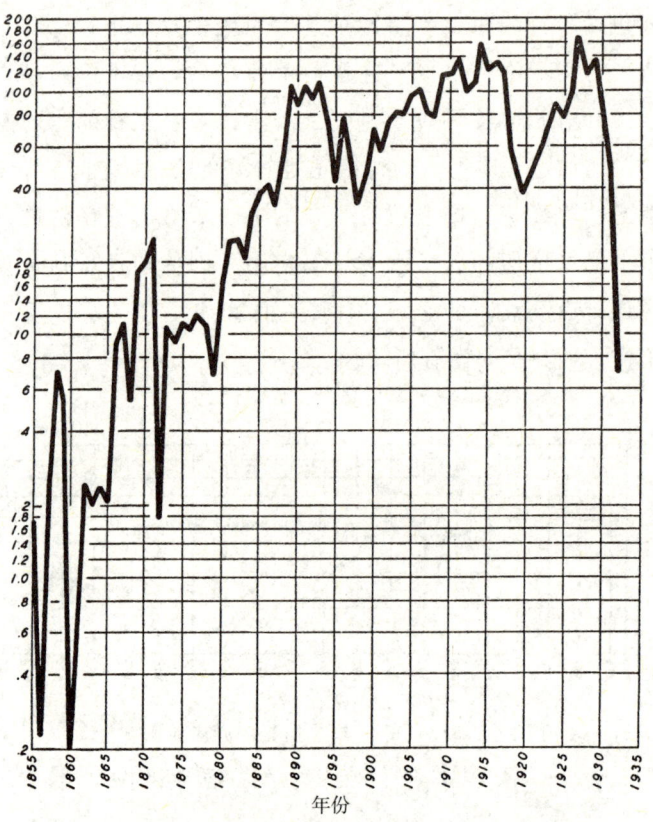

图78 1855~1932年芝加哥每年新铺人行道的英里数

第六章 芝加哥的发展及其土地价值增长的关系

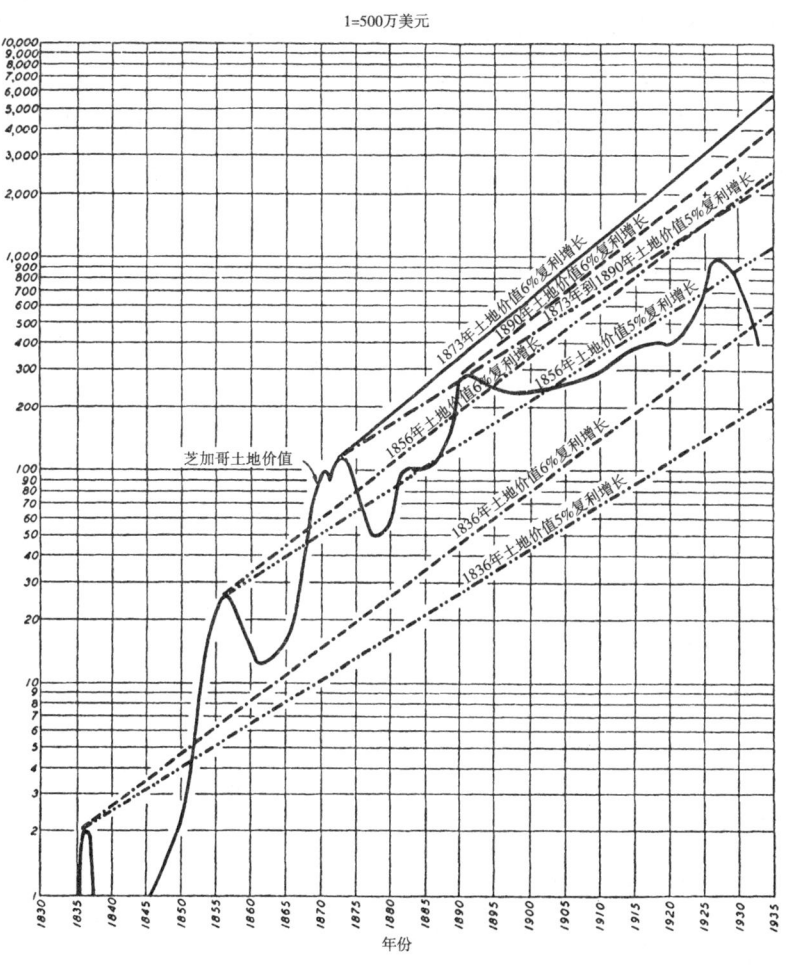

图 79 芝加哥百年来土地价值上升与复利增长比较

2. 复利增长和土地价值上升的比较——现在需要比较一下复利增长与芝加哥土地价值上升。在图 79 中，不同时期在峰值和低谷期的芝加哥土地价值总量是按照每年 6% 的复利水平增长。然而这种对比仅适用闲置土地，因为对被使用的土地要剔除其改良费用。

3. 税收——在芝加哥土地价值上涨的百年间，总税收一直持续增加（如图 95 所示）。1928 年以前税收主要局限于"卢普区"以及已开发的地产，几乎不涉及空置地块，因此，1921～1926 年，税收增长率还不能与土地价值的巨大增长率相比较①。1928年后,税收负担也强加到了"卢普区"以外的地区②。税收持续增加,1923~1931年的税收总额超过了1923年之前93年的全部税收③。税收大约从1840年的人均1美元增加到1930年的人均50美元,增加了50倍。芝加哥仅1930年的税收总额要比从城市创建至世博会整个时期的税收都多。一方面是房地产净收益的大幅下降,另一方面是连续不断的重税,这给予土地投机以沉重的打击。

E. 人口变化对区域土地价值增长的影响

在分析芝加哥土地总价值发展趋势时,不能忽略同一时期不同区域土地价值的巨大差异。我们先前已对这些做过了详细的叙述,在这章的结束部分,我们仅阐述在城市区域内人口迁移和土地价值之间的关系。

1. 城市发展的离心力对人口的影响。——芝加哥人口一开始集中在城市中心附近的区域,人口密度曲线类似于一个锥形——两边急剧地向下倾斜。随着人口增长和交通设施的改善,锥形的底部在扩宽,在距离中心商业区较远的地带,人口增长速度飞快。在20世纪初,在曾经囊括整个城市的中心商业区,人口数量停止增长并开始下降。通过图81和图85,我们可以清楚地看到1920~1930年芝加哥人口分布显著变化,在芝加哥中心附近存在一个巨大的凹形。由于当某一个区域的人口沿湖向北迁移,人口密度曲线就不能表现为一个向下的倾斜,那么人口的锥形也就不复存在,这一点在图83中可以看得很明显,图83表明了人口从南到北变化的情况。高架铁路线、汽车和电话的广泛使用,这些促使交通通讯速度加快的方式使

---

① 赫伯特·辛普森,《税收忙乱与税收改革》(1930年)。
② 根据作者调查发现,卢普区大部分土地税单在1928年要低于1927年,但是略高于其他地区。
③ 1924~1931年(包括1931年)8年间,芝加哥税收额达到1 061 100 362美元。1837~1922年(包括1922年)的86年间,芝加哥税收额达到1 020 561 853美元。1830~1836年(包括1836年)7年间的税收金额仅为5 906美元,看起来并不是那么重要,但是可以肯定的是从1830~1922年(包括1922年)的93年间,税收金额要低于1924~1931年(包括1931年)8年间的税收金额。当然,城市区域、人口增长以及政府代理机构数量的提高必然会带来税收的增长[1837~1930年(包括1930年)数据来自《芝加哥审计报告》(1931年),173页;1931年数据来自的城市审计部门未公开的记录]。

第六章 芝加哥的发展及其土地价值增长的关系

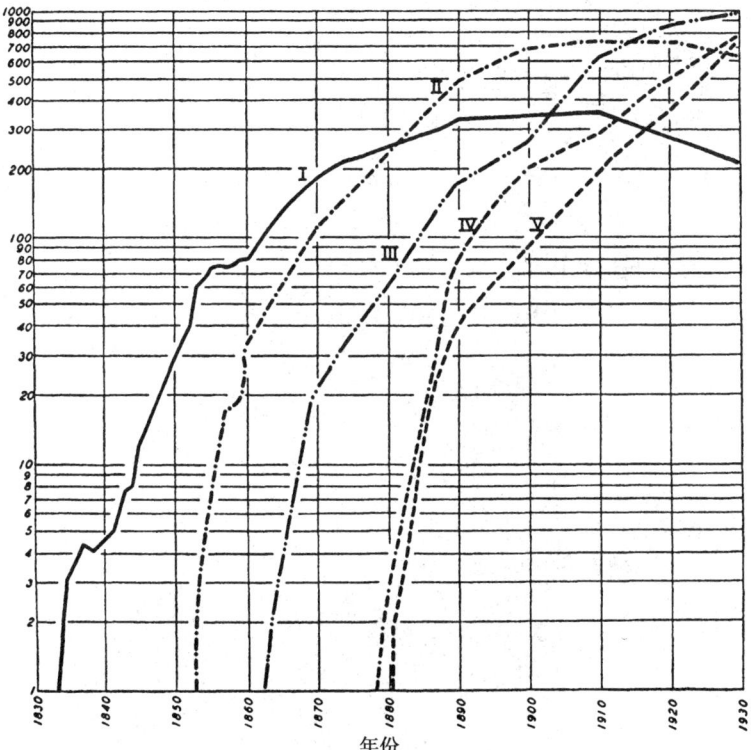

图 80　芝加哥离市中心不同距离人口情况

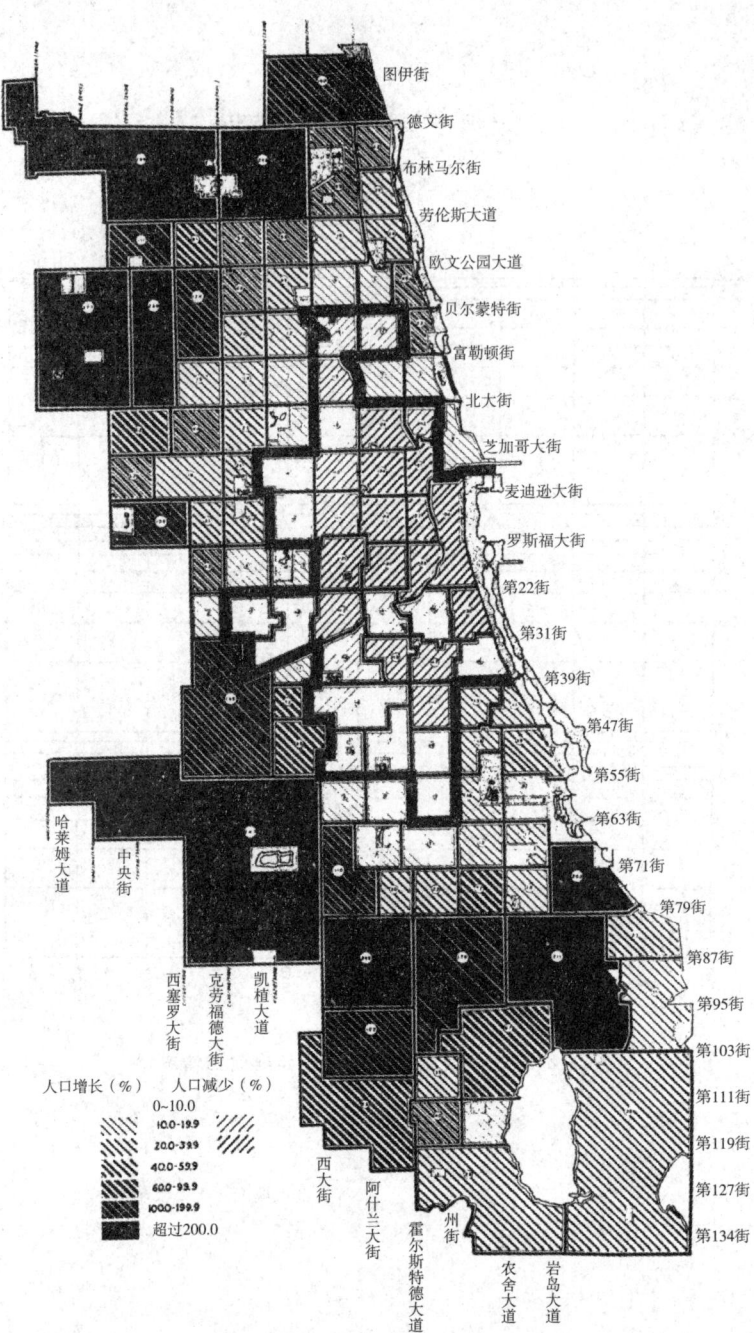

图 81　1920～1930 年芝加哥人口变化

第六章 芝加哥的发展及其土地价值增长的关系

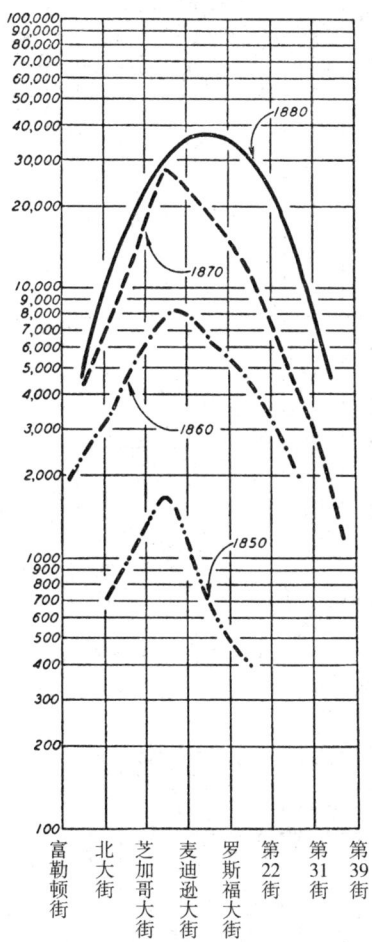

图 82　1850～1880 年阿什兰大街到霍尔斯特德大道地区每平方英里人口变化情况

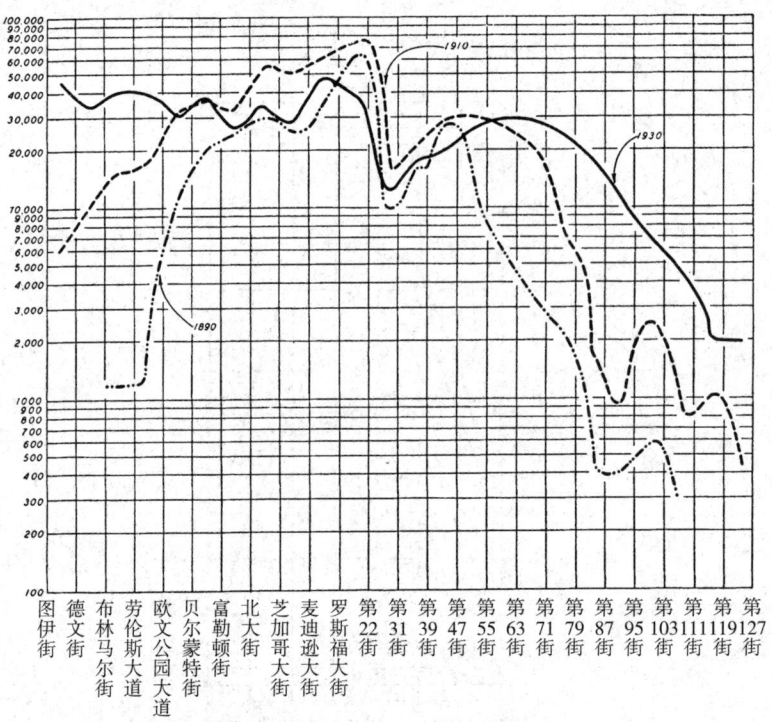

图 83　1890 年、1910 年、1930 年芝加哥阿什兰大街
到霍尔斯特德大道每平方英里人口数

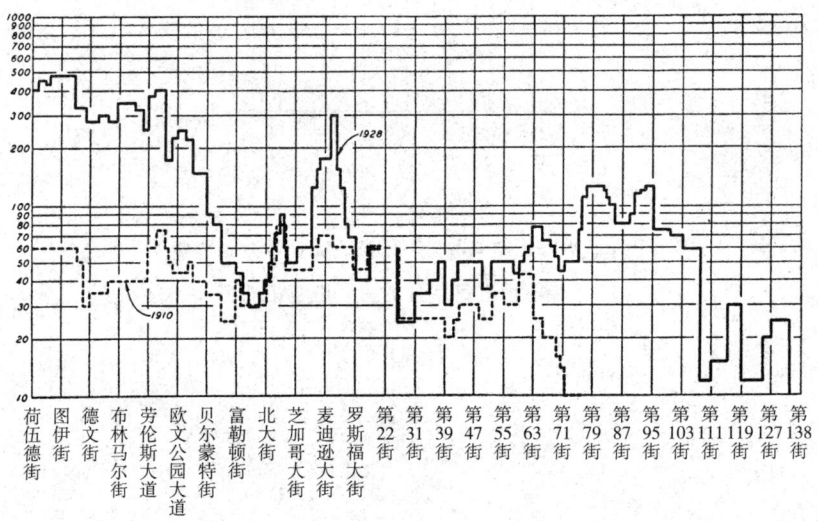

图 84　1910 年、1928 年芝加哥阿什兰大街东侧住宅土地价值

第六章 芝加哥的发展及其土地价值增长的关系

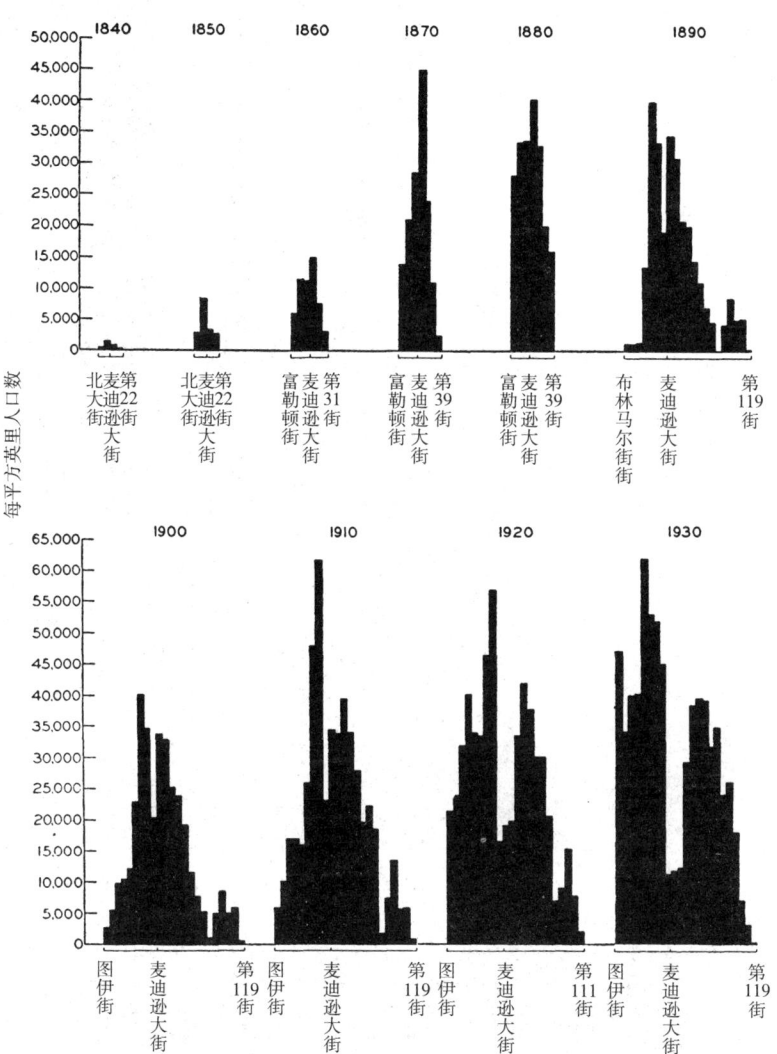

图 85　1840～1930 年芝加哥人口密度情况

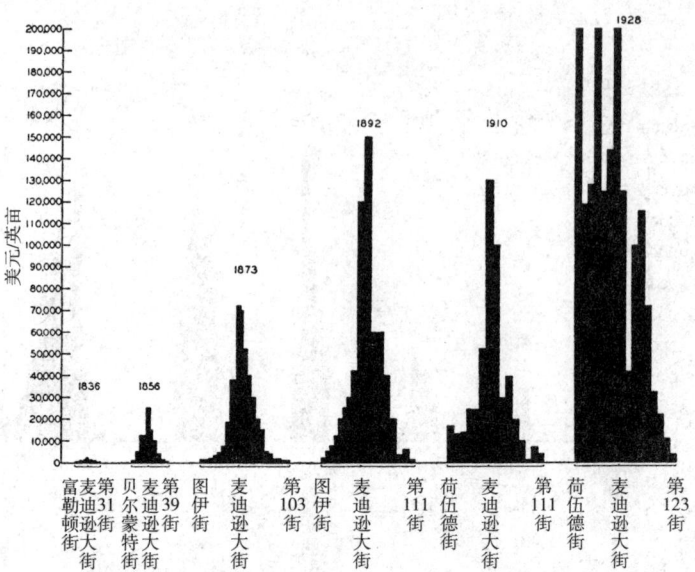

图86　1836~1928年芝加哥密歇根湖湖岸地区土地价值

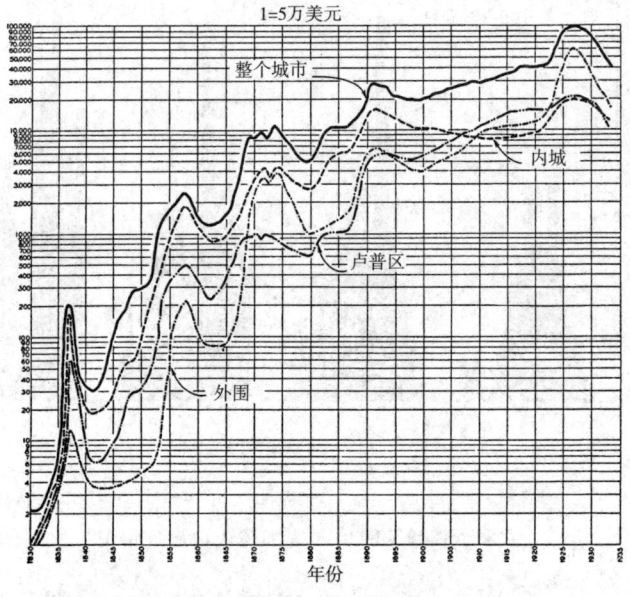

注：内城指北到贝尔蒙特街、西到凯植大道、南到珀欣路的区域；
　　整个城市指1933年芝加哥城的区域；
　　外围指的是内城外、整个城市内的区域；
　　卢普区指的是芝加哥河、密歇根湖、范布伦大街、威尔斯街区域。

图87　1830~1933年芝加哥土地价值

第六章 芝加哥的发展及其土地价值增长的关系

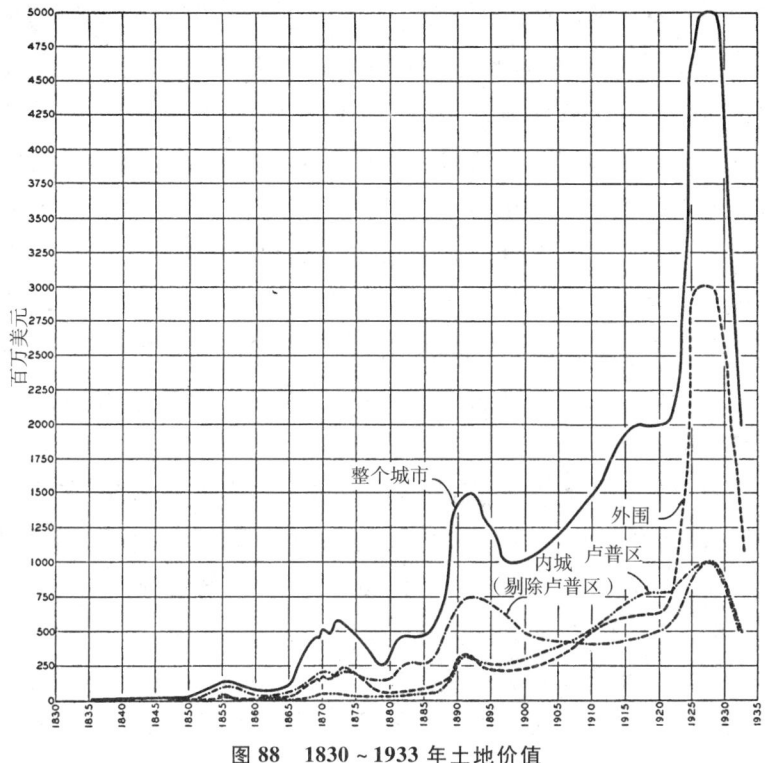

图88 1830~1933年土地价值

得人口大规模地从紧挨市中心的区域向芝加哥边缘的新地区开始迁移。在这些地区，现代建筑和电影院、银行和连锁商场的吸引力导致人们从旧住所迁移至新兴地区的离心力。在这个过程当中，"卢普区"和新区的中间地带便成为了"衰落区"。

新区和旧区之间土地价值的差异并不仅仅是由于人口数量的变化，种族也是一个非常重要的因素。尽管开始他们在社会和经济中所占的比例最小。较低的个人购买力使得他们很少购买房产而只是租住。由于浪费、忽视和故意破坏等行为导致房产的自然损耗加剧。这使得那些由"流浪汉"、季节性工人和罪犯，以及由墨西哥人、黑人和南意大利人这些最底层人口聚集地区的土地价值下降到一个相当低的水平。土地价值曲线在"卢普区"和外围居住区之间存在一个极低点，这些地区的建筑物大部分都超过了40年①，租金水平也很低。同时这里也是犯罪活动最为频繁的区域②。

2. 人口变化对土地价值格局的影响——1920~1930年间，城市人口格局的巨大变化与城市土地价值格局的变化是相一致的。数十年的土地价值发展先是形成了金字塔状——其顶端为中心商业区，越远离中心商业区土地价值就下降得越多；随后，先是南区土地价值大幅上涨，接着北区土地价值也不断上涨。经过由南向北的转移，土地价值的金字塔慢慢消失。当外围地区土地价值等同甚至大于"卢普区"周边地区土地价值时，"市郊"或者是贝尔蒙特街北侧，凯植大道西侧和第39街南侧地区土地的价值以比"市中心"更快的速度增长导致了外围地区土地价值的上涨③。

3. 新区开发与重建"衰落区"难度对比——芝加哥城市的扩张受到东面密歇根湖的影响，在大多数情况下，通过高架铁路线或者是地面铁路线、汽车或者是电气化铁路在大片未开发的草原上兴建新的社区，比重建旧居住区要容易得多。1920年交通运输的发展表明旧区的复兴不再可能，但是1920年在靠近北区的地方交通方式发生了很大的变化——这里出现了一条新的双层街道，成为芝加哥最繁忙的汽车公路，卢普区、湖岸和湖滨公路共同给予这个地区其他旧区所不曾拥有的有利条件。由于从第22街至第39街之间的农舍大道东侧狭长的土地带拥有众多的优势，同时湖泊和交通的优势也近在咫尺，所以在湖泊附近、曾经的时尚地区有可能恢复。在南区的包装厂附近、北区威尔斯街西侧和西区哈里森大街南侧，大片区域没有任何开发的吸引力，除非针对衰落地区的改造能够在一个极大的规模上完成。在20世纪早期，当大规模的住房和制造厂扩张至卢普区附近时，大面积地区被合并用于工业用途，但是考虑到工厂有向外搬移至铁路沿线的趋势，人们一致认为，这么一个低档的居住地区难以转变成为较高价值的工业用地。

4. 土地用途转变的影响——在城市不同区域的土地有着几种不同的发展趋势。靠近中心商业区、原先用于工人住宅的土地在日后转变为银行、

---

① 芝加哥计划委员会办公室的一幅巨大的地图显示了从贝尔蒙特大道至第63街之间地区和从湖街至肯植大道之间地区每一座建筑的使用年龄。这个研究是以桑伯恩的保险地图为依据。
② 克利福德·肖，《犯罪地区》（芝加哥大学出版，1929年）。
③ 见图85。

写字楼、仓库或者是工厂用地，从而获得了较高的土地价值；1890 年以后，在距离中心商业区较远的廉价居住区，比如在桥口或者在霍尔斯特德大道西侧的格兰德大街上，除非出现一些特别情况，不然这些居住区的土地价值很难获得提高；随着这些旧区地价走势平缓①，"卢普区"内开始兴建摩天大楼时，土地价值差异的趋势就更加明显了。另一方面，如同北区附近的高档住宅区一样，这些区域在经历了一个大厦林立的显赫时期后衰落至作为寄宿公寓的场所。其他的如草原大道或者阿什兰大街上曾经的高档住宅区，一部分被工业或者商业建筑占据，以此重获这些地区之前的价值，但是却达不到土地价值的最高点；最后，在城市外围的新开发区域，这些土地在过去的几十年之前一直空置着，但是土地的价值在每一个持续的土地繁荣中不断上涨，直到 1929 年到达顶点②。如前所述，人们事先很难对特定的土地价值变化情况进行预测。一般来说，小屋或者是平房区域土地价值已经达到其发展的"顶点"或者限制了其发展。迁移至一个新的、未被占据的地区比对老区进行改造更容易些。随着建筑物的老化和最初居民的迁出，或者是社区被更低阶层的人口用作居住，这些地区的土地价值将呈现下降趋势。然而，对于密歇根湖岸这样具有特殊位置优势的地区，一开始是作为住房进行开发的，而后作为公寓获得了很高的土地价值。

5. 投机放大了土地的可能性需求——在每一次土地繁荣中，投机都放大了土地价值上涨的趋势，直到不可避免的崩溃的到来。1836 年，对芝加哥河和密歇根湖沿岸土地存在过度投机；1856 年，投机过度地落在廉价住房用地上；1873 年，投机又盛行于适用于修建大厦的土地和市郊居住用地；1890 年，在制造业所在地、沿高架铁路线的土地或者在世界博览会举办地附近，盲目投机行为盛行；1929 年，公寓住宅用地和远离市中心的商业用地土地价值空前上涨。人口从城市中心向外围的迁移，投机严重抬高了地价。因此，即使未来人口继续向市郊迁移，也不可能超越 1926 年的预期想象。另一方面，对于"卢普区"与新区之间的"衰落区"，现在有建议要予以重新开发，这也许会使得一部分人向市区迁移，毕竟住在这些地方"散步"就能到"卢普区"。

---

① 见图 59。
② 见图 54。

6. 人口和土地价值的未来趋势——芝加哥人口和土地价值的格局取决于一系列因素。如果在整个美国人口增长的过程中,移民数量减少和实行计划生育,那么至1955年,美国的人口达到一个静态的均衡——1.55亿,随后便开始下降,如同威廉·奥格登教授的观点①。那么,在19世纪和20世纪初期,依靠大量国外移民和人口自然增长支撑的芝加哥的快速发展是不能维持的。如果城区居民占比如过去一个世纪一样下降,那么芝加哥继续高速发展将有可能被限制。在过去的一个世纪中,芝加哥依靠自身有利的地理位置,吸引工商业向城市移动,维持了一个较整个国家城市人口增速更高的人口增长,相应地,芝加哥人口增长较整个美国人口数量增长要快。此外,芝加哥总人口增长要快于大多数历史更为悠久的欧洲国家的老牌城市。1830~1930年,美国人口增长和工商业城市人口增长的强劲趋势促进了芝加哥的发展,但是如果这个趋势减弱或者是自行倒退了,很难相信芝加哥能够再像以前一个世纪那样快速发展。

再者,如果国家政策的改变能够打开另一个欧洲移民潮的"闸门",如果国家鼓励生育,那么美国的人口就能够继续增长至2亿或者更多;极有可能存在的情况是,即使美国没有了这样的人口增速,但由于农作物产量的大幅提高将进一步导致农业人口迁移到城市居住。这样,即使在其他城市衰落的情况下,芝加哥自身也还能够维持它的快速发展;在过往一个世纪出现的创新与发明在未来的一个世纪仍将继续,这也将为芝加哥地区带来从未有过的人口聚集;最后,当产业重点从重工业向商贸、金融和专业服务业升级时,芝加哥有着显著的优势,这是因为其地理位置天生就特别适合发展商贸和金融业。

如果芝加哥总人口由上述因素决定,那么在城区内的人口分布取决于人口在郊区或者远离"卢普区"的新社区居住的意愿,以及对在重建的衰落地区住宅需求的强度。人口分布对土地价值的影响同样也取决于人们是否倾向于居住在小房屋或者是大公寓,而这又相应地取决于家庭规模、社会习惯和风俗。此外,人口对土地价值的影响也取决于人们的购买力以及租金占收入的比重。人口大幅扩张迫使住宅租金上涨。但人口如果零增长

---

① 奥格登教授于1933年在芝加哥大学的演讲。

或负增长，租金就很难有很大起色。在萧条时期，租金水平是由食物需求得以满足后收入剩余部分的数额决定的。

未来土地价值同样地受到以下几个因素的影响：赋税总额、在房地产上所征收的税收占地区总税收的比重、房地产抵押贷款利率和净租金的资本化率。以上这些因素将会影响以美元计价的土地价值的长期趋势。

从先前的讨论中显然可以发现，在繁荣时期，土地的市场价值要远高于净收益的贴现值，而在萧条期却低于净收益的贴现值。土地价值的预测人员不仅仅要考察未来人口发展趋势、租金、运行费用、税金和资本化率，还要评估狂热的投机带来的影响。最后，在估计时还必须要考虑美元的实际购买力。

以上提及的因素非常复杂，它们之间也相互作用、相互影响。因此，准确预测芝加哥未来土地价值总趋势是相当困难的。[①] 20 世纪芝加哥的发展趋势是不可能重复的，相应地，芝加哥在过去 100 年里的土地价值曲线在未来也是不能被复制的。

---

① 威尔普顿（R. K. Whelpton），《美国社会学杂志》，1933 年 5 月，825~834 页。

第七章

芝加哥房地产周期

 A. 人 口 流 动

在过往的一个世纪里,美国城市的土地繁荣可以归因于投机者对人口在较短时间内的急剧聚集的预期以及工商业快速发展的预期。工业文明促进了人口的快速增长。在美国和欧洲的主要国家,由于新机器技术的运用以及对移民的开放,使得这些国家的人口快速增长。此外,大量移民从欧洲来到美国,或者从美国的东部迁移至美国的西部。一部分人被廉价的土地吸引,他们通过新的蒸汽运输方式来到这些以前人口一直都较稀少的地方。大规模的流动人口主要由具有高度繁衍能力的年轻人构成。在向西部迁移的过程中,他们分散居住于广袤的土地上,或者聚集于一些具有战略地位的河流边。在商业、贸易和制造业上有着天然优势的任何一个城镇都吸引着这些人口,并导致他们在那定居。因此,本书的前五章所描述的那些促进芝加哥商业、金融业和工业发展的特殊因素是用来解释为何如此多人口会定居于此。工厂、交通运输线、银行、批发商行、商场等的发展对一个城市中心人口的增长是十分必要的,而这些也相应地取决于该城市的贸易发展程度和制造业的优势。那些土地投机者们在描述任何一个城市的未来发展和城市土地价值上涨空间时,从来都不会忘记强调这些因素。

在整个19世纪和20世纪的前30年,对美国城镇人口增长的预期来自

于现实中大规模的人口迁移和城市的快速发展。历史上，在美国发展的"乐观"时期，比如1836年、1925年和1926年，尤其是内战后的北部城市或者是18世纪50年代和80年代后期的中西部城市，人口增长的可能性被过分放大。1836年，在伊利诺伊州分布着过多的城镇，甚至是现在的人口数量都不能与之匹配。在每一次土地繁荣中，在芝加哥附近越来越多的地块被进行再细分，提供的土地足够几代人的需求了。

因此，一个城市人口数量的增长和土地价格的增长之间并没有确定的联系，因为投机放大了未来的预期，会使土地价格严重偏离合理价值。一般情况下，芝加哥土地繁荣部分由于持续了几年的、急速的人口增长[①]，这进一步刺激了投机者的热情并且产生了对于未来人口增长过高的期望。人口增长速度的加快成为租金上涨、房屋建设增加和地块细分活动增加的重要因素之一。反过来，这些因素也引致了过度的投机。每一个因素相互作用，最终影响了土地价值，产生并维系了一种心理上的繁荣。这一系列相互联系的事件加快或者减缓了与房地产相关的一切活动。下面我们尽量将这些因素予以量化，并与房地产活动进行比照。

B. 芝加哥房地产周期的定义

芝加哥房地产周期在这里作为一个术语用来描述一系列因素所产生的综合性的周期运动。这些因素在某种程度上独立，但也相互作用，因此当最初或者最重要的因素出现时，它使得其他因素按一定的顺序发生作用。依据这里提出的观点，按顺序出现的周期分别为人口增长周期、租金水平周期、现有建筑的运营成本周期、新建筑周期、土地价值周期和土地细分活动周期。除了缺乏1854年之前每年的新建筑数量和1900年之前租金和建筑运营成本数据外，1830～1933年，芝加哥房地产周期的波动幅度和间隔时间都可以用这些因素的数据来进行衡量。这些因素的波动范围、最高点和最低点的时间间隔，以及涉及彼此的时间序列都是可以度量的。当芝

---

① 见图89和图90。

加哥房地产周期定义完成后,便可将之与相应的统计数据进行对比。应该谨记的是,芝加哥房地产周期无疑会受到美国总体商业条件、商品价格水平、货币价值和人口迁移的影响。另外,它还受到芝加哥当地一些特有条件的影响。

周期通常指的是经济活动的波浪运动——从波峰到波谷,然后再回到波峰。波峰与波峰之间或波谷与波谷之间有着明显的时间间隔。当经济活动表现为短小、起伏不断的波浪线,或者是不规则的波幅时,这样的经济活动便很难去明确它的周期,但是芝加哥房地产五个主要的周期类似于潮汐一般。这五个周期都有着相似的运动特点,如图89所示,随着人口快速增长,建筑施工的狂热以及在短短几年间土地价值增速从2倍增至10倍的地区所引发的土地繁荣推动了房地产周期进入扩张阶段;而租金水平的普遍下降,大规模的房地产抵押赎回权的丧失使得土地价值从最高点减少50%甚至更多,并且导致了建筑活动几乎完全停止,由此进入房地产萧条阶段。

★ C. 人口增长对芝加哥房地产周期的影响

为什么房地产活动会迅猛发展但紧接着又能近乎停滞?其中一个重要的因素便是人口增长率的变化,正是人口因素导致了土地需求的加速和停滞的交替变化。固定的人口数量不再需要额外增加的住房或者商店,除非那些需要更换的建筑物,或者那些被大火、地震、龙卷风破坏的建筑物,或者除了随着风俗习惯的改变以及发明创造产生的新建筑(比如车库等)。固定比率的人口增长、固定的人均居住需求,也能够保持建筑活动的恒定规模性,因为我们能提前计算好土地的需求,那么建筑物价值便会根据复利表上的比率而增长,随着时间达到它们的价值。

然而,伴随着芝加哥土地价值骤变的正是人口增长率的巨大变化。正如表46所示。

第七章 芝加哥房地产周期

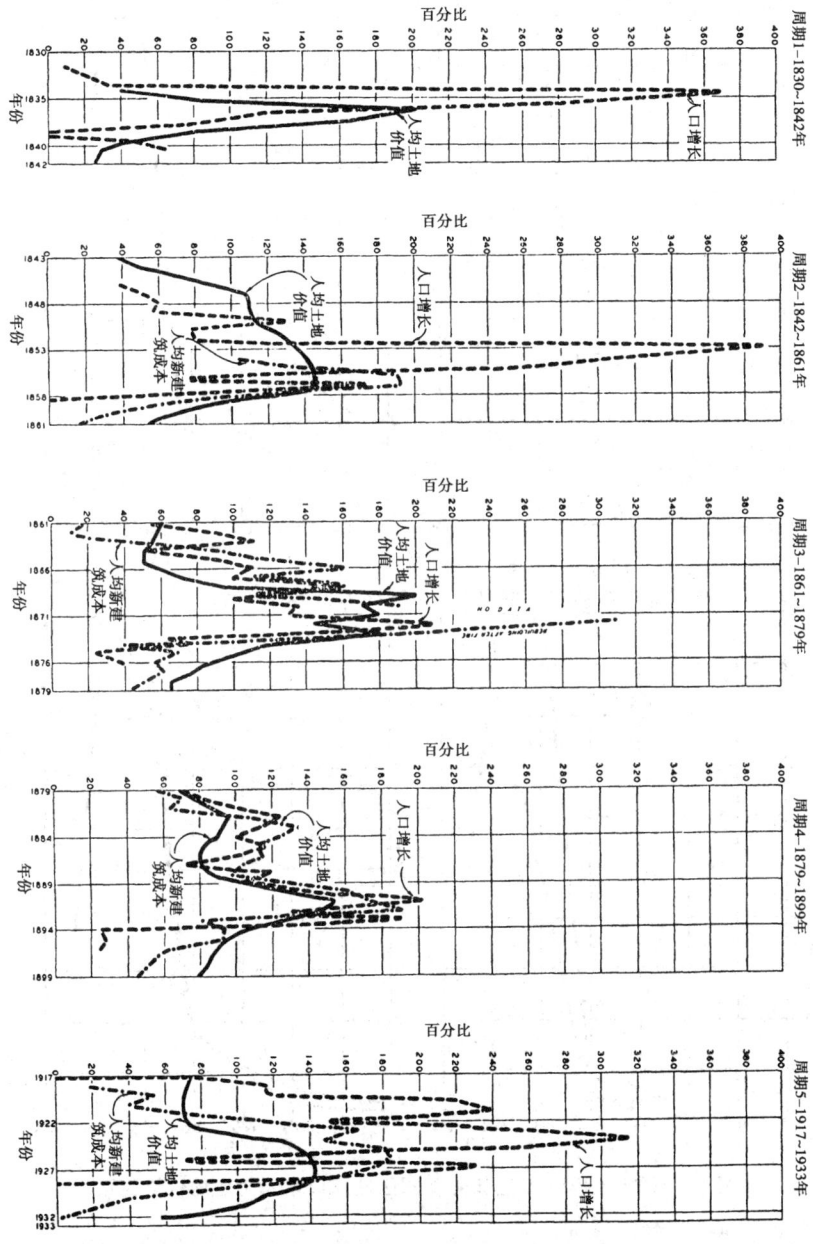

图89 芝加哥历次房地产周期相关数据

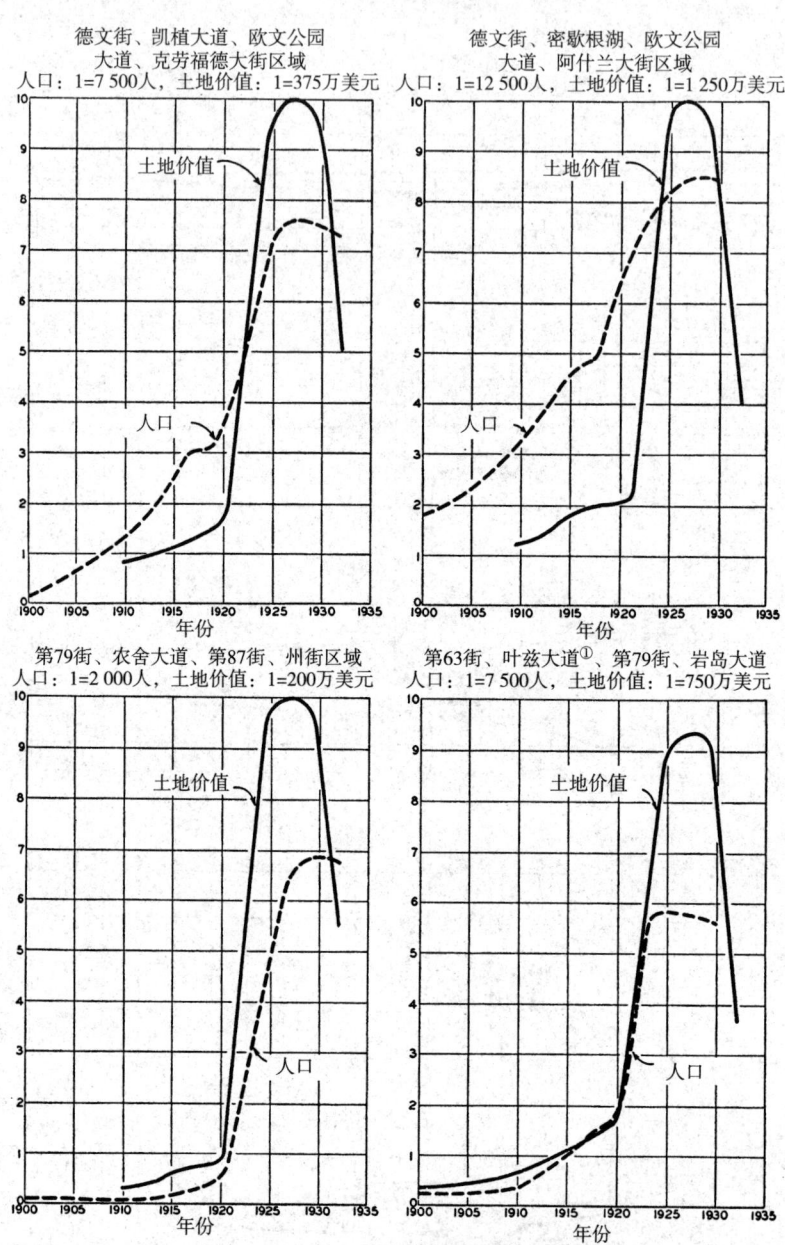

图90 1900～1933年芝加哥不同区域人口增长与土地价值变化

① 译者注：叶兹大道为紧靠杰弗里大道东侧的一条主干道。

表 46　　　　　　　芝加哥历次房地产周期的人口增长率　　　　　　单位：%

时间	上升期	时期	下降期
1833~1835 年	933	1837~1839	0.7
1852~1854 年	70	1857~1859	2
1854~1856 年	28	1873~1876	7
1864~1867 年	37	1894~1897	11
1867~1870 年	36	1927~1933	无增加*
1870~1873 年	27		
1888~1891 年	24		
1919~1925 年	26		

* 依据作者基于中小学入学登记情况计算的结果。其他的数值是由诸如美国商业协会等机构提供的。

1. 最初的推动——人口的突增——在整体商业复苏的早期阶段，特别的经济机会吸引人流来到芝加哥。特别是当妨碍人口流动的条件消失后，人们便如洪水般大量涌入。1832 年与黑鹰印第安人的战争威胁了早期的定居者，但是在此威胁消除后的几年内，芝加哥的人口从 200 人增长到 2 000 人；虽然早期缺少与东部直接相连的铁路，这使部分向西迁移的人流未能到达芝加哥，1852~1855 年的 3 年间，芝加哥人口从 3.9 万人增加到 8 万人；1857 年的恐慌瞬间阻止了迁移人潮，但是在内战期间及之后芝加哥工业的扩张导致它的居民人数从 1861 年的 12 万人增加到 1873 年的 38 万人；1873 年的恐慌又导致人口增长率有所缓解，但 1880~1890 年 10 年间芝加哥工厂的就业机会和正在扩张的铁路系统，使得在现今城市范围内的人口数从 55 万人增加到 110 万人；最后，人口经过数十年的稳定增长，第 1 次世界大战爆发，海军和陆军对体格健全的年轻男性征兵，暂时抑制了人口增长。随着战后海军和陆军士兵的返乡，加之芝加哥工业化吸引了从农村到城市的移民，导致了它的人口数量在 1918~1927 年间从 250 万人增加到 340 万人。在这五个主要周期中的任何一个周期，人口急剧增长都先于新建筑以及土地价值的增长①。

2. 房屋供应的滞后——由于人们不能将它们的老房子像食物和家具一

---

① 见图 89。

样搬到新的地方,新人口来到芝加哥需要住所。人口从一个地方迁移到另外一个地方会增加住房需求。突增的住宅需求不能立即得到供给,这是因为选择建筑地点、拿到土地的所有权、规划建筑方案、安排资金、订购材料、修建房屋,总共需要 6 个月到 1 年的时间。此外,考虑到冬季、雨天的影响,施工时间会进一步延长。芝加哥突增的人口数量要比当地开发商预期的大得多,开发商没有预期到这种情况的发生并事先做好准备。随着人们聚集到可供住宿的空间,空置率消失,旧建筑的租金也随之上涨。这些新来的移民要想定居在芝加哥以分享经济机会,他们要么用积蓄买房子,要么被迫接受更高的租金。

3. 人口增长率变化影响房地产周期的条件——然而,人口增长对土地价值的影响不能被过分夸大。单是人口的急剧增加自身并不能导致土地繁荣,一方面,并非人口数量增长便会引起土地价值也快速增加。因为,根据人口数据,在 1845 年、1862 年、1897 年、1898 年、1909 年和 1910 年芝加哥人口有显著的增长,土地价值却没有特别升高。另一方面,在 1873 年和 1892 年土地繁荣之前,城市人口稳定增长,没有在任何一年有意外的人口潮涌入城市。

人口增加对土地价值的影响部分地依赖于特定时间房地产和整体商业的情况。投机者们可能会预期还未发生的人口增长,或者是人口已经快速增长数年之后他们才突然意识到人口在快速增长。如果一个制造企业宣布它将在某个人烟稀少的地区建立一个大工厂,在预期的工人到达之前该地区的土地价值便已开始上涨。相反地,在萧条时期,有大量的人进入城市,这时有大量空房供应,居民痛苦地意识到土地繁荣已经崩溃,过往在商业扩张和整体经济乐观情况下人口迁入造成租金和土地价值上涨的现象不复出现。这些人在这个时候进入城市,只是有可能会阻止租金和土地价值的进一步下跌。

不仅是受投机情绪影响的芝加哥人口增长和土地价值增长之间没有必然的联系,人口数量微量增长或者负增长与决定土地长期价值和净租金也没有完全的相关性。因为,一方面,如果新的建设活动被中止一段时间,即使没有任何的人口突增,也是有可能出现租金的上涨。另一方面,经济繁荣的回归给予更多人更高的工资,增加了这些人对于住宅的需求。此外,在短期或长期内随着生活标准的提高，人们会腾出老旧的或废弃的房子，搬到新的现代化楼房，从而导致改善型建筑租金提升。突然增加的结婚率也同样会导致对更多住宅的需求。

这样，稳定的或者缓慢的人口扩张也可能会涌现出对更多建筑空间的需求，因此人口的突增对租金的上涨来说并不是必需的。另一方面，人口的快速增长，如果包括低收入能力或者低生活水平阶层的人群，可能不会导致租金和土地价值的提高。新移民可能会挤在贫民区但并不会提升该地区的租金水平，黑人的涌入往往导致该区域房地产价值的下跌。

人口和土地价值数据的局限性。 事实上，由于土地价值数据和每年人口的数据几乎都是近似值，所以在处理人口和土地价值之间的关系时，需要更加慎重。估算两次人口普查年份之间人口数的方法是多种多样的，这些方法并不能产生相同的结果。过去从学校数据估算的结果和美国人口普查结果很不相同。由于芝加哥发展的速度飞快，城市、州和学校等机构每年提供的人口数据要比大多数社区提供的要大；但是实际上，在有人口普查之前，早期的人口估计是由不同的人用不同的方法完成的，容易存在不同程度的偏差，因此对于它们的使用要慎重。由于在数据方面存在较大的误差，在本研究中使用的每年的人口数据所得出的结论只是大致的，而非精确的。

最后，即使每年人口的增量都能够准确地计算，但是增量仅仅表明了芝加哥制造业和商业机会的吸引力，使得人们在这个地区定居成为可能。正如上文指出的那样，人口因素本身并不是一个唯一的因素。

表47　　　　　芝加哥工人住宅和写字楼的租金水平相对数

（令1915年数据为100）

年份	写字楼*	住宅+
1915	100	100.0
1916	101	99.9
1917	102	100.7
1918	104	101.4
1919	108	108.0
1920	126	135.1

续表

年份	写字楼*	住宅+
1921	149	178.2
1922	167	187.4
1923	176	192.1
1924	183	204.4
1925	183	205.6
1926	186	199.5
1927	188	193.9
1928	190	186.8
1929	180	180.3
1930	174	175.1
1931	163	164.4
1932	—	138.8
1933	—	108.7

* 厄尔·舒尔兹,《未来是什么?》。每 10 栋写字楼的平均租金。1910~1915 年基础数据已被作者更改。

+ 美国劳工部,《商品零售价格和居住成本》(1932 年 12 月),16 页;《劳动评论月刊》(1929 年 4 月),20 页。1919~1933 年(包括 1933 年)的数据是每年 6 月份的数据,其中 1921 年是 5 月份的数据。1915~1918 年(包括 1918 年)数据为前后年份 12 月数据的平均数值。

★ D. 芝加哥房地产周期的事件序列分析

年度人口数据的使用有着一定的局限性。图 89 表明芝加哥的土地繁荣只是一个短时期土地价值的骤增,随之而来的是人口增长速度的减弱。表 48 显示,在最后一个周期中人口增长是导致租金快速上涨的因素之一。

表 48　　　　　　1915~1933 年芝加哥人口增速和
写字楼、工人住房租金增速情况

年份	总人口* (人)	同比增长(%)		
		人口	写字楼租金	住房租金
1915	2 448 426	—	—	—
1916	2 492 204	1.8	1.0	0.0
1917	2 492 200	0.0	1.0	0.7

续表

年份	总人口* （人）	同比增长（%）		
		人口	写字楼租金	住房租金
1918	2 546 144	2.2	2.0	0.7
1919	2 599 502	2.1	4.0	6.5
1920	2 701 705	3.9	16.7	26.4
1921	2 820 992	4.4	18.3	31.9
1922	2 901 507	2.9	12.1	4.2
1923	3 010 850	3.8	5.4	2.5
1924	3 155 843	4.8	4.0	6.4
1925	3 263 196	3.4	0.0	0.6
1926	3 296 679	1.0	1.7	-3.0
1927	3 402 296	3.2	1.1	-3.3
1928	3 397 067	-0.1	1.1	-3.7
1929	3 372 936	-0.7	-5.3	-3.5
1930	3 376 438	0.1	-3.3	-3.3
1931	3 341 913	-1.0	-6.3	-6.1
1932	3 236 913	-2.9	—	-15.6
1933	—	—	—	-21.7

* 作者通过芝加哥中小学入学登记情况计算的结果。

1. 毛租金开始迅速上涨——1916~1919年间商品价格上涨了100%（见图97），但在那个时期，芝加哥写字楼租金仅增长7%，住宅租金增长8%。值得注意的是，租金飞速增长是在人口增长速度加快的时候开始的①。

2. 净租金增长更加迅速——1918~1921年，因为人口增长速度的加快，芝加哥住宅和写字楼的毛租金也剧增，由于抵押贷款利率提前签订以及建筑运营费用包含太多增长缓慢项目的缘故，房地产持有人所拥有的净收入增长更为迅速，如图34、图35和表49所示。

① 见表48。

表49*　　　　　　1918~1932年芝加哥某写字楼的总收入、
　　　　　　　　　总支出（包括税金和折旧）和净收入

年份	绝对数量			相对数（令1918年数据为100）		
	总收入（美元）	运营费用、税金和折旧（美元）	净收入（美元）	总收入（美元）	运营费用（美元）	净收入（美元）
1918	387 375	304 075	83 299	100	100	100
1919	390 446	289 848	100 598	101	95	121
1920	410 803	322 062	88 740	106	106	107
1921	478 206	356 559	121 647	123	117	146
1922	529 818	365 724	164 093	137	120	197
1923	609 840	392 123	217 817	157	129	261
1924	627 126	386 435	240 691	162	127	289
1925	688 082	400 505	287 577	178	132	345
1926	734 234	399 699	334 535	189	131	402
1927	754 655	474 455	280 211	195	156	336
1928	764 022	448 822	315 199	197	148	378
1929	757 400	417 418	339 982	195	137	408
1930	728 656	426 394	302 262	190	140	364
1931	675 218	422 976	252 243	174	139	328
1932	564 504	482 700	81 804	146	159	98

* 约翰·胡克，《芝加哥物业的金融历史》；《美国房地产估价师协会期刊》，1933年7月，347页。相对数由作者计算得出。

因此，1918~1926年，写字楼租金增长了90%，而运营费用仅上涨31%，净收入增长300%。用于供热、门卫服务、装饰等方面的运营费用增速并没有租金快，相同的情况也普遍出现在公寓中，甚至是"无电梯公寓"。在带厨房的公寓中，电梯服务、家具设备、亚麻制品的使用、燃气和电以及仆人服务所需要的费用没有租金增速快，其净收入的增加比普通的、不带家具的公寓高得多。

3. 租金增长导致现有建筑售价急剧上涨——来源于旧建筑所有权的巨大利润空间自然会导致旧建筑销售价格的上涨，除非出现这么一种预期情况——承包商急于建造新建筑以加大新建筑的供给量，从而缩减旧建筑的利润所得。在1836年、1856年、1873年和1926年芝加哥土地热潮达到顶峰之前，美国批发物价水平已经上涨。在内战和第一次世界大战之后一般商

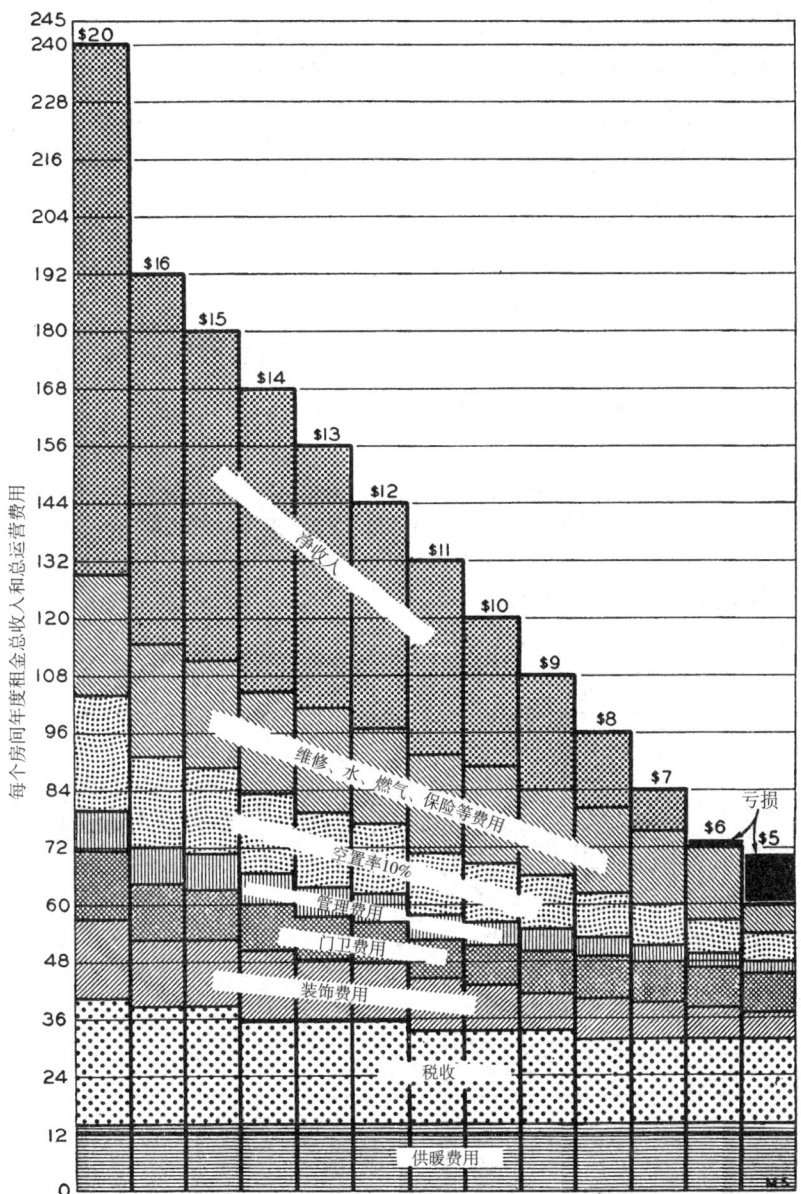

图91　1933年芝加哥带有供暖设施公寓的租金与运营成本

品价格水平已经下降，但在两次战争之后的5年内，非技术性工种的工资总额较战前水平增长1倍（见图97）。相当大的一部分制造成本用于砖块的制造、砌砖以及木材的砍伐，而这些活动都构成了劳动力的支出。因此，即

· 319 ·

使在批发商品价格下降的情况下，建筑成本随着工资增加而增长。根据霍拉伯德和罗氏指数，1914~1920年，芝加哥建筑成本即使在经历了1920~1922年的衰退期，仍然高于战前水平的30%。即使租金上涨，建筑商发现并不能按照已建建筑的成本水平来建造新建筑。此外，对于较高重置成本的担忧，投机商在修建新建筑方面比较犹豫。因此，旧建筑销售价格更高并不仅仅在于其拥有更高的净收益，而且旧建筑的重置成本更高。因此，房地产市场活动的第一阶段就是为了获得更高的资本净收益，在具有吸引力的价格水平上出售改善型物业。芝加哥市场的这一特点始于主要周期的早期阶段，例如1832年、1848年、1863年、1887年和1920年，并持续至繁荣期的最高点。

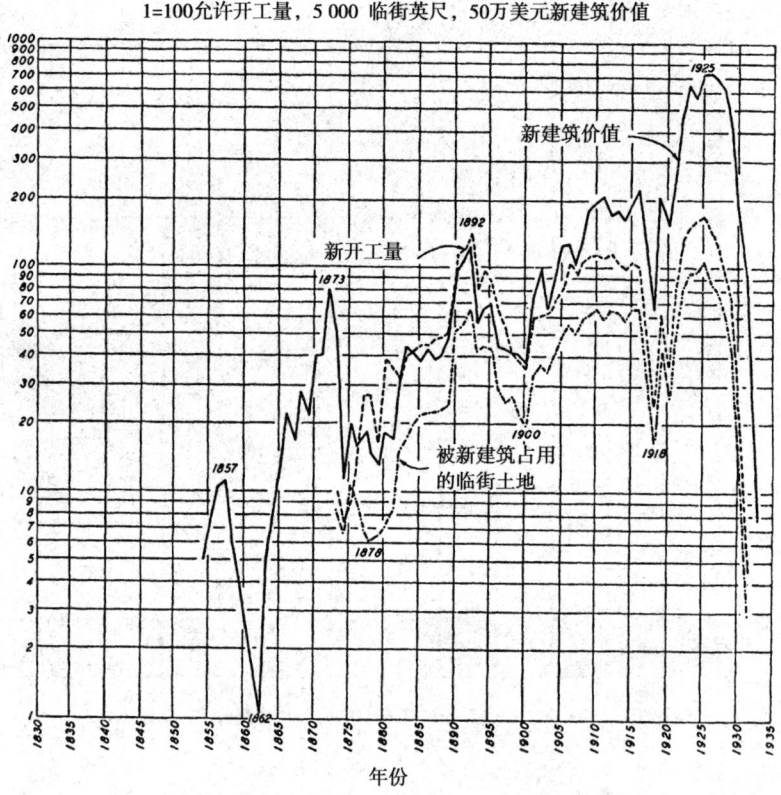

图92　1854~1932年芝加哥新建筑价值

4. 准备兴建新建筑——人口的迅速增长使得房产租金的毛租金和净租

金都不断攀升,直到新建筑被建造起来。投机房产的第一步是获得一块土地,所以,在房地产市场繁荣期间或者繁荣之前就会发生空地的大量购买以及相当数量的土地细分。尽管开发新的房产会承担较高的成本,但开发商们可以通过较多地使用机械或节约劳动力的设备来减少建造成本。新建筑可以通过以下方面来获得收益:因为这些建筑物是新建的,并采用了最新的建筑风格,而且是建立在新的街区,节约了时间,提供了更多生活上的便利,所以,它们的租金就会比旧的房产要高;这些建筑在面积上更适合家居或其他用途的要求,新房产没有过多的浪费空间,并具备更大的可租用的使用面积,因此,租金收入也高一些;此外,新建筑的高度会更高,这样其可租或可售的空间就更多,所以收益就更高。因此,在较好的地段兴建高质量的住宅或写字楼,开发商可以获得足够的高额回报。相对于房地产价格的大幅上涨,建筑成本的上升还是可以忽略的。

5. 新建筑数量增加——人口增长影响到了租金周期,租金增长又刺激了新建筑的快速扩张。建筑数量从衰退期的最低点迅速攀升。芝加哥自1854年以来,在40年最活跃的建造期中新建的房屋、商店和工厂量是之后最不活跃的39年新建数量的5倍之多,见表50。表51和表52显示的是在最后两轮经济周期中新建建筑的数量。

表50*　　　　　　1854~1932年芝加哥的建筑活动情况

年数	40年最活跃期	总价值(美元)	年数	39年最不活跃期	总价值(美元)
4	1854~1857年	18 306 306	6	1858~1863年	10 281 500
10	1864~1873年	152 083 600	8	1874~1881年 }	205 356 626 ++
4	1889~1892年	189 852 800	7	1882~1888年 }	
12	1905~1916年	1 014 854 917	12	1893~1904年	354 249 215
1 }	1919年 }	2 671 847 462 +	2	1917~1918年	99 036 650
9 }	1921~1929年 }		1	1920年	79 102 560
			3	1930~1932年	126 053 530
40	—	4 046 945 085	39	—	834 080 071

　　* 在40年最活跃时期建造了价值4 046 945 085美元的建筑;83%的建筑建于这40年中,几乎是最不活跃的后半个周期建筑数量的5倍。40年活跃期中的建筑数量通过价值数据表示或多或少存在一定程度的夸大,因为在这些年建筑成本是比较高的。数据是通过芝加哥城市建筑房屋管理部所允许公开的新建建筑成本年度数据进行计算而得。
　　+ 2 671 847 462 为1919年和1921~1929年的合计值。
　　++ 205 356 626 为1874~1881和1882~1888的合计值。

表 51 * 1918~1927年芝加哥人口、写字楼租金、新建筑价值、土地细分数量和土地总价值的指数（令1918年数据为100）

年份	人口	总收入	净租金 +	新建筑价值	芝加哥市区细分的土地	转让数量	土地总价值
1918	100	100	100	100	100	100	100
1919	102	101	121	300	311	144	100
1920	106	106	107	227	480	171	100
1921	111	123	146	360	544	168	100
1922	114	137	197	655	888	204	125
1923	118	157	261	946	1 233	243	150
1924	124	160	289	861	2 033	245	175
1925	128	180	345	1 034	2 444	262	225
1926	130	190	402	1 054	2 777	260	250
1927	134	195	336	1 014	2 000	233	250

* 见表50中1928~1933年（包括1933年）数据。
+ 数据来自表49。

表 52　1885~1893年芝加哥人口、新建筑、土地细分数量和土地总价值的指数（令1885年数据为100）

年份	人口 *	新建筑价值	芝加哥市区细分的土地	土地总价值
1885	100	100	100	100
1886	106	109	244	100
1887	111	100	422	120
1888	118	104	633	140
1889	126	127	1 090	160
1890	135	242	1 800	240
1891	146	270	2 600	255
1892	156	324	1 422	273
1893	158	151	800	240

*1933年芝加哥城界限范围内。

6. 宽松的信贷推动建筑热潮——金融机构所提供的宽松资金推动和维系了芝加哥的建筑热潮，宽松的信贷资金被这些新建项目带来的高利润和现存房地产项目的高回报率所吸引。金融机构在建筑热潮中扮演着推波助澜的角色。1836年，伊利诺伊州银行芝加哥分行给房地产投机者和开发商们滥发贷款；1856年之前，新伊利诺伊州银行是支持这个建设热潮的；1871年大火之后，在芝加哥大规模的城市重建过程中，东部保险公司大量发放贷款用于房地产开发；1889~1892年是摩天大楼和世博会的时代，在这个时期，房地产开发资金的主要来源是银行信贷、股票发行、以写字楼和公寓为抵押的债务融资；在1929年的繁荣期，世界大战中的"自由贷款运动"使得公众开始熟知债券。此外，大面额抵押债券细分为面值100美元的债券大大拓宽了债券市场。这些情况引发的后果就是通过房地产债券的发行提供了大量用于房地产开发的资金。1900~1929年飞速发展的芝加哥外围银行的资金全数投入到了房地产开发领域①。表53显示了库克县1918~1929年房地产抵押贷款总额的情况。

表53*　　　1918~1932年库克县房地产抵押贷款总额的情况

年份	总额（美元）	相对数（令1918年数据为100）
1918	163 687 177	100
1919	241 177 840	148
1920	305 587 870	187
1921	361 925 299	221
1922	550 914 192	337
1923	696 882 247	426
1924	746 795 339	456
1925	986 960 148	603
1926	1 033 864 243	632
1927	1 045 997 413	639
1928	1 039 432 235	635
1929	759 395 774	464
1930	425 164 215	260
1931	264 584 983	162
1932	143 309 644	87

＊来自《经济学家评论年刊》（芝加哥，1919~1932年）。

---

① "一个特别不利的发展便是银行系统自身以促进房地产发展为明确目的的信贷扩张。数以千计的新银行获准为房地产加快发展提供资金融通便利。此类银行大多是分是州银行和信托公司，它们中大多数坐落于各大城市远离市中心的地区"（赫伯特·辛普森，《房地产投机和大萧条》，《美国经济评论》，XXⅢ，第一期（1933年3月），164页）。

7. 兴建新建筑仅需少量自有资金——有融资支持的新项目吸引大量的分包商加入建筑业中来。对于部分企业家来说，仅用少量的自有资金来修建新建筑是有可能的，因为在繁荣期，几乎所有用于建筑施工甚至是购买土地的资金都可以通过房地产贷款来获得①。在芝加哥1929年的繁荣期，有些时候承包商们会达成一个土地购买的协议，只需要少量的现金，制定一个复杂的计划，并且以这些作为基础获得一笔足够的贷款资金用于支付土地欠款和完成整个建筑工程的建设②。市中心一些大型的写字楼，例如在克拉克大街和麦迪逊大街③十字路口处西南角的写字楼以及其他的建筑都是这样建造的——项目还没开工，先签订长期租约，再以这些租约为基础发行债券进行融资，这样基本不需要多少自有资金。在土地繁荣期，长期租约数量的增长成为了推动土地价值快速增长的一个实质性因素。承租人需要办公地点，他只需要按照长期租约的规定每年支付租金，而不必花10~20倍年租金的金额去购买房产。出租人以这样的方式获得一份99年④的租约后，可以以租赁权作为抵押来发行债券筹资，从而建造一座摩天大楼。因此，我们可以很容易地发现一些大型建筑的开发商根本不需要太多的资金。当这些融资方式变得普遍时，不难想象整个社会都是急切地大兴土木的状况，不用考虑土地、劳动力或是材料成本，工程的启动者也不会冒着失去自有资金的风险。因此，在城市的很多区域里，大量的人秘密地、独立地在种类繁多的建筑里工作，没有人来计算与房地产需求相匹配的供给会是多少。

8. 新建筑吸纳了空置土地：土地繁荣——建设热潮吸纳了相当数量的空置土地，突然也赋予了某些长时间处于"沉睡"状态的土地以收益的能力。1922~1928年（包含1928年）的7年时间里，在芝加哥建成了97 511栋建筑，需要3 060 111英尺的临街土地（或580英里的临街土地⑤）。对于

---

① 沃尔特·屈恩尔，估价部门未公布的研究。
② 这些情况一部分来自房地产经纪人对作者的表述，一部分是作者自身的了解。
③ "卢普区"房地产经纪人们对作者的陈述。
④ 1835年，在芝加哥河沿岸的码头场地的租期可达999年。芝加哥产权和信托公司的一份调查记录表明：在1873年经济恐慌前，在芝加哥中心商业区存在大量20年期的租约和一些长达50年的租约。一些99年期的租约在1887年出现。在1890年的繁荣期，这种99年期的租约盛行。1933年，"卢普区"相当大比重的房地产都是99年的租期。
⑤ 芝加哥城市建筑房屋管理部记录。

成熟空置土地的需求，使得毗连这些地方的土地价值迅速上涨。投机者们从那些不能预知土地繁荣的土地所有者那里买来土地。在土地所有者自家后院或者附近产生财富的消息像大火燎原般传遍整个社区。在某些情况下，通过买卖地块获得的收入甚至多于一辈子的辛苦劳动所得，这样巨大的利益诱惑是很多人都无法抗拒的①。

9. 繁荣时期对人口的乐观预计——在房地产周期中，城市近期快速的人口增长被投影到房地产商们所宣传的美好的预期中。以这些投机梦想所建立的城市将超过世界上任何一个大都市，商业人士和"著名学者"搜集事实和数据以支持这些"空中楼阁"，试图将这些不切实际的想法转换成实体展现给外行人。例如，在1924年，查理·瓦尔克估计到1974②年芝加哥人口将达到1 800万人，保罗·古德教授预测在未来某时间城市总人口将达到1 500万人，那时芝加哥将成为世界上最大的城市③。当然也存在其他一些较保守的估计，例如，海伦·杰特在1927年提出芝加哥人口到1960年时仅达到510万人④。

在这样浪漫想象的时期，人们的大脑似乎浮现了芝加哥周围无止尽的人潮涌动的画面。这些不断增加的人口需要房屋，导致了需要大面积的空置土地用于修建新住宅和新购物中心。当新增人口能在已增长的工资水平上被雇佣时，那么持续的人口压力将使得公寓租金维持不断上涨的趋势，并且商店租金也会出现惊人地增长。

10. 玉米地里的新城展望：一些细分商的方法——如同沙漠里的海市蜃楼一般，新城即将在旧城的外围建立的幻想同样具有欺骗性，很多人被这样一幅幻想所吸引，他们渴望获得一小块会因人口压力价值即将快速上涨的土地。一些专业的细分商利用了人们这样的心理⑤。他们知道房地产市场

---

① 一名希腊内科医生1915年左右来到芝加哥，他对一些空置的十字路口商业区进行了小规模的初始投资，至1928年他拥有了87块这样的十字路口商业区土地，这些土地价值600万美元。沿第79街的街区在1905年最高售到1.4万美元，而在1926年增至100万美元。这个时期涌现了很多土地所有者暴富的案例。
② 《芝加哥日报》，1924年4月22日。
③ 保罗·古德，《芝加哥经济背景》（1926年），69页。
④ 海伦·杰特，《芝加哥地区人口增长趋势》，芝加哥大学出版，1927年。
⑤ 大量谨慎的房地产公司在1895~1920年对整块地细分后出售。众多的投资者通过购买1895~1920年期间这些谨慎的房地产商细分的地块获得了巨大的利润，而这又反过来刺激了1925年和1926年那些不计后果的大量土地细分。

的运行对于一个外行来说是神秘的,土地价值没有像证券报价机那样的设备去让人们了解确切的价格。因此,这些专业的细分商通过如下措施全面地细分整块土地:培训庞大的销售力量;通过广告和电话营销与"潜在客户"取得联系;招募业余的推销人员以引入他们的朋友圈;挨家挨户地拉拢生意。一旦与未来的土地买家签约,他就会以最快的速度去实现盈利。一旦来到"新伊甸园"①,一幅栩栩如生的画面便浮现在人们的脑海:一排排的住宅和商店在他脚下拔地而起。从实际情况来看,在很多地方已经出现了从未开发的草原向成熟社区的快速转变,并且那些具有交通运输优势、邻近工业区的土地在未来将具备毋庸置疑的独特优势,这样看来,这种先知的幻象似乎也有一定的道理。没有邻近土地价值的信息,销售人员的谄媚奉承、销售经理时不时地放大预期的诱骗以及优质土地迅速、活跃的交易,客户经常被诱惑为了购得一块地而迅速签订合同。因此,原先的"潜在客户"就这样成了土地所有者。他们被告知在年老时可以通过此块土地获得收益,从而脱离救济院。如果几天后他们为当时的热情感到后悔,或者对自己的行为是否正确感到怀疑,或者对即将失去存款而感到忧虑等,销售人员的二次造访将使他们重拾信心。不久,这个"潜在客户"就会发现,他将背负持续的债务,即每月支付一定的金钱用于保持自己的权益以防止丧失土地抵押赎回权,这使得人们的现金不断流失。在大多数的土地繁荣中,大量的土地买家最终被迫停止付款或者是放弃了地产,使得他们到最后都没有拥有一块能表明他们支出的狭长空地,甚至连一块他们可以带着希望入土的墓地都没有②。

图93表明了发生在芝加哥五个主要的房地产周期中土地细分的情况。在1836年、1856年、1872年、1890年和1925年中,同样的故事不断重演。稍微有所区别的就是交通条件的不断改善以及销售时所描绘的土地的光辉前景。当芝加哥城的范围被限制在运河沿岸时,罗斯福大街南侧或者是芝加哥大街附近土地的细分就相对偏远了;当1856年芝加哥延伸至罗斯福大街和芝加哥大街时,海德公园和湖景镇的土地细分又处于远离城市的边缘;

---

① "新伊甸园"是查尔斯·狄更斯小说《马丁·朱淑尔维特》中所描述的城镇名称。
② 对于土地细分操作者的一个极佳的分析见欧内斯特·费舍尔,《市郊土地投机》,《美国经济评论》,XXIII,第1期(1933年3月),158~161页。同样见赫伯特·辛普森和约翰·伯顿,《市郊空置土地价值评估》(芝加哥,1931年)。

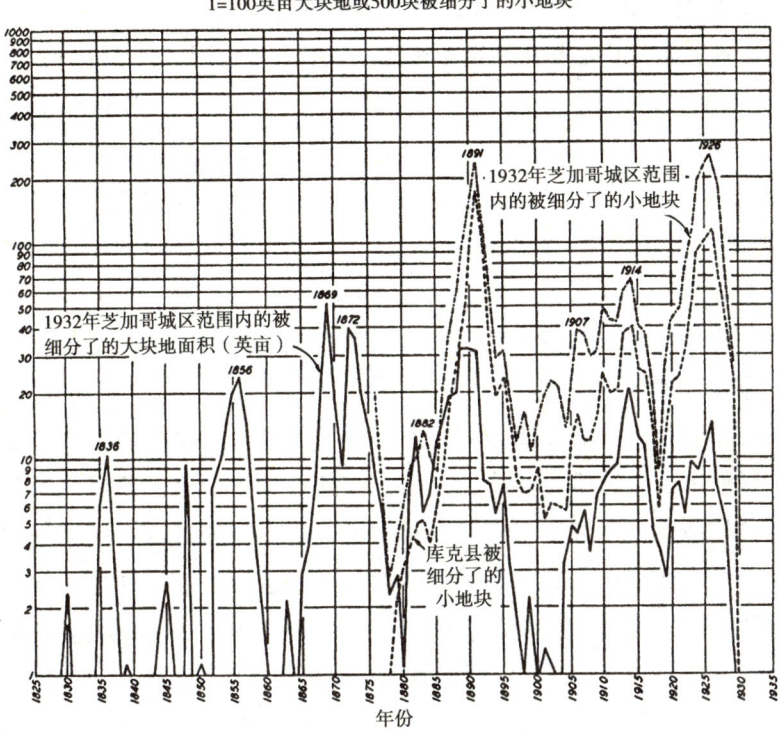

图 93　1830~1932 年芝加哥土地细分量

1873 年之前，大量的地块沿着岩岛铁路的西南方向和西北铁路的西北方向进行细分，当时这些地区定居点还相当稀疏；1893 年之前，不单单是在芝加哥城市范围的广阔土地被细分，在边远的郊区城镇和规划中的制造中心，数以千计的地块都被细分用于出售；在 1929 年的繁荣时期，芝加哥北部 40 英里长、3 英里宽的沿湖空置土地在进行出售。此外，沿湖岸向南至密歇根城，以及沿罗斯福大街和第 22 街朝西延伸至威登和拉格兰奇一带的土地也在出售中。其他大量的土地细分沿西北铁路朝西北方向延伸至巴林顿和巴拉丁，或者朝西南方向延伸至第 111 街和哈莱姆大道。尽管芝加哥的发展速度相当飞快，但是，新的土地细分活动发展更加迅猛①。表 51 和表 52 表明了土地细分发展的势头，以及在 1890 年和 1926 年的土地繁荣中土地细分的

---

① 1928 年，芝加哥城市外围库克县存在 335 000 英亩的空置地块，根据海伦·杰特对于人口增长的估计，这些空置地块即使到 1960 年都不能完全被人口使用（辛普森，164 页）。

增长速度是如何超过房地产周期中的其他指标的。

11. 用于公共设施改良的庞大支出——在这场房屋建设和土地细分的热潮中，一些城市出现了用于公共设施改良的庞大支出。这些支出的来源，一方面是通过发行债券，另一方面就是来自5年或者10年每年度分期付款的特殊估税，这些分期付款的土地所有者乐观地认为通过公共设施的改良会使他们的土地增值。因此，在旧的住宅区，一座座桥梁建立起来，一条条街道被拓宽；在远离城市中心的土地细分地区，数英里的道路、人行道和下水道也修建完成。由此，政府当局不仅没有限制土地细分数量，反而通过在空地上建造下水道、人行道和公路，鼓励细分土地供给的快速增长，而这些建设成本都不需要细分商支付。在农场或者养牛场的土地上新建人行道的情景给人一种错觉，认为这是一个新区发展的第一步，之后其他发展情况会接踵而至。如果除去这些通常情况下由细分商自己建造的、对销售支出的影响微不足道的人行道，铺砌的街道建设由社区支出，加之一些住宅或者公寓的新建，这些对于在繁荣时期容易轻信的土地购买者来说无疑是一种变相的担保，认为不久后在整个地区将建起住宅、公寓和商店。然而这些土地细分商所描绘的美好景象在数年后都破灭了，土地细分商却从土地细分中获取了巨额利润。几年之后，这个所谓的社区遗留下来的是杂草丛生、投入到未使用的街道和下水道建设资金的浪费、土地改良的违约、未支付的税金和评估费用、一些房屋年久失修或是以低租金出租给一些愿意住在荒凉地区的人。在大量的地块被细分出售后，他们不可能在短期内变回农地——土地过于细分带来整块农地所需土地上的所有权不一样，人行道和公路对于农业用途来说也是一大阻碍。因此，这些土地既没有用于住宅开发，也不能作为农田，它们只能被闲置着、荒芜着。这一区域，老街区已经变得破旧而必须被重建，而一系列分散的老房子通常都被那些声名狼藉的人居住。这片土地和街区原先的计划现在已经被废弃，同时邻近地区未遭受破坏的农地比这些地区更适于修建新住宅。

表54～表59显示了在最近三个房地产周期中芝加哥特殊估税总额情况。

表 54*　　　　　1862~1871 年芝加哥特殊估税总额

年份	总额（美元）	指数（令 1862 年数据为 100）
1862	46 635	100
1863	46 493	100
1864	89 169	191
1865	103 576	222
1866	802 575	1 721
1867	317 206	680
1868	1 354 436	2 907
1869	2 395 683	5 142
1870	2 836 852	6 088
1871	2 359 836	5 063

*《芝加哥市政改良理事会报告》（1901~1902 年），141 页。

表 55*　　　　　1877~1892 年芝加哥特殊估税总额

年份	总额（美元）	指数（令 1877 年数据为 100）
1877	124 498	100
1878	284 900	229
1879	588 936	473
1880	980 896	796
1881	1 227 170	989
1882	1 395 373	1 120
1883	2 232 757	1 793
1884	2 857 905	2 293
1885	2 889 545	2 320
1886	3 307 568	2 660
1887	3 160 474	2 540
1888	3 655 957	2 936
1889	4 220 870	3 400
1890	6 987 155	5 612
1891	8 790 443	7 060
1892	14 505 702	11 650

*《芝加哥市政改良理事会报告》（1901~1902 年），141 页。

表 56 *　　　　　　　1919~1927 年芝加哥特殊估税总额

年份	总额（美元）	相对数（令 1919 年数据为 100）
1919	6 521 691	100
1920	7 417 431	113
1921	8 183 549	125
1922	19 305 363	299
1923	16 151 344	248
1924	34 472 824	528
1925	20 940 415	320
1926	31 065 812	477
1927	56 980 268	874

＊包括人行道、路面、下水道、排水沟、供水管、给水管以及由政府当局和开发商修建和拓宽的街道。1927~1932 年数据见表 59。

表 57　　　　　　　1870~1877 年芝加哥特殊估税总额

年份	总额（美元）	指数（令 1870 年数据为 100）
1870	2 836 852	100
1871	2 359 836	83
1874	749 460	26
1875	723 254	25
1876	1 516 081	53
1877	124 498	4

表 58　　　　　　　1892~1897 年芝加哥特殊估税总额

年份	总额（美元）	指数（令 1892 年数据为 100）
1892	14 505 702	100
1893	6 001 446	41
1894	2 903 814	20
1895	4 387 214	30
1896	4 037 320	28
1897	2 102 951	15

表 59　　　　　　　1927~1932 年芝加哥特殊估税总额

年份	总额（美元）	指数（令 1927 年数据为 100）
1927	56 980 268	100

第七章 芝加哥房地产周期

续表

年份	总额（美元）	指数（令1927年数据为100）
1928	39 989 835	70
1929	27 672 576	48
1930	26 768 512	47
1931	12 829 030	23
1932	2 038 209	4

12. 所有影响房地产因素的充分作用：高峰——当各种不同的因素结合在一起，共同作用产生出最大的效应，将房地产市场推向顶点时，芝加哥的房地产周期达到最高点。如图94所示，1853~1855年、1869年、1872

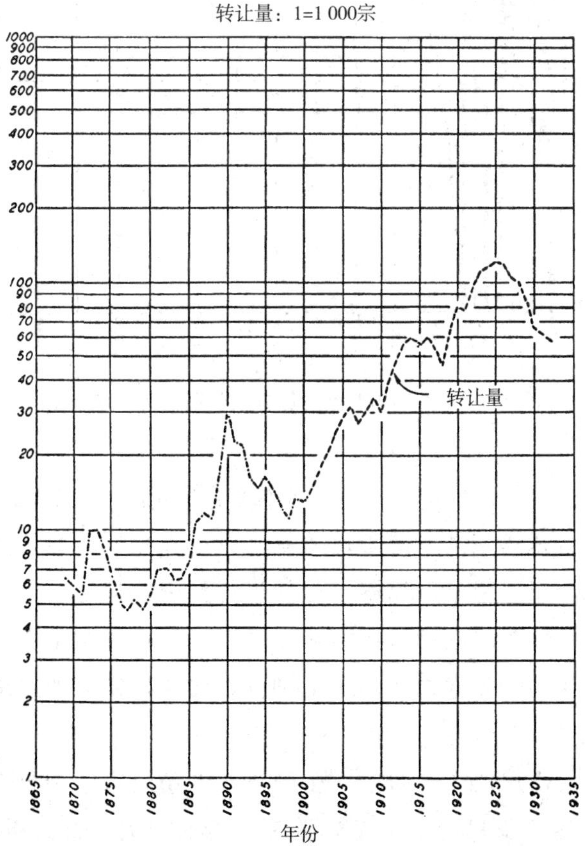

图94 1869~1932年库克县房地产交易情况

· 331 ·

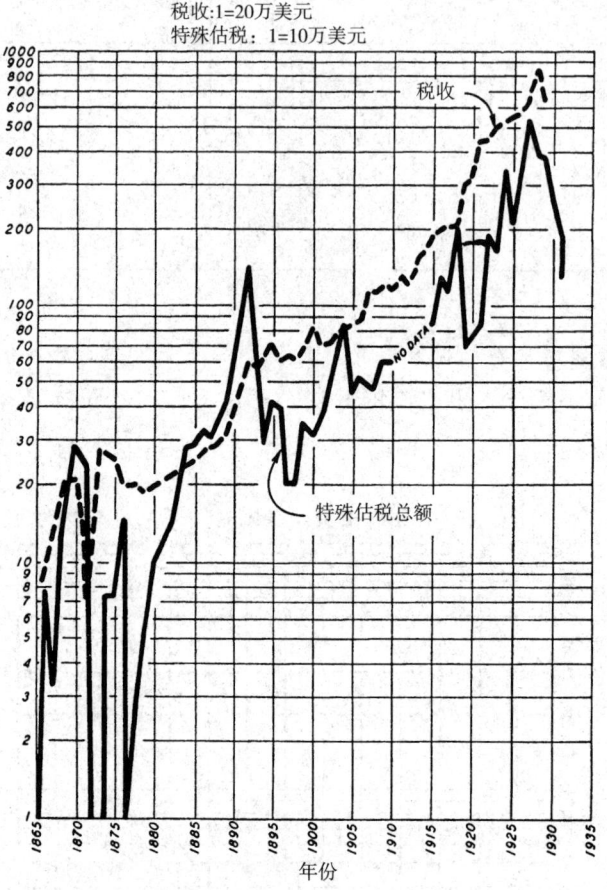

图 95 1865~1931 年芝加哥税收和特殊估税总额

年、1890 年和 1925 年，房地产转让量达到了最高值。在房地产市场最活跃的时候，建筑数量和被细分的土地数量并没有在相同的时间达到它们的最高点。在房地产高度繁荣时期制定并且进行融资的房地产开发计划在随后的几年还会继续。在房地产市场的鼎盛时期大量再分割地块的出售有可能导致在随后几年新一轮大面积的土地细分，而这些细分的土地并不会得到大规模地出售。

在芝加哥历次房地产周期中，在房地产市场尚未达到繁荣顶点时，芝加哥人口增长速度就已经下降了。随着供给的极大提高，租金增长放缓、空置数量上涨。表 60 显示了 1929 年房地产周期各指标的情况。

表 60   1926~1933 年芝加哥房地产数据

（令 1926 年数据为 100）

年份	写字楼毛租金*	工人住所租金+	写字楼净租金*	新建筑价值	芝加哥被细分土地的英亩数	库克县丧失抵押赎回权房地产量	中心商业区写字楼的占有率++	土地价值	转让量
1926	100	100	100	100	100	100	100	100	100
1927	103	96.8	84	96	50	153	101	100	90
1928	104	93.3	94	86	31	220	95	100	84
1929	103	90.2	101	55	9	270	92	95	69
1930	99	87.5	90	22	0	400	91	80	56
1931	90	82.2	76	13	0	700	89	62	51
1932	77	69.4	24	1	0	1 060	86	50	49
1933	—	54.3	—	—	—	—	81	40	—

* 约翰·胡克，同上，347 页。以下数据选取了芝加哥中心商业区财务状况特别好的 90 个物业，代表了"卢普区"1/4 的土地和建筑价值，如下所示：

	毛收益	净收益
1928 年	100	100
1931 年	82.5	66.7
1932 年	69	45.9

+ 美国劳工部，《商品零售价格和居住成本》（1932 年 11 月），16 页。该数据为每年 6 月份数据。

++ 该数据为每年 1 月 1 日的（《芝加哥写字楼管理者协会报告》）。

13. 事态的逆转：市场的疲软——房地产市场扩张到最高点后不久，当导致房地产繁荣的因素——人口增长、租金增长和新建筑活动的趋势开始逆转，土地市场开始进入萧条阶段时，市场仍然充满美好的幻想：人们认为土地价值仍会有极大的上涨空间，金融机构仍然能够按房产高峰的价格水平自由放贷，没有什么可以扰乱公众对于房地产价格稳定性方面的信心。然而，据观察，土地价值快速上涨的时期已经结束，新的土地投资者在土地价格大幅上升前是不会匆忙购买土地的。卖出价格维持在一个上涨的状态，但是，基本上是以土地权益的互换为主而非现金买卖。这就是发生在 1836 年、1856 年、1873 年后期以及几乎贯穿整个 1891 年、1892 年、1927 年、1928 年和 1929 年的通常情况。

14. 丧失抵押品赎回权的增加——同时，丧失抵押品赎回权的比例已经开始增加。大额抵押财产所有人发现,他们必须偿还首次和第二次应付的分期付款。当这些人原先的高收入开始微降或者巨额付款到期时,这些抵押财产权益的持有人将陷入债务的困境之中。比如,在1927年、1928年和1929年间,丧失抵押品赎回权的数量不断上升。

15. 股市的崩溃和整体商业环境的萧条——到目前为止,整个社会的商业活动中还没有出现大的衰退,房地产市场的低迷也还是出于它自身特有的原因。然而,在1837年、1857年、1873年、1893年或者是1929年那些值得铭记的日子里,股市的崩溃击碎了那些无休止的财富梦想,繁荣岁月也随之终止了。起初,这样的情况并没有对房地产市场造成太多的影响,因为土地市场买卖不存在隔夜拆借,也不存在任何形式的卖空行为。因此,房地产的持有者与股票持有者的情况不一样,当金融风暴席卷全国时,他们并没有惊慌失措。事实上,他们时常将自身的有利地位与股票炒家的命运作对比,并幸灾乐祸,希望借助股市的崩溃使人们重新回到土地购买上。

16. 价值损耗的过程——在股市崩溃之后持续放缓的工商业活动开启了土地价值下降的先河。经济萧条开始之后的一年中,失业率的增加和工资水平的减少大大削弱了公众的购买力。很多人从城市中心搬离,回到那些居住成本更低的农场和小城镇,这样所导致的结果便是城市中心的人口总量保持平稳或者呈下降趋势,这些大量离开的人们需要通过"合住"的形式居住或者是重新签订居住合同来省钱①。空置房屋或公寓的数量上升,中介代理机构通过降低租金来招揽承租者。这些固定或者是缓慢变化的要素曾经在经济周期扩张阶段使房东获得较大租金而现在对房东却是不利的,毛租金的减少会造成净租金更大幅度的减少。收入与运营费用之间差额的减少导致房屋所有者缺乏足够的资金去支付抵押贷款的分期付款,这正如1930年的情况。在房地产价格下降的过程中,所有的因素都发挥了作用,就如同之前房地产价格上升时的情况一般。随着越来越多的建筑落到新的接收者手中,由于新的接收者对于建筑的收入仅以满足固定的支出为要求,所以新的接收者在租金的降价方面毫不迟疑,因此,在新的接收者手中单位租金的减少要比在原先拥有者手中多得多,持续走低的租金水平使得更

---

① 1857年,卡尔波特和钱伯林(《芝加哥与大灾难》,96页)指出:"大量的工人由于缺少就业机会离开城市,而那些仍然留守的人则被迫居住在狭小的住所以缩减开支。"

多的建筑落入新的接收者手中。与此同时，税收负担并没有减少，其总数这时占到运营成本中一个较高的比例。之前许多小型住宅的所有者试图通过使用存款和盈余收入来维持他们抵押贷款的分期付款，而现在他们无法继续这样做了。平房、20层的写字楼或者公寓都经历了抵押赎回权丧失的过程。

17. 银行的"雪上加霜"——金融机构转变它们之前自由借贷的政策。此时，银行实力也遭到了严重削弱，例如，1837年伊利诺伊州银行被迫进行破产清算；1861年和1862年州银行被迫关闭；1877年芝加哥大量的储蓄银行倒闭；1893年芝加哥数家银行经营失败；1930~1933年200家芝加哥银行中有160家被迫暂停营业。因为房地产投资曾是银行资产的主要投资方式，因为流动性是银行持续经营的重要保证，考虑到这些情况，仍在运营的银行对于房地产贷款非常谨慎[①]。由于银行的资产与房地产债务相捆绑，银行现在不能随意发放房地产抵押贷款，于是贷款难度加大。以"卢普区"的一座建筑为例，在1928年时能够迅速获得一笔350万美元的抵押贷款，而在1932年仅能艰难地获得一笔35万美元的抵押贷款。

18. 停滞期和丧失抵押赎回权——随着市场的低迷，甚至早在整体经济崩溃之前，土地细分行为就已经停止了；新建筑已经减至可以忽略不计的数量。毛租金减少了近五成，而最优质资产的净租金也不足以支付保守的抵押贷款的分期付款，并且在很多情况下毛租金甚至都不足以支付运营成本。房地产的正常销售已经停止；市场上存在大量的房地产"转让"，这种转让主要是利益相关者为了避免因法院判决丧失抵押赎回权而进行的；由于没有迹象显示空置土地将得以利用，大多数空置土地即使以非常低的价格都难以销售出去。

对那些用于抵押的物业而言，大多数物业因不能缴纳分期付款而丧失抵押赎回权，房地产的交付和销售状况都不是很好。一个买者要获得房地产的所有权，就必须要清偿已经过期的和即将到期的债务。大量的房地产通过拍卖的方式进行出售，但是，由于要求全部以现金形式支付，除了那

[①] "我们可以确切地说：房地产、房地产证券无疑是过去3年间4 800家银行关门最大的单一影响因素，在这样"冰冻"条件下，仍然有一定比例的银行机构是开门营业的"（辛普森，165页）。

些按自己报价故意使拍卖财产落入自己手中的原房地产所有者外,很少有投资者愿意参加这样的拍卖。在近来的萧条期中,获得财产最廉价的方式就是在一个高的折现率基础上获得抵押贷款债权,然后取消最初持有人的抵押赎回权。抵押赎回权的丧失会按照这个过程继续下去,直到绝大多数丧失抵押赎回权房产相应的债务被清理完毕,那时房地产市场才有正向的恢复。

19. 低迷结束——一般 4~5 年,房地产泡沫破裂的影响就可以结束。物业落到了抵押贷款持有人的手中,过去的债务关系也因此取消。现在大量的房地产集中到了抵押贷款债权持有人手中,他们愿意按照其抵押价格或更便宜些的价格来出售这些房地产。此时,新的一轮周期便重新来临了。与此同时,工商业开始复苏,股票市场开始走出低迷,这些都给某些群体提供了一定的资金用于房地产投资。这些投资者开始寻找那些最有利可图的抵押拍卖,直到这些房产被市场完全消化。人口再次快速增长,直到大量的闲置空间被占用,此时,租金又开始了新一轮的上涨,并且建筑费用受到经济萧条的影响而有一定程度的下滑,兴建新建筑开始有利可图。这个漫长的房地产周期又重新回到了起点。

20. 为另一个繁荣期做准备——以上的描述中或许隐含着这样的一种观点,认为房地产周期会自动重复。但绝不是这样的。根据前面所述的观点,房地产周期主要是由于突然的、意料之外的人口增长所引起的。如果这个理论是正确的,未来芝加哥土地繁荣的重现主要取决于工商业机会扩张所带来的人口的突然增加。

★ E. 影响房地产周期各因素自身的特殊运动

或许前文对影响芝加哥房地产周期中的一系列因素的描述有些过于简化,如图 98、图 99、图 100 和图 101 所示,芝加哥房地产周期之间并没有明确的时间间隔,影响房地产周期的各种因素在某些时候遵循它们自己独立的周期,并且在不同周期中每个因素的运动秩序也不一致。1879~1882

第七章 芝加哥房地产周期

表61 芝加哥房地产繁荣时期各因素增长率*

单位：%

因素	增长总比率					每年平均增长比率				
	1833～1836年	1842～1856年	1861～1872年	1885～1892年	1918～1926年	1833～1836年	1842～1856年	1861～1872年	1885～1892年	1918～1926年
人口*	1 100	1 400	206	56	30	275	93	17	7	3.3
土地价值+	4 000	8 900	900	210	150	1 000	593	75	26	17
新建筑价值&	150	—	4 900	224	954	37	—	408	28	106
土地细分#	—	1 300 $	1 800**	1 322	2 677	—	100	180	167	297
制造业产值++	—	—	1 290@@	85	13	—	—	100	11	−1.5
银行结算额&&	—	—	—	118	40	—	—	—	15	4.5
批发贸易额##	—	—	—	51	34	—	—	—	6	4
房地产抵押贷款总额$$	—	—	—	—	530	—	—	—	—	59
写字楼毛租金***	—	—	—	—	90	—	—	—	—	10
写字楼净租金***	—	—	—	—	301	—	—	—	—	45
工人住宅租金+++	—	—	—	—	80	—	—	—	—	9

* 年度人口的估算数据来自城市、州、学校的统计调查以及当地人口估计。1880～1933年的人口数据是作者通过依据中小学校入学情况而计算得出的。
+ 作者自己计算。
& 所示的新建筑价值来源于芝加哥城市建筑房屋管理部门允许公开的记录。
# 1830～1932年，芝加哥城市范围内的细分土地是作者对芝加哥产权部门和信托公司中的初始地块计算而得。
$ 1844～1856年。
** 1863～1872年。
++ 来自《芝加哥论坛报》年度评论和美国制造业统计调查。
@@ 1860～1872年。
&& 由芝加哥票据交换协会提供。
来自《芝加哥论坛报》年度评论。
$$ 来自《经济学家》年度评论。
*** 来自詹姆斯·胡克的一项研究（《写字楼简介》，《房地产》，1933年7月）。
+++ 来自美国劳动统计局，同上。

表62 芝加哥房地产萧条时期各因素下降比率

单位：%

因素	下降总比率					每年下降平均比率			
	1836~1841年	1857~1861年	1873~1878年	1892~1898年	1926~1932年	1836~1841年	1857~1861年	1873~1878年	1892~1898年	1926~1932年
土地价值	86	50.0	56.0	33.0	60.0	17	12.5	11.0	8.0	10.0
新建筑价值	56	91.8	83.2	69.7	99.0	11	22.7	16.6	11.6	16.5
土地细分	100	100.0	95.6	97.0	100.0	20	25.0	19.1	16.1	16.6
公共设施改善	—	—	95.6	85.3	82.6	—	—	19.1	14.2	13.8
人口（增加）	31	30.0	15.0	20.0	5	6.2	7.5	3.0	4.0	-1.25
丧失抵押赎回权（增加）	—	—	70.0	220.0	900.0	—	—	14.0	37.0	150.0

年,芝加哥因举办世博会而造成的超过正常水平的建筑活动导致了芝加哥土地价值的快速上涨,但是并没有形成整个城市范围的土地繁荣。1910~1916 年,建设活动和土地细分活动的发展已经超过了正常水平,但是土地价值的增长速度仍在正常水平之下。因此,房地产周期中的部分因素拥有自身周期,不一定会与其他因素同时发生作用。然而,当所有影响房地产的因素都达到正常水平之上时,房地产市场的繁荣期或者是土地繁荣就产生了。

必须牢记的是,在第六章中讨论的各因素影响的巨大差异在整个芝加哥的土地总价值曲线中体现不出来;城市建筑总量曲线包罗了城市各个部分的所有类型的建筑。城市不同地区土地价值差异很大,土地不同使用带来的土地价值差异也很大,但是,对于历次房地产周期的探究要求超越这些差异来进行大量的数据处理。

F. 芝加哥房地产周期中各因素的统计分析

几乎所有有关芝加哥房地产周期的数据都是年度数据,不同因素运动的时间间隔不可能通过每月数据近似测算。如果每一个影响房地产周期的因素发挥的作用都能如表 63 中所示,我们可以发现,在每一个周期中,人口增长曲线率先从最低点开始上升,并且在 5 个周期中有 3 个周期人口增长曲线最先开始下降,认识到这一点非常重要。在人口增长第一次加速后的 1~4 年中,房地产的转让、土地的细分和新建筑开工开始好转,但是仍然需要 8~10 年的时间使得土地购买者能够聚集力量迎接土地繁荣。导致市场萧条的一个危险的信号就是细分土地数量的增长在连续的 2 年或者 3 年的时间内超过一个正常的水平。对于房地产投资者而言,避免可能损失或避免熬过一个调整期的最佳选择就是在周期的最高点到达之前的数月卖出房地产,因为当土地市场增长开始放缓、进入低迷期时,投资者们便很难达成现金买卖。当房地产开始下降时,平均要经过 4 年或 5 年或整个周期 1/5 的时间才能达到最低点。由于卖空交易机制的缺乏、住房抵押贷款所有人的固执以及伊利诺伊州大约 2 年的缓慢丧失抵押赎回权的过程,调整的痛苦期被延长了。当丧失抵押赎回权的房地产被处理完毕之后,就像股票或者商品交易的情况一样,市场通常不会迅速反弹。芝加哥房地产周期的经验表明了各个因素在房地产周期的不同阶段的可能情况,如表63和表64所示。

表63　　芝加哥房地产周期中各因素偏离正常趋势的情况

因素	开始增长年份	峰值或达到正常水平之上的最高点	开始下降年份	下降过程中与趋势线相交	谷底或达到正常水平之下的最低点
周期Ⅰ,1830~1842年					
人口	1831	1834	1835	1837	1838
土地细分	1830	1836	1837	1838	1838~1944
土地价值	1832	1836	1837	1840	1842
周期Ⅱ,1842~1861年					
人口	1839	1853	1854	1856	1858
新建筑价值	1854 +	1857	1858	1859	1862
土地细分	1844,1851	1856	1857	1858	1861
土地价值	1843	1856	1857	1858	1865
周期Ⅲ,1861~1879年					
人口	1858	1872	1873	1873	1875
土地细分	1863	1869	1870	1876	1880
房地产转让++	—	1872	1873	1875	1879
新建筑价值	1863	1872	1873	1874	1874
土地价值	1866	1869	1872	1875	1878
周期Ⅳ,1877~1897年					
人口	1877	1882、1891	1892	1893	1896
土地细分	1881	1890	1891	1892	1900
房地产转让	1878	1891	1892	1893	1898
新建筑价值	1882	1892	1893	1893	1900
土地价值	1879	1891	1892	1895	1897
周期Ⅴ,1917~1933年					
人口	1918	1924	1925	1926	1932
土地细分	1920	1926	1927	1927	1930
房地产转让	1919	1925	1926	1930	1932
新建筑价值	1920	1925	1926	1931	1933
土地价值	1918	1925	1926	1929	1932

+1854年之前的数据无。
++数据从1869年起。
注:土地细分的范围为1933年芝加哥城市的范围。

表64　　　　　　　芝加哥房地产周期的平均时间间隔　　　　　单位：年

因素	从开始增长至最高点	从最高点下降至与正常线相交	从最高点至最低点
人口	12.0	2.2	4.8
土地细分	8.0	2.8	8.2
房地产转让	8.5	4.3	7.5
新建筑	8.3	2.5	5.5
土地价值	7.4	4.4	7.6

土地价值：　　1=500万美元
建筑成本：　　1=20万美元
特殊估税：　　1=10万美元
转让量：　　　1=200宗
被细分了的小地块：1=200宗

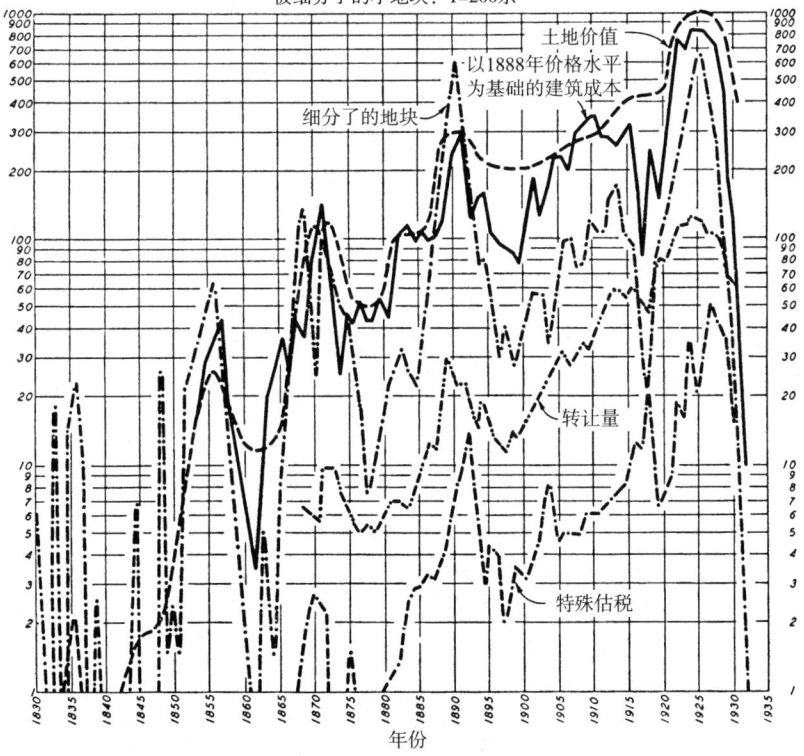

图96　芝加哥房地产周期

迄今为止,芝加哥房地产周期被认为是独立于美国其他地区的一个现象。由于缺乏周期中各方面的可比数据①,因此,芝加哥房地产周期和其他城市的房地产周期之间没有令人满意的比较。如果芝加哥房地产周期各阶段很大程度上依赖于人口增长的速度,如我们这里所说的情况,每10年之间不同城市的增长速度差别很大,那么整个周期中便会有显著的地区差异。因此,只有对普查年份的人口增长和其他城市土地价值进行仔细的研究,才能够在芝加哥和其他城市房地产周期的比较中起到作用。

G. 芝加哥房地产周期与美国整体经济周期的比较

1. 波动幅度——与批发商品或者铁路股票价格相比,芝加哥土地价值的波动幅度平均来说要大得多②。无论是在内战与第一次世界大战期间快速增长的批发价格水平,或是1853年、1881年和1906年达到顶点的铁路股票狂潮,或是始于1929年的工业股票下跌,这些都可单独与房地产周期进行比较③。芝加哥房地产活动的指数波动,与美国整体商业活动波动情况之间存在着极大地差异。在整个19世纪,没有哪一年整个美国商业活动平均高于正常趋势水平的16%。在19世纪最后的67年里,芝加哥银行结算业务的高点高于正常趋势水平的28%。1875~1933年,芝加哥制造业发展的最高点也仅仅高于趋势水平的20%④。的确,这些增长情况与衡量芝加哥房

---

① 美国其他城市从过去到现在的土地投机情况的分析见萨克尔斯基(A. M. Sakolski),《美国土地大泡沫》(纽约,1932年);1905~1929年纽约土地价值研究见埃德文·史宾勒,《纽约土地价值与交通设施的关系》(纽约,哥伦比亚大学出版,1930年);在圣路易斯房地产周期的描述所呈现的租金和结婚率的统计数据见德尔伯特·温兹利克,《美国估价师协会期刊》,1933年1月;对于旧金山房地产周期一些阶段的描述见刘易斯·马华利,《房产活动的周期》,《土地和公共事业经济学期刊》,Ⅳ,第4期(1928年11月),405页;其他美国城市土地细分活动的研究见欧尼斯特·费舍尔,《九个市郊的土地细分活动》("密歇根大学商业研究,"第一卷);同样见费舍尔,《市郊土地价值》,同上,153页。

② 见图97。

③ 见图101。批发商品价格周期是通过沃伦(G. F. Warren)博士和皮尔森(F. A. Pearson)博士所研究的指数计算而得;运河铁路股票指数来自于李奥纳德·艾尔斯所制的表中,"美国商业活动和四个价格系列";工业股票价格来自沃伦·培森斯,《预期商业走势》;工业股票价格为道·琼斯工业股票价格。

④ 见图98、图99和图100。

地产活动的因素情况是无法相比的,即使是未能代表房地产周期最高点的房地产转让量在最高点也会超过趋势水平的131%。1854年以来的这段时间,新建筑开工量增长的最高点以高于趋势线167%的比率超过房地产转让的131%①。这些数据的增长情况在陡峭上升的细分土地数量面前都相形见绌,在繁荣时期,细分土地数量超过趋势水平的540%②。在房地产周期中,土地细分是最敏感和波动最大的。

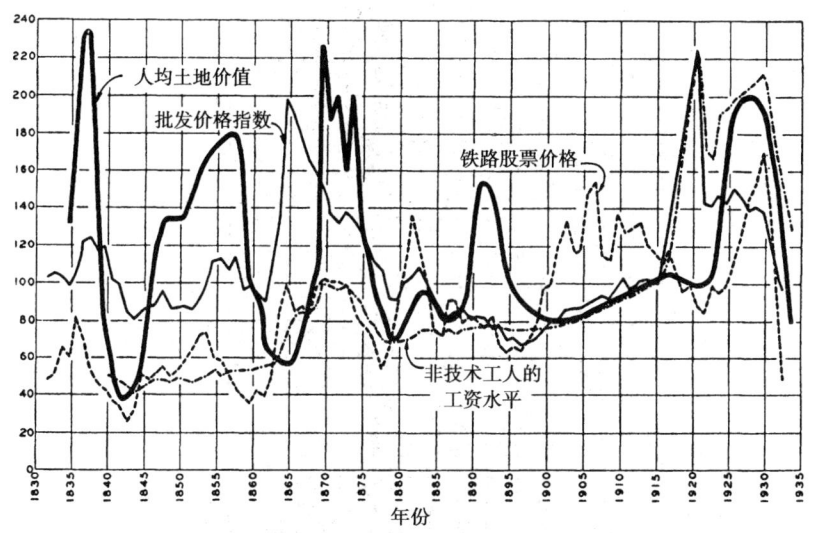

图97　1831～1933年芝加哥人均土地价值、美国批发价格、
非技术工人工资、铁路股票价格的走势比较

在萧条时期,美国商业活动下降至均值的幅度要大于其在繁荣时期增长的幅度。例如,1932年美国商业活动并不景气,低于趋势水平的41.6%,同年,芝加哥银行结算额低于趋势水平的52%③。房地产活动的各指数比衡量整体经济的指数下降幅度更大,也更为陡峭,比如,新建筑指数下降至趋势水平2%以下,而细分土地数量降至"绝对零度"。在萧条时期,工业活动也要为人们提供食品、特定要求的衣物和消费品。因此,即使在经济状

---

① 见图99。
② 该数据指的是芝加哥市区细分的土地。见图100。
③ 见图98、图100。

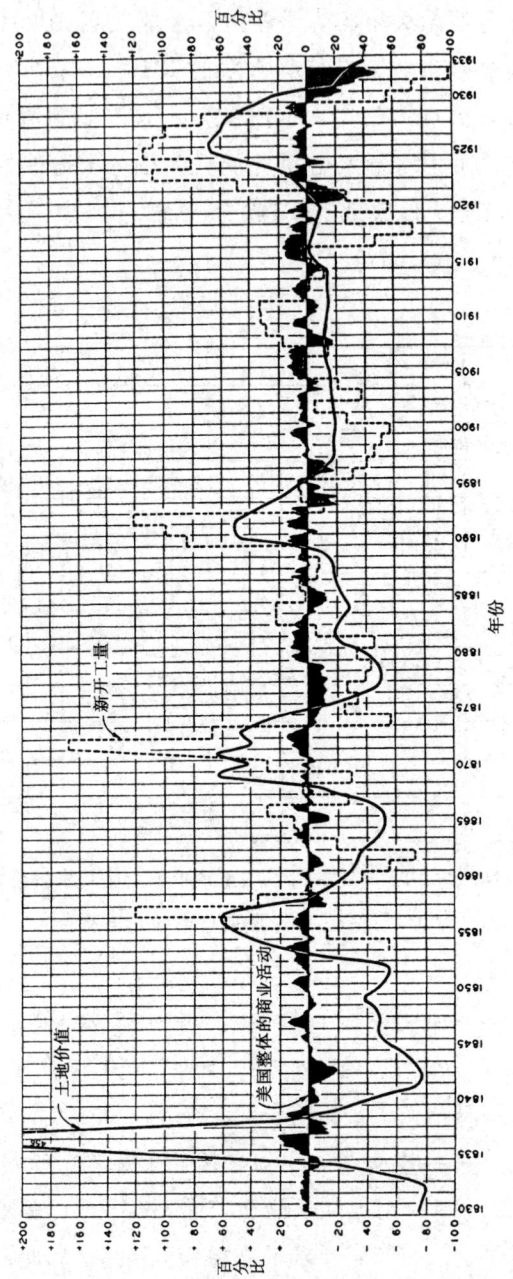

图98　1830～1933年芝加哥土地价值、建造周期与美国整体商业活动比较

况最糟糕的时期，美国都不可能出现所有工业活动停滞的情况。而考虑到人口必须租赁房屋和公寓住宅，物业需要管理、装修、供热，屋顶需要补漏等，所有形式的房地产活动也不可能在一个短期内就消失。然而，在萧条期，任何新建工程都已经停止，并且空置土地上任何形式的额外投资也停止了。事实上，随着大量房地产抵押赎回权的丧失，房地产投机进入了一个停滞期。就算当时的法院、律师和接待人员都很繁忙，但是，他们工作的实质就是让人们打消获得更多土地的念头。占国民财富1/2以上的土地和建筑是具有特殊性质的商品——在一个短暂的间隔后可以高价出售，而在长期中却不能兑现成现金。房地产市场显然缺乏连续性和稳定性，即使在大城市的中心区域也同样如此。房地产市场流动性不足的缺陷在很大程度上可以通过银行和金融机构对有稳定现金流的房地产采取更为稳健的借贷政策来弥补。如果在谨慎原则的基础上，资金的借贷能够在任何时间上获得，或者房地产的价值评估建立在长期收益能力的基础上而不是仅从短期繁荣期和萧条期来考量，房地产市场将会获得一种强大而稳定的力量。事实上，人口的快速迁移不仅存在于美国与其他国家之间，而且也存在于美国城市之间，这些人口迁移的特点和土地利用强度的转变给长期收益能力计算造成了相当大的难度。房地产市场稳定性不足的问题或许可以通过减缓人口迁移和美国人口增长速度来解决。

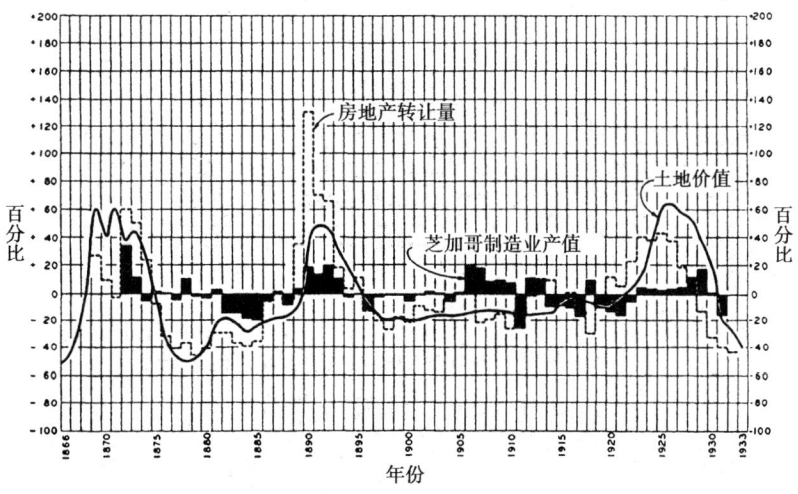

图99　1866~1933年芝加哥土地价值、房地产转让量与芝加哥制造业产值的比较

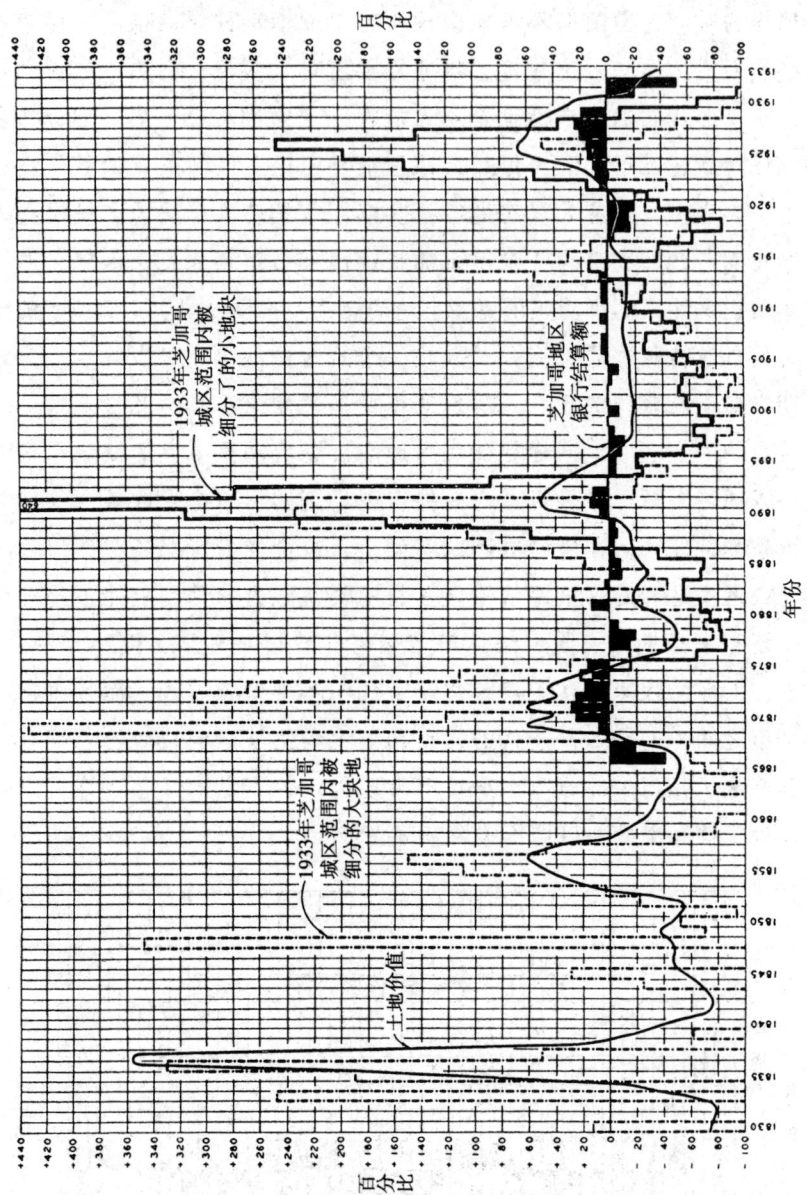

图100 1830～1933年芝加哥土地价值、土地细分
周期与芝加哥银行结算额周期比较

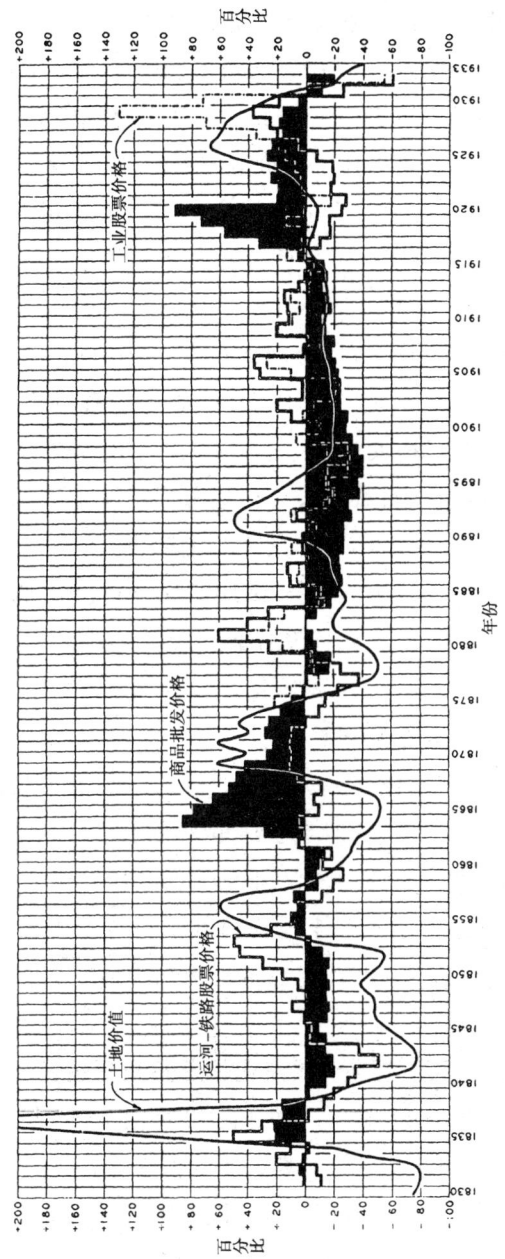

图 101　1830~1933 年芝加哥土地价值周期、商品批发价格、
运河-铁路股票价格、工业股票价格的比较

2. 芝加哥房地产周期与整体商业周期的持续时间——1830~1933年，在芝加哥仅有5次土地繁荣，但是，在这段超过百年的时间里，商品价格水平仅经历了2次大幅度的上涨，而铁路股票和工业股票则经历了5次非同寻常的繁荣期①。相比芝加哥整体土地价值的波动，股票和商业上存在着大量的、较轻微的波动。在土地、商品和股票上异常的投机活动被很长的时间所分隔，而且相邻的两个繁荣期之间并没有明确的年限。自1873年始，芝加哥土地繁荣发生的频率要少于以前，直到进入1890~1925年长达35年的土地市场繁荣时期。当然有观点认为1890年的土地投机只是局限在城市中心商业区和南区，而北区所受影响很小或者几乎没有，在部分区域从1872~1925年的53年的时间里经历了一个完整的周期（相邻两个最高点）。随之而来的衰落期持续时间看起来可以通过以前房地产周期的最高点到最低点来进行测量。1890~1893年，芝加哥南部世博会举办场地在经历了肆虐的投机之后，在随后的30年里，该地区的土地价值情况都没有普遍好转②。而与此同时，北区的人们并没有遭受诸如此类的结果，因此，他们所见证的是一个价值缓慢上涨的土地市场。

a）芝加哥房地产的长期萧条

芝加哥房地产长期都位于趋势水平之下。房地产活动高于趋势水平的时期要远小于低于趋势水平的时期。房地产高于趋势水平的繁荣必然要求更深的回调或更长的低于趋势水平以下的时间。100年来，芝加哥土地价值曾有连续26年低于趋势水平，土地价值低于趋势水平最短的时间也有10年。事实上，芝加哥土地价值和芝加哥土地细分活动只有26%的时间里是高于趋势水平的。

房地产的长期低迷状态与整体商业情况相比更为鲜明。商业活动低于趋势水平的持续期最长仅为6年，那是在18世纪70年代，而以年度数据计算，商业活动低于趋势水平的持续期的平均值为3.5年。100年来，芝加哥银行结算和芝加哥制造业分别有59.6%和53%的时间是高于趋势水平的。

与芝加哥土地价值或者土地细分活动情况相比，美国整体商业活动在趋势线上、下更为频繁地波动。1830~1933年间，美国商业活动高于趋势

---

① 见图101。
② 在第87街和杰弗里大道附近，1890~1922年间并没有发生任何房地产的转让。

水平大约 30 次,而土地价值超过趋势水平仅有 5 次,土地细分活动为 12 次。从 1875 年开始,美国商业活动出现了 15 次单独的繁荣期,但是,也是这个时期,在土地价值方面仅出现了 2 次繁荣期,土地细分方面出现了 4 次繁荣期,房地产成交方面出现了 5 次以及新建筑方面出现了 6 次高于趋势水平的繁荣期[①]。房地产指标长期低于趋势水平再次表明缺乏一个连续活跃的土地市场。

3. 工资和利率与房地产周期的关系——在讨论土地价值和美国其他商品或资产价格运动之间的关系时,很重要的一点就是要考虑工资和利率[②]。工资比商品价格对建筑成本的影响程度更大,这是因为一栋建筑成本中很大一部分比例是用于支付现场建筑工人的工资,或者是用于支付生产建筑材料的工人的工资。然而,商品价格的上涨很快就导致工资水平的上涨,即使商品价格后来下降,工资也很难立即下降。因此,随着商品价格的上涨,建筑成本长久地偏高;同时,随着商品价格的上涨,老建筑的价格增值引起投机。利率的下跌是通过资本化率来影响土地价值的。1856～1896 年间,芝加哥中心商业区的抵押贷款利率从 10% 下跌至 4%,这是那个时期中心商业区土地价值上涨中最为重要的因素之一。

4. 房地产、商品和股票周期序列的比较

a) 谷底一致但峰值不同——如图 101、表 65 和表 66 所示,芝加哥房地产周期与美国商品批发价格、运河-铁路股票价格和工业股票价格的比较说明了这一系列周期所发生的峰值时间大不相同,而它们在萧条期最低点出现的时间几乎是一样的。因此,如果将芝加哥土地价值与商品批发价格对比,在 2 个商品批发价格上涨期、2 个商品批发价格下降期和 1 个商品批发价格稳定期中土地价值在上涨。在 1864 年和 1920 年,商品批发价格上涨达到峰值,此后 5 年,土地价值达到了其最高点。如果将芝加哥土地价值与运河-铁路股票价格和工业股票价格对比,则会发现股票价格在 1836 年土地价值达到峰值的前一年达到峰值,在 1856 年土地价值最高点的前 3 年达到峰值,并且在 1925 年土地价值达到最高点的后 4 年达到峰值。在其他时期,土地与股票之间的投机活动并没有相一致的地方。在 1881 年和 1906

---

① 见图 98、图 99 和图 100。
② 见图 77 和图 97。

年，没有任何的土地繁荣与股票价格的上涨相符合；1869~1873年，或者1889~1892年，股票价格方面并没有任何好转，而土地价值在1869~1873年下跌、1889~1892年快速上涨。

表65　芝加哥土地价值达到峰值的年份与商品批发价格、运河-铁路股票价格和工业股票价格达到峰值的年份比较

	1830~1843年	1842~1861年	1861~1879年	1879~1898年	1898~1917年	1917~1933年
芝加哥土地价值	1836年	1856年	1869年	1891年	*	1925年
运河-铁路股票价格	1835年	1853年	1869年+	1881年	1906年	1929年
工业股票价格	++	++	++	1881年	1906年	1929年
商品批发价格	1836年+	1855年，1857年+	1864年	&	&	1920年

* 无主要峰值；+ 无突出代表性的峰值；++ 无数据；& 无峰值。

表66　芝加哥土地价值达到谷底的年份与商品批发价格、运河-铁路股票价格和工业股票价格达到谷底的年份比较

	1830~1843年	1843~1866年	1866~1879年	1879~1899年	1899~1921年	1921~1933年
芝加哥土地价值	1842年	1865年	1878年	1898年	1920年	1933年
运河-铁路股票价格	1842年	1859年	1877年	1897年	1921年	1932年
工业股票价格	—	—	1877年	1897年	1921年	1932年
商品批发价格	1841年	1861年	1879年	1896~1897年	1899，1921年	1932年

另外，尽管投机指标的峰值时间几乎不相一致时，它们的最低点却基本上一致。芝加哥土地价值、股票价格和商品批发价格萧条的低点出现在1841~1842年、1859~1861年、1896~1898年、1920~1921年以及1932年或者1933年。这说明，尽管它们在不同时间达到波峰，但在致命的萧条下，它们都会在大致相同的时间内到达最低点。

b）商品、土地和股票投机并非同时而是交替出现的——商品、芝加哥土地以及股票的投机活动并不是同时发生的，而是交替出现的——关于时间，可以追溯到内战[①]。在内战和第一次世界大战期间，欧洲国家对于美

---

① 见图101。

国食品和矿物产品有额外的需求，这些需求也是美国国民和军队所需要的。这些额外需求导致了许多商品价格的快速上涨，同时也使得劳动力和资产集中在如此急需的商品生产上。在战争期间，住房需求和奢侈品需求都异常低。随着战争的停止和欧洲正常农业生产的恢复，对于美国农产品的额外需求不再存在，批发商品价格指数开始下降。然而，士兵和海员们的返乡以及进入工业中心的农业人口带来了住宅的额外需求，这要求增加曾经在战争时期由于工业管制和战争工业的高利润所抑制的住房供给，这样的情况导致了租金的上涨和土地繁荣的来临。最后，当房屋短缺的状况得以好转时，对于汽车、收音机以及提供舒适生活或者奢华品位的工业品的需求提高了工厂的利润，同时导致了这些公司股票价格的急剧上涨。

因此，对于食品、房屋和其他制造品需求的波动交替导致了相关商品价格和产量（包括农产品和农用地、建筑业和城市土地、工厂和资本货物）的增长。当经济系统内的一部分产品需求被额外强化，而其他部分忽略不计时，这种不均衡就会导致相关领域繁荣与萧条的交替出现。

c) 房地产投机中现金非常重要——事实上，从商品投机到城市土地投机以及股票投机中我们可以发现这样一个现象：每一次投机活动都是建立在大量现金基础上的。约翰·阿尔斯特从毛皮交易中获得他的流动资本；马歇尔·菲尔兹通过批发零售交易积聚了大量的储蓄资金；而波特·帕尔默则是通过旅馆经营获得了大量的流动资金。投机者们从商品价格的巨幅上涨中获得巨大的利润之后，便有可能像波特·帕尔默一样投资于土地。在萧条时期，房地产并不是一个流动性资产，一些没有其他商业资源或者资金可以加以利用的房地产所有者，会因为无力支付分期付款而造成房地产抵押赎回权的丧失，从而失去房地产所有权。

d) 投资者们倾向于坚持自己熟知的领域——能交替地在房地产、商品或者股票上进行投资并不常见，因为房地产投资的流动性很差，并且土地的交易方式与股票、商品有着本质的区别，以至于当投机者们熟悉某一市场类型投资时，完全地失去其他市场。一些土地投机者将他们的活动限制于邻近区域或者是一个城市的特定区域，又或者是城市中某一类型的房地产。还有一些土地投机者在各城市间追逐相继出现的土地繁荣。只有很少一部分的投机者能交替地进行商品、土地和股票投资。

e) 公众心理的影响——市场常常会涌入新的进入者或者一般公众，他们准备投资于那些可能出现暴利的行业而不会在乎是什么行业。当农地投机或者是商品投机盛行时，他们就会进入这个领域。但是，如果城市土地繁荣席卷他们所在的城市时，这些公众就会将手中的闲置资金用于购买土地。如果公众普遍地认为股票投资处于一个大赚特赚的状态，那么他们就会购买股票，甚至用保证金进行放大交易。有时他们会进入不同的投资领域，但是，通常情况下他们第一次进入也就是最后一次进入。

f) 第一次世界大战的延迟效应——经济有机体中各部分之间的相互关系可以通过第一次世界大战引发的商品价格走高与随后的土地繁荣来进行说明。1914~1919年，整个国民经济的重点放在了食品和军事物资的生产方面，这个时期世界范围内的商品价格持续走高，导致了建筑活动的非正常缩减，造成住宅供给的不足。这样看来，由于第一次世界大战所引发的正常经济活动的动荡产生了一系列投机浪潮，直到战争结束之后才得以平息。当然，还有很多其他原因扰乱了生产的平衡配置，并且存在这么一种可能性：如果不考虑如战争此类的灾变影响，这个经济有机体自身会形成周期运动。然而，在历史调查中，一般事件混杂着其他有剧烈作用的特殊事件，因此，经济情况的实际波动反映了正常和异常事件的共同影响。芝加哥2次大的土地繁荣都发生在战后繁荣期，但是其他3次土地繁荣的发生并没有任何刺激因素触发的背景，因此，在这里并没有提出任何经济周期波动的灾变论。

✦ H. 房地产周期或许已经成为过去

房地产周期或许仅是新兴城市或者高速发展城市的一种特有现象。如果一个古老的城市成为像华沙这样的新兴政治中心，那么在这个城市的发展中将有可能带来土地繁荣，土地价值的剧烈涨跌在这些较为古老的或者平稳发展的城市中极其罕见。上述对于房地产周期影响因素的描述在未来也许只是使得钻研"美国早期机器时代文化"习俗的历史学家有兴趣，而对于预测将来的房地产周期价值不大。从本书的描述中可以看出,房地产周期很长而且并没有确定的持续期,这样,房地产周期研究在实际应用上可能较为困难,因为一个人必须活得足够长的时间并且拥有超乎常人的耐力才能够经历 20 年或者 30 年的房地产周期。

附录：

数　据　表

附表 1　　芝加哥 1933 年 211 平方英里范围内的总土地价值　　单位：美元

年份	总土地价值	年份	总土地价值
1833	168 800	1883	485 000 000
1836	10 500 000	1892	1 500 000 000
1842	1 400 000	1897	1 000 000 000
1856	125 000 000	1910	1 500 000 000
1861	60 000 000	1915	2 000 000 000
1873	575 000 000	1926	5 000 000 000
1879	250 000 000	1933	2 000 000 000

附表 2　　1901～1933 年库克县土地转让量　　单位：宗

年份	数量	年份	数量
1901	15 871	1918	46 883
1902	18 063	1919	67 530
1903	19 880	1920	80 260
1904	24 450	1921	78 693
1905	28 940	1922	95 949
1906	31 562	1923	113 865
1907	27 256	1924	114 708
1908	30 327	1925	122 900
1909	34 074	1926	121 818
1910	31 847	1927	109 129
1911	39 629	1928	102 399
1912	48 524	1929	84 453
1913	57 489	1930	67 770
1914	59 660	1931	63 022
1915	56 882	1932	59 668
1916	60 520	1933	43 635
1917	54 647		

附表 3　　　　1896～1933 年库克县房地产抵押贷款总额　　　　单位：美元

年份	总额	年份	总额	数量（宗）
1896	88 999 723	1915	251 395 189	
1897	100 579 458 +	1916	950 750 498	
1898	196 519 070	1917	389 023 601	
1899	60 877 917 +	1918	163 687 177	
1900	282 959 882	1919	241 177 840	
1901	132 195 132	1920	305 587 870	
1902	151 689 383	1921	361 925 299	
1903	84 265 276	1922	550 914 192	80 249
1904	323 920 126	1923	696 882 247	97 484
1905	151 604 890	1924	746 795 339	100 586
1906	147 857 419	1925	986 960 148	120 276
1907	337 583 140	1926	1 033 864 243	123 723
1908	512 226 963	1927	1 045 997 413	126 389
1909	497 333 159	1928	1 039 432 235	120 346
1910	243 292 120	1929	759 395 775	94 671
1911	262 119 879	1930	425 164 215	68 161
1912	407 365 536	1931	264 584 983	48 159
1913	202 745 276	1932	143 309 644	23 043
1914	293 453 798	1933 *	73 971 629	11 630

+ 剔除了大量的铁路抵押贷款；* 前 10 个月数据。

附表 4　　　　1854～1933 年芝加哥每年新建筑价值

年份	新建筑数量（栋）	新建筑价值（美元）	年份	新建筑数量（栋）	新建筑价值（美元）
1832	18		1890	11 608	47 322 100
1833	150		1891	11 805	54 001 800
1834～1836	270		1892	13 118	63 463 400
1837	66		1893	8 265	28 517 700
1838～1842	845		1894	9 736	33 805 565
1843	—		1895	8 724	34 920 643
1844	600		1896	6 438	22 711 115
1845	871		1897	5 279	21 690 030
1846～1851	1 966		1898	4 067	21 294 325
1851～1853	3 414		1899	3 794	20 857 570

续表

年份	新建筑数量（栋）	新建筑价值（美元）	年份	新建筑数量（栋）	新建筑价值（美元）
1854	—	2 438 910	1900	3 554	19 100 050
1855	—	3 735 254	1901	6 035	34 911 753
1856	—	5 708 624	1902	6 074	48 070 390
1857	—	6 423 518	1903	6 135	33 645 025
1858	1 872	3 246 400	1904	7 132	44 724 790
1859	2 400	2 044 000	1905	8 337	63 455 020
1860	—	1 188 300	1906	10 447	64 298 330
1861		797 800	1907	9 353	54 093 080
1862	—	525 000	1908	10 771	68 204 080
1863	7 000	2 500 000	1909	11 241	90 558 580
1864	8 000	4 700 000	1910	11 406	96 932 700
1865	9 000	6 950 000	1911	11 106	105 269 700
1866	9 000	11 000 000	1912	11 325	88 786 960
1867	12 000	8 500 000	1913	10 792	89 668 427
1868	4 410	14 000 000	1914	9 938	83 261 710
1869	—	11 000 000	1915	10 340	97 291 480
1870	—	20 000 000	1916	10 277	112 835 150
1871	—	40 133 600	1917	4 938	64 244 450
1873	1 000	25 500 000	1918	2 529	34 792 200
1874	757	5 785 541	1919	6 589	104 198 850
1875	875	9 778 080	1920	3 745	79 102 650
1876	1 636	8 270 300	1921	7 800	125 004 510
1877	2 698	9 071 050	1922	12 581	227 742 010
1878	2 709	7 419 100	1923	15 494	329 604 312
1879	1 624	6 745 000	1924	16 253	296 893 990
1880	3 868	9 071 850	1925	17 501	360 794 250
1881	3 493	8 832 305	1926	14 263	366 586 400
1882	3 113	16 286 700	1927	12 025	352 936 400
1883	4 086	22 162 000	1928	9 394	315 800 000
1884	4 169	20 857 300	1929	6 146	202 286 800
1885	4 638	19 624 100	1930	2 434	79 613 400
1886	4 654	21 324 400	1931	725	46 440 130
1887	4 833	19 778 100	1932	467	3 824 500
1888	4 958	20 350 800	1933*	412	3 407 100
1889	4 931	25 065 500			

＊前10个月数据。

附表 5　　　　　1912~1933 年芝加哥不同类型新建筑数量　　　　单位：栋

年份	商业	酒店和办公楼	独栋房屋	公寓
1912	1 614	65	3 827	4 341
1913	1 355	99	4 015	4 475
1914	976	64	3 865	4 401
1915	1 077	67	3 954	4 525
1916	1 399	107	3 789	4 293
1917	1 366	57	2 074	1 174
1918	971	64	1 082	326
1919	1 339	48	4 596	457
1920	1 426	56	2 058	103
1921	1 306	49	4 645	1 466
1922	1 801	79	6 340	3 693
1923	1 726	126	7 852	5 179
1924	1 610	81	8 768	5 235
1925	1 853	114	9 371	5 397
1926	1 560	130	7 415	4 523
1927	1 538	133	5 655	4 101
1928	1 402	100	4 299	2 962
1929	1 191	81	2 931	1 579
1930	844	43	1 076	330
1931	450	20	625	130
1932	219	13	197	17
1933*	235	16	132	13

*前 10 个月数据。

附表 6　　　　　芝加哥工人住宅租金指数

（令 1914 年 12 月数据为 100）

年份	指数	年份	指数
1914 年 12 月	100.0	1925 年 6 月	205.6
1915 年 12 月	99.9	1925 年 12 月	204.4
1916 年 12 月	100.7	1926 年 6 月	199.5
1917 年 12 月	101.4	1926 年 12 月	196.7
1918 年 12 月	102.6	1927 年 6 月	193.9
1919 年 6 月	108.0	1927 年 12 月	190.0
1919 年 12 月	114.0	1928 年 6 月	186.8

续表

年份	指数	年份	指数
1920年6月	135.1	1928年12月	183.6
1920年12月	148.9	1929年6月	180.3
1921年3月	178.2	1929年12月	177.2
1921年12月	183.9	1930年6月	175.1
1922年6月	187.4	1930年12月	171.1
1922年12月	188.9	1931年6月	164.4
1923年6月	192.1	1931年12月	156.5
1923年12月	195.4	1932年6月	138.8
1924年6月	204.4	1932年12月	124.9
1924年12月	205.8	1933年6月	108.7

附表7 1874~1930年芝加哥、库克县土地细分数量   单位：宗

年份	库克县	芝加哥	年份	库克县	芝加哥
1874	4 523	11 235	1903	3 015	11 034
1875	1 829	8 067	1904	2 866	7 085
1876	643	3 555	1905	5 731	10 338
1877	425	1 382	1906	7 656	18 868
1878	437	1 909	1907	5 845	19 073
1879	1 060	2 128	1908	5 560	13 812
1880	1 730	3 143	1909	7 601	16 234
1881	1 942	4 085	1910	11 870	23 634
1882	1 908	6 003	1911	9 844	21 351
1883	2 668	6 208	1912	10 235	20 965
1884	1 829	4 555	1913	19 173	31 326
1885	3 210	4 402	1914	20 231	34 241
1886	4 135	10 243	1915	12 705	19 253
1887	13 714	17 671	1916	12 937	19 392
1888	18 813	26 101	1917	6 962	11 573
1889	39 997	45 225	1918	2 939	5 220
1890	54 674	72 939	1919	6 931	13 376
1891	79 803	115 892	1920	10 334	21 430
1892	38 968	65 380	1921	11 395	23 765
1893	17 691	35 494	1922	15 570	39 309
1894	9 860	14 524	1923	24 828	53 607
1895	11 652	15 969	1924	45 759	88 713
1896	6 538	9 104	1925	48 070	106 513
1897	3 763	6 022	1926	61 243	125 956
1898	3 459	8 015	1927	31 432	89 243
1899	3 463	5 190	1928	14 081	51 176
1900	4 800	7 599	1929	17 081	34 141
1901	2 909	9 846	1930	2 874	12 128
1902	3 047	11 312			

附表 8　　　1830~1932 年芝加哥 1931 年城市范围内被细分的整块地

年份	英亩	年份	英亩	年份	英亩
1830	240	1865	290	1900	20
1831	0	1866	395	1901	130
1832	0	1867	815	1902	110
1833	742	1868	2 365	1903	60
1834	0	1869	5 270	1904	330
1835	620	1870	2 180	1905	480
1836	920	1871	955	1906	455
1837	320	1873	4 025	1907	570
1838	0	1872	3 635	1908	375
1839	100	1874	2 080	1909	665
1840	0	1875	1 270	1910	825
1841	0	1876	830	1911	880
1842	0	1877	575	1912	950
1843	0	1878	230	1913	1 520
1844	160	1879	295	1914	2 090
1845	275	1880	110	1915	1 270
1846	0	1881	735	1916	1 110
1847	0	1882	1 255	1917	460
1848	960	1883	565	1918	380
1849	60	1884	700	1919	280
1850	100	1885	1 165	1920	710
1851	60	1886	1 400	1921	775
1852	755	1887	1 895	1922	550
1853	1 015	1888	2 015	1923	980
1854	1 565	1889	3 255	1924	885
1855	2 060	1890	3 280	1925	1 090
1856	2 450	1891	3 215	1926	1 460
1857	1 450	1892	800	1927	720
1858	510	1893	780	1928	460
1859	220	1894	560	1929	130
1860	190	1895	770	1930	0
1861	0	1896	320	1931	0
1862	0	1897	190	1932	0
1863	220	1898	80		
1864	60	1899	220		

附表9　　　　1850～1931年芝加哥制造业产值、批发

贸易额、产品贸易额和总贸易额　　　　　　单位：美元

年份	制造业产值	批发贸易额	产品贸易额	总贸易额
1850	2 562 583	—	—	20 000 000
1856	15 513 063	—	—	—
1860	13 555 671	—	—	97 000 000
1868	—	—	—	310 000 000
1869	—	—	—	336 000 000
1870	76 848 120	—	—	377 000 000
1871～1872	179 831 000	—	—	437 000 000
1873	176 000 000	—	—	514 000 000
1874	163 634 000	—	—	575 000 000
1875	191 009 000	250 000 000	200 000 000	566 000 000
1876	200 493 000	254 000 000	211 000 000	587 000 000
1877	202 115 000	264 000 000	203 000 000	595 000 000
1878	227 560 000	—	218 000 000	650 000 000
1879	223 809 000	—	253 000 000	764 000 000
1880	269 050 000	—	312 000 000	900 000 000
1881	317 000 000	—	367 000 000	1 015 000 000
1882	305 000 000	432 000 000	382 000 000	1 045 000 000
1883	307 000 000	412 000 000	400 000 000	1 050 000 000
1884	292 237 000	370 000 000	356 000 000	933 000 000
1885	316 900 000	380 000 000	337 000 000	959 000 000
1886	349 679 000	408 000 000	322 000 000	997 000 000
1887	403 109 000	449 000 000	350 000 000	1 103 000 000
1888	401 161 000	437 500 000	371 000 000	1 125 000 000
1889	452 223 000	448 165 000	388 000 000	1 177 000 000
1890	664 568 000	486 806 000	471 385 000	1 380 000 000
1891	567 012 000	517 166 000	499 600 000	1 459 000 000
1892	586 335 000	573 000 000	507 000 000	1 538 000 000
1893	574 420 000	519 350 000	469 973 000	1 435 000 000
1894	501 175 000	464 000 000	427 275 000	1 280 000 000
1895	532 235 000	504 675 000	394 193 000	1 316 700 000
1896	483 325 000	469 000 000	368 401 000	1 216 400 000
1897	547 550 000	543 000 000	419 300 000	1 400 517 000

续表

年份	制造业产值	批发贸易额	产品贸易额	总贸易额
1898	613 085 000	618 000 000	469 302 000	1 577 085 000
1899	687 725 000	731 075 000	492 690 000	1 770 485 000
1900	741 079 000	786 205 000	—	—
1901	803 925 000	892 800 000	—	—
1902	911 750 000	1 007 405 000	—	—
1903	950 650 000	1 249 140 000	—	—
1904	1 034 790 000	1 314 525 000	—	—
1905	1 290 874 000	1 521 937 000	—	—
1906	1 642 000 000	1 744 750 000	—	—
1907	1 732 879 100	1 847 821 000	—	—
1908	1 598 147 500	1 685 057 000	—	—
1909	1 782 935 000	1 892 949 000	—	—
1910	1 867 329 000	2 046 172 000	—	—
1911	1 212 813 600	2 027 195 000	—	—
1912	1 978 404 000	2 295 680 000	—	—
1913	1 998 713 000	2 333 700 000	—	—
1914	1 660 202 000	2 121 619 000	—	—
1915	1 723 700 000	2 283 119 000	—	—
1916	2 111 609 000	2 841 299 000	—	—
1917	2 483 176 850	3 199 584 000	—	—
1918	3 943 535 713	3 338 175 100	—	—
1919	3 657 424 000	—	—	—
1921	2 485 819 000	—	—	—
1923	3 323 341 000	—	—	—
1925	3 439 163 000	—	—	—
1926	—	4 484 761 000	—	—
1927	3 478 754 000	—	—	—
1929	3 884 675 000	—	—	—
1931	2 200 000 000	—	—	—

附表 10　　　　　　　　　芝加哥办公楼空置率

年份	空置率（%）	年份	空置率（%）
1926 年 1 月 1 日	6.3	1930 年 1 月 1 日	14.5
1927 年 1 月 1 日	5.3	1931 年 1 月 1 日	17.5
1928 年 1 月 1 日	11.0	1932 年 1 月 1 日	20.4
1929 年 1 月 1 日	14.0	1933 年 3 月 1 日	27.8

附表 11　　　　　　　　　1830~1932 年芝加哥总人口　　　　　　　单位：人

年份	人口	年份	人口	年份	人口
1830	50	1865	178 492	1900	1 698 575
1831	100	1866	200 418	1901	1 700 610
1832	200	1867	220 000	1902	1 702 856
1833	350	1868	252 054	1903	1 708 500
1834	2 000	1869	272 043	1904	1 714 144
1835	3 265	1870	298 977	1905	1 740 411
1836	3 820	1871	325 000	1906	1 801 702
1837	4 170	1872	367 396	1907	1 875 000
1838	4 000	1873	380 000	1908	1 924 060
1839	4 200	1874	395 408	1909	2 074 000
1840	4 479	1875	400 000	1910	2 185 283
1841	5 000	1876	407 661	1911	2 199 380
1842	6 000	1877	420 000	1912	2 210 351
1843	7 589	1878	436 731	1913	2 265 019
1844	8 000	1879	465 000	1914	2 369 023
1845	12 088	1880	503 298	1915	2 448 426
1846	14 169	1881	530 000	1916	2 492 000
1847	16 859	1882	560 693	1917	2 492 204
1848	20 023	1883	590 000	1918	2 546 144
1849	23 047	1884	629 985	1919	2 599 502
1850	29 963	1885	700 000	1920	2 701 705
1851	34 000	1886	825 880	1921	2 820 992
1852	38 754	1887	850 000	1922	2 901 507
1853	59 130	1888	875 500	1923	3 010 850
1854	65 872	1889	900 000	1924	3 155 843
1855	80 023	1890	1 098 570	1925	3 263 196
1856	84 113	1891	1 215 000	1926	3 296 679
1857	93 000	1892	1 295 000	1927	3 402 296
1858	91 000	1893	1 315 000	1928	3 397 067
1859	95 000	1894	1 400 000	1929	3 372 936
1860	109 206	1895	1 425 000	1930	3 376 438
1861	120 000	1896	1 440 000	1931	3 341 913
1862	138 186	1897	1 535 000	1932	3 236 913
1863	150 000	1898	1 641 000		
1864	160 353	1899	1 652 000		

附表 12　　　　　1860~1916 年芝加哥人口空间分布　　　　　单位：人

英里范围	1860 年	1870 年	1880 年	1890 年	1900 年	1910 年	1916 年
以州街和麦迪逊街十字路口为中心的人口数量							
0~1	30 000	70 000	70 000	80 000	80 000	75 000	75 000
1~2	49 000	115 000	170 000	250 000	250 000	255 000	255 000
2~3	25 000	70 000	140 000	303 000	400 000	377 000	335 000
3~4	8 000	35 000	87 000	175 000	295 000	351 000	351 000
4~5	—	20 000	50 000	100 000	180 000	350 000	416 000
5~6	—	1 000	10 000	70 000	175 000	250 000	370 000
6~7	—	—	2 000	48 000	105 000	175 000	290 000
7~8	—	—	1 000	30 000	95 000	100 000	150 000
8~9	—	—	—	25 000	55 000	83 000	107 000
9~10	—	—	—	15 000	30 000	70 000	75 000
10~11	—	—	—	5 000	20 000	30 000	35 000
11~12	—	—	—	2 000	10 000	10 000	12 000
12~13	—	—	—	—	5 000	10 000	12 000
13~14	—	—	—	—	—	7 000	8 000
14~15	—	—	—	—	—	2 000	5 000
以州街和麦迪逊街十字路口为中心的人口密度（人/平方英里）							
0~1	15 000	34 000	37 500	37 500	37 500	42 000	42 000
1~2	10 000	24 000	35 000	51 000	52 000	53 000	55 000
2~3	7 000	10 000	20 000	43 000	47 000	53 000	57 000
3~4	1 000	4 000	10 000	20 000	30 000	36 000	37 000
4~5	—	1 000	4 000	7 000	15 000	27 000	34 000
5~6	—	—	1 000	4 000	11 000	15 000	23 000
6~7	—	—	—	3 000	5 500	9 000	15 000
7~8	—	—	—	2 000	5 000	5 000	8 000

附表 13　　　　　1910~1933 年芝加哥客车、货车、马车数量　　　　　单位：辆

年份	客车	货车	马车
1910	12 916	799	58 114
1911	15 144	1 676	55 785
1912	21 512	3 195	55 502
1913	27 729	4 207	50 429
1914	32 258	5 075	52 021
1915	39 916	6 996	49 541

续表

年份	客车	货车	马车
1916	53 852	11 098	46 666
1917	64 132	15 398	39 639
1918	62 129	16 378	33 331
1919	78 883	19 869	29 339
1920	89 973	22 833	20 391
1921	141 916	29 239	26 535
1922	176 508	34 508	24 992
1923	222 557	40 052	22 904
1924	264 405	44 931	21 071
1925	293 206	48 262	17 965
1926	323 769	51 080	15 276
1927	340 864	52 063	13 209
1928	367 073	54 428	11 886
1929	408 260	57 596	11 027
1930	409 878	56 751	9 351
1931	425 294	56 629	7 869
1932	398 376	52 309	6 095
1933*	367 763	48 881	4 816

*截至11月4日。

附表14　　1865～1933年芝加哥银行结算额　　单位：美元

年份	结算额	年份	结算额	年份	结算额
1865	309 606 229	1888	3 163 774 463	1911	13 925 709 803
1866	453 798 648	1889	3 379 925 189	1912	15 380 795 542
1867	580 727 331	1890	4 093 145 904	1913	16 073 130 524
1868	723 293 445	1891	4 456 885 230	1914	15 692 828 997
1869	734 661 950	1892	5 135 771 188	1915	16 198 985 175
1870	810 676 036	1893	4 676 960 968	1916	20 541 943 206
1871	868 936 755	1894	4 315 440 477	1917	24 974 974 479
1872	993 060 503	1895	4 614 979 203	1918	25 930 200 368
1873	1 047 027 828	1896	4 413 054 109	1919	29 685 973 092
1874	1 101 347 918	1897	4 575 693 341	1920	32 669 233 536

续表

年份	结算额	年份	结算额	年份	结算额
1875	1 212 817 208	1898	5 517 335 477	1921	25 974 692 057
1876	1 110 093 624	1899	6 612 313 611	1922	28 036 204 345
1877	1 044 678 476	1900	6 799 535 598	1923	31 112 845 762
1878	967 184 093	1901	7 756 372 455	1924	31 653 583 955
1879	1 257 756 124	1902	8 394 872 351	1925	35 391 593 572
1880	1 725 684 895	1903	8 755 553 649	1926	34 907 132 946
1881	2 249 329 925	1904	8 989 983 764	1927	35 958 215 640
1882	2 393 437 874	1905	10 141 765 732	1928	37 842 393 664
1883	2 517 371 581	1906	11 047 311 894	1929	36 713 580 967
1884	2 259 680 392	1907	12 087 647 870	1930	28 707 627 137
1885	2 318 579 003	1908	11 853 814 945	1931	19 201 221 287
1886	2 604 762 912	1909	13 781 843 612	1932	10 936 884 811
1887	2 969 216 211	1910	13 939 689 984	1933 *	8 292 004 951

＊截至11月13日。

附表15　1882～1933年伊利诺伊州贝尔电话公司在芝加哥的用户数量　　　　单位：户

年份	用户数	年份	用户数	年份	用户数
1882	2 610	1900	26 661	1918	504 428
1883	2 957	1901	40 889	1919	554 114
1884	3 331	1902	60 395	1920	575 840
1885	3 802	1903	76 147	1921	605 495
1886	4 197	1904	86 744	1922	638 694
1887	4 694	1905	104 388	1923	691 545
1888	4 667	1906	123 177	1924	741 936
1889	5 556	1907	156 079	1925	790 764
1890	6 518	1908	181 533	1926	848 070
1891	7 598	1909	207 719	1927	903 460
1892	9 202	1910	239 083	1928	942 015
1893	10 218	1911	268 383	1929	987 891
1894	10 505	1912	308 177	1930	981 325

续表

年份	用户数	年份	用户数	年份	用户数
1895	11 680	1913	348 417	1931	939 481
1896	12 576	1914	382 133	1932	831 679
1897	13 682	1915	411 680	1933*	799 234
1898	16 315	1916	458 598		
1899	20 412	1917	487 481		

*9月30日数据。

附表16　　　1862~1932年芝加哥特殊估税总额　　　单位：美元

年份	结算额	年份	结算额	年份	结算额
1862	42 635	1885	2 889 545	1908	4 600 000
1863	46 494	1886	3 307 568	1909	6 100 000
1864	89 169	1887	3 160 475	1910	6 100 000
1865	103 576	1888	3 655 957	1911~1914	—
1866	802 575	1889	4 220 870	1915	8 479 293
1867	317 206	1890	6 987 155	1916	12 983 137
1868	1 354 436	1891	8 790 443	1917	11 123 955
1869	2 395 683	1892	14 505 702	1918	20 164 794
1870	2 836 852	1893	6 001 446	1919	6 521 691
1871	2 359 836	1894	2 903 814	1920	7 417 431
1872	62 222	1895	4 387 214	1921	8 183 549
1873	—	1896	4 037 320	1922	19 305 363
1874	749 460	1897	2 102 951	1923	16 151 344
1875	723 254	1898	2 122 757	1924	34 472 824
1876	1 516 081	1899	3 685 400	1925	20 940 415
1877	124 498	1900	3 255 990	1926	31 065 812
1878	284 900	1901	3 722 569	1927	56 980 268
1879	588 963	1902	5 082 648	1928	39 989 835
1880	980 895	1903	7 000 000	1929	27 672 576
1881	1 227 170	1904	8 350 000	1930	26 768 512
1882	1 395 373	1905	5 100 000	1931	12 829 030
1883	2 232 757	1906	4 380 000	1932	2 038 209
1884	2 857 905	1907	4 800 000		

注：1862~1875年截止时间为4月1日，其余年份截止时间为12月31日。

附表 17　　**1893～1931 年爱迪生共同财富公司在**
　　　　　　　　芝加哥发电量与售电量　　　　单位：千瓦时

年份	发电量	售电量
1893	10 320 000	—
1895	13 720 000	—
1900	39 080 000	—
1905	131 200 000	—
1910	614 610 000	544 315 000
1915	1 189 369 000	1 065 215 000
1920	1 831 628 000	1 610 741 000
1925	2 943 148 000	2 619 844 000
1928	3 851 106 000	3 464 692 000
1929	4 276 181 000	3 821 694 000
1930	4 191 296 000	3 717 360 000
1931	4 023 855 000	3 526 955 150